高等职业教育新形态系列教材

客源国（地区）概况及风俗

Overview and Customs of Tourist Source Countries（Region）

主　编　董　倩
副主编　李　宁　徐　姜　李潇璇
参　编　郑巧天　单一洺

北京理工大学出版社
BEIJING INSTITUTE OF TECHNOLOGY PRESS

内容提要

本书从民航业的视角出发，统揽主要客源国（地区）市场，具体包括亚洲的日本、韩国、泰国、新加坡、马来西亚、印度尼西亚、印度，欧洲的俄罗斯、德国、英国、法国、意大利、荷兰等，美洲的加拿大、美国、巴西，大洋洲的澳大利亚、新西兰，中东地区的以色列，非洲的南非、埃及和中国的港澳台地区。

本书从客源国（地区）的地理概况、人文概况、主要旅游资源、主要机场和航空公司四方面入手进行介绍，每部分内容包括导读、知识目标、技能目标、情境导入、知识内容、知识卡片、思政小课堂、案例拓展、小结等方面。在体例上，符合高等职业教育的要求，注重实用性，注重课程的导读，案例的引入，知识目标、技能目标的达成。

本书可作为高等院校相关专业教材，也可作为相关行业从业人员的参考用书。

版权专有　侵权必究

图书在版编目（CIP）数据

客源国（地区）概况及风俗 / 董倩主编 .-- 北京：北京理工大学出版社，2021.10（2024.2 重印）

ISBN 978-7-5763-0546-3

Ⅰ . ①客… Ⅱ . ①董… Ⅲ . ①旅游客源—中国 ②风俗习惯—世界 Ⅳ . ① F592.6 ② K891

中国版本图书馆 CIP 数据核字（2021）第 217761 号

责任编辑：李 薇		**文案编辑**：李 薇	
责任校对：周瑞红		**责任印制**：边心超	

出版发行 / 北京理工大学出版社有限责任公司

社　　址 / 北京市丰台区四合庄路 6 号

邮　　编 / 100070

电　　话 /（010）68914026（教材售后服务热线）
　　　　　　（010）68944437（课件资源服务热线）

网　　址 / http://www.bitpress.com.cn

版 印 次 / 2024 年 2 月第 1 版第 3 次印刷

印　　刷 / 河北鑫彩博图印刷有限公司

开　　本 / 787 mm×1092 mm　1/16

印　　张 / 20

字　　数 / 450 千字

定　　价 / 55.00 元

图书出现印装质量问题，请拨打售后服务热线，负责调换

前言

改革开放40多年以来，经过几代民航人的艰苦奋斗，中国民航在安全水平、行业规模、服务能力等方面取得了令世界瞩目的成就。2018年中国民航局颁布《新时代民航强国建设行动纲要》，纲要指出：从2021年到2035年，实现从单一的航空运输强国向多领域的民航强国跨越。2019年，我国民航运输量6.6亿人次，旅客周转量11 705.3亿人公里，民航货邮运输量735.1万吨，全行业实现营业收入10 624.9亿元，利润总额达到541.3亿元。民航发展，教育先行，民航教育应适应新时期民航业的发展需要。

"客源国（地区）概况及风俗"是民航服务和管理人员必须了解、掌握的知识，主要包括客源国家（地区）的自然概况、人文概况、旅游资源及主要机场和航空公司等。同时，"客源国（地区）概况"是旅游大类专业目录中的一门专业基础课程，也是做好国际旅游业务必须了解、掌握的知识。

党的二十大报告指出，要"加快构建新发展格局，着力推动高质量发展"，要"建设现代化产业体系"，加快建设航天强国。本书的写作兼顾民航企业、旅游公司、旅游酒店的主要岗位，如空中乘务员、导游员、国际领队、国际酒店服务员等。本书以岗位职业能力为依据，在拓宽理论知识的基础上，强调理论与实际相结合，着重提升服务海外旅客、游客的能力。本书结合高等教育的特点，本着"全面、实用、创新"的理念编写而成，具有以下主要特点：

第一，结构合理，适用面广。本书的内容编排，按照世界旅游组织六大旅游市场框架展开，包括亚洲主要客源国、欧洲主要客源国、美洲主要客源国、大洋洲主要客源国、中东和非洲主要客源国、中国港澳台地区；同时，结合客源国（地区）在中国市场的比重和地理分布，对每一章都做了精心选择；在每一小节中又设置了情境导入、知识卡片、课堂讨论以及练习题环节，力求使学生更全面地掌握各大区域客源国（地区）的概况。

第二，形式创新，立体多元。在立体化建设方面，本书每小节都配有精美的多媒体视频，供学生更直观、清晰地了解知识内容。围绕书中的重点知识录制了微课，有助于学生课前观摩、课后复习。同时，也配套开发了教师授课用的演示课件，读者可登录出版社网站下载使用。

第三，课程思政，协同育人。遵循课程思政协同育人的理念，每一章都加入了"思政小课堂"内容，将专业知识与世界观、人生观、价值观的教育相融合，旨在构建全课程育人格局，实现育人与育才的有机统一。

本书的编写团队由具有丰富教学经验和专业素养的空乘、旅游专业一线老师和民航企业管理者、服务人员共同组成。由辽宁现代服务职业技术学院副教授董倩老师任主编，负责第二、五章的编写；抚顺职业技术学院李宁老师任副主编，负责第一章第一节、第三章第三至八节的编写，辽宁省交通高等专科学校徐姜老师任副主编，负责第六、七章的编写；抚顺职业技术学院李潇璇老师任副主编，负责第一章第二节、第三章第一至二节、第四章的编写；中国香港ATC Air Service Limited客运部经理郑巧天和沈阳月腾酒店管理有限公司单一洺参与了本书的编写工作。

本书选用了一些网络和书刊资料的有关内容，在此对相关作者表示衷心的感谢！同时，由于编者水平与能力有限，本书尚存在许多不尽如人意的地方，如有疏漏、错误之处，恳请广大读者批评、指正。

编　者

目 录

第一章 民航业概况 001

第一节 世界民航业发展概况 2
 一、世界民航业发展历程 2
 二、世界民航业的发展趋势 7
第二节 中国民航业发展概况 10
 一、先人的飞天梦 10
 二、中国民航业的建立 11
 三、中国民航业的起步 12
 四、新中国民航的发展 13
 五、新中国民航的壮大 15
 六、中国成为世界民航大国 17

第二章 亚洲主要客源国 020

第一节 日本 21
 一、初识日本 21
 二、地理概况 22
 三、人文概况 22
 四、主要旅游资源 29
 五、主要机场和航空公司 30
第二节 韩国 32
 一、初识韩国 33
 二、地理概况 33
 三、人文概况 34
 四、主要旅游资源 39
 五、主要机场和航空公司 40
第三节 新加坡 42
 一、初识新加坡 42

二、地理概况 43
　　三、人文概况 43
　　四、主要旅游资源 49
　　五、主要机场和航空公司 50
第四节　马来西亚 53
　　一、初识马来西亚 53
　　二、地理概况 54
　　三、人文概况 54
　　四、主要旅游资源 58
　　五、主要机场和航空公司 60
第五节　泰国 61
　　一、初识泰国 62
　　二、地理概况 62
　　三、人文概况 63
　　四、主要旅游资源 68
　　五、主要机场和航空公司 68
第六节　印度尼西亚 70
　　一、初识印度尼西亚 70
　　二、地理概况 71
　　三、人文概况 72
　　四、主要旅游资源 76
　　五、主要机场和航空公司 77
第七节　越南 78
　　一、初识越南 79
　　二、地理概况 79
　　三、人文概况 79
　　四、主要旅游资源 85
　　五、主要机场和航空公司 88
第八节　印度 89
　　一、初识印度 89
　　二、地理概况 90
　　三、人文概况 90
　　四、主要旅游资源 96
　　五、主要机场和航空公司 97

第三章 欧洲主要客源国

099

第一节 俄罗斯 100
　一、初识俄罗斯 100
　二、地理概况 100
　三、人文概况 101
　四、主要旅游资源 108
　五、主要机场和航空公司 110

第二节 英国 111
　一、初识英国 111
　二、地理概况 112
　三、人文概况 112
　四、主要旅游资源 120
　五、主要机场和航空公司 122

第三节 法国 123
　一、初识法国 124
　二、地理概况 124
　三、人文概况 125
　四、主要旅游资源 129
　五、主要机场和航空公司 131

第四节 德国 133
　一、初识德国 133
　二、地理概况 133
　三、人文概况 134
　四、主要旅游资源 138
　五、主要机场和航空公司 140

第五节 瑞士 143
　一、初识瑞士 143
　二、地理概况 144
　三、人文概况 144
　四、主要旅游资源 149
　五、主要机场和航空公司 151

第六节 意大利 152
　一、初识意大利 153
　二、地理概况 153

三、人文概况 154
　　四、主要旅游资源 159
　　五、主要机场和航空公司 161
第七节　荷兰 162
　　一、初识荷兰 163
　　二、地理概况 163
　　三、人文概况 164
　　四、主要旅游资源 168
　　五、主要机场和航空公司 170
第八节　瑞典 172
　　一、初识瑞典 173
　　二、地理概况 173
　　三、人文概况 173
　　四、主要旅游资源 178
　　五、主要机场和航空公司 180

第四章　美洲主要客源国　182

第一节　美国 183
　　一、初识美国 183
　　二、地理概况 183
　　三、人文概况 184
　　四、主要旅游资源 190
　　五、主要机场和航空公司 193
第二节　加拿大 195
　　一、初识加拿大 196
　　二、地理概况 196
　　三、人文概况 197
　　四、主要旅游资源 203
　　五、主要机场和航空公司 206
第三节　巴西 207
　　一、初识巴西 207
　　二、地理概况 208
　　三、人文概况 208

四、主要旅游资源 ... 214
五、主要机场和航空公司 ... 215

第五章 大洋洲主要客源国 217

第一节 澳大利亚 ... 218
 一、初识澳大利亚 ... 218
 二、地理概况 ... 219
 三、人文概况 ... 219
 四、主要旅游资源 ... 224
 五、主要机场和航空公司 ... 225

第二节 新西兰 ... 226
 一、初识新西兰 ... 227
 二、地理概况 ... 227
 三、人文概况 ... 227
 四、主要旅游资源 ... 233
 五、主要机场和航空公司 ... 233

第六章 中东和非洲主要客源国 235

第一节 以色列 ... 236
 一、初识以色列 ... 236
 二、地理概况 ... 236
 三、人文概况 ... 237
 四、主要旅游资源 ... 244
 五、主要机场和航空公司 ... 246

第二节 南非 ... 248
 一、初识南非 ... 248
 二、地理概况 ... 248
 三、人文概况 ... 249
 四、主要旅游资源 ... 253
 五、主要机场和航空公司 ... 257

第三节 埃及 ... 259
 一、初识埃及 ... 260
 二、地理概况 ... 260

三、人文概况 260
四、主要旅游资源 265
五、主要机场和航空公司 268

第七章 中国港澳台地区 272

第一节 香港 273
一、初识香港 273
二、地理概况 273
三、人文概览 274
四、主要旅游资源 280
五、主要机场和航空公司 281

第二节 澳门 283
一、初识澳门 284
二、地理概况 284
三、人文概况 284
四、主要旅游资源 290
五、主要机场和航空公司 292

第三节 台湾 295
一、初识台湾 295
二、地理概况 295
三、人文概况 296
四、主要旅游资源 303
五、主要机场和航空公司 305

参考文献 /307

第一章
民航业概况

航空是 20 世纪发展最迅速、对人类社会影响巨大的科学技术领域之一。航空业分为航空制造业、民用航空和军事航空。随着全球经济的发展，飞行日益成为一种主流的出行方式，"二战"结束以后，世界各国民用航空蓬勃发展。从 1914 年首架民用飞机投入商业运营以来，世界民航已经走过了 100 多年的历程。如今，全世界年均航班总量超过 3 600 万架次，每年运送乘客超过 36 亿人次，航空业已经成为人们日常生活中不可或缺的一部分。

第一节　世界民航业发展概况

 知识目标

了解世界民航业的发展历程；了解世界民航业未来发展趋势；熟悉世界民航业发展过程中的先驱人物和重要事件。

 技能目标

结合所学知识，能阐述世界民航业发展历程。

 情境导入

从麦哲伦第一次环球旅行，到超声速飞机的问世，人类环球旅行的时间大大缩短，民航客机的发展深刻地影响和改变着人们的出行方式。16世纪葡萄牙人麦哲伦率领船队从西班牙出发，穿越大西洋、太平洋，环绕地球一周回到西班牙，用了整整3年；19世纪末，一名法国人乘火车环球一周，花费了43天时间；1949年，美国轰炸机首次完成中途不着陆绕世界飞行，仅仅用了94小时；超声速飞机问世后，环绕地球一周只用了15小时6分钟。不到一天就可以到达地球的各个角落，这是人类创造的奇迹。

思考：你知道从远古时期的探索飞行发展到现在，世界民航业经历了哪些历程吗？

知识内容

一、世界民航业发展历程

（一）飞行探索时期

1. 古代的飞天梦想

早在上古时代的希腊神话中，人们就梦想"像鸟儿那样飞翔"。中古时代的勇士布拉德，冒着生命危险，双臂绑上人造羽翼，从罗神殿上一跃而下，其结果是坠地身亡。人们从未停止对飞上天空的追寻，但是飞行之梦却一直未能实现……

1483年，意大利画家达·芬奇研究了鸟的飞翔及飞行环境，并模仿翼手目动物或飞鸟翅膀设计了扑翼式飞机，他并未盲目地模仿大自然，而是重新设计了机械结构，包含了双螺旋轴、平衡杆、换向轮等。可惜由于并未被当时的社会所理解，没有制造成功。

达·芬奇有记载的理论，包括5 000页著作和150份图纸，其中有两幅达·芬奇设计的直升机和降落伞手稿（图1-1-1）格外重要，第一幅草图画的是一架配有一只巨大的连动式的螺旋桨的直升机，由一人转动绞盘驱动，并用文字加以描述，这是最早记录主动性螺旋桨设计的文字。另一幅草图画的是一顶降落伞，形状像金字塔，这个设计也有文字注释，解释了降落伞的运行原理和制作方法。达·芬奇关于航空的研究比其他人探索类似问题领先了好几百年，是人类航空事业的一笔巨大财富。

▲图1-1-1 达·芬奇设计的直升机和降落伞手稿

2. 热气球、氢气球的发明

人类很早就产生了上天飞行的强烈愿望，而人类的第一次飞行是1783年气球发明之后才实现的。气球成为把人类带上天空的第一个飞行器，它的出现比美国莱特兄弟发明的第一架飞机要早100多年。

出生于18世纪法国的造纸商蒙哥菲尔兄弟，因受碎纸屑在火炉中不断升起的启发，开始了他们的热气球实验。这个热气球是一个丝质球形口袋，口袋底朝上、口朝下，口下方燃烧稻草和木柴，袋内的空气受热后，气球就离开地面慢慢飞上天空，大约飞了1.5英里[①]，这就是欧洲最早出现的热气球。接下来，蒙哥菲尔兄弟在里昂安诺内广场做热气球表演（图1-1-2），这次气球球体表面是轻质的纱布，纱布上还糊了一层防止漏气的纸，直径最大处有13米，长17米，形状像大鸭梨。他们还在气球下掉了一只藤筐，里面是一只鸭子、一只山羊和一只公鸡。1783年9月19日，蒙哥菲尔兄弟又来到法国首都巴黎表演，法国国王、王后、宫廷大臣到现场观看，凡尔赛宫前的广场上挤满了好奇的人。蒙哥菲尔兄弟首先点燃气球下的稻草和柴火，气球缓慢上升，飞到离地500米的空中，8分钟后，在3千米以外降落。同年11月21日，蒙哥菲尔兄弟又在巴黎穆埃特堡进行了世界上第一次载人空中飞行，这次飞行比莱特兄弟的飞机飞行早了100多年。

▲图1-1-2 蒙哥菲尔兄弟在里昂安诺内广场做热气球表演

---

① 1英里≈1.6千米。

1780年，法国化学家布拉克把氢气灌入猪膀胱中，制得世界上第一个氢气球。1783年8月，捷克斯·查尔斯进行了第一次氢气球不载人飞行实验。热气球和氢气球的发明使人们对空气和各种气体的成分有了进一步的认识，空气热力学研究也得到更深入的发展。

3. 滑翔机的出现

世界上第一架滑翔机的发明者是英国的乔治·凯利爵士，他在研究了鸟和风筝的飞行原理后，于1809年试制了一架滑翔机。他记述说："滑翔机不断地把他带起，并把他带到几米外的地方。"1847年，76岁的凯利制作了一架大型滑翔机，一次是从山坡上滑下，一次是用绳索拖曳升空，两次都把一名10岁的男孩带上天空，飞行高度为2～3米。4年后，滑翔机第一次脱离拖曳装置飞行成功，乔治·凯利的马车夫成为第一个离地自由飞翔的人，飞行了约500米远。凯利的滑翔机研究和实验，首次把飞行从冒险的尝试上升为科学的探索，乔治·凯利也被称为"空气动力学之父"。

在滑翔机的探索中，还有一位重要的先行者，人称"滑翔机之父"的奥托·李林塔尔。奥托·李林塔尔是德国土木工程师，他设计的滑翔机把无动力载人飞行实验推向高潮。1891年，奥托·李林塔尔制作了第一架固定翼滑翔机，其形状像展开双翼的蝙蝠，机长7米，用竹和藤做骨架，骨架上缝着布，人的头和肩可从两机翼间钻入，机上装有尾翼，全机重量约2千克。他亲自从15米高的山岗做飞行实验，最后在90米外安全降落。这是世界上第一架悬挂滑翔机。1891—1896年，李林塔尔进行了2 000次以上的滑翔飞行实验，共制作了5种单翼滑翔机和2种双翼滑翔机。不幸的是，1896年8月9日，李林塔尔驾驶滑翔机因遭遇强风而坠落，次日死去。他留给后人的最后一句话："要想学会飞行，必须作出牺牲。"

李林塔尔虽然死了，但他给后人留下的遗产是巨大的。李林塔尔的研究成果为后来的飞行探索者积累了经验，他勇敢的探索精神鼓舞了一代又一代的人们在追寻航空事业的道路上不断下定决心与行动。

课堂讨论：蒙哥菲尔兄弟、李林塔尔对航空运输发展做出了哪些贡献？

（二）民用航空的开创时期

1. 第一架飞机的诞生

人类带着对飞行梦想的追求和探索进入了20世纪。1903年12月17日，美国人莱特兄弟首次试飞了完全受控、机身比空气重、依靠自身动力、持续滞空不落地的飞机，这架由莱特兄弟自行研制的固定翼飞机，是世界上第一架飞机，被称为"飞行者1号"（图1-1-3）。"飞行者1号"的试飞成功，是人类航空史上的一个重要里程碑，莱特兄弟也被誉为"飞机之父"。此后，莱特兄弟又分别制造了"飞行者2号"和"飞行者3号"。"飞行者3号"试飞时间最长，持续飞行时间长达38分钟，航程39千米。

从此以后，飞机的制造技术得到了迅速发展，飞机出现后最初前十几年，主要用于竞赛和表演。但在第一次世界大战爆发后，飞机逐渐被派上了用场并进一步发展演变成侦察机、战斗机、歼击机和教练机等。战争期间，各参战国加快对作战飞机的研制和生产，飞机的性能不断提高。

▲ 图 1-1-3　"飞行者 1 号"

2. "一战"后民航业的萌芽

第一次世界大战结束后，随着军事需要的减少，剩余的军用飞机被应用到民间的邮政及交通运输中。1919 年 2 月，德国开通了世界上第一条定期国内航线，来往于柏林和魏玛。同年 3 月，法国开通巴黎至布鲁塞尔的航班，这是世界上第一条国际客运航线。同年 8 月，巴黎和伦敦之间有了定期航班。同样在 1919 年，38 国在巴黎和会上签订了《巴黎公约》，《巴黎公约》是世界上第一部国家间的航空法。

知识卡片：航空业的第一

到 1919 年年底，欧洲共有 6 家较大的航空公司成立，早期的航空运输网络基本形成。与此同时，专门运输旅客的飞机也在研制。

20 世纪 20 年代，欧洲飞行的飞机主要是德国的容克斯 F-13 和荷兰的福克飞机。但飞行速度慢、噪声大，受气候和地面设施的影响很大，乘坐非常不舒服。

1931 年，波音公司以轰炸机 B-9 为基础研发出一种新型民用飞机——B-247。可载客 10 人，性能超过当时所有的民航机，被公认为是第一架"现代化"的民航机。1933 年 2 月 B-247 首飞，3 月起投入联合航空公司（UA）营运，创造了从美国东海岸到西海岸飞行 19 小时 45 分钟的时间纪录。

与此同时，波音公司的竞争对手道格拉斯公司于 1935 年成功开发并试飞成功 DC-3 客机，载客量 32 人，飞行平稳。该机型投入航线后，航空公司从亏损转向盈利。采用全金属结构、新飞机发动机的不断改进，促进了民用飞机大型化的发展。

思考：为什么说 1919 年是民用航空开始的一年？

3. "二战"后民航业的成长

第二次世界大战期间，飞机的研制和发展突飞猛进，飞机性能迅速提高，飞机产量到达高峰。"二战"期间全世界共生产了约 100 万架飞机。在此期间，大型机场广泛兴建，这也为战后民航迅速发展提供了良好环境。

1939 年，第一架装有轴流式喷气发动机的飞机试飞成功，喷气飞机突破了之前一直困扰飞行体验的音障问题，从此飞机进入超声速飞行领域，成为航空史上的重要变化之一。喷气式飞机在民航业投入使

知识卡片：国际民航

用后，不仅提高了飞行速度，而且使飞行高度提升到了平流层，安全性和舒适性得到提升。1949年7月27日，民航第一种纯喷气式客机——英国的"彗星"号进行了首次试飞，平均时速721千米，远远超过任何活塞式客机。但"彗星"号客机命运不佳。由于设计者没有认识到颤振问题，有多架"慧星"号飞机相继发生事故，机毁人亡。

此后，美国波音公司研制出性能更为优异的波音707喷气式客机（图1-1-4）。该飞机成为世界上第一部在商业取得成功的喷气式民航客机。此后，喷气式客机成为民航客机的主流，波音公司也凭借707系列成为民航飞机领域的霸主。波音公司又在707的基础上，发展出各型号7X7喷气式客机，获得了各个国家航空公司较高的认可度。

▲图1-1-4　波音707喷气式客机

1944年，52个国家在芝加哥签订了《芝加哥公约》，进一步完善了民用航空业的法律法规。1947年4月4日公约生效，国际民航组织（International Civil Aviation Organization）正式成立。

（三）民用航空的大发展时期

1. 主要民用飞机制造的成果

随着科学技术的发展和全球经济一体化进程的加快，民航运输业进入了大发展时期。喷气式飞机技术日趋成熟，并向大型化、高速化方向转变。国际航空法规日渐完善，全球性航空公司战略联盟在民用航空界渐成趋势。

20世纪60年代，波音公司针对中短程航线的需要推出了波音737（图1-1-5）机型，被称为"世界航空史上最成功的民航客机"，更简捷、安全可靠，运营和维护成本更低，更符合市场需要。据统计，全世界有近200个国家的近550家航空公司运营波音737，其数量近乎现有民航客机总数的1/4。

视频：空中客车A380

20世纪60年代末，美国波音公司又研制、生产出第三代大型商用宽体喷气式客机波音747，自1970年投入运营后，一直是世界上最大的民航机，垄断着民用大型运输机市场，直到其挑战者空中客车A380大型客机的出现。

空中客车A380（图1-1-6）是欧洲空中客车公司打造的四引擎、555座级超大型远程宽体客机，是目前全球最大的宽体客机，被称为"空中巨无霸"。截至2019年2月，空中客车接到290个订单，交付235架飞机。空中客车A380的投入使用，标志着奢华航空时代的来临。

2. 航空公司与航空联盟

1978年美国通过了《航空公司放松管制法》，代码共享成为航空公司之间的合作需求，并以联盟的形式得以实现。20世纪70年代，随着世界经济飞速发展和航空技术进步，航空运输市场不断扩大，运输力不断增加。计算机订票系统的应用促使各大航空公司加强与小型支线航空公司的合作。20世纪80年代，出现了主要航空公司合并和航空联盟形成的趋势。

▲ 图1-1-5 波音737

▲ 图1-1-6 空中客车A380

1997年世界上第一家全球性航空公司星空联盟成立，星空联盟将航线网络、值机服务、票务及其他服务融为一体，开启了航空联盟时代，至今全球形成了三大航空公司联盟，分别是星空联盟、天合联盟和寰宇一家。2018年，三大航空公司联盟的整体收入占到全球市场的65%，整体数量占全球数量的40%，运送旅客数量占全球旅客数量的48%，覆盖了全世界大部分通航机场。

微课：航空联盟

据统计，全球现有1 200多家航空公司。从单个航空公司的发展状况来看：2019年，按乘客运载量和机队规模计算，最大的航空公司是美国航空集团（American Airlines Group）；汉莎航空集团（Lufthansa Group）的员工人数最多；联邦快递（Fedex Express）的货运吨千米数最多；土耳其航空公司服务的国家数最多。

课堂讨论：结合世界民航发展历史，影响民航发展的主要因素有哪些？请谈一谈你对中国民用航空制造业发展前景的看法。

二、世界民航业的发展趋势

（一）新能源飞机的应用是各国航空业持续发展的基础

新能源泛指传统能源之外的各类能源形式，如风能、太阳能、海洋能、地热能、核能、水能、生物质能、氢能，以及由可再生能源衍生出来的生物燃料。新能源具有污染少、储量大、分布均匀等特点，以新能源为热源，通过电机带动螺旋桨、涵道风扇或其他装置来产生前进动力的飞机就叫作新能源飞机。新能源飞机能够降低运营成本和燃料消耗，同时还能减少碳排放，助力环保。

新能源电动飞机的出现受到全世界关注。2005年，贝特朗·皮卡尔驾驶"阳光动力号"太阳能飞机完成洲际飞行；2008年，波音公司试飞了氢燃料电池的小型飞机；2015年，西门子开发出功率重量创纪录的电机，并跻身电动飞机的型号研发行列；2016年，Facebook第一架太阳能无人机首飞成功。虽然目前新能源飞机才刚刚起步，但新能源飞机的前景不可限量。

锂电池是目前载人电动飞机采用的主要能源形式，由于受到电池能量密度限制，只有单座的超轻型飞机和双座的轻型运动飞机两种有实用价值的电动飞机。新能源电动飞机具有零排放、低噪声的特点，并且符合绿色环保、成本低廉的经营要求，电动飞机几乎不会对环境产生负面影响，是真正的绿色航空运输机械。

无论是混动飞机、太阳能飞机、电动飞机，还是无人驾驶飞机、垂直起降飞行器，更安全、更舒适都是下一代航空器的发展趋势，更少地依赖化石燃料，用电、混合动力、太阳能、氢气、生物燃料驱动飞机是未来航空业的研究方向，能源竞争必将成为世界民航业新一轮竞争的关键点之一。对新能源的研发和基础设施的升级改造也将成为各国航空业持续发展的基础。

（二）智慧民航新形态进一步提升服务质量

在民航服务品质方面，航空旅客的消费心理、消费行为、消费习惯发生了很大变化。国际航空运输协会（IATA）报告显示，越来越多的旅客希望出行无纸化、流程智能化，期待更为个性的体验式、交互式贴心服务。

在新一轮科技革命、产业革命的趋势下，智慧民航是提升服务质量的有效途径。综合利用各类新技术，提升旅客的航空体验，为货主提供更加多元的服务产品，解决旅客对行李托运、购票值机、安检难过等服务痛点的投诉，智慧民航在发展，它将使旅客旅行更便捷、更贴心、更满意。

智慧民航体现在时间维度上，是利用新一代通信导航监视技术，促使运行指挥时间精度从原来的分级管制提高到秒级管制，机场、航空公司、空管等各方实时共享信息资源，进一步增强民航运行的即时性与交互性。在空间维度上，飞行活动将拓展到超低空、亚轨道等，航站楼不再是旅客服务的唯一空间，物联网将服务延伸到城市候机楼甚至是家中，航站楼的空间功能将不断调整，智能化、自动化区域会成为主体服务区域。在价值维度上，消费者享有航空活动的主导权，而运营人只是服务方，旅客价值链是航空公司经营服务的根本出发点，机场建设、设计开始从自然层面向着旅客价值层面延伸。未来的智慧民航将以数据流为载体，将各类资源要素相融合，形成业务流、价值流、资金流、信息流相结合的民航生态圈。"全面感知、泛在互联、人机协同、全球共享"将成为未来智慧民航基本形态。

（三）以航空联盟为主导的多元化合作模式发展

航空联盟可提供更大的航空网络。代码共享是航空公司之间合作的出发点，很多航空联盟也都是由此发展而成的。现在的航空联盟还可以在运作设备、维修设施、员工支援与空厨作业等方面进行资源共享。这有利于降低经营成本。航班的开出时间更灵活，乘客转机次数减少，乘客的远程旅行更加便利。

从近些年的"退盟事件"看，航空联盟的发展遇到了瓶颈。一方面，因航线网络的逐步完善，联盟内主导航空公司对航空联盟的依赖性在降低，它们更倾向于进行更深度捆绑的"强强合作"，如开展联营或股权合作。另一方面，联盟内规模较小的航空公司缺少话语权，和联盟成员的合作往往只停留在基础的代码共享、休息室共享等层面，同时又受到联盟限制不能跨联盟寻求合作，联盟内矛盾日益明显。

联盟新的合作模式将打破原联盟模式的束缚，为不同利益诉求的航空公司提供多元化的选择，表现在航空公司可以实现不同联盟间的合作，而且更加灵活，如股权交叉等。2015年，星空联盟启动"优连伙伴"项目，成为"优连伙伴"所需要的门槛相对更低，要履行的义务也相对较少。2018年，寰宇一家也推出了主题为"Oneworld Connect"的非正式会员计划。

航空公司联盟合作模式改革是市场发展的必然结果，而多元化也是未来的新出路之一。

案例拓展

全球三大航空联盟——星空联盟、寰宇一家、天合联盟

航空联盟是两家或两家以上的航空公司之间所达成的合作协议。全球最大的三个航空联盟是星空联盟、寰宇一家及天合联盟（图1-1-7）。

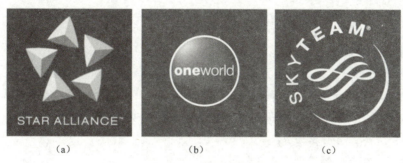

▲ 图1-1-7　全球三大航空联盟
（a）星空联盟；（b）寰宇一家；（c）天合联盟

星空联盟（Star Alliance），成立于1997年，其标志上星形图案的五个部分分别代表五大创始航空公司：汉莎航空、加拿大航空、北欧航空、泰国国际航空、美国联合航空。星空联盟总部在德国法兰克福，是目前世界上最大的航空联盟。截至2018年，该联盟已拥有28家正式成员。

寰宇一家（One Word），创立于1999年，由美国航空、英国航空联合国泰航空、澳洲航空以及原加拿大航空发起成立。寰宇一家号称精英联盟，绝大多数成员不是高端航空公司就是所在区域的霸主，少数小航空公司通常是由于扩展航线的需要被邀请加入的。寰宇一家航空联盟现有14家航空公司。

天合联盟（Sky Team）于2000年成立，总部设在荷兰阿姆斯特丹。创始成员包括法国航空、墨西哥航空、达美航空和大韩航空。三大联盟中，天合联盟成立最晚，但其发展速度非常快，尤其是在大中华区，南航、厦航、东航、华航都先后加入了天合联盟，目前天合联盟共有20家航空公司。

三大航空联盟几乎覆盖了世界上所有的国家和地区，航空联盟的成立，给旅客提供了更加便捷的服务。

课堂讨论： 通过互联网搜索并了解近年来航空联盟的发展有哪些变化。

第二节　中国民航业发展概况

 知识目标

了解中国航空的发展历程；掌握航空发展历程中的重大事件；掌握我国现在民航发展情况。

 技能目标

结合所学知识，熟悉国内常见航空公司、机场和航线。

 情境导入

十一黄金周时，李磊想去西藏旅游，但是李磊不太了解这条高原航线，不知道应该从哪座城市出发去拉萨，也不知道在飞机上坐哪个位置可以看到雄伟的西藏景观，更不知道坐飞机到拉萨会不会有高原反应。

你了解航空相关的知识吗？能够解答李磊的问题吗？

知识内容

一、先人的飞天梦

对于天空的向往，自古便一直存在着，而可查的飞行记录最早的便是关于春秋时期鲁班木鹊的记载，《墨子·鲁问》上记载："削竹木以为鹊，成而飞之。"我国还有世界上最早的飞行器——风筝（又被称为"纸鸢"），据说是由墨子发明，后来经鲁班用竹子改进了做法，蔡伦改进了造纸术，风筝（图1-2-1）得到了普及，放风筝成为人们非常喜欢的娱

▲图1-2-1　风筝

乐方式。据记载，最早将风筝用于军事的是韩信，后来到了南北朝，风筝已经成为军事联络重要的手段。

纵观古代历史，我们会发现在很多地方都有飞行器的痕迹，东晋葛洪的《抱朴子·内篇·杂应》，其中就提到了鸟类飞行的原理，指出了制造滑翔机的初级理论。五代时期用于军事联络的孔明灯，利用的就是热气上升的原理，是现代热气球的雏形。我们熟悉的竹蜻蜓，被称为"中国螺旋"。德国人就是依据"竹蜻蜓"的形状和原理研发出了直升机的螺旋桨。

世界上最早的火箭也是古人的智慧，"火箭"一词最早出现在三国时期，《魏略辑本》中有这样一段话："诸葛亮进兵攻都昭，起云梯，衔车以临城，昭以火箭逆射其云梯。"到隋炀帝时人们已经能够制造出火箭"刺花"。到宋代时，火箭制造技术已经十分成熟，并且已经开始用于军事上。宋代有一种武器叫作"神火箭屏"，是在一个一尺见方的铁屏里装满100只火箭，这种火箭顶端有箭头，尾端有箭羽，既有杀伤力又能稳定飞行，这种结构和现代火箭非常相似。

课堂讨论：你还知道哪些古代的飞行器？

二、中国民航业的建立

1840年鸦片战争之后，大量的关于航空、飞机的信息传入中国，一些爱国人士开始中国飞行之路的探索，出版了很多关于飞机的文章。

莱特兄弟研制飞机成功之后，为了推广和介绍飞机，带着飞机到欧美各地进行飞行表演，其中就有一些飞行员带着飞机来到中国进行演示。之后也有很多外国飞行员来到中国进行飞行表演，例如1910年俄国人用"布列尔奥"在北京东交民巷利用单翼飞机进行飞行表演。这些飞行表演将飞机直观地展现到了人们的面前，更激发了人们对飞行的渴望。

视频：冯如

1909年9月21日，中国最早的飞机在美国奥克兰州派得蒙特山附近的空地上成功起飞并飞行了804米，飞行高度也只有5米，但这是中国人第一次亲自驾驶飞机飞上天空。这架飞机的设计人是飞机设计师和飞行员冯如（图1-2-2），被称为"中国航天之父"，他的飞机升空距离莱特兄弟的飞机试飞成功仅6年。之后冯如在美国创办了"广东机器制造公司"，并于1911年1月，成功制造了一架液冷式发动机的双翼飞机，这架飞机的试飞，同样获得了成功。辛亥革命爆发之后，冯如回到了祖国，在广州燕塘创办了"广东飞行器公司"，这是中国第一个飞机制造厂。

▲ 图1-2-2　冯如

1910年，清政府从法国购买了一架"法曼"双翼机，这是我国拥有的第一架飞机。同时在北京南苑毅军操场建立了中国最早的飞机场和飞机修理厂，这是我国第一座机场。

孙中山重视航天发展，提出过航空救国的思想。到北洋政府时期，也积极地筹办民用航空。当时政府注意到欧美地区已经开始用飞机进行货运,感受到了飞机的速度,也希望能够建立航空部,从英国分几次购买了大量的飞机和配件,其中包括由维梅型轰炸机改装的双发动机旅客机和爱弗罗S04K型单发动机教练机,这些飞机一部分放在南苑机场,用于训练和试航,另一部分放在南口铁路工厂,又被分别运到保定和沈阳。之后设计航线、培养学员,做了很多准备。当时交通部下属筹办航空事宜处,曾提出要在全国设立五条主要航线,分别是北京至广州线、北京至上海线、北京至成都线、北京至哈尔滨线和北京至库伦线。后因种种原因,只有北京至上海线和北京至天津线得以开通,这是中国民航史上最早的两条民航线路,是中国民航的首次飞行。1921年7月1日北京至济南线正式通航,当时还有北京至北戴河暑假旅游特别航班,专供北戴河避暑的政府官员和外国驻京使馆人员使用,遗憾的是这些航班持续的时间都不长。

课堂讨论:谈谈这一阶段爱国人士的飞行探索之路。

三、中国民航业的起步

20世纪20年代,国民政府希望能跟上欧美国家的航空发展步伐,想要开辟自己的航线,并于1928年6月设立了航空筹备委员会,开始兴办民航。同年7月8日,沪蓉航线的上海至南京航段正式开始运行,为了开通这一航段共购买了4架美国史汀生型小型客机,聘用2名外籍飞行员和1名机械员,同时还有3名中国飞行员和9名机械员。不过这一条航线运营得并不是非常成功,运行一年,载客量仅为1 477人,邮件20多千克,并且预定的上海—南京—汉口—宜昌—重庆—成都这一条长途航线,未能开始运行。

随着中国市场对于航空业的需求,航空公司开始得以建立,这一时期的航空公司都是和外国合办的,主要有1929年中美合资组建的中国航空公司和1930年中德合资组建的欧亚航空公司。

中国航空公司经历了两次成立,1929年4月,国民政府和美国开拓航空签订了《航空运输及航空邮务合同》,成立了中美合营的航空公司,美方控股60%的股份,中方控股40%的股份,该公司垄断了中国全部邮件及旅客运输。1929年5月1日,中国航空公司正式成立。但是因为美方违规转让经营权,受到民众的一致抵制,在运营9个月之后,老中航便撤销了。1930年8月,国民政府又和与美商经营的中国飞运公司重新签订合同,组建了中方股份占55%、美方股份占45%的新中国航空公司。中航接连开辟了多条航线,即沪蓉线:上海—南京—九江—汉口—宜昌—万县—重庆—成都;沪平线:南京—徐州—济南—天津—北平,后更改为上海—南京—徐州—青岛—天津—北平;沪粤线:上海—温州—福州—厦门—汕头—广州。1936年,又同英国进行商谈,将沪粤航线延伸到了香港。到1936年年底,中航航线里程已达5 151千米。但是因为驾驶员大都是美国人,所以机务航行的管理权和航线经营权还是掌握在美国人手里。

1930年2月,汉莎航空和国民政府签订了合资经营欧亚航空公司的协议,成立了欧亚航空公司,于1942年改组成中央航空公司,中方占股2/3,德方占股1/3,1931年2月1日欧亚航空公司正式成立。欧亚航空原本是想开设国际航空,为此专门设计了3条航线,从中国境内出发途经苏联前往欧洲各国，但是仅仅实现了部分国内航段，国际航段未能开通。这三条航线分别是沪满线：上海—南京—济南—北平—林西—满洲里，仅运行了3个月；沪新线：上海—南京—洛阳—西安—兰州—乌鲁木齐—塔城，这条航线因为涉及高原和沙漠地形，所以只能部分开通，在上海和兰州间飞行；沪库线：上海—南京—天津—北平—库伦，这条航线没能开通。1934年之后，欧亚航空新增几条航线，例如北平—太原—洛阳—汉口—长沙—广州—香港航线；北平—包头—兰州—银川航线；西安—成都—昆明航线。

除了中央政府，地方政府也开始创立航空公司，例如，广东、广西、云南、贵州和福建等地方政府联合成立的西南航空公司，开设了广州—龙州、广州—钦廉、广州—福州、梧州—贵县、广州—南宁和南宁—昆明等航线，后来因为形势和财政的原因西南航空公司被迫停办。

抗日战争时期，中国的民航事业受到了严重的破坏。中国航空在"驼峰航线"（图1-2-3）中做出了巨大的贡献和牺牲。"驼峰航线"是世界战争空运史上持续时间最长、条件最艰苦、付出代价最大的一条航线，"驼峰航线"为了运送物资而设立，是穿越印度、缅甸和中国的空中航线，途经高山雪峰、峡谷冰川、热带丛林和寒带原始森林，飞行难度巨大，在3年的艰苦飞行中，中国航空公司共飞行了8万架次，损失飞机48架，牺牲飞行员168人。1945年8月15日，日本无条件投降之后，中国航空公司和中央航空公司陆续把总公司迁回上海，开始了紧张的"复员运输"，为中国的抗日战争胜利做出了重要贡献。

▲图1-2-3 "驼峰航线"的飞机和飞行员

课堂讨论：上网查一查，了解"驼峰航线"的作用和意义。

四、新中国民航的发展

中华人民共和国成立之后，中国的新民航事业是从无到有、从小到大逐渐发展起来的。1949年11月2日，随着民用航空局的成立，中国民航业的发展也开始了新的历程，进入了新的篇章。中国的民航业在航空运输、航线设计、机群更新、机场建设、航行保障、飞行安全、人才培训等方面都以让世界惊叹的速度飞速发展着，取得了让人惊叹的成绩。

中华人民共和国成立之后，建设航空业就成了重要议题被提到工作日程上来。"两航起义"打开了新中国民航的发展之路。

1949年11月9日凌晨4点，中航的陆维森和华祝、央航的楼阅乘与徐文良等到香港机场担任现场指挥，指挥机组和随行人员顺利登上飞机。早上6点飞机从香港启德机场起飞，共有12架飞机，其中中国航空10架，中央航空2架。中国香港的原中国航空总经理刘敬宣和中央航空总经理陈卓林乘坐的是中央航空潘国定驾驶的 CV-240 型 XT-610 飞机，他们在当天中午 12 时 15 分到达北京西郊机场，其他 11 架飞机在陈礼达的带领下降落在天津。在同一天，香港中国航空和中央航空的 2 000 多名员工也宣布了起义。"两航起义"带来了 12 架飞机，后来又修复了国民党留下的 16 架飞机，这些构成了新中国民航初期的飞机群。

"两航起义"是中国共产党领导下的一次成功的爱国主义革命斗争，是航空事业的一个起点，标志着新中国民航开始发展，是一个重要的转折点，为迫切需要发展的民航建设提供了物质基础和技术力量。

1950 年 8 月 1 日，新中国民航在这一天开航，军委民航局开辟了两条航线，分别是天津—汉口—广州和天津—汉口—重庆两条直达线。这是新中国民用航线首次正式使用，这就是著名的"八一开航"，这次首航所用的飞机就是已更名为"北京号"的、"两航起义"时的 CV-240 型 XT-610 飞机。之后又立足于重庆开设了重庆—成都、重庆—贵阳、重庆—昆明三条国内航线和重庆—西昌一条地方航线。

1950 年 3 月 27 日，中国和苏联签订了协议，商定成立中苏航空公司，中国和苏联各占股 50%，中国提供机场、房屋、仓库、修理厂等，苏联提供飞机、通信设备、交通工具、修理厂机场，中苏民用航空股份公司是新中国民航第一个航空公司。1950 年 7 月 1 日，中苏航空开始运营，开辟了北京—沈阳—哈尔滨—赤塔、北京—伊尔库茨克、北京—西安—兰州—乌鲁木齐—阿拉木图三条国际航线，是新中国民航最早的国际航线，也填补了过去没有东北航线的缺憾。自 1955 年 1 月 1 日起，苏联将股份全部移交中国，中苏航空全部属于中国航空公司。

1952 年 7 月 7 日，正式成立了中国人民航空公司，又将重庆—汉口延长至北京和上海，同时开辟了广州—昆明和广州—湛江两条航线。

1956 年 5 月 26 日上午 9 时 23 分，一架领队运输机从北京出发，飞行员们驾驶着飞机飞过了昆仑山、巴颜喀拉山脉、唐古拉山和著名的横断山脉，在青藏高原的上空找到一条航线，在拉萨附近机场着陆，打破了"空中禁区"，北京—拉萨试航成功，受到当地居民的热烈欢迎。之后"北京号"旅客机（图 1-2-4）在当天上午 10 点也到达了拉萨，开辟了从北京至拉萨的另一条航空线。之后在 1965 年 3 月 1 日，北京—成都—拉萨航线正式开航。在

▲ 图 1-2-4 北京号

这一年，国内新增航线 46 条，加强了对西南和西北的边远地区航线的开发，增开了通往成都和昆明的 6 条国内航线。

1955 年之后，以成都为中心逐渐开辟了成都—重庆—昆明、成都—重庆—贵阳、成都—重庆—昆明—南宁—广州等三条国内航线，以及广州—湛江—海口、乌鲁木齐—库车—阿克苏—喀什—和田、乌鲁木齐—阿勒泰 3 条地方航线。到 1957 年，中国民航已有国

内航线 23 条，通航城市 36 个，通航里程数达 22 120 千米。

1963—1965 年，先后和巴基斯坦、柬埔寨、印度尼西亚等国签订了航空协议，允许这些国家指定航空公司开设至上海和广州的国际航线，并且为此扩建了上海虹桥机场和广州白云机场，以便能够供喷气式客机起降。在实现中巴通航的同时，也使得中国的民航飞机可以经巴基斯坦飞抵欧洲和非洲。

1965 年 6 月 3 日至 10 日，中国民航北京管理局第一飞行总队执行了周总理访问坦桑尼亚的专机任务，这是当时民航第一次执行飞往欧洲的专机任务，也是当时飞得最远的一次，共用时 14 天，经过 12 个国家，飞行长度达 44 361 千米，积累了丰富的飞行经验。之后于 1965 年 7 月 17 日至 28 日，再次执行邓小平赴罗马尼亚出席罗共第九次代表大会专机任务，实现了中国专机欧洲的首次通航。

1972—1974 年，中国民航又先后与多个国家签订了通航协定，为开辟国际航班打下了基础，这些国家有阿尔巴尼亚、罗马尼亚、南斯拉夫、埃塞俄比亚、土耳其、伊朗、意大利、挪威、丹麦、希腊、瑞典、加拿大、瑞士、日本和刚果等。截止到 1978 年年底，已建可供航班飞行的机场 78 个，构成了能满足当时运输量需求的机场网络。

五、新中国民航的壮大

截止到 1978 年，全国大约有运输机 140 架，大部分是 20 世纪 40—50 年代的苏制飞机，这些飞机大部分只能载客 20～40 人，载客 100 人以上的大型飞机仅有 17 架，78 个机场，客运容量开始显露不足，不能满足人们需求。因此 20 世纪 80 年代，进行了多项改革，中国民航开始引进欧美飞机，引进了美国波音 747SP 型飞机、波音和麦道等多种型号的飞机。20 世纪 90 年代末，中国民航拥有各型飞机数量已达 421 架，运输飞机占 206 架，通用航空和教学校验飞机占 215 架。80 年代民航局还将航班编号由三位升为四位，国产运输机投入运营。

1980 年和 1982 年民航企业进行了两次改革。中国民航局不再是空军建制，而是由国务院直属管理，到了 1984 年 10 月，开始允许地方和部门国有资本投资建立航空公司。1985 年 2 月 12 日，西藏先成立了中国民航西藏自治区管理局。之后于 1985 年 12 月 30 日，新中国第一家自主经营的国营地方航空运输企业上海航空公司成立。

1987 年，为了实现政企分离和机场宇航公司分设，在原有管理局的基础上又建成六个地区管理局、六家航空公司和六大机场。这六个地区管理局分别是民航华北、民航华东、民航中南、民航西南、民航西北和民航东北；六家航空公司分别是中国国际航空公司、中国东方航空公司、中国南方航空公司、中国西南航空公司、中国西北航空公司和中国北方航空公司。改革为民航的发展带来了新的生机，仅 1986 年航空运输的总周转量、旅客运输量和货运输量都较之前有了翻倍的增长。从 1988 年到 2002 年，在国家的鼓励下，隶属于地方的航空公司开始逐渐兴起，它们包括厦门航空、海南航空、云南航空等。

中国民航的航线网络在这一时期也日渐成熟和完善。以西安的西关机场为例，到 1987 年底已经和国内 26 个城市建立了 36 条国内航线，构成了立足西安辐射西北地区的航线网络。除此之外，还有以北京、上海、广州、成都、沈阳、乌鲁木齐等城市为中心的华北地区、华东地区、华南地区、西南地区、西北地区、东北地区和新疆地区的航线网络。在完善国内航线的同时，旅游和国际航线也有了很大的发展。1980年先后开辟了北京、上海、广州和杭州到香港的航线，1981年以后，天津和昆明也开设了到香港的航线。

在国际航线方面，和日本、法国、瑞士、菲律宾、泰国、美国、英国、澳大利亚、意大利、土耳其、加拿大等24个国家合作开设了39条航线，外国航空公司的飞机也可以通航到中国，这样的航空公司达21家。

由于政策的开放、外交局面的进一步打开，我们在国际交往、对外贸易和国际旅游业上都有了长足的发展，这些都成为推动民航国际航线开拓的动力。1978年3月，中国开设联通非洲的第一条国际航线，北京—卡拉奇—亚的斯亚贝巴。1979年8月1日，菲律宾航空公司开设了马尼拉—广州—北京航线，9月4日中国民航开设了北京—广州—马尼拉航线，这是和东盟国家的第一次通航。1980年，中国民航开通了北京—广州—曼谷航线，泰国国际航空公司开设了曼谷—广州航线。1985年，新加坡航空公司开设新加坡—上海—北京航线，6月中国民航对等开设了北京—广州—新加坡航线。1980年11月13日，英国航空公司开设了伦敦—巴林—香港—孟买—伦敦航线，中国民航于11月15日开设了北京—卡拉奇—法兰克福—伦敦航线。1985年中国民航开设了北京—卡拉奇—科威特航线，1986年开设了北京—沙迦—罗马—法兰克福航线。1981年1月中国民航开设了北京—上海—旧金山—纽约航线，1982年4月，开设了北京—上海—洛杉矶—旧金山—上海—北京航线。1987年9月，中国民航开设了北京—上海—温哥华—多伦多航线。1984年9月，中国民航开设了北京—广州—悉尼航线。澳大利亚快达航空公司也开设墨尔本—悉尼—北京航线。

随着国家的发展，民航的重要性愈加明显，它在对外经济和外交上起到了重要作用，因此国家和省、市、自治区都加大了对机场建设的比重。1990年年底，民航机场共有110个，而到了1998年年末，民航已有国内航线991条，通航机场已达到141个，可见其增长速度。

这一时期作为经济特区的厦门建成的厦门高崎国际机场，是华东地区重要的区域性航空枢纽。1984年，中国开放14个沿海城市，为适应对外开放的需要，14个城市都开始扩建当地机场，其中包括大连周水子机场、上海虹桥机场、广州白云机场、湛江机场等。为加快开通航线，改建了一批军用机场为民用机场，例如青岛流亭机场。还有一些沿海城市没有机场，则建造了机场，包括温州永强机场（温州龙湾国际机场前身）、北海福成机场、南通兴东机场、宁波栎社机场等。随着旅游业的兴起，人们对于航空的需求越来越大，随着旅游业的高速发展，全国40多个旅游城市都开通了航班，众多旅游城市也开始兴建或扩建机场。比较具有代表性的是敦煌机场和黄山屯溪国际机场，其中敦煌机场始建于1982年2月，设计富有个性和民族特色，曾先后获得国家优秀设计银奖和中国80年代建筑艺术优秀作品奖。黄山屯溪国际机场则是经过多次扩建改造从一个小小的民用机场变成了安徽省第二大民用机场和国际机场。

截止到2002年，民航运输的总周转量已达到165亿吨千米，输送旅客8594万人，运送货物量202万吨，较20年前都有了巨大的增长，增长量分别达18%、16%和16%，年增长也是同期世界平均值的 2 倍多，国际排名逐步上升。

2002—2004 年中国民航业又进行了一次重组，2002 年 10 月 11 日，经国务院批准，成立了三大航空运输公司，分别是中国航空集团公司、东方航空集团公司和南方航空集团公司，是由 9 家航空公司联合组建的；以及三大航空服务保障集团，分别是中国民航信息集团公司、中国航空油料集团公司和中国航空器材进出口集团公司，是由 4 家保障企业联合组建的。这六家公司脱离中国民航总局，直接由国家资源管理委员会领导，民航总局仅做行业管理。

课堂讨论："两航起义"的作用和意义有哪些？

六、中国成为世界民航大国

随着航空市场的发展和壮大，2005 年 1 月和 8 月国家分别颁布了《公共航空运输企业经营许可规定》和《国内投资民用航空业规定（试行）》两部规定，放宽了投资准入及投资范围，使得更多的民营资本得以进入航空市场。在这一阶段，民营航空公司层出不穷，仅 2004 年和 2005 年两年，就有 14 家民营航空公司注册在案。从 2005 年到 2008 年是中国民航持续快速增长的阶段，到 2008 年年底，中国共拥有民用运输机总数已达 1 259 架；拥有具备独立法人资格的运输航空公司 41 家；开设定期航线共有 1 532 条，包括国内航线 1 236 条，其中香港、澳门航线 49 条，和全国 150 个城市实现了通航，另有国际航线 297 条，能够到达 46 个国家的 104 个城市，构建成了一个纵横国内外、联通世界各地的航空网络。

视频：C919 客机

2017 年 5 月 5 日是一个重要的日子，下午 2 点，中国自主研制的第一款大型客机 C919（图 1-2-5）在上海浦东国际机场首飞成功，之后又在多家机场试飞成功。C919 的研制始于 2008 年，是依据国际适航标准具有独立知识产权的喷气式民用飞机，经过十年的磨砺，终于成功出世，实现了我国国产客机研制的重大突破，打破了国外飞机的垄断局面。2018 年 2 月 6 日，中国商用飞机有限责任公司宣布将会在 2021 年交付首架 C919 客机，截至 2018 年 2 月 26 日，C919 已经获得了来自 28 个国家的 815 架订单。2021 年 1 月 20 日，在经历了 20 天的测试后，国产 C919 大型客机高寒试验试飞专项任务取得圆满成功。民用飞机必须通过这样的极端气候试验，以保证飞机能够在高寒恶劣的气候下仍能正常工作，符合适航条件，这是 C919 取得的又一项成功。

2019 年 9 月 25 日，正式通航的北京大兴国际机场（图 1-2-6），犹如一只展翅欲飞的凤凰，矗立在北京市大兴区榆垡镇、礼贤镇和河北省廊坊市广阳区之间，是一座 4F 级国际机场，是世界航空枢纽。大兴国际机场造型华丽，内部科技感十足，建成之初便成为很多人新的"打卡地"，受到国际媒体的一致赞誉，被称为"新世界 7 大奇迹"。

大兴国际机场拥有 40 多个国内外第一，它的航站楼是世界上规模最大的单体航站楼，13 项关键建设指标全部达到世界一流水平，具有智能照明、人脸识别等很多能给旅客带来方便的"黑科技"。大兴国际机场从值机柜台所在航站楼中心到登机口呈放射状结构，所以即使旅客是从航站楼中心去往最远的登机口，也仅仅需要步行 6 分钟。

近年来，我国的民航运输飞速发展，从历年的《民航行业发展统计公报》中可明显看到，机场数量、航线数量、旅客吞吐量、运输总周转量等都是逐年增加的，可见我国航运能力越来越强，已是世界航运大国。

▲ 图 1-2-5　大型客机 C919　　　　▲ 图 1-2-6　大兴国际机场

《2019 年民航行业发展统计公报》显示，截止到 2019 年，我国全行业运输总周转量达 1 293.25 亿吨千米，较上年增长了 7.2%，全行业旅客周转量 11 705.30 亿人千米，较上年增长了 9.3%，全行业完成旅客运输量 65 993.42 万人次，较上年增长了 7.9%。2019 年新增了 2 家航空公司，全国运输航空公司达到 62 家，运输飞机增加了 179 架，登记在册数量增加到 3 818 架。2019 年全年共有定期航班航线 5 521 条，其中包括港澳台 111 条航线在内的国内航线共有 4 568 条，国际航线 953 条。国际航线定期航班国内通航城市 234 个（不含香港、澳门、台湾）。内地航空公司定期航班从 30 个内地城市通航香港，从 19 个内地城市通航澳门，大陆航空公司从 49 个城市通航台湾地区。这一年实现了和 65 个国家的 167 个城市通航，共有 238 个颁证运输机场，比 2018 年新增了 4 个，停航 1 个，新增的是北京大兴国际机场、巴中恩阳机场、重庆巫山机场、甘孜格萨尔机场，停航的是北京南苑机场，另外宜宾菜坝机场迁移到宜宾五粮液机场。全年民航运输机场旅客吞吐量达 13.52 亿人次。

历经多年，我国的民航事业发展越来越完善和强大，也有了更广阔的发展空间，自 2005 年以来，我国民航运输规模一直排名世界第二，中国的航空公司也越来越被世界所认同，竞争力持续增强，通用航空产业化的脚步越来越快，和国际民航合作和交流越来越多，展开更多的深入合作，初步形成民航自主创新发展体系。在将来，我国的民航事业将会越来越完善和强大。

思政小课堂

川航 8633，一次史无前例的降落

2018 年 5 月 14 日，四川航空公司 3U8633 航班在成都区域巡航阶段，驾驶舱右座前挡风玻璃破裂脱落，机组实施紧急下降。瞬间失压一度将副驾驶吸出机外，所幸他系了安全带，在驾驶舱失压、飞机飞行高度为 32 000 英尺、气温迅速降到零下 40 多摄氏度、仪器多数失灵的情况下，机长刘传健凭着过硬的

视频：川航 8633

飞行技术和良好的心理素质，带领各机组成员，在民航各保障单位密切配合下，正确处置，将飞机安全备降成在都双流机场，航班共有旅客119人，所有旅客平安落地、有序下机并得到妥善安排，备降时有27名旅客不适，右座副驾驶面部划伤、腰部扭伤，一名乘务员在下降过程中受轻伤，前往成都第一人民医院观察并进行后续高压氧治疗和心理疏导。

2018年6月8日下午3时，四川省、中国民用航空局成功处置川航3U8633航班险情表彰大会在成都召开。为表彰先进、弘扬正气，中国民用航空局、四川省人民政府决定授予川航3U8633航班机组"中国民航英雄机组"称号。

民航局方面在通报中称，在这次重大突发事故中，机组临危不乱、果断应对、正确处置，避免了一次重大航空事故的发生，反映出高超的技术水平和职业素养，是当代民航精神，即忠诚担当的政治品格、严谨科学的专业精神、团结协作的工作作风、敬业奉献的职业操守的具体体现，也是对民航局近年来抓基层、打基础、苦练基本功和提升应急能力建设成效的一次重大检验。

思考： 当代民航精神的意义是什么？

课堂讨论： 让我们一起描绘一下中国民航的美好未来。

本章小结

中国人自古就有一个飞天梦，从鲁班发明的能在天上飞三天而不落的木鹊，到明代坐在绑了47支"飞龙"火箭的椅子上、冲向天空的万户，中国的飞天梦想一直没有停歇。自从莱特兄弟发明飞机以来，中国也一直在努力发展自己的航空业，虽然发展缓慢，但是也实现了从无到有、从小到大的演变，并经历几代人的不懈坚持，取得了现在这样辉煌的成绩。中国民航至今已有100余年的发展历程，在历经了艰辛的成长之后，实现了从弱到强的演变，中国也因此成为旅客运输量连续15年世界第二的大国。

民航对世界经济发展起着十分重要的作用，它是连接各国、各地、各人的途径，是实现经济全球化必需的桥梁，它缩短了商品的销售渠道，拉动了全球经济发展。在经济全球化的趋势下，民航运输缩短了地域间的距离，在人们生活中的各个方面都发挥了重要作用。民航不仅是一种产业，还是沟通交流的重要桥梁，民航的发展水平，关系到一个国家的政治声望和软实力。现在中国民航已经进入了高速发展阶段，在未来，我们一定能举起开拓者和创新者的大旗，在全球范围内树立中国典范。

第二章
亚洲主要客源国

亚洲是七大洲中面积最大、人口最多的一个洲。亚洲占总陆地面积的 29.4%，覆盖地球总面积的 8.7%。亚洲与非洲的分界线为苏伊士运河，苏伊士运河以东为亚洲；亚洲与欧洲的分界线为乌拉尔山脉、乌拉尔河、里海、大高加索山脉、土耳其海峡、地中海和黑海，乌拉尔山脉以东及大高加索山脉、里海和黑海以南为亚洲。亚洲大陆东至白令海峡的杰日尼奥夫角，南至丹绒比亚，西至巴巴角，北至莫洛托夫角。亚洲西部与欧洲相连，共同形成了地球上最大的陆地——欧亚大陆。

中国旅游研究院《2019 年旅游市场基本情况》显示，2019 年，中国入出境旅游总人数 3.0 亿人次，同比增长 3.1%，入境外国游客亚洲占比达 75.9%。按入境旅游人数排序，中国主要国际客源市场前 20 位国家是缅甸、越南、韩国、俄罗斯、日本、美国、蒙古国、马来西亚、菲律宾、新加坡、印度、泰国、加拿大、澳大利亚、印度尼西亚、德国、英国、朝鲜、法国、意大利（其中缅甸、越南、蒙古国、印度、朝鲜含边民旅华人数）。亚洲国家为我国主要客源国。

第一节　日本

知识目标

了解日本的基本概况和历史；掌握日本的风俗习惯；掌握日本的主要旅游资源；掌握日本的主要航空公司和机场概况。

技能目标

结合所学知识，能合理安排旅客航程，为旅客提供优质的服务。

情境导入

上海某大学大四学生韩梅梅打算在毕业前来一场说走就走的旅行，目的地为日本。在搜索攻略时她发现，日本拥有丰富的旅游资源、便捷的航空运输网。于是她决定，在 6 月份赴日本旅行，而登富士山，去北海道泡温泉、赏樱花，观东京大相扑比赛则是此行必做之事。

作为旅行社日本线路计调，你如何安排她的行程呢？又有哪些旅行建议呢？

一、初识日本

日本，是东亚五国之一。日本民族结构单一，主要为大和族。日本是世界第三经济大国，2019 年名义国内生产总值约 554.0 万亿日元，增长率为 1.2%。截至 2020 年 4 月底，外汇储备达 13 685 亿美元。日本旅游资源丰富，主要旅游目的地包括东京、京都、大阪、奈良、北海道、冲绳、长野、箱根等，截至 2019 年 7 月，日本国内共有 23 项世界遗产，涵盖 19 项文化遗产和 4 项自然遗产。

日本外交政策的基本取向是以日美同盟为基轴，以亚洲为战略依托，重视发展大国关系，主推"俯瞰地球仪外交"和"战略性外交"，积极参与地区及全球事务。中日两国是重要近邻，自 1972 年 9 月 29 日邦交正常化以来，两国关系总体不断发展，各领域友好交流和务实合作日益深化，给两国和两国人民带来实实在在的利益，也有利于维护地区乃至世界的和平、稳定与繁荣。

课堂讨论：谈谈你对日本的第一印象。

二、地理概况

日本，位于亚欧大陆东部、太平洋西北部，陆地面积为37.8万平方千米，领土由北海道、本州、四国、九州四个大岛及6 800多个小岛组成，被称为"千岛之国"。日本是一个岛国，东部和南部为太平洋，西隔东海、黄海、朝鲜海峡、日本海与中国、朝鲜、韩国、俄罗斯相望。日本也是一个多山的岛国，山地和丘陵占总面积的71%，而且多数为火山；富士山是日本的最高峰，被日本人尊称为"圣岳"，也是一座火山。

日本森林面积约为2 508万公顷[①]，森林覆盖率约67%，是世界上森林覆盖率最高的国家之一。

日本属于温带海洋性季风气候，终年温和湿润。6月多梅雨，夏秋季多台风。1月北部平均气温-6℃，南部平均气温16℃；7月北部平均气温17℃，南部平均气温28℃。

日本位于环太平洋火山地震带，火山、地震极为频繁。据统计，世界上10%的火山在日本，20%的地震发生在日本；在日本，每3年就要发生1次危害较大的地震。

日本地下埋藏的矿物品种众多，但大部分矿藏难以开采利用，因此日本是一个自然资源短缺的国家。日本除煤炭、天然气、硫黄等极少量矿产资源外，工业生产所需的主要原料、燃料等都需要进口。

日本山地与河流较多，水力资源丰富。日本的海岸线长度33 889千米，世界排名第六位。受到地形影响，日本海岸线曲折复杂，多优良港湾，非常适合开展渔业养殖产业。北海道和日本海是世界著名的渔场，盛产700多种鱼类。

课堂讨论：说说你对日本自然环境的评价。

三、人文概况

（一）历史概览

据《古事记》和《日本书纪》记载，公元前660年，第一代天皇神武天皇建国并即位。

公元4世纪，日本出现首个统一政权，大和国。在大化革新后确立天皇体制，引入中国唐朝文化，效仿中国唐朝政治制度，试图创建一个律令制国家。公元710年，元明天皇迁都平城京，日本进入奈良时代。公元12世纪末，日本开启了六百多年的幕府时代，镰仓幕府、室町幕府相继执政。17世纪初，江户幕府实行闭关锁国政策。1854年，美国以炮舰威逼日本打开国门，而后日本有识之士提出"尊王攘夷"号召，江户幕府迫于压力，被迫将政权归还给明治天皇。公元1867年，明治天皇整顿内政，富国强兵，在"一战"后经历了短暂的大正民主时期。

20世纪30年代，日本政权落入军部，日本开始实行军国主义政策，对包括中国在内的亚洲各国家实施大规模的侵略活动。1945年8月15日，日军宣布无条件投降。

"二战"后，美国对日本实施单独占领和管制。1951年9月8日，美国和日本缔结《日美安全保障条约》，美国结束对日占领，日本恢复主权。

---

① 1公顷=10 000平方米。

2019年，日本颁布新年号"令和"，正式进入令和时代。

（二）政治制度

日本为君主立宪制国家，宪法订明"主权在民"。天皇是日本的象征，没有政治实权，无权参与国政，但受到国民敬重。

日本政治体制实行三权分立：国会是最高权力和唯一立法机关；日本的司法权属于最高法院及下属各级法院；内阁是国家最高行政机关，对国会负责，首相由国会选举产生，由天皇任命。

日本国会分为众议院和参议院。日本众议院定员465名，任期4年。参议院定员245名，任期6年，每3年改选半数，不得中途解散。在权力上，众议院优于参议院。

日本的司法权属于最高法院及下属各级法院，采用"四级三审制"。最高法院为终审法院，审理"违宪"和其他重大案件。高等法院负责二审，全国共设四所。各都、道、府、县均设地方法院一所（北海道设四所），负责一审。全国各地还设有家庭法院和简易法院，负责民事及不超过罚款刑罚的刑事诉讼。检察机构与四级法院相对应，分为最高检察厅、高等检察厅、地方检察厅、区（镇）检察厅。

战后日本实行"政党政治"，代表不同阶层的政党逐步恢复或建立。目前主要政党有执政的自民党、公明党；在野的立宪民主党、国民民主党、日本共产党、日本维新会、自由党、社民党等。

日本行政区划分为1都（东京都）、1道（北海道）、2府（大阪府、京都府）和43县（省），下设市、町、村。

（三）国家象征

日本的国旗为日章旗，也称太阳旗，呈长方形。旗面为白色，正中有一轮红日。白色衬底象征着纯洁，红日居中象征着忠诚。

日本的国徽是一枚皇家徽记，日本以皇室的家徽"十六瓣八重表菊纹"为国徽，即菊花纹章被广泛作为国家徽章使用。

知识卡片：东京

日本内阁所使用的代表徽章为"五七梧桐花纹"，常在国际场合及政府文件中作为国家徽章使用。

日本的国歌是《君之代》。

日本的国花是樱花（民间）/菊花（皇室）。

日本的国鸟是绿雉。

日本的国石是水晶。

（四）人口、民族和信仰

截至2019年11月日本人口总数约为1.26亿。

日本民族结构单一，主要为大和族，另外在日本的北海道地区约有1.6万阿伊努族人。

日本人主要信仰神道教和佛教。

思政小课堂

鉴真东渡

公元742年（唐天宝元年），日本留学僧人荣睿、普照到达扬州，恳请鉴真东渡日本传授佛教，为日本信徒讲学。鉴真先后6次东渡日本，历尽千辛万苦，公元754年终于到达日本。

鉴真留居日本10年，讲授佛学理论，将唐朝的药学、建筑学和雕塑知识广为传播，指导日本医生鉴定药物、修建寺庙、分享唐朝的雕塑艺术，促进了日本佛学、医学、建筑学、雕塑水平的全面提高，受到中日人民和佛学界的尊敬，为中日两国人民的交流做出了巨大的贡献。鉴真主持设计和修建的唐招提寺，是以唐代佛殿为模本建造的寺庙，现为日本两大道场之一，鉴真大师的坐像至今仍然供奉在寺中，被日本尊为"国宝"。

思考：你还知道中日友好交流的哪些事件？一起来分享。

（五）经济结构

日本是世界第三经济大国，2019年国内生产总值约554.0万亿日元，增长率为1.2%。截至2020年4月底，外汇储备达13 685亿美元。

日本只有12%的土地是可耕地，基于此日本使用系统化耕作零碎地的方式，粮食自给率达到50%。日本是世界第二大渔业国，有世界上最大的渔船船队和全球15%的渔获量占有率。

日本工业发展集中于几个工业区，"日本制造"的高品质深入人心，包含消费性电子、汽车、半导体、光纤、光电、多媒体、影印机等。

日本服务业产值对国家经济极为重要，主要行业包括银行、保险、房产中介、百货零售、客运、通信等。

外贸在日本国民经济中占重要地位，有贸易关系的国家（地区）数约200个。2020年日本进出口总额约为136.1万亿日元，其中出口约68.4万亿日元，进口约67.7万亿日元。主要贸易对象为中国、美国、韩国、澳大利亚等国家和中国台湾地区。进口商品主要有原油、天然气、煤炭、服装、半导体等电子零部件、医药品、金属及铁矿石原材料等；出口商品主要有汽车、钢铁、半导体等电子零部件、塑料、科学光学仪器、一般机械、化学制品等。

日本是世界第一大动漫强国，是世界上最大的动漫产业创作输出国，具有鲜明的民族特色，动漫作品量巨大，又极具创新性。

（六）文化教育

日本通用日语。

日本政府十分注重教育，教育是一个重要的主题。日本每年的科研经费约占GDP的

3.7%，在发达国家位列榜首。日本学校教育分为学前教育、初等教育、中等教育、高等教育四个阶段；学制为小学 6 年、初中 3 年、高中 3 年、大学 4 年；其中小学到初中为 9 年义务教育，在中学毕业后，有超过 90% 的学生会进入高等学校就读。

日本国内共有 764 所大学及众多专门学校。日本著名的国立大学有东京大学、京都大学、东北大学、九州大学、北海道大学、大阪大学、名古屋大学、筑波大学等。日本著名的私立大学有早稻田大学、庆应义塾大学、法政大学等。

在日本民间有著名的"三道"，即茶道、花道、书道。

茶道，在日本是一种奉茶仪式，秉承"和、敬、清、寂"四字，充满仪式感与艺术性，是融宗教、哲学、美学、伦理学为一体的文化活动。

"和"，是平和的和，即指人与人之间的和。"敬"，是对长辈的敬爱，对同辈的尊敬。"清"，是清净、清洁，有言说"水与汤可洗净茶巾与茶筅，而炳杓则可以洗净内心"，即由清净而清静。"寂"是茶道中的最高境界，在实现内心"清静"的同时，能反观自身，沉淀自己的内心世界，达到真正的"寂"，是对人生深刻的体会与感悟。

日本茶道（图 2-1-1）的仪式感与艺术性体现在喝茶程序之中。日本的茶道有固定的规程：首先，茶叶要碾得精细，茶具要擦得干净；其次，茶艺师的动作要规范，点茶、煮茶、冲茶、献茶动作要敏捷，仪态要优雅，要富于节奏感与艺术美；最后，茶道中讲究插花艺术，要根据季节和来宾的声望、地位、年龄和文化等各方面加以选择，协调搭配，使茶与花形成完美统一。

日本花道源于中国隋朝时期的佛堂供花，后成为日本女子教育的一个重要组成部分，共分为 20 多个流派。花道通过花的颜色、线条的美感、花的样式形态、质感的和谐统一来追求"静、雅、美、真、和"的意境，强调天、地、人三位一体。

日本书道，即书法，又叫作"入木道"或"笔道"。日本人最早是用毛笔抄录佛经，现如今是人们修身养性的重要方式之一。

相扑，在唐朝时传入日本，成为一种流行的体育运动。日本相扑（图 2-1-2），由两名大力士裸露上身，互相角力格斗，一方将对手扳倒或推出土表外即为胜。日本相扑按运动成绩分为 10 级，由低到高分别是序之口、序二段、三段、幕下、十两、前头、小结、关胁、大关及横纲。横纲是运动员的最高级称号，也是终身荣誉称号。

▲ 图 2-1-1　日本茶道

▲ 图 2-1-2　相扑

日本文学横跨千年历史，涌现了一批又一批杰出的文学家。《源氏物语》是由日本平安时代女作家紫式部创作的一部长篇写实小说，以日本平安王朝全盛时期为背景，描写了主人公源氏的生活经历和爱情故事，全书共五十四回，近百万字，所涉人物四百多位。作品在贯彻写实的美学思想的同时，也创造了日式浪漫的"物哀思想"，是世界文学宝库的珍品。

村上春树，1949年1月出生于日本京都，日本当代作家。1979年，凭借小说处女作《且听风吟》获得第23届日本群像新人文学奖。1987年第五部长篇小说《挪威的森林》在日本畅销400万册，广泛引起"村上现象"。村上春树的作品不受传统拘束，少有日本战后的阴郁气息，写作风格充满轻盈的基调，构思新奇，行文潇洒自在，被誉为日本20世纪80年代的文学旗手。

（七）主要节日

日本节日分法定节假日和民间节日，日本的法定节假日共16个，包括元旦、成人节、国庆节、春分、昭和之日、宪法纪念日、绿之日、儿童节、海节、敬老节、山之日、秋分、体育节、文化节、劳动感恩节、天皇诞辰日。日本的民间节日主要包括女孩节、樱花节、祇园节、七夕节、七五三节等。

1月1日，元旦。日本的新年是日本人一年中最重要的节日之一。按照日本的风俗，除夕前要大扫除，并在门口挂草绳，插上橘子，门前摆松、竹、梅，寓意吉利；除夕晚上全家团聚吃荞麦面；半夜听"除夕钟声"守岁，也有许多日本人穿着和服去寺庙祈福，寺里的钟声敲响108下，意味着每个人在新的一年中都有108个心愿；元旦早上吃年糕汤。

1月第2个星期一，成人节。成人节是庆祝年满20岁的青年男女成人的节日，由各市、镇、村的行政机关组织举行成人仪式。

2月11日，国庆节。根据日本神话，公元前660年2月11日神武天皇建国，故宪法将这一天定为建国纪念日。

3月21日左右，春分。这一天是扫墓、祭拜祖先的日子。

4月29日，昭和之日。这一天是昭和天皇裕仁的生日。

5月3日，宪法纪念日。1947年5月3日，日本现行宪法开始实施，于是把这一天定为纪念日。

5月4日，绿之日。每年这一天，日本国民走进大自然、亲近大自然、亲近绿色生活；同时在这个春暖花开的时节，国民也要心怀感恩，感恩自然的馈赠。

5月5日，儿童节。每年这一天，有男孩的家庭都会在户外用高竿悬挂鲤鱼旗，摆放武士人偶，为男孩祈福，愿男孩健康成长。同时5月5日也是端午节，所以在这一天家家户户门上还会摆菖蒲叶，屋内挂钟馗驱鬼图，吃驱邪的糕团或粽子。

7月第3个星期一，海节。日本是岛国，四面环海，这个节日是为了感谢大海的馈赠，同时祈福，愿国家风调雨顺、国富民强。

9月第3个星期一，敬老节。这个节日的宗旨是尊敬老人、感谢老人，祝愿老人健康长寿。

8月11日，山之日。自2016年起这一天就被定为"山之日"，作为多山国家，日本的目的是让国民更加亲近山。

9月23日左右，秋分。和春分一样，这一天是扫墓和祭拜祖先的日子。

10月第2个星期一，体育节。1964年，在日本东京举行奥林匹克运动会，这一天是纪念奥运会开幕式的日子。

11月3日，文化节。1964年11月3日，日本公布新宪法，这一天定为文化节，用以提倡热爱自由平等，促进文化事业的发展。这一天会为文化领域有突出贡献的人士颁发"文化勋章"，这也是日本文化领域的最高奖项。

11月23日，劳动感恩节。这时正是收获的季节，为了表示收获的喜悦，对收获的感恩，制定此节日。

12月23日，天皇诞辰日。明仁天皇出生于1933年12月23日，这一天是他的生日。

除法定节假日外，日本的民间节日众多，共同构成了日本丰富多彩的节日文化。

3月3日，女孩节。这一天，有女孩的家庭会陈饰雏人形（人形娃娃），供奉菱形年糕、桃花，为女孩祈福，愿女孩幸福。这一天，女孩们会穿着漂亮的和服，在偶人坛前食糕饼、饮白色甜米酒，和最亲密的伙伴共度节日，这一天也是日本女孩最高兴的日子。

3月15日至4月15日，樱花节。这个时间段，日本大多数地方樱花盛开，日本人会在樱花树下聚会、野餐，共度欢乐时光。自江户时代开始，日本民间就有在樱花树下野餐的习俗。

7月1日至29日，祇园节。日本京都的祇园节（图2-1-3），起源于9世纪末，为了祈求驱逐瘟疫而设立。现如今，在节日期间城镇的老式家庭仍然会在屋檐下挂着神灯、装饰鲜花；在17日会进行花车巡回，使京都祇园节气氛达到高潮。

7月7日，七夕节。日本七夕节和中国七夕节不同，这个节日是祈求姑娘们拥有好手艺。每年这个时候，人们会在五颜六色的长条诗笺上写下愿望，连同用纸做的装饰品一起挂在自家院内，除此之外还要在院子里摆上玉米、梨等供品祈福，愿女儿的手艺进步。庆典结束时，这些供品将被放到河里顺水漂走，象征愿望能够到达天河。

11月15日，七五三节（图2-1-4）。每年11月15日，3岁和5岁的男孩、3岁和7岁的女孩会穿上鲜艳的和服去参拜神社、祈福，愿平安顺利的长大。

▲ 图2-1-3 日本京都祇园节

▲ 图2-1-4 七五三节

（八）风俗与禁忌

日本有"礼仪之邦"之称，讲究礼貌、礼节。

在日常交往活动中，日本人善于自谦，"请多关照""照顾不周"是经常使用的表达方式。日本人见面施鞠躬礼，并说"您好""再见""请多关照"。比较熟悉的人见面互相鞠躬以2~3秒为宜；好友见面，腰弯的时间更长；与社会地位尊崇的人或者长辈见面，要等对方抬头后再抬头，有时甚至要鞠躬几次以表达尊敬。在社交场合，日本人也施握手礼。

日本人有浓厚的等级观念意识，在日本社会中，等级制度极强，上、下级之间，长、晚辈之间的界限十分清晰。在生活和工作中，如果不尊重等级制度，就会引起他人的反感。以生活、工作中的一些小事为例，例如年长的人、地位高的人走路时要走在前面，职位高的、财产多的、年长的人座位排序要在前、在上座。在日本的传统民族观念中，"男尊女卑"意识依然根深蒂固，一般妇女对男子极为尊重。

日本人有喝茶的习惯，一般都喜欢喝温茶。斟茶时，以斟至八分满最为恭敬。

日本一般性公共场所均禁烟，日本人不习惯向客人敬烟。

日本人时间观念极强。无论在生活还是工作中，约会都要提前5~10分钟到达，不能失约；有事拜访应事先预约，未经预约就上门是极不礼貌的行为。

在日本，社会交往中喜欢互赠礼品。有喜事，送礼喜欢用黄色、红色；遇不幸事时，送礼习惯用黑色、白色、灰色。

日本人喜欢乌龟和鹤类等动物，认为这些动物是吉祥和长寿的象征。

日本人最喜爱樱花。在日本，樱花盛开春日到来，人们认为樱花具有纯洁、清雅、崇高的品质，日本人视樱花为民族的骄傲，把樱花作为勤劳、勇敢、智慧的象征。

日本人有崇拜、敬仰"7"的风俗。据说，这与太阳、月亮、水星、金星、火星、木星、土星有关，意为给人间带来了光明、温暖和生命。

日本人忌讳"4"，因"4"和"死"的发音相似，很不吉利；他们送礼特别忌讳"9"，忌讳3人"合影"。日本人不喜欢紫色，认为紫色是悲伤的色调；最忌讳绿色，认为绿色是不祥之色；日本人认为黄色是阳光的颜色，让人喜悦，给人安全感；白色是纯洁的颜色。

日本人对送花有很多禁忌：忌讳赠送或摆设荷花；探望病人时忌用山茶花，因为山茶花凋谢时整个花头落地，不吉利；探望病人时忌用仙客来，仙客来花在日语中读音为"希苦拉面"，而"希"同日文中的"死"发音类同；探望病人时忌用淡黄色和白颜色的花，这是日本传统观念就不喜欢的花；日本人对菊花图案的东西有戒心，菊花是皇室的标志，一般不能接收这种礼物。

日本人对装饰有狐狸和獾图案的东西反感，认为狐狸贪婪、狡猾，獾狡诈。日本人还很讨厌金、银眼的猫，认为见到这样的猫会很丧气。

日本人忌讳随意触及别人的身体，认为这是极为失礼的举动。

（九）饮食文化

自古以来，日本人就以大米为主食，以大米为原材料制作的炒饭、赤豆饭、什锦炒饭、八宝饭极受欢迎。日本是一个海岛国家，喜欢吃鱼、虾、贝类等海鲜，可以生食也可以熟吃；也喜欢吃牛肉、野禽、蛋类、瘦猪肉、鲜蘑、木耳、豆腐等。日本人一般不吃肥肉和猪内脏。日本人讲究菜肴少而精，注重菜品的营养价值，讲究营养均衡。日本人口味偏淡，喜食甜、酸和微辣口味；在烹饪技法方面，对凉拌、煎、炒、蒸、炸、串烤等烹调方法制作的菜肴偏爱。

（十）服饰文化

和服，是日本的民族服饰，分为公家着物和武家着物。日本人将自己对生活的所有感悟和体会全部展现在和服的设计上，极具艺术感。在日本，成人礼、婚礼、葬礼、祭礼、剑道、弓道、棋道、茶道、花道、卒业式、宴会、雅乐、文艺演出以及传统节日，都会穿上和服出席。和服种类众多，按不同场合、不同性别，款式众多，同时还有很多配饰，一起搭配穿着具有极强的民族特点。

视频：日本国家旅游局宣传片

课堂讨论：请思考一下，为日本旅客服务时，要注意哪些问题？

四、主要旅游资源

1. 富士山

富士山位于日本东京西南方约 100 千米的地方，是日本民族的象征，被日本人民誉为"圣岳"，在全球享有盛誉。2013 年富士山——神圣之地和艺术启迪之源被联合国教科文组织世界遗产委员会批准作为世界文化遗产，列入《世界遗产名录》。

微课：富士山

富士山是一座横跨静冈县和山梨县的活火山，是日本国内的最高峰，高度为 3 775.63 米，体积约为 500 立方千米，富士山的山麓周长约 125 千米（连同山麓熔岩流），底部直径 40～50 千米，山顶的火山口地表直径大致为 500 米，深约 250 米。远观富士山，山体高耸入云，山巅白雪皑皑，宛如玉扇，美不胜收。

受天气影响，一年中只有规定的一段时间可以登富士山，一般为每年 7 月 1 日的"山开"到 8 月 26 日的"山闭"。每年来富士山的游客大约有 30 万人次，且每年都在增加，受到世界各地游客的好评。

富士山的北麓有富士五湖。从东向西分别为山中湖、河口湖、西湖、精进湖和本栖湖。其中山中湖最大，面积为 6 750 平方米。河口湖是五湖中开发最早的，这里交通便利，是五湖观光的中心。西湖又名西海，是五湖中环境最安静的一个湖。精进湖是最小的一个湖，风格最为独特，湖岸有许多高耸的悬崖，地形复杂。本栖湖水最深，最深处可达 126 米，呈深蓝色，充满着神秘的色彩。

2. 鹿苑寺

鹿苑寺，位于日本京都市北区，得名寺院创立者室町幕府三代将军足利义满的法号，足利义满死后也葬于此。1994 年 12 月，鹿苑寺全境被联合国教科文组织确定为世界文化遗产。

鹿苑寺始建于 1397 年，舍利殿是室町时代前期北山文化的代表建筑，但在 1950 年被大火损毁，1955 年重建。重建后的金阁是木造的 3 层楼阁式建筑，屋顶是宝塔形状，并有铜制的凤凰；虽为三层建筑，但是由于一层和二层之间没有做出屋顶的延伸，所以形式上是"二重三层"。一层是用木头制作，二层与三层的外面全部贴满金箔，三层的内部也贴满了金箔（地板除外）。因此，鹿苑寺也被称为"金阁寺"。

课堂讨论：有人说去日本旅游，泡温泉、赏樱花、攀登富士山是几项必做之事，谈谈你的想法。

五、主要机场和航空公司

（一）主要机场

日本机场众多，按其规模与用途可分为四类。一类机场主要由国际航线使用，担负日本国际、国内航空输送中心职务，根据日本《空港法》第一章第 4 条规定，日本国家中心机场包括东京成田国际机场、东京羽田国际机场、名古屋中部国际机场、大阪关西国际机场和大阪伊丹国际机场。二类机场为国内航线使用，主要包括北海道新千岁机场、仙台机场、秋田机场、福冈机场、长崎机场、那霸机场等。三类机场由地方航空运输使用，主要包括青森机场、福岛机场、神户机场等。四类机场是市町村联结专用飞行场，主要包括调布飞行场、名古屋飞行场、千岁飞行场等。

日本成田国际机场（ICAO 代码：RJAA；IATA 代码：NRT），位于日本千叶县成田市，西距东京都中心 63.5 千米，为 4F 级国际机场、国际航空枢纽。2019 年，成田国际机场共完成旅客吞吐量 4 434.4 739 万人次，同比增长 4.0%，日本排名第 2 位；货邮吞吐量 203.990 5 万吨，同比下降 7.0%，日本排名第 1 位；飞机起降 26.411 5 万架次，同比增长 4.0%，日本排名第 2 位。截至 2020 年 1 月，成田国际机场共有 106 家航空公司开通了飞往 41 个国家和地区的 118 座城市的 121 条国际 / 地区航线，和通往日本国内 23 座城市的 23 条国内航线。

截至 2020 年 7 月，成田国际机场共有 3 座航站楼。T1 航站楼面积为 46.3 万平方米，T2 航站楼面积为 39.1 万平方米，T3 航站楼面积为 12.3 万平方米。停机坪设 171 个机位，其中近机位 83 个，货机位 21 个，远机位 34 个，客货混合机位 33 个。成田国际机场共有 2 条跑道，A 跑道 16R/34L 长 4 000 米，宽 60 米，道肩 10 米，道面为沥青 / 混凝土；B 跑道 16L/34R 长 2 500 米，宽 60 米，道肩 10 米，道面为沥青 / 混凝土。

截至 2020 年 7 月，成田国际机场航空货站面积为 28.6 万平方米，分为 1 至 7 货运大楼、日光货运大楼、进口联合仓库大楼、维修区货运仓库、1 货运代理大楼、2 货运代理大楼、货运管理大楼、熏蒸仓库、南部第1至第6货运大楼等航空公司。

成田国际机场T1航站楼设340个人工值机柜台。T1航站楼北翼值机包括喀里多尼亚卡林航空、俄罗斯国际航空、法国航空、墨西哥航空、意大利航空、香港航空、四川航空、中国南方航空、厦门航空、达美航空、以色列航空、阿提哈德航空、印尼鹰航、越南航空、真航空、大韩航空、荷兰皇家航空、沙特阿拉伯航空和狮子航空等航空公司。T1航站楼南翼值机包括韩亚航空、首尔航空、加拿大航空、全日空航空、新西兰航空、釜山航空、中国国际航空、山东航空、深圳航空、汉莎航空、埃塞俄比亚航空、长荣航空、山羊航空、波兰航空、埃及航空、南非航空、北欧航空、新加坡航空、瑞士航空、泰国国际航空、土耳其航空、联合航空、乌兹别克斯坦航空、维京澳洲航空等航空公司。

成田国际机场T2航站楼设244个人工值机柜台，包括美国航空、印度航空、斯里兰卡航空、澳门航空、英国航空、曼谷航空、中华航空、菲律宾鹰航、中国东方航空、海南航空、国泰航空、上海吉祥航空、易斯达航空、飞萤航空、芬兰航空、斐济航空、夏威夷航空、香港快运航空、伊比利亚航空、日本航空、智利拉塔姆航空、马来西亚航空、华信航空、泰国酷鸟航空、菲律宾航空、巴基斯坦国际航空、澳洲航空、卡塔尔航空、新西伯利亚航空、巴西天马航空、泰国亚洲航空、新加坡酷航、喀里多尼亚航空、台湾虎航、德威航空、阿联酋航空、越捷航空、斯卡特航空、亚航长途等。

成田国际机场T3航站楼设67个人工值机柜台，是低成本航空公司的值机大楼，包括春秋航空、春秋日本航空、乐桃航空、捷星日本航空、捷星太平洋航空、天马航空等低成本航空公司。

（二）主要航空公司

日本航空业发达，主要航空公司包括全日空航空公司、日本航空公司、日本北海道国际航空公司、日本天马航空公司、日本天籁亚洲航空公司等。

全日空航空公司（ICAO代码：ANA；IATA代码：NH），简称全日空（图2-1-5），是亚洲最大的航空公司之一，星空联盟成员。全日空主营业务包括定期航空运输，非定期航空运输，采购、销售、出租和保养飞机及飞机零件，航空运输地面支援等。全日空一贯秉承安全、高品质服务的理念，立足全球旅客需求，以旅客为导向不断改进服务，连续8年被Skytrax评为五星级航空公司。

▲ 图2-1-5 全日空

全日空已开通日本国内约50个城市的航线，每天约有800多个航班，航班量占日本国内市场的一半。全日空已开通连接亚洲、北美、欧洲等地的国际航线，通航32个海外目的地。

目前，全日空通航我国的北京首都国际机场、上海浦东国际机场、上海虹桥国际机场、大连周水子国际机场、沈阳桃仙国际机场、青岛流亭国际机场、成都双流国际机场、广州白云国际机场、杭州萧山国际机场、厦门高崎国际机场、武汉天河国际机场、香港国际机场、台北松山国际机场、台北桃园国际机场等。

案例拓展

全日空航空公司

全日空秉承为世界各地的人们提供美好的体验的经营理念，以乘客为导向，在安全可靠的基础上，为乘客创建具有吸引力的环境，提供亲切的服务；回报社会，迎接新的挑战。全日空是全球第一家订购并使用波音787梦幻飞机的航空公司，拥有世界最大的波音787机队（图2-1-6），航线遍布全球。

▲ 图2-1-6　波音787

全日空机舱座椅在保证舒适性的同时，实现了简洁化，薄型可躺式座椅，最大限度地让乘客感受到空间的宽敞。同时配备通用电源和USB接口，搭载高分辨率触摸式液晶显示器，让乘客可以随时享受各种电影和音乐。

全日空的飞机餐也十分精致。全日空的"机内餐食总评选"始于2013年"和客人共同创造机内餐食"的想法。目前供应的是在SNS公开投票中当选日式料理第1名与西餐第2名的菜品。在2018年10月的机内餐食总评选中脱颖而出的当地咖喱菜品也在2019年3月供应。全日空商务舱的餐食更是由著名的主厨、专业的品酒师和咖啡师打造，菜单的内容也会根据季节和航线的不同进行变换，让出行成为一场美食盛宴之旅。去日本旅游的游客，在欣赏日本各地风光、品味日本特色佳肴前，不妨搭乘全日空航班，先体验一番贴心、用心、安心的日式优质服务。

（资料来源：全日空官网 https://www.ana.co.jp/zh/cn/）

思考： 结合全日空的服务特色谈谈对你的启示。

课堂讨论： 请思考一下，为航班飞行途中的日本旅客服务时，要注意哪些问题？

第二节　韩国

知识目标

了解韩国的基本概况和历史；掌握韩国的风俗习惯；掌握韩国的主要旅游资源；掌握韩国的主要航空公司和机场概况。

 **技能目标**

结合所学知识,能合理安排旅客航程,为旅客提供优质的服务。

 **情境导入**

济州岛,位于朝鲜半岛南端,是韩国最大的岛屿、最大的度假胜地和蜜月目的地。这里全年气候适中,天气宜人,所以这里也成为韩国影视剧取景的热门地区。韩剧《我叫金三顺》和《My Girl》的外景拍摄地在济州岛城山日出峰,《人鱼公主》《连理枝》和《触不到的恋人》在牛岛,《宫》《天堂牧场》《浪漫满屋》和《Ted 泰迪熊》则在泰迪熊博物馆。

结合情境,谈谈电影、电视作品对旅游业、民航业的影响。

知识内容

一、初识韩国

韩国,全称大韩民国,是东亚五国之一。韩国民族结构以韩民族为主,占总人口的96.25%。韩国采用市场经济模式,是 G20 成员之一。2019 年国内生产总值 1.64 万亿美元,人均国民收入 3.2 万美元,经济增长率 2.0%。近年来,韩国政府将旅游业确定为战略产业,通过文化宣传、简化入境手续、改善硬件设施、提升服务水平等多种方式支持旅游业发展。据韩方统计,2019 年访韩外国游客 1 700 余万人次,创历史最高纪录。

近年来,韩国基本形成了以韩美同盟为基轴,加强美、中、日、俄四大国外交,积极参与地区与国际事务的多层次、全方位外交格局。自 1992 年 8 月 24 日中韩两国建交以来,两国友好合作关系在各个领域都取得快速发展,两国在地区及国际事务中保持密切协作。

课堂讨论:谈谈你对韩国的第一印象。

二、地理概况

韩国,位于东亚,朝鲜半岛南部,总面积为 10.329 万平方千米,东、南、西三面环海,海岸线总长约 5 259 千米,东边是日本海,东南是朝鲜海峡,西面濒临黄海,北面隔三八线与朝鲜相邻。

韩国多山少平原,地形具有多样性,低山、丘陵、平原交错分布。山地占朝鲜半岛面积的 2/3 左右,地势北高南低,东高西低。太白山脉纵贯东海岸,构成朝鲜半岛南部地形的脊梁,其向黄海侧伸出的几条平行山脉组成低山丘陵地带,有太白山脉、庆尚山脉、小白山脉等。平原主要分布在南部和西部,黄海沿岸有江汉平原、湖南平原等,南海沿岸有金海平原、全南平原等。

韩国属温带季风气候，四季分明，年均气温13℃～14℃，年均降水量为1 300～1 500毫米。

韩国河流分布稠密，径流量季节变化很大。夏季汛期，暴雨频繁，河流暴涨；冬季、春季则是枯水期。韩国最长的河流是洛东江和汉江，洛东江长525千米，流域面积2.3万平方千米，流入东海；汉江长514千米，流入黄海；其他河流有锦江、蟾津江、临津江等。韩国湖泊较少，最大的天然湖泊是白鹿潭，位于济州岛汉拿山顶火山口；最大的人工湖泊是昭阳湖，位于江原道春川市东北13千米处。

韩国矿产资源种类繁多，但有开采价值的矿物数量很少，矿产赋能有限。目前，已发现的矿物有280多种，其中有经济价值的50多种，有开采利用价值的矿物有铁、无烟煤、铅、锌、钨等，但储量不大，主要工业原料依赖进口。

课堂讨论：结合地理知识，韩国的国土面积大致与我国哪个省份的面积相当？

三、人文概况

（一）历史概览

朝鲜半岛历史悠久，最早可追溯到旧石器时代。在韩国发现的旧石器时代人类遗迹有忠清北道丹阳金窟遗址、忠清北道清原万水里遗址、京畿道涟川全谷里遗址、京畿道南杨州好坪洞遗址等。

"古朝鲜"，一般认为是朝鲜半岛最早出现的古代国家，分为檀君朝鲜、箕子朝鲜、卫满朝鲜。公元前2世纪末，汉武帝派杨仆、荀彘进攻朝鲜，朝鲜王右渠被杀，都城王险城被汉军攻克，卫满朝鲜灭亡，汉朝在其故地上设置乐浪、真番、临屯、玄菟四郡，是为汉四郡。而后经过上百年的分化演变，朝鲜半岛南部形成了三大部落联盟：辰韩、马韩、弁韩，统称"三韩"。历史推至562年，新罗、高句丽、百济形成势力均衡的"海东三国"格局。公元668年，唐罗联军灭高句丽和百济，新罗统一了朝鲜半岛，史称统一新罗时代。公元918年，弓裔的部将王建通过军事政变推翻弓裔而即位为王，国号高丽，开启了高丽王朝时代。公元1392年，高丽将军李成桂自立，改国号为"朝鲜"，朝鲜王朝创立。

1592年开始，日本两次入侵朝鲜半岛，朝鲜王朝蒙受空前灾难，人口和耕地锐减，社会秩序逐渐松动。1637年，朝鲜成为清朝的属国。1894年日本发动旨在吞并朝鲜的"甲午战争"，中国驻朝鲜军队被迫应战；甲午战争后，中朝宗藩关系结束，朝鲜改国号为大韩帝国。1910年8月，日本迫使韩国政府签订《日韩合并条约》，正式吞并朝鲜半岛。1910年到1945年，朝鲜半岛处于日本殖民统治的时代，韩国称这一时期为"日帝强占期"。

1948年8月，朝鲜半岛南部宣布成立大韩民国；9月朝鲜半岛北部宣告成立朝鲜民主主义人民共和国。而后韩国经历了民主与独裁统治的反复交替，直至1987年之后，第六共和国开始逐渐建立自由民主的政府。

1991年，韩国加入联合国。1992年8月韩国与我国建交。

（二）政治制度

韩国实行三权分立、依法治国的体制。总统是国家元首和全国武装力量总司令，在政府系统和对外关系中代表整个国家，任期5年，不得连任。总统是内外政策的制定者，可向国会提出立法议案等，同时也是国家最高行政长官，负责各项法律法规的实施。

韩国实行一院制，共300个议席，议员任期4年。国会是立法机构，主要职能包括审议各项法案、审议国家预决算、监察政府工作、批准对外条约以及同意宣战或媾和、弹劾总统和主要政府官员、否决总统的紧急命令等。

审判机关有大法院、高等法院、地方法院和家庭法院。大法院是最高审判机关，院长由总统任命，须经国会同意，任期6年，不得连任；另设有宪法裁判所。检察机关有大检察厅、高等检察厅和地方检察厅，隶属法务部；大检察厅是最高检察机关，检察总长由总统任命，无须国会同意。

知识卡片：首尔

韩国宪法规定韩国实行多党制，主要政党有自由韩国党、共同民主党、国民之党、正党、正义党等。

韩国设1个特别市，2个特别自治市（道），8个道，6个广域市。

（三）国家象征

韩国的国旗为太极旗。太极旗的横竖比例为3∶2，白底代表土地，中间为太极两仪，四角有黑色四卦。太极的圆代表人民，圆内上下弯鱼形两仪，上红下蓝，分别代表阳和阴，象征宇宙。四卦中，左上角的乾即三条阳爻代表天、春、东、仁；右下角的坤即六条阴爻代表地、夏、西、义；右上角的坎即四条阴爻夹一条阳爻代表水、秋、南、礼；左下角的离即两条阳爻夹两条阴爻代表火、冬、北、智。整体图案意味着一切都在一个无限的范围内永恒运动、均衡和协调，象征东方思想、哲理和神秘。

韩国国徽的中央为一朵盛开的木槿花，木槿花的底色白色象征着和平与纯洁，黄色象征着繁荣与昌盛。花朵的中央被一幅红蓝阴阳图代替，它不仅是韩国文化的一个传统象征，而且代表着国家行政与大自然规律的和谐。一条白色饰带环绕着木槿花，饰带上缝着国名"大韩民国"四字。

韩国的国歌是《爱国歌》。

韩国的国花是木槿花。

（四）人口、民族和信仰

截至2020年5月，韩国总人口约5 200万。

韩国主要民族为韩民族，占全国总人口的96.25%。

韩国人主要信仰佛教、基督教新教、天主教。

（五）经济结构

韩国采用市场经济模式，是拥有完善市场经济制度的发达国家。

20世纪60年代，韩国经济开始起步；70年代以来，韩国经济持续高速增长，创造"汉江奇迹"；1997年亚洲金融危机后，韩国经济进入中速增长期。

韩国经济产业以制造业和服务业为主，造船、汽车、电子、钢铁、纺织等产业产量进入世界前10榜单。大企业集团在韩国经济中占有十分重要的地位，主要大企业集团有三星、现代汽车、SK、LG等。

韩国农业产值（含渔业和林业）约占GDP的2.6%。现有耕地面积183.56万公顷，主要分布在西部和南部平原、丘陵地区。

工矿业产值约占GDP的30%，半导体销售额居世界第1位，粗钢产量居世界第6位。

韩国旅游业较为发达。近年来，韩国政府将旅游业确定为战略产业，积极鼓励和发展旅游业，通过不断简化旅游地区入境手续、完善国内旅游市场、改善硬件设施、提升服务水平等多种方式吸引国外游客。

（六）文化教育

韩国通用韩语。

韩国1953年起实行小学六年制义务教育，从1993年起普及初中三年义务教育。韩国全国各类学校（包括公立和私立）近2万所，学生1 100多万人，教师50多万人。著名高等院校是S.K.Y联盟三所高校，即首尔大学、延世大学、高丽大学，寓意撑起韩国高等教育的一片天。

韩国新闻传媒业发达，报社、杂志社、通信社、广播公司等新闻机构共有230多家，从业人员4万多人。韩国广播公司（KBS）、文化广播公司（MBC）、首尔广播公司（SBS）并列为韩国三大无线电视台。

思政小课堂

书法

书法，即文字符号的书写法则，是按照文字的特点和含义，按笔法、结构、章法书写，使之成为富有美感的艺术作品。书法的书体，即书法的风格主要有篆书、隶书、楷书、行书、草书。而在每一种字体中又分若干小的门类，例如篆书又分大篆、小篆，草书有章草、今草、狂草之分。书法是一种艺术创作，具有艺术之美，书法作品是书法家技法、力量、个性的统一。

中国书法艺术源远流长，王羲之的《兰亭序》，颜真卿的《祭侄文稿》，米芾的《研山帖》，赵孟頫的《洛神赋卷》，欧阳询的《九成宫醴泉铭》，王铎的《拟山园帖》都是经典之作。受中国文化影响，书法在韩国也是一种重要的艺术形式，有悠久的传统与历史，可以追溯到三国时代。在朝鲜时代最伟大的书法家是金正喜，他的书法脱胎于中国隶书，但在布局上富于画感，笔触苍劲有力，作品充满活力，善于在不对称中见和谐统一，建立了"秋史体"的风格，被世人称颂。

思考：中韩两国的文化有很多相似之处，除书法外你还知道哪些相似文化？

（七）主要节日

1月1日，元旦。这一天是公历新年，韩国各地会举行跨年仪式，以首尔为例，每年会在光化门保普信阁举行新年敲钟仪式，以迎接新年到来。

农历正月初一，春节。春节最重要的活动就是祭祀祖先，子孙要依次行礼，祈求祖先保佑。新年第一餐，韩国人有吃年糕汤的习俗，寓意又长大一岁，平安健康。

3月1日，三一节（图2-2-1）。这是为了纪念1919年3月1日的全国性反日救国运动而设立的，是韩国五个"国庆日"之一。

4月5日，植树日。这一天全国各地植树造林。

农历四月初八，浴佛节（图2-2-2）。这一天是佛祖释迦牟尼的诞辰，每年浴佛节，韩国各寺庙都会举行庄严的法会。

5月5日，儿童节，这一天为儿童举行各种庆祝活动。

农历五月初五，端午节。在韩国许多地区都有端午习俗，其中江陵端午祭是保存比较完整的传统节日习俗。江陵端午祭是韩国江原道江陵市在端午时间段特有的一种巫俗祭祀活动，其间会举行各种巫法和祭祀典礼，并会举行各类传统游戏体验活动。2005年11月25日被世界教科文组织指定为人类口头和非物质遗产。

▲ 图2-2-1 三一节

▲ 图2-2-2 浴佛节

6月6日，显忠日。全国在这一天向阵亡将士献祭，在首尔国立公墓举行纪念仪式。

7月17日，制宪节。1948年7月17日，韩国颁布宪法，这一节日是为纪念这一事件而设立，是韩国五个"国庆日"之一。

8月15日，光复节。这一节日的设立是为纪念1945年8月15日韩国从日本殖民统治下独立，是韩国五个"国庆日"之一。

农历八月十五，中秋节。这一天韩国人返乡，扫墓，祭拜祖先。

10月3日，开天节，又称民族奠基日。传说檀君在公元前2333年的这一天建立第一个古朝鲜国，这一节日为此设立。

10月9日，谚文日，又称韩文日。这是为世宗公布《训民正音》，普及朝鲜半岛民族语言而设的纪念日，是韩国五个"国庆日"之一。

（八）风俗与禁忌

韩国重视礼仪、崇尚礼教、尊敬长辈。在家庭生活中，始终恪守着长幼尊卑的传统：年轻者不得在年长者面前喝酒或吸烟，违反规矩被视为缺乏教养；子女外出，要向父母辞行；父母远行归来，子女要迎接行礼；客人登门拜访，父母先向客人行礼，子女随后依长幼顺序问候行礼。

韩国人见面行鞠躬礼，或施握手礼。

在社会交往活动中，可以称对方先生、夫人、女士、小姐等；对有身份的人可称对方为先生、阁下，也可以加上头衔，例如"总统阁下"。亲密的朋友间，一般在对方名字后加上兄弟、姐姐、妹妹等，例如"佑镇哥哥""善美姐姐"；对男性也可称君，例如"佑振君"。对不相识的男性年长者称大叔，对不相识的女性年长者则称大婶。

在韩国就餐入座时，宾主都要盘腿席地而坐，不能将腿伸直，更不能叉开。用餐时，韩国人没有端碗吃饭的习惯，嘴不可接触饭碗。餐勺在韩国饮食中很重要，负责盛汤、捞汤里的菜、盛饭，筷子在韩国饮食中只负责夹菜。级别与辈分悬殊太大者不能同桌共饮，必须同桌共饮时，身份低者要将杯举得很低，不能平碰，饮酒时应背桌双手举杯而饮。

韩国传统观念是"左卑右尊"，交接东西要用右手，不能用左手，递接长辈东西要双手。

到韩国人家里做客要脱鞋，到韩式饭店用餐也要脱鞋，因此一定要注意穿干净的袜子。

韩国人忌"4"，韩国语中"4"与"死"同音，被认为是不吉利的。

（九）饮食文化

韩国料理，以辣见长，正宗的韩国料理具有少油、无味精、搭配均衡的特点。

传统韩国料理多使用肉类、海鲜、蔬菜为原材料，烹饪方式多为煮、烤、凉拌。新韩国菜则特别注重美感，符合年轻人追求时尚的要求，适合拍照"打卡"，多使用芝士、面粉、鸡蛋，多用油炸等烹饪方式。

韩国菜一般分为家常菜式（图 2-2-3）和筵席菜式，其中泡菜必不可少，韩国人一日三餐都离不开泡菜。韩国泡菜是一种以蔬菜为主要原料，添加各种水果、海鲜及肉料、鱼露等发酵的食品。韩国泡菜五味俱全，可佐饭、佐酒，具有易消化、营养价值高的特点。对于韩国人来说，泡菜不仅是一道小菜，是民族文化与传承的体现，韩国人有泡菜情结，其是生活中不可或缺的部分。韩国每年都会举办以泡菜为主题的博览会、展示会、研讨会，泡菜文化是韩国饮食文化最重要的组成部分。

▲ 图 2-2-3　韩国家常菜式

(十)服饰文化

韩服(图 2-2-4)是韩国的传统服装。现代女性韩服的普通着装叫作"赤古里裙",包括赤古里和高腰背心裙;男性韩服的普通着装叫作"赤古里巴基",包括赤古里和裤。韩服按穿着的不同场合可分为不同类型,包括日常生活型、典礼型和特定场合型。现代韩服可分为节日服、花甲宴服、周岁服、仪式礼服、婚礼服等。由于韩服是礼服,除了节日、正式场合外,现在已极少在日常生活中穿着。

▲ 图 2-2-4 韩服

韩服缝纫技术称为针线匠,1988 年被列入韩国重要非物质文化财产,用具包括布、针、线、顶针、剪刀、尺、咽、熨板、熨斗等,布料主要是丝绸、棉布、苎麻等。

课堂讨论:说说你喜欢的韩国料理。

四、主要旅游资源

1. 景福宫

景福宫位于首尔,是朝鲜半岛历史上最后一个统一王朝朝鲜王朝的正宫,是首尔五大宫之首。景福宫得名于《诗经》中"君子万年,介尔景福"中"景福"二字,始建于 1395 年,历经多次破坏和重建。

景福宫占地面积 57.75 公顷,呈正方形,南为正门光化门,东为建春门,西为迎秋门,北为神武门。景福宫内有勤政殿、思政殿、康宁殿、交泰殿、慈庆殿、庆会楼、香远亭等殿阁。景福宫的正殿是勤政殿,这是韩国古代最大的木结构建筑物,是举行正式仪式以及接受百官朝贺的大殿,气势恢宏。思政殿位于勤政殿后身,是国王办公的地点,思政寓意国王深思国事。

视频:韩国旅游宣传片

2. 济州岛

济州岛位于韩国西南海域,是韩国最大的岛屿,面积为 1 845 平方千米。济州岛气候温和,素有"韩国夏威夷"之称。济州岛由火山喷发形成,地貌十分奇特,2007 年被联合国教科文组织定为世界自然遗产。

济州岛四面环海,包括 26 个小岛和数以百计的丘陵、滨海瀑布、悬崖和熔岩隧道。在这里可以欣赏自然风光之美,观赏名胜古迹之悠,还可体验现代特色文化。

微课:济州岛

汉拿山,位于济州岛,意为"能拿下银河的高山",海拔 1 950 米,是韩国最高的山。攀登汉拿山可领略四季变化,享四季风光,1970 年被确立为国立公园。

济州民俗博物馆再现了 19 世纪 90 年代末至今,济州岛的传统文化和民俗风貌。博物馆中藏有 100 多套传统房屋,这是原济州岛居民生活使用过的房屋,一砖一瓦皆是历史。

这些传统房屋内陈列着当时的生活用具，包括农具、渔具、家具、石物等，共计8千多件民俗资料，极具研究和观赏价值。

课堂讨论：韩国景福宫建筑是以丹青色为主要色调，你了解原因吗？

五、主要机场和航空公司

（一）主要机场

韩国现有8个国际机场，主要包括仁川国际机场、济州国际机场、金浦国际机场、金海国际机场等。其中，仁川国际机场为4F级国际大型枢纽机场，韩国排名第一。

仁川国际机场（ICAO代码：RKSI；IATA代码：ICN），位于韩国仁川广域市中区永宗岛，距首尔市中心49千米。2019年，仁川国际机场旅客吞吐量7 116.972 2万人次，同比增长4.3%，韩国排名第1位；货邮吞吐量3 765 648.8吨，同比下降5.3%，韩国排名第1位；飞机起降40.410 4万架次，同比增长4.3%，韩国排名第1位。截至2020年4月，仁川国际机场共有84家航空公司开通飞往54个国家和地区的180座城市的航线。

仁川国际机场共有2座航站楼，T1航站楼和T2航站楼。仁川国际机场共有4条跑道，其中2条长4 000米，2条长3 750米，均为60米宽，道面均为沥青/混凝土。

T1航站楼主楼面积为50.5万平方米，客机机位60个，货机机位24个，值机柜台234个；卫星厅面积为16.7万平方米，设有77个登机口，客机机位49个，值机柜台146个。T1航站楼主楼为韩亚航空、济州航空、德威航空等航空公司的专用航站楼，卫星厅为韩国境外航空公司使用。同时，为方便国际旅客出入境，T1航站楼设有14个自助出境检查系统和26个自助入境检查系统。

T2航站楼面积为38.7万平方米，客机机位54个，货机机位13个，值机柜台238个。T2航站楼为大韩航空、达美航空、法国航空和荷兰皇家航空等"天合联盟"专用航站楼。同时，为方便国际旅客出入境，T2航站楼设有26个自助出境检查系统和28个自助入境检查系统。

仁川国际机场货运航站楼面积共25.8万平方米，设49个货机机位，可满足年旅客吞吐量300万吨的使用需求。

案例拓展

全球最佳机场

2017年10月18日，由国际机场理事会（ACI）主办的机场服务质量（ASQ）颁奖典礼在毛里求斯举行。在针对284个机场实施的机场服务评价中，韩国仁川国际机场以4.99分（满分为5分）排名第一，连续12年被评为"全球最佳机场"。

国际机场理事会是基于对过去一年全球284个主要机场的乘客调查问卷结

果，即机场服务和产品的关键表现指数情况，评估旅客满意度。除"全球最佳机场"外，仁川国际机场还在"亚太地区最佳机场""最佳大型机场"和"亚太地区最佳大型机场"等项目的评估中位居榜首。

国际机场协会自2006年开始全球机场服务质量评比，全球超过300个机场参与旅客满意度调查，其中全球最大的100家机场大多数都参加此项目。全球机场服务质量调查的所有参与机场使用相同的调查表，涵盖了34项关键业绩指标，主要包括8大类内容，涉及旅客飞行服务的全过程体验，包括办理登机手续、安全、机场设施、商业零售等。同时，创建了允许参与者跟踪和分析服务表现的行业标准集，并对世界各地机场的测试结果进行对标，所有参与机场可以在保密基础上查看其他参与机场的ASQ调查结果。

（资料来源：长江网 http://news.cjn.cn/gnxw/201710/t3090864.htm
中国经济网 http://www.ce.cn/aero/201512/02/t20151202_7273429_1.shtml）

思考：结合案例，分析全球最佳机场评比的意义。

（二）主要航空公司

韩国民航企业主要包括大韩航空、韩亚航空、德威航空等。

大韩航空（ICAO代码：KAL；IATA代码：KE），成立于1969年，是韩国最大的航空公司，同时也是全球20家规模最大的航空公司之一，天合联盟成员（图2-2-5）。大韩航空业务类型主要包括旅客运输、货物运输、维护服务、餐饮、酒店等。大韩航空是世界上最大的越洋货物运载企业之一，拥有庞大的货运机队，并在全球八大机场中拥有货运站。

▲ 图2-2-5 大韩航空

大韩航空的标志是太极图案，阴阳图案的设计展现动感姿态，犹如不停旋转的螺旋桨，象征不竭的动力和开拓精神。大韩航空始终秉持"安全"和"客户满意"的核心价值观，不断改进服务，提升服务水平。

大韩航空运营42个国家及地区的108个城市的国际航线业务和国内13个城市的国内航线业务。截至2021年1月，大韩航空拥有159架飞机，包含空客380、330系列和300系列，以及波音787系列、777系列、737系列和747系列。仁川国际机场是大韩航空的国际枢纽港，经营欧洲、非洲、亚洲、大洋洲、北美洲及南美洲航线；金浦机场是大韩航空的国内枢纽港，经营国内航线。

大韩航空于1994年进入中国市场，每周运营约200个航班，在中国开通了包括北京、上海、天津、广州、深圳、青岛、沈阳等城市的客运航线。同时，开通了多条货运航线，覆盖北京、上海、广州、天津、武汉、成都、香港等城市，每周运营航班超30个。

课堂讨论：上网查找，了解韩国主要航空公司空姐制服的样式。

第三节 新加坡

知识目标

了解新加坡的基本概况和历史；掌握新加坡的风俗习惯；掌握新加坡的主要旅游资源；掌握新加坡的主要航空公司和机场概况。

技能目标

结合所学知识，能合理安排旅客航程，为旅客提供优质的服务。

情境导入

按计划，今天韩梅梅白天应该先去新加坡最佳旅游度假地"圣淘沙"游玩，晚上去一家位于33层的餐厅用餐，享受美食的同时将金沙夜景尽收眼底。傍晚7点韩梅梅穿着去海边游玩时的短裤和人字拖前往餐厅，却被餐厅门卫拦下，原因是衣着不整不能入内。韩梅梅非常尴尬又十分不解，度假的标配不就应该是短裤和人字拖吗？

结合情境，你了解新加坡吗？能帮韩梅梅答疑解惑吗？

知识内容

一、初识新加坡

新加坡是东南亚主要国家之一，华人占总人口的74%，其余为马来人、印度人和其他种族。新加坡属于外贸驱动型经济，以电子、石油化工、金融、航运、服务业为主，高度依赖美国、日本、欧洲和周边市场，外贸总额是GDP的四倍。2019年国内生产总值3 768亿美元，增长率0.8%，人均国内生产总值6.6万美元，在世界发达国家中位居前列。旅游业是新加坡外汇收入的主要来源，入境游客主要来自中国、东盟国家、澳大利亚、印度和日本。

新加坡立足东盟，致力于维护东盟团结与合作、推动东盟在地区事务中发挥更大作用；面向亚洲，注重发展与亚洲国家特别是中国、日本、韩国、印度等重要国家的合作关系；奉行"大国平衡"，主张在亚太建立美国、中国、日本、印度战略平衡格局；突出经济外交，积极推进贸易投资自由化，已与多国签署双边自由贸易协定。1990年10月

3日，中新两国建交。建交以来，两国高层交往频繁，经贸合作发展迅速，在多个领域展开了密切的交流与合作。

二、地理概况

新加坡共和国，简称新加坡，别称为狮城，因在城市绿化和环境方面成果显著，又有"花园城市"的美称。新加坡位于马来半岛南端、马六甲海峡出入口，北隔柔佛海峡与马来西亚相邻，南隔新加坡海峡与印度尼西亚相望。新加坡国土面积是724.4平方千米，由新加坡岛及附近63个小岛组成，其中新加坡岛占全国面积的88.5%。

新加坡地势平缓，西部和中部地区由丘陵构成，东部以及沿海地带都是平原，平均海拔15米。新加坡主岛的一座丘陵武吉知马，是新加坡的地理最高点，海拔163米。

新加坡地处热带，年均温度为24℃～32℃，日平均气温26.8℃，年温差和日温差小。年平均降水量2 345毫米，年平均湿度84.3%。11月至次年3月为雨季，多雷雨天气；6月到9月最为干燥；4月到5月，以及10月到11月，酷热，岛内最高温度可以达到35℃。

受地形影响，新加坡的河流短小，全岛共有32条主要河流，包括克兰芝河、榜鹅河、实龙岗河、加冷河等。目前，新加坡已将大部分河流改造成蓄水池为居民提供饮用水源。

课堂活动：概括新加坡的地理位置有怎样的战略意义。

三、人文概况

（一）历史概览

新加坡的历史可追溯至3世纪，东吴将领康泰所著的《吴时外国传》中将新加坡称为"蒲罗中"，意为"马来半岛末端的岛屿"。

三佛齐在国内统治成功之后向周围扩张，逐步控制了马六甲海峡和巽他海峡。但由于三佛齐连年征战，国力虚弱，各属国乘三佛齐衰弱之机纷纷摆脱控制。1299年，三佛齐的一位王子圣多罗伏多摩在其岳母廖内群岛女王的资助下来到新加坡岛，建立僧伽补罗国，又译新加坡拉。僧伽补罗国立国百年，后北方受到暹罗的威胁，南方遭爪哇国掳掠，王位传至五世灭亡。

14世纪，来自三佛齐的王子拜里米苏拉在该区域建立了马六甲王国，后迎娶苏门答腊波散王国的公主，并改信伊斯兰教，招徕了许多穆斯林到这里经商，很快这里就发展成为东南亚的国际贸易中心和东西方交往的中转站。1613年葡萄牙人焚毁了河口的据点，新加坡逐渐没落。18世纪至19世纪，新加坡属柔佛王国的一部分。

1819年，英国东印度公司雇员斯坦福·莱佛士登陆新加坡，并开始管辖该地区。1824年，新加坡正式成为英国殖民地。1867年，新加坡升格为海峡殖民地，受英国直接统治，新加坡逐步成为重要停泊港口及全球主要的橡胶出口及加工基地。到 19 世纪末，新加坡获得了前所未有的繁荣，贸易增长了八倍。

1942 年 2 月 15 日，日军陆军第 25 军占领新加坡，英军总司令白思华宣布无条件投降。

1945 年 9 月，英军重回新加坡。1946 年 4 月 1 日，新加坡成为英国直属殖民地。"二战"后的新加坡，人民要求在政府中有更大的话语权，1948 年 3 月 20 日，新加坡举行了第一次选举。1953 年年底，新加坡修改宪法，享有较大的自治权。1959 年 6 月 5 日，新加坡自治邦首任政府宣誓就职，李光耀出任新加坡首任总理。

1961 年 5 月，马来西亚首相东姑阿都拉曼公布了想把新加坡、马来西亚、文莱、砂拉越和北婆罗洲联合起来组成马来西亚的建国方案。新加坡举行全民投票，并获得通过，1963 年 9 月，新加坡脱离英国正式加入马来西亚。新马合并后，新加坡和中央政府发生分歧，在如何治国等方面出现矛盾。

1965 年 8 月 9 日，新加坡脱离马来西亚，成为一个有主权、民主和独立的国家。

（二）政治制度

新加坡实行议会共和制，总统为国家名义元首，由全民选举产生，任期 6 年。总统委任议会多数党领袖为总理。

国会实行一院制，任期 5 年，议员分为民选议员、非选区议员和官委议员。年满 21 岁的新加坡公民都有投票权，占议会议席多数的政党组建政府。

目前，新加坡已注册的政党有 30 多个。人民行动党是执政党，新加坡工人党是最大反对党。人民行动党自新加坡 1965 年独立以来一直执政，2020 年第十三届新加坡大选中，人民行动党赢得新加坡国会 93 个议席中的 83 席，蝉联执政。

新加坡设最高法院和总检察署。最高法院由高庭和上诉庭组成。最高法院大法官由总理推荐、总统委任。

（三）国家象征

新加坡的国旗为星月旗，由红、白两个平行相等的长方形组成，长与宽之比为 3∶2，左上角有一弯白色新月以及五颗白色五角星。红色代表了平等与友谊，白色象征着纯洁与美德，新月表示新加坡是一个新建立的国家，五颗五角星代表了国家的五大理想，即民主、和平、进步、公正、平等。

新加坡的国徽由盾徽、狮子、老虎等图案组成。红色的盾面上镶有白色的新月和五角星，寓意与国旗相同。红盾左侧是一头狮子，是新加坡的象征，新加坡在马来语中是"狮子城"的意思。红盾右侧是一只老虎，象征新加坡与马来西亚之间的历史联系。红盾下方为金色的棕榈枝叶，底部的蓝色饰带上用马来文写着"前进吧，新加坡"。

新加坡的国歌是《前进吧，新加坡》。

新加坡的国花是一种名为"卓锦万代兰"的胡姬花，象征新加坡人的气质和刻苦耐劳、果敢奋斗的精神。

(四) 人口、民族和信仰

截至2019年6月,新加坡总人口570万,公民和永久居民403万。新加坡华人占74%,其余为马来人、印度人和其他种族。

新加坡主要信仰佛教、道教、伊斯兰教、基督教和印度教。新加坡提倡宗教与族群之间的互相容忍和包容精神,实行宗教自由政策。

(五) 经济结构

新加坡地理位置优越,凭借此成为亚洲重要的金融、服务和航运中心。2020年全球金融中心指数(GFCI)排名,新加坡是继伦敦、纽约、东京、上海之后的第五大国际金融中心。

新加坡属于外贸驱动型经济,以电子、石油化工、金融、航运、服务业为主,高度依赖美国、日本、欧洲和周边市场。

新加坡农业用地占国土总面积的1%左右,产值不足国民经济的0.1%,绝大部分粮食、蔬菜需要进口。但新加坡非常重视发展都市农业,包括现代化农业科技园、农业生物科技园、海水养殖场等,农业中主要保存了高产值的产业,如种植兰花、热带观赏鱼批发养殖、鸡蛋、牛奶生产等。

新加坡的工业主要包括制造业和建筑业,制造业主要包括电子、化学与化工、生物医药、精密机械、交通设备、石油产品等。新加坡政府根据地理环境的不同,将新加坡东北部划分为新兴工业和无污染工业区,沿海的西南部、裕廊岛和毛广岛等划分为港口和重工业区,中部地区划分为轻工业和一般工业区。新加坡是世界重要的炼油中心,是东南亚最大的修造船基地之一。

新加坡的服务业是经济发展的重要引擎,主要包括批发零售业、商务服务业、交通与通信、金融服务业、住宿和餐饮服务等。新加坡的批发零售业包含贸易服务,所占比重大。商务服务业则包括不动产、法律、会计、咨询、IT服务等行业。交通与通信行业,包括交通运输、电信服务业等;金融服务业则包括银行、证券、期货、保险、资产管理等。

旅游业是新加坡外汇的重要来源之一,入境游客主要来自中国、东盟国家、澳大利亚、印度和日本。

外贸经济是新加坡经济的重要支柱,进出口商品主要包括加工石油产品、化学品、消费品、机器零件及附件、数据处理机及零件、电信设备和药品等。主要贸易伙伴为中国、马来西亚、泰国、日本、美国、欧盟、印度尼西亚等。

(六) 文化教育

新加坡国语是马来语。新加坡官方语言是英语、华语、马来语和泰米尔语。英语为行政用语。

新加坡是非常重视教育的国家,对教育投入巨大。2018年政府对每名学生的经常性教育开支,小学为12 020美元,中学为15 518美元,初级学院为17 702美元,技术教育学院为14 743美元,理工学院为16 408美元,大学为22 192美元。2018年,新加坡15岁及

15岁以上居民识字率达97.3%。

新加坡的教育制度强调双语、体育、道德教育，创新和独立思考能力并重。在教育方法上，注重因材施教，尊重每一名学生的天赋、才能、兴趣和特长，充分挖掘每一名学生的优势，并提供机会。

新加坡共有六所大学，包括新加坡国立大学、南洋理工大学、新加坡管理大学、新加坡科技与设计大学、新加坡理工大学和新加坡新跃社科大学；有五所理工学院，包括新加坡南洋理工学院、新加坡理工学院、淡玛锡理工学院、义安理工学院、共和理工学院。

2020年QS世界大学排名新加坡国立大学和南洋理工大学并列第11名。新加坡理工大学设有肯特岗、武吉知马、欧南园三个校区，共16所学院，包括一所音乐学院；截至2020年12月有教学人员2 374人，在校学生42 600人，其中本科生31 300人、研究生及研究生以上11 300人，工程、政治经济、生命科学及生物医学等领域是该校的优势学科。南洋理工大学是一所世界著名研究型大学，下设工、理、商、文四大学院，另设自主学院；作为新加坡的一所科研密集型大学，其在纳米材料、生物材料、功能性陶瓷和高分子材料等许多领域享有世界盛名，为工科和商科并重的综合性大学。

早期背井离乡到新加坡开创家园的移民者将各自的文化与习俗带入新加坡，各种族之间交流与融合，创造了新加坡多元化的文化特色，构建了新加坡包容和谐的社会。其中峇峇娘惹文化是极具特色的一种文化，峇峇娘惹是中国人和马来人结婚后所生的后代，男性称为峇峇，女性称为娘惹，峇峇娘惹在语言、习俗、饮食等多方面都体现了文化交融的特点。

同时，新加坡也是一个高度规范的国家，拥有严峻的法令和严厉的刑罚。在众多刑罚中，具有代表性的就是鞭刑。鞭刑适用超过30种罪名，包括强奸、抢劫、贩毒等重罪和非法拥有武器（长刀、匕首等）、涂鸦（在公共场所或公共设施上等）、逾期逗留等相对较轻的罪责。

思政小课堂

孔子学院

孔子学院，是推广汉语和传播中国文化的交流机构，致力于适应世界各国（地区）人民对汉语学习的需要，增进世界各国（地区）人民对中国语言文化的了解，加强中国与世界各国教育文化交流合作，发展中国与外国的友好关系，发展儒家文化，促进世界多元文化发展，构建和谐世界。

孔子学院开展汉语教学和中外教育、文化等方面的交流与合作。提供的服务包括：开展汉语教学；培训汉语教师，提供汉语教学资源；开展汉语考试和汉语教师资格认证；提供中国教育、文化等信息咨询；开展中外语言文化交流活动。孔子学院最重要的一项工作就是给世界各地的汉语学习者提供规范、权威的现代汉语教材；提供最正规、最主要的汉语教学渠道。

2004年，全球首家孔子学院在韩国首尔正式设立。截至2019年12月，中国已在162个国家（地区）建立550所孔子学院和1172所中小学孔子课堂。孔子学院自创办以来，累计为数千万各国学员学习中文、了解中国文化提供服务，在推动国际中文教育发展方面发挥了重要作用，成为世界认识中国的一个重要平台。各地孔子学院充分利用自身优势，开展丰富多彩的教学和文化活动，逐步形成了各具特色的办学模式，成为各国学习汉语言文化、了解当代中国的重要场所，受到当地社会各界的热烈欢迎。

南洋理工大学孔子学院是中国国家汉语推广领导小组办公室与南洋理工大学合作建设的高层次中华语言与文化机构，也是新加坡唯一经正式批准设立的孔子学院。南洋理工大学孔子学院根据东南亚各国实际情况，编写了适用的教学大纲，为各国社会团体、企业以及个人提供广泛的中国语言文化课程，协助促进汉语、中华文化、中国研究及商用中文在新加坡及本区域的整体发展。同时持续通过举办各类文化活动、学术交流，为东南亚地区提供权威的华语教学资源，促进中华文化长远发展。

（资料来源：百度百科 https://baike.baidu.com/item/%E5%AD%94%E5%AD%90%E5%AD%A6%E9%99%A2/812632?fr=aladdin）

思考：你知道我国都在哪些国家设立了孔子学院吗？这对宣传中国传统文化有哪些益处？

（七）主要节日

1月1日，新年。公历元月1日，庆祝新的一年到来。

农历正月初一，春节。由于新加坡华人占比74%，对中华民族的传统节日春节非常重视，华人家庭欢聚一堂，张灯结彩，一片中国红，同时还会举办多种庆祝活动。

复活节前一个星期五，耶稣受难日，基督教节日，是法定节假日。

农历四月十五，卫塞节，又称浴佛节，是纪念释迦牟尼诞生、成佛、涅槃的节日。新加坡卫塞节的庆典从黎明破晓开始，当佛教旗帜升起时，信徒高声诵唱，颂扬佛陀、佛法和僧伽。佛教信徒这一天只吃素，行善事，会组织大规模的医院献血活动、去老人院探望孤寡老人、向穷人派发红包，还有些信徒会进行放生等佛教活动。

8月9日，国庆日。1965年8月9日，新加坡独立，国庆日为纪念此而设立，每年这一天会进行盛大的游行仪式和节庆表演以示庆祝。

12月25日，圣诞节，是纪念耶稣诞生的重要节日。新加坡圣诞节假期只有一天，但整个圣诞节活动会持续一个月，包括乌节路赏灯、圣诞夜游、圣诞节血拼等多种狂欢活动，其中乌节路赏灯已经有20多年的历史，是全世界最大、最壮观的圣诞彩灯之一。

（八）风俗与禁忌

在社交场合，新加坡人多施握手礼；在待人接物方面，新加坡人特别强调礼仪，要彬彬有礼，以笑脸迎客；在人际交往中，讲究礼貌、以礼待人；在宴请时，务必考虑到各民族的差异。

在新加坡，进清真寺一定要脱鞋。

在和印度裔或马来裔交往中，避免用左手吃东西或递拿物品，更不能用左手握手。

在新加坡，用食指指人、把紧握的拳头打在另一只张开的掌心上、紧握拳头并将拇指插入食指和中指之间，都是极端没有礼貌的动作。

新加坡是世界上最干净的城市之一，有"花园城市"的美誉，在这里不能随便吐痰、不能随地丢垃圾、不可以乱吐口香糖、如厕后必须冲水、过马路必须按路灯行走斑马线。

新加坡是禁烟国家，在影院、电梯、公共交通工具、餐馆、娱乐场所等均不得吸烟。

新加坡人忌数字4、6、7、13、37和69，新加坡人最讨厌数字7，应尽量避免这个数字。

新加坡人视黑色为倒霉、厄运之色，也不喜欢紫色；新加坡人喜欢红色，认为红色是庄严、热烈、兴奋、勇敢和宽宏的象征；新加坡人也喜欢蓝色和绿色。

知识卡片：口香糖

新加坡禁止在商品包装上使用如来佛的图像，也不准使用宗教用语。

新加坡人忌讳猪、乌龟的图案。

（九）饮食文化

新加坡的饮食也体现了多元化的特点。

新加坡国宝级美食海南鸡饭，起源于海南名菜文昌鸡。作为美食代表，海南鸡饭常常出现在小贩摊档、高档餐厅，甚至航空公司的航食当中。新加坡美食叻沙则是一道娘惹佳肴，娘惹文化本身就是文化交融的产物。肉骨茶，作为最具本土特色的美食，是由排骨和独特的中药材、香料煨制而成。来自中国、马来西亚、印度等国家的饮食文化在这里齐聚一堂，又在这里交融、发展，各显所长，融合出缤纷多元的本地饮食文化。

（十）服饰文化

新加坡的国服，是一种以卓锦万代兰胡姬花作为图案的服装，新加坡人经常在国家庆典和一些隆重的场合穿着。在政务活动和商务交往中，新加坡人按照国际惯例着正装，男子一般要穿白色长袖衬衫和深色西裤并打上领带，女子则穿套装、长裙。在日常生活中，不同民族的新加坡人的穿着各具民族特色，呈现多元化。

在许多公共场所，穿着过分随意者，例如穿牛仔装、运动装、人字拖、低胸装、露背装等往往会被禁止入内。

课堂活动：结合新加坡的风俗与禁忌，谈谈在为新加坡旅客服务时有哪些注意事项。

四、主要旅游资源

1. 鱼尾狮公园

鱼尾狮公园（图2-3-1），位于浮尔顿一号隔邻的填海地带，是新加坡面积最小的公园。鱼尾狮公园有喷水的鱼尾狮塑像，是由新加坡雕塑家林浪新先生用混凝土制作，塑像高8.6米，重70吨，现为新加坡的标志性景点之一。

▲ 图2-3-1　鱼尾狮公园

鱼尾狮公园建有一个露天看台，游客可以靠近鱼尾狮拍照，看台上可举办各种艺术表演和娱乐活动。白天，鱼尾狮在新加坡极具现代感的建筑物烘托下，展现迷人的喷水风姿；夜间，配上灯光效果，则展现出一场生动、时尚的视觉盛宴。

2. 新加坡动物园

新加坡动物园，位于新加坡北部的万里湖路，是世界十大动物园之一。园内采用全开放模式，以天然屏障代替围栏，为各种动物营造出天然、原生态的生活环境。目前，新加坡动物园正在逐步转型，希望在供游客观赏游玩的同时能兼具更多的知识普及价值，更希望通过与游客互动增强人类保护野生动物的意识。

在这里有300多个品种、超过3 000只动物生活，园内展出了世界各地的珍禽异兽，如东南亚的马来貘、长鼻猴、水獭、鹦鹉、黑豹，东非的狮子、犀牛、河马、羚羊等，这里还有非常珍惜的、濒临绝种的动物种类，如科摩多龙、睡熊、金丝猴等，同时这里还有世界最大的群居人猿。

3. 新加坡植物园

新加坡植物园，位于克伦尼路，是新加坡首个世界文化遗产，以研究和收集热带植物、园艺花卉著称。园内有2万多种亚热带、热带的奇异花卉和珍贵的树木，可分为热带、亚热带常绿乔木、水生植物、寄生植物、沙漠植物等，同时包括许多濒临灭绝的品种。园内还有专门种植胡姬花的花圃和研究所，拥有400多个纯种和2 000多个配种的胡姬花，总数达6万多株。

课堂活动：新加坡还有很多有趣的旅游景点，让我们一起来查一查。

五、主要机场和航空公司

（一）主要机场

新加坡樟宜机场（图 2-3-2）（ICAO 代码：WSSS；IATA 代码：SIN），位于新加坡樟宜，距离新加坡市区 17.2 千米，2013—2020 年 Skytrax 全球最佳机场，是亚洲重要的航空枢纽。新加坡樟宜机场深受国际旅客欢迎，连续 7 年荣登"世界最佳机场"榜首，在旅客服务和机场体验各方面，堪为典范。

▲ 图 2-3-2　新加坡樟宜机场

樟宜机场现为飞往 100 多个国家和地区 380 个城市的 120 多家航空公司提供服务，每星期约 7 400 班次。目前樟宜机场是新加坡航空、新加坡航空货运、胜安航空、捷星亚洲航空的主要运营基地。2018 年新加坡樟宜机场运送旅客 6 560 万人次，航班起降 386 000 班次，航空货运量 215 万吨，刷新历史纪录。

樟宜机场拥有 4 座航站楼。T1 航站楼面积达 280 020 平方米，年处理客运量 2 100 万人次。T2 航站楼位于 T1 航站楼的南侧，新加坡航空、胜安航空、马来西亚航空、菲律宾航空、文莱皇家航空、汉莎航空、新西兰航空、阿联酋航空、全日空在这里值机。T3 航站楼有 28 个登机桥，其中 8 个能处理 A380 机型。T4 航站楼以高科技和未来感著称，在离境的各个环节包括值机、托运、安检等多个环节都可以通过自助服务完成，提供全套的"畅快通行"体验。樟宜机场有一对平行跑道 02L/20R 和 02C/20C，每条长 4 000 米、宽 60 米。

视频：新加坡樟宜机场是东南亚航空中心

我国的中国国际航空、中国南方航空、中国东方航空、四川航空、深圳航空等多家航空公司在新加坡樟宜机场拥有航班。目前樟宜机场有通往我国北京、上海、成都、台北等 30 多个城市的航班，中国是樟宜机场的第二大市场。

案例拓展

樟宜机场特色分享

2019 年 4 月，星耀樟宜开幕。这是樟宜机场倾力打造的全新多维生活风尚地标，坐落于新加坡樟宜机场 1 号航站楼前方，连通 1 号、2 号及 3 号航站楼。这里汇聚独一无二的游乐圣地、购物休闲、住宿餐饮、花园景观及机场设施，并将大自然带入室内，融合清新绿植与都市活力，成为新加坡规模最大的室内花园。娱乐方面包括星耀樟宜之星空花园、天空之网、森林谷、雨漩涡、樟宜时空体验馆；购物餐饮方面拥有超过 280 家购物和餐饮商铺入住；亚洲首家 YOTELAIR 酒店入住，设计 130 间舒适客舱供旅客休息。

新加坡樟宜机场为中转旅客提供免费的新加坡之旅，在 2 个半小时内就能体

微课：新加坡樟宜机场

验到一次精彩绝伦的新加坡市内游，鱼尾狮、牛车水、滨海湾、摩天轮等景点都能一一游历。

新加坡素有"花园城市"的美称，连机场也不例外。新加坡樟宜机场拥有蝴蝶园、兰花园、向日葵园等八座花园，让旅客在繁忙的旅程之间，也能和自然保持亲密关系，享受难得的休憩与宁静。

蝴蝶园位于T3航站楼2、3楼过境区域。随着季节变换，40种、约1000只蝴蝶在这里繁衍生息，繁茂的棕榈树和被摆设成蝴蝶样式的花朵让旅客仿佛置身热带雨林之中。

兰花园位于T2航站楼2楼过境区域。兰花园采用流水庭院设计，如同置身仙境。在高大的狐尾棕榈和热带植物组成的葱郁背景里，簇簇兰花掩映在浑然天成的假山之间，条条锦鲤嬉戏在小桥流水之中，带给旅客恍若身处热带雨林的舒适感觉。兰花园共种植了700多株兰花，共计30个品种。

仙人掌园位于T1航站楼3楼过境区域。不需要亲身飞赴非洲，来樟宜机场就可以观赏到超过100种的沙漠仙人掌，以及来自亚、非、美洲沙漠和干燥区域的旱生植物。

向日葵园位于T2航站楼3楼过境区域。在阳光沐浴下，500多株向日葵像500多张金灿灿的笑脸，幸福地绽放着。它们散发出的幸福感吸引旅客不由自主地走入其中，呼吸花瓣的味道，享受阳光的温暖或者在休憩港湾观赏壮观的飞机跑道和停靠港的美景。到了晚上，这里就是光影主题的花园晚会：萤火虫灯在向日葵间飞舞，漫步于灯光照耀下的竹径，欣赏沿途的竹制建筑，在一流的"光环座椅系统"休息，和爱人一起享用舒适而美观的别致座椅，梦幻又浪漫。

梦幻花园位于T2航站楼2楼过境区域。樟宜机场在梦幻花园引进了互动性技术，带给旅客奇妙的感受。踏进梦幻花园，旅客宛如一下子置身大自然的怀抱中：耳边虫鸣阵阵，眼前繁花朵朵，鼻间花香四溢。梦幻花园占地面积390平方米，聚集了50多种不同种类的植物，24小时免费向旅客开放。

花卉奇园位于T4航站楼2楼过境区域。在花卉奇园中，6米高的钢铁浇筑的花卉，呈现出了错综复杂的植物图案。搭配其灵感之源的绿植及五颜六色的灯光，创造出一种和谐的冲突感，向旅客展示着刚柔并济的美妙。花卉奇园采用明亮的多色照明设备强化视觉效果，非常适合拍摄照片。

水晶花园位于T3航站楼2楼过境区域，1 735块手工玻璃为旅客编织一场蒲公英的梦。

入境花园位于T1航站楼1楼公共区域。这座460平方米的花园，以缤纷色彩和勃勃生机欢迎到访旅客来到樟宜机场。绿意盎然的设计，让旅客在舒适的室内环境中，感受犹如室外的独特体验。精心策划的植物群落，营造出蜻蜓栖息地的景观；花园中的特色池塘内呈现的涟漪和图案犹如蜻蜓飞舞其上。从花园可以看见"星耀樟宜"，旅客也可与园内12至15米高的棕榈树合影。

（资料来源：樟宜机场官网 https://cn.changiairport.com/）

思考：结合案例，谈谈樟宜机场对我国未来机场建设的启示。

（二）主要航空公司

新加坡主要航空公司包括新加坡航空、胜安航空、捷星亚洲航空、酷航、欣丰虎航等。

新加坡航空（图 2-3-3）（ICAO 代码：SIA；IATA 代码：SQ），是新加坡的国家航空公司，以樟宜机场为运营基地。新加坡航空 2019 年航班起降 38.2 万架次，客运量 6 830 万人次，货运量 200 万吨。

▲ 图 2-3-3　新加坡航空

新加坡航空拥有空客 A350-900、A380-800 和波音 777-300ER、787-10 等机型。新加坡航空是全球唯一设有航食设计及质量评估顾问团的航空公司，该顾问团于 1998 年成立，成员均为全球各地知名的主厨，为新加坡航空重要特色之一。

目前新加坡航空开通了我国北京、上海、广州、厦门、香港、台北等多个城市的航线。

胜安航空是新加坡航空公司的全资附属子公司，是一家区域性航空公司，拥有亚太地区最年轻的机队之一，截至 2020 年 12 月拥有 26 架飞机，包括 17 架波音 B737-800NG、7 架空客 A320-200 和 2 架空客 A319-100 飞机。酷航是新加坡航空公司旗下的长途航线廉价航空公司，公司定位为服务年轻旅客以及拥有年轻心态的旅行爱好者，于 2011 年 5 月由母公司新加坡航空宣告成立，截至 2020 年 12 月拥有 15 架波音 787 梦幻飞机和 23 架空客 320 飞机。目前新加坡航空、胜安航空和酷航已开通了五大洲、全球 130 多个目的地的航线。

案例拓展

廉价航空

廉价航空公司又叫作低成本航空公司，是通过取消一些传统航空旅客服务项目，将营运成本压低，从而提供低廉票价的航空公司，和传统航空公司形成明显区别。

廉价航空公司通过降低运营成本使票价下降，以对价格比较敏感的商务旅客和旅游观光旅客为主要客源市场，避开主要航空公司的起降机场，而更多选择在二级机场从事营运。廉价航空公司通过提高飞机的利用率来提高运营效率，例如客舱等级优化、座位优化，以便搭载更多的旅客；以中短程和邻近国家为主，每日往返可达 10 次；取消餐食和饮品，大大降低运营成本；取消免费行李额，改为有偿收费等。廉价航空公司往往采用单一机型，采购飞机的机种统一化。廉价航空通过多种渠道降低人力资源成本，例如提倡网络购票、网上值机、自助值机等多种方式，降低票务和柜台的人力成本。

亚洲主要的廉价航空公司包括亚洲航空、春秋航空、酷航、日本香草航空等。

思考：结合案例谈谈廉价航空的利弊。

课堂活动：你知道廉价航空的起源吗？你了解世界主要廉价航空公司有哪些吗？

第四节　马来西亚

知识目标

了解马来西亚的基本概况和历史；掌握马来西亚的风俗习惯；掌握马来西亚的主要旅游资源；掌握马来西亚的主要航空公司和机场概况。

技能目标

结合所学知识，能合理安排旅客航程，为旅客提供优质的服务。

情境导入

2019年，学校有10名马来西亚的学生前来求学，分别进入计算机、国际贸易和机械与自动化专业进行插班学习。来自马来西亚的学生专业能力强、长相帅气、文明有礼，而且汉语表达十分流利，在元旦联欢时更是表演了中文脱口秀节目，这让很多同学惊讶不已，他们汉语怎么说得这么好？

你能为同学们答疑解惑吗？

知识内容

一、初识马来西亚

马来西亚，是东南亚主要国家之一。马来西亚的马来人占69.1%，华人占23%，印度裔人占6.9%。近年来，马来西亚不断推进经济转型，关注改善民生，并把缩小贫富差距、创建新型发展模式、推动马来西亚成为亚洲经济轴心作为未来发展三大主要目标。2019年，马来西亚国内生产总值14 205亿林吉特，增长率4.3%，人均国内生产总值43 467林吉特。马来西亚的旅游业是国家第三大经济支柱，第二大外汇收入来源，据马来西亚旅游部统计，2018年赴马来西亚游客人数为2 583万人次。

马来西亚政府在和平、人道、公正、平等的基础上推行独立、有原则、务实的外交政策，与其他国家维持友好关系，并主张根据国际法和平解决争议。1974年5月31日，中马两国正式建交。建交后，两国关系总体向好，两国在经贸、农业、科技、教育、文化、军事等领域的交流与合作顺利发展。

二、地理概况

马来西亚，位于东南亚，总面积约 33 万平方千米，国土被南中国海分隔成东、西两部分。西马来西亚位于马来半岛南部，北与泰国接壤，南与新加坡隔柔佛海峡相望，东临南中国海，西濒马六甲海峡。东马来西亚位于加里曼丹岛北部，与印度尼西亚、菲律宾、文莱相邻。海岸线总长 4 192 千米。

西马来西亚地形以山地丘陵为主，东西两岸为冲积平原，地势北高南低；东马来西亚地形内地高、沿海低。马来西亚属热带雨林气候，年温差变化小，全年雨量充沛，平均温度为 26℃～30℃。内地山区年均气温为 22℃～28℃，沿海平原为 25℃～30℃。

马来西亚自然资源丰富，橡胶、棕油和胡椒的产量与出口量居世界前列，盛产热带硬木。马来西亚石油储量丰富，此外还有铁、金、钨、煤、铝土、锰等矿产。马来西亚曾是世界产锡大国，但近年来产量逐年减少。

课堂活动：马来西亚地处东南亚，东南亚还有哪些国家？

三、人文概况

（一）历史概览

公元初，马来半岛建立了羯荼国、狼牙修、古柔佛等古国。10 世纪伊斯兰教传入马来半岛，14—15 世纪伊斯兰教在马来半岛奠定根基。15 世纪初以马六甲为中心的满剌加王国统一了马来半岛的大部分地区。

16 世纪开始这里先后被葡萄牙、荷兰、英国占领。18 世纪，第一批外来移民涌入马来西亚，包括阿拉伯人、印度人、华人。20 世纪初完全沦为英国殖民地。加里曼丹岛砂拉越、沙巴历史上属文莱，1888 年两地沦为英国保护地。"二战"中，马来半岛、砂拉越、沙巴被日本占领；"二战"后英国恢复殖民统治。

1957 年，马来亚联合邦宣布独立。1959 年 6 月 3 日，英属新加坡被英殖民政府授予自治地位，英属砂拉越和英属北婆罗洲（沙巴州）也相继在 1963 年 7 月 22 日和 8 月 31 日被授予自治地位，但并未从法律上获得正式独立。后经多次争论对抗，马来半岛十一州、沙巴州、砂拉越州及新加坡终于在 1963 年 9 月 16 日组成马来西亚，1965 年 8 月 8 日新加坡退出马来西亚。

（二）政治制度

马来西亚是君主立宪联邦制国家。

马来西亚宪法规定最高元首为国家首脑、伊斯兰教领袖兼武装部队统帅，由统治者会议选举产生，任期 5 年。最高元首拥有立法、司法和行政的最高权力，以及任命总理、拒绝解散国会等权力。

统治者会议由柔佛、彭亨、雪兰莪、森美兰、霹雳、登嘉楼、吉兰丹、吉打、玻璃市 9 个州的世袭苏丹和马六甲、槟榔屿、砂拉越、沙巴 4 个州的州元首组成。统治者会议的职能是在9个世袭苏丹中轮流选举产生最高元首和副最高元首；审议并颁布国家法律、法规；对全国性的伊斯兰教问题有最终裁决权；审议涉及马来族和沙巴、砂拉越土著民族的特权地位等重大问题。

马来西亚国会是最高立法机构，由上议院和下议院组成。下议院共设议席222个，任期5年，可连任。

马来西亚有三类司法系统，即民事法庭、伊斯兰法庭和特别法庭。马来西亚联邦法院是司法系统里最高的机构及最后的上诉法院。

马来西亚注册政党有40多个。主要执政党包括土著团结党、马来民族统一机构、马来西亚华人公会、马来西亚印度国民大会；主要在野党包括人民公正党、民主行动党、国家诚信党、祖国斗士党。

马来西亚全国分为13个州和3个联邦直辖区。13个州是西马的柔佛、吉打、吉兰丹、马六甲、森美兰、彭亨、槟榔屿、霹雳、玻璃市、雪兰莪、登嘉楼以及东马的沙巴、砂拉越；3个联邦直辖区是首都吉隆坡、布特拉再也和纳闽。

知识卡片：吉隆坡

（三）国家象征

马来西亚的国旗是"辉煌条纹"。马来西亚国旗呈横长方形，长与宽之比为2∶1，主体部分由14道红白相间、宽度相等的横条组成，左上方有一深蓝色的长方形，上有一弯黄色新月和一颗14个尖角的黄色星。马来西亚国旗的14道红白横条象征马来西亚的13个州和政府，新月象征马来西亚人民对伊斯兰教的信仰，14个尖角的黄色星象征马来西亚13个州和政府的团结，蓝色长方形代表人民的团结，并表明马来西亚与英联邦的关系，黄色则是国家元首的象征。

马来西亚的国徽中间为盾形徽，盾徽上面绘有一弯黄色新月和一颗14个尖角的黄色星，象征伊斯兰教和君主是至高无上的。盾牌上的五把马来短剑代表前马来属邦，即玻璃市、吉打、吉兰丹、登嘉楼、柔佛。红色、白色、黑色、黄色条纹代表霹雳州、雪兰莪州、森美兰州、彭亨州。盾面左侧槟榔树及槟威大桥，代表槟榔屿。盾面右侧绘有马六甲树，代表马六甲。沙巴州徽（红条纹下方）代表沙巴，砂拉越州州徽的犀鸟（黄条纹下方）代表砂拉越。红色木槿为马来西亚的国花，象征马来西亚联邦政府。国徽两侧的护盾兽象征人民的勇敢与坚强。护盾兽脚下的彩带写着：团结就是力量。

马来西亚的国歌是《我的国家》。

（四）人口、民族和信仰

马来西亚总人口约3 268万，其中马来人69.1%，华人23%，印度商人6.9%，其他种族1.0%。伊斯兰教是马来西亚的国教，其他宗教有佛教、印度教和基督教等。

（五）经济结构

近年来，马来西亚不断推进经济转型，关注改善民生。

马来西亚耕地面积约 485 万公顷，粮食自给率约为 70%。农业以经济作物为主，主要有油棕、橡胶、胡椒、可可、热带水果等，盛产热带林木。渔业以近海捕捞为主，近年来深海捕捞和养殖业有所发展。

案例拓展

猫山王榴梿

榴梿是马来西亚最常见的热带水果之一。马来西亚榴梿果肉饱满，口感醇厚，散发浓郁的香气，其中名气最大的就是猫山王榴梿。

关于"猫山王榴梿"这个名字有两种说法：一种说法是原名"毛生王"，"猫山王"取自谐音；另一种说法是马来西亚人用果子狸来鉴别这个品种榴梿的优劣等级，果子狸的马来文与"猫山"同音，于是有了"猫山王榴梿"的说法。

猫山王榴梿个体较小，通常在 2.5 千克左右。果皮多为绿色，果实底部会有一个明显的五角星标记，这是猫山王榴梿所独有的；果肉色泽金黄，口感细腻醇厚，层次鲜明；果核相对较小，一般只有成人拇指大小。马来西亚猫山王榴莲有多个产区，其中彭亨州的猫山王品质最好，最受欢迎。

除了榴梿，马来西亚其他热带水果众多，包括山竹、波罗蜜、红毛丹、杧果、莲雾、释迦、蛇皮果、龙宫果、椰子等。

思考：你喜欢哪种热带水果？

马来西亚政府鼓励以本国原料为主的加工工业，重点发展电子、汽车、钢铁、石油化工和纺织品等。

自 20 世纪 70 年代开始，马来西亚政府不断调整产业结构，服务业得到迅速发展，是国民经济发展的支柱性行业之一，是就业人数最多的产业。旅游业是马来西亚第三大经济支柱，拥有酒店约 4 072 家，吉隆坡、沙巴、槟城、马六甲、兰卡威等都是热门旅游目的地。

2019 年马来西亚主要出口市场为中国、新加坡、美国，主要进口市场为中国、新加坡、美国。

（六）文化教育

马来西亚国语为马来语，通用英语，华语使用较广泛。

马来西亚是融合马来族、华族、印度族、其他原住民族文化特色的多元种族文化国家，政府正努力塑造以马来文化为核心的国家文化体系，重视马来语的普及教育。在马来西亚，华文教育普遍，有较完整的华文教育体系。马来西亚小学六年制，实施免费教育。

截至 2017 年年底，马来西亚共有小学 7 901 所，中学 2 586 所。高等院校主要包括马来亚大学、马来西亚国民大学、马来西亚博特拉大学、马来西亚理科大学等 20 所，近年来私立院校逐渐发展，有 500 多所。

马来西亚羽毛球项目突出,是世界羽坛五大强国之一。马来西亚羽毛球男子单打选手李宗伟和中国的林丹、印尼的陶菲克、丹麦的皮特·盖德并列为"四大天王"。

(七)主要节日

斋月后第一天,开斋节。根据穆罕默德关于"见新月封斋,见新月开斋"的训谕,每年斋月始于伊斯兰教历9月初新月出现,结束于教历10月初见到新月时,斋月后第一天就是开斋节,马来西亚人的新年。在开斋节时,马来西亚人会施舍扶助贫困,会在清真寺内举行盛大的会礼仪式,颂赞圣词、互致问候,除此以外还要宴会亲友宾客,共庆节日。

农历正月初一,春节。春节是马来西亚华人的新年,每到这个时候,亲人相聚、家人团圆,大街小巷张灯结彩、敲锣打鼓,大街上还会举行舞龙舞狮等传统节庆活动共庆吉祥年。

农历四月十五,卫塞节,又称浴佛节,是纪念释迦牟尼诞生、成佛、涅槃的节日。

伊斯兰教历12月10日,哈芝节。哈芝在马来语中有朝圣的意思,哈芝节是伊斯兰教教徒前往伊斯兰教圣地朝圣后隔天所举行的重要宗教仪式,又称宰牲节、古尔邦节,庆祝仪式主要是宰杀牛羊,感谢真主。

8月31日,国庆日。1957年8月31日午夜十二点,英国国旗正式降下,马来西亚国旗伴着国歌正式升起,国庆日就是为了纪念这一天而设立。每年这一天全国各地都会举行各种庆祝活动,首都吉隆坡会举行盛大的游行和集会活动。

公历10月末到11月初,屠妖节。屠妖节是印度的一个传统节日,寓意以光明驱走黑暗、以善良战胜邪恶。在屠妖节前几日,印度教徒会祭祀祖先。在屠妖节当日,印度教徒在天亮前进行膏油浴仪式,净化身心,点油灯祷告,故又称为万灯节。

12月25日,圣诞节,是纪念耶稣诞生的重要节日。

国家元首诞辰(在任)。这一天吉隆坡会举行各种庆祝活动,国家元首会向为国家和人民做出突出贡献的杰出人士颁发勋章。

(八)风俗与禁忌

马来西亚人见面的通用礼节是握手礼,双方握手后用右手摸一下自己的心脏位置,以表示真诚,祝福安好。

马来人是讲究礼节的民族,去马来人家中做客应注意举止得体、尊重长辈。马来人相互拜访时,必须衣冠整齐。进门前,必须先脱下鞋子。马来人通常用糕点、茶水待客,作为客人必须吃一些以表礼貌和善意,如果客人不吃不喝,则被视为不敬。

在马来西亚不可随意用食指指人,这是非常不礼貌的行为。与马来人握手、馈赠礼品,不可以用左手,否则会被视为不敬。

马来人忌食猪肉、忌饮酒。

(九)饮食文化

马来西亚饮食具有典型的东南亚特点,多以牛、羊、鸡、鸭、鱼、虾为主料,以胡椒和咖喱调味,善用椰汁,菜肴独具一格,著名的饮食有椰浆饭、沙嗲、马来糕点、竹筒饭等。

椰浆饭是一道马来传统菜肴，是用椰浆烹煮米饭，再加上香兰叶调味，同时以牛肉、鸡肉、炸鱼和黄瓜、腌菜、辣酱料佐餐，是马来西亚极具特色的风味。

沙嗲也是一道马来传统美食，是用腌好的牛肉、羊肉、鸡肉串成串用炭火炙烤，再涂上一层辛辣鲜咸的酱料，和马来米饭搭配食用香醇可口。

马来人不吃猪肉、死物和动物血液。马来人用餐时习惯用右手抓饭，只有在西式的宴会上才使用刀叉和匙。马来人用餐讲究卫生和礼节，进餐前必须洗手，餐桌上也会摆放几碗清水专供洗手用，在用手拿取食物之前，要出于礼貌将手再次清洁。

（十）服饰文化

在节庆和重要场合，马来人着传统服饰。马来传统男士服饰为无领上衣，下着长裤，腰围短纱笼，头戴"宋谷"无边帽，脚穿皮鞋。马来传统女士服饰为上衣和纱笼，衣宽如袍，头披单色鲜艳纱巾。

除皇室成员外，马来人一般不穿黄色衣饰。

课堂讨论：经过这一部分的学习，你知道马来西亚留学生汉语流利的原因了吗？

视频：马来西亚旅游打卡地

四、主要旅游资源

1. 沙巴

沙巴州简称沙巴，是马来西亚十三个州之一，享有"风下之乡"之美誉，首府哥打基纳巴卢。沙巴下设5省，即西海岸省、内陆省、古达省、山打根省、斗湖省。沙巴旅游景点众多，是世界各国旅游爱好者、潜水爱好者的胜地，主要观光区包括京那巴鲁公园、丹浓谷自然保护区、西必洛人猿保护中心、马布岛、东姑阿都拉曼海洋公园等。

微课：沙巴

京那巴鲁公园，位于沙巴婆罗岛北端，公园植被丰富，从热带低地、雨林小山到热带高山森林、亚高山森林和生活在更高海拔的灌木应有尽有。山上丛林密布，悬崖峭壁众多，景色独树一帜，气候凉爽，有近千种植物花卉。域内有神山——京那巴鲁山，高4 095米，是东南亚第五高峰。2000年，京那巴鲁公园被联合国教科文组织列为世界自然遗产。

马布岛，位于斗湖仙本那，适宜浮潜和岛上休闲，是世界上顶级"漫潜"地点之一。岛上椰风摇曳，水屋质朴，洁白的沙滩环绕着小岛，海水清澈透明。

2. 马六甲

马六甲，是马来西亚马六甲州的首府，位于马六甲海峡北岸，战略位置极为重要，交通便利，空路、公路、海路、铁路四通八达。2008年7月，马六甲古城正式被联合国教科文组织列入《世界遗产名录》。

马六甲拥有600多年的文化底蕴，马六甲城内的传统建筑最具特色，包括很多中国式住宅、葡萄牙古迹、荷兰建筑和苏门答腊式建筑。主要景点有青云亭、三宝景区、马六甲鸡场街、圣地亚哥古城门、圣保罗教堂、葡萄牙广场、荷兰广场、荷兰总督府等。

青云亭坐落于马六甲区的庙堂街，是马来西亚历史最悠久的古庙。青云亭主殿供奉观音大士，也称观音亭。

圣保罗教堂位于马六甲河口的升旗山，为葡萄牙人所建，是一座天主教堂，著名传教士圣方济各埋葬于此。

荷兰总督府（图2-4-1），俗称荷兰红屋，始建于1650年，是典型的荷兰风格建筑，是远东地区最古老的荷兰遗迹。其为荷兰殖民时所建，曾先后用作荷兰总督及幕僚起居的府邸、英国殖民政府行政中心和马六甲州政府行政中心。

▲ 图2-4-1　荷兰总督府

思政小课堂

21世纪海上丝绸之路

2013年9月和10月，中国国家主席习近平在出访中亚和东南亚国家期间，先后提出共建"丝绸之路经济带"和"21世纪海上丝绸之路"的重大倡议，得到国际社会高度关注。中国国务院总理李克强参加2013年中国—东盟博览会时强调，铺就面向东盟的海上丝绸之路，打造带动腹地发展的战略支点，加快"一带一路"建设，有利于促进沿线各国经济繁荣与区域经济合作，加强不同文明交流互鉴，促进世界和平发展，是一项造福世界各国人民的伟大事业。

海上丝绸之路是中国古代的海上国际贸易通道，最早可追溯至汉代。唐中后期，因战乱加之同时期中国经济重心已转到南方，海路运量大、成本低、安全度高，海路便取代陆路成为中外贸易主通道。海上丝绸之路在宋朝达到空前繁盛，明朝海禁后衰落。海上丝绸之路在唐宋元的繁盛期，中国境内主要由泉州、广州、宁波三个主港和其他众多支线港组成。泉州为联合国教科文组织认定的海上丝绸之路起点。

东盟是海上丝绸之路必经之地，也是建设21世纪海上丝绸之路的重点地区，但针对的不仅仅是东南亚，已经从东南亚扩展到南亚。中国谋求共建串起全球97个城市与港口的海上丝绸之路。

共建21世纪海上丝绸之路的战略构想，是在新形势下致力于维护世界和平、促进共同发展的战略选择。共建21世纪海上丝绸之路，不仅有助于中国与海上丝绸之路沿线国家在港口航运、海洋能源、经济贸易、科技创新、生态环境、人文交流等领域开展全方位合作，而且对促进区域繁荣、推动全球经济发展具有重要意义，同时将大大拓展中国经济发展战略空间，为中国经济持续稳定发展提供有力支撑。通过共建21世纪海上丝绸之路，大力推动自贸区升级版建设，促进政策沟通、道路联通、贸易畅通、货币流通、民心相通，已成为沿线各国人民的共同意愿。

（资料来源：百度百科 https://baike.baidu.com/item/21%E4%B8%96%E7%BA%AA%E6%B5%B7%E4%B8%8A%E4%B8%9D%E7%BB%B8%E4%B9%8B%E8%B7%AF/13238102?fr=aladdin#8）

新华网 http://www.xinhuanet.com/world/2015-03/28/c_1114793986.htm

思考： 谈谈共建21世纪海上丝绸之路的重大历史意义。

课堂讨论： 上网查查马来西亚都有哪些世界自然遗产和世界文化遗产。

五、主要机场和航空公司

（一）主要机场

马来西亚机场主要包括吉隆坡国际机场、槟城国际机场、兰卡威国际机场、亚庇国际机场、士乃国际机场等。

吉隆坡国际机场（图 2-4-2）（ICAO 代码：WMKK；IATA 代码：KUL），位于马来西亚首都吉隆坡，北距吉隆坡 43 千米，为 4F 级国际机场。2018 年，吉隆坡国际机场旅客吞吐量 5 998.840 9 万人次，

▲ 图 2-4-2　吉隆坡国际机场

同比增长 2.4%，马来西亚排名第 1 位；货邮吞吐量 71.466 9 万吨，同比增长 0.6%，马来西亚排名第 1 位；飞机起降 39.875 2 万架次，同比增长 3.3%，马来西亚排名第 1 位。

吉隆坡国际机场共有 2 座航站楼，共设 242 个客货机位，其中廊桥机位 110 个。共有 3 条跑道，分别是 15/33 长 3 960 米、宽 60 米，14R/32L 长 4 000 米、宽 60 米和 14L/32R 长 4 019 米、宽 60 米。

吉隆坡国际机场 T1 航站楼名为"KLIA"，主航站楼面积 39 万平方米，航站楼秉持"森林中的机场，机场中的森林"的设计理念。在航站楼玻璃幕墙外即是热带雨林，突出"森林中的机场"，国际出发厅的圆顶具有伊斯兰风情，和马来西亚国教伊斯兰教相统一，卫星厅中部则种植了绿地，突出"机场中的森林"。吉隆坡国际机场 T2 航站楼名为"KLIA2"，为低成本航空专用航站楼，于 2014 年 5 月启用，主航站楼面积 25.784 5 万平方米。

吉隆坡国际机场是马来西亚航空、亚洲航空、亚航长途、亚洲快运航空、马印航空、马来西亚货运航空、N7 航空和 UPS 航空的基地。截至 2020 年 6 月，吉隆坡国际机场共有 59 家航空公司开通 243 条航线，通航 110 座城市。

（二）主要航空公司

马来西亚民航主要由马来西亚航空公司、亚洲航空公司经营，另外还包括飞萤航空、马印航空等。马来西亚航空有飞机 89 架，辟有航线 113 条。1996 年 11 月，亚洲航空公司投入运营，有飞机 188 架，辟有航线 83 条。

马来西亚航空（图 2-4-3）（ICAO 代码：MAS；IATA 代码：MH），简称马航，是马来西亚的国家航空公司，成立于 1947 年 5 月

▲ 图 2-4-3　马来西亚航空

1 日。2014 年，马航经历震惊世界的 MH370 失联和 MH17 空难；2014 年 12 月马来西亚航空公司宣布 2014 年 12 月 15 日 8 时将正式停牌，退出交易；2015 年 9 月 1 日，马来西亚航空官方正式宣布公司换用全新的名称——新马航（ICAO 代码：MAB；IATA 代码：MH）。

亚洲航空公司（ICAO 代码：AXM；IATA 代码：AK），简称亚航，是亚洲首家廉价航空公司，连续 6 年获得"世界最佳低成本航空"称号。亚航始终秉持"现在人人都能飞"的理念，不断服务旅客，谋求发展，目前拥有包括亚洲航空（马来西亚）公司、亚洲航空（泰国）公司、亚洲航空（印尼）公司、亚洲航空飞龙（菲律宾）公司、亚洲航空（印度）公司以及亚洲航空长途公司（AirAsia X）6 家航空公司。亚航拥有吉隆坡、亚庇、古晋、槟城、曼谷、清迈、普吉、雅加达、万隆、棉兰、泗水、巴厘岛、马尼拉 13 个基地。

目前亚航已开通飞往我国上海、杭州、成都、广州、重庆、长沙、西安、香港、台北等多个城市和地区的航线。

课堂讨论：上网查查亚洲航空，了解一下这家民航企业具体包括哪些航空公司。

第五节　泰国

 知识目标

了解泰国的概况和历史；掌握泰国的风俗习惯；掌握泰国的主要旅游资源；掌握泰国的主要航空公司和机场概况。

 技能目标

结合所学知识，能合理安排旅客航程，为旅客提供优质的服务。

 情境导入

2012 年 12 月《泰囧》在中国内地上映，首周票房达到 3.1 亿人民币，创造华语片首周票房纪录。这部电影是由徐峥编剧导演，由徐峥、王宝强、黄渤共同主演的喜剧电影。影片讲述了徐朗、高博、王宝三人跨出国门远赴泰国的冒险传奇故事。随着电影的热映，泰国旅游业声名大噪，影片的重要取景地成为旅游热点。在电影上映的 12 月，当月报名泰国团队游、自由行的国内游客高达上万名，相比往年同期增加了 3 倍；其后的元旦、春节，泰国游超过一半的线路被抢订；假期去清迈的机位紧张，清迈五星级酒店一房难求。

视频：泰国国家旅游宣传片

结合情境，让我们一起来回顾一下《泰囧》中的那些泰国知名旅游景点吧。

客源国（地区）概况及风俗
Overview and Customs of Tourist Source Countries (Region)

> **知识内容**

一、初识泰国

泰国，是东南亚主要国家之一。泰国是一个多民族国家，全国共有 30 多个民族，泰族占人口总数的 40%。泰国实行自由经济政策，属外向型经济，依赖中国、美国、日本等外部市场。2019 年泰国国内生产总值约 5 237 亿美元，增长率为 2.4%。泰国旅游业发展势头稳定，主要旅游目的地有曼谷、普吉、清迈、帕塔亚、清莱、华欣、苏梅岛等。

泰国奉行独立自主的外交政策，重视周边外交，积极发展睦邻友好关系，维持大国平衡。1975 年 7 月 1 日，中泰两国建立外交关系，两国保持健康稳定发展。中国是泰国最大的贸易伙伴，两国在科技、教育、文化、卫生、司法、军事等领域的交流与合作稳步发展。

二、地理概况

泰国，位于中南半岛中南部，国土面积为 51.3 万平方千米。东南临泰国湾（太平洋），与柬埔寨接壤，西南濒安达曼海（印度洋），东北是老挝，西和西北与缅甸交界，南边狭长的半岛与马来西亚相连。

泰国国境大部分为低缓的山地和高原，从地形上划分为四个自然区域：北部山区丛林、中部平原的广阔稻田、东北部高原的半干旱农田，以及南部半岛的热带岛屿和较长的海岸线。由曼谷向北，地势逐步缓升，湄南河沿岸土地丰饶，是泰国主要农产地。中部是昭披耶河（即湄南河）平原。东北部是呵叻高原，这里夏季极干旱，雨季非常泥泞，不宜耕作。曼谷以南为暹罗湾红树林地域，涨潮时没入水中，退潮后成为红树林沼泽地。泰国南部是西部山脉的延续，山脉再向南形成马来半岛，最狭处称为克拉地峡。

泰国属热带季风气候，全年分为热、雨、凉三季，年均气温 27℃。1 月至 2 月受较凉的东北季风影响比较干燥，3 月到 5 月气温最高，可达 42℃，7 月至 9 月受西南季候风影响，是雨季。10 月至 12 月偶有热带气旋从南中国海经过中南半岛吹袭泰国东部，但在暹罗湾形成的热带气旋为数甚少。

昭披耶河（湄南河）和湄公河是泰国的主要水系，支持着泰国农业经济的灌溉用水。昭披耶河是泰国第一大河，自北而南地纵贯泰国全境，发源于泰国西北部的掸邦高原，经南部平坦地区，形成湄南河三角洲，最后注入曼谷湾，全长 1 352 千米，流域面积 17 万平方千米。湄公河，发源于中国唐古拉山，流入中南半岛后的河段称为湄公河，湄公河干流全长 4 909 千米，是亚洲最重要的跨国水系。

泰国矿产资源分为燃料矿、金属矿和非金属矿三类。燃料矿有褐煤、天然气、石油、油页岩等；金属矿有锡、锌、铅、钨、铁、锑、铬等；非金属矿有萤石、重晶石等。20 世纪 80 年代以来，泰国在泰国湾和内陆先后发现了天然气和石油，泰国天然气的最大储量为 5 465 亿立方米，石油的最大储量为 1.64 亿吨；锡是泰国最重要的矿产，储量 150 万吨，居世界之首；泰国是世界萤石的重要产地，萤石储量约 1 150 万吨。

课堂活动：结合泰国地理情况，分析一下泰国国际航班淡旺季。

三、人文概况

（一）历史概览

泰国，原名暹罗，公元 1 238 年形成较为统一的国家，先后经历素可泰王朝、大城王朝、吞武里王朝和曼谷王朝。

从 16 世纪起，先后遭到葡萄牙、荷兰、英国、法国等殖民主义者的入侵。19 世纪末，曼谷王朝五世王借鉴西方经验进行社会改革。1896 年，与英、法达成利益妥协，间接使得暹罗成为东南亚唯一没有沦为殖民地的国家。

1932 年 6 月，人民党发动政变，改君主专制为君主立宪制政体。1939 年起实行民主政治制度。"二战"期间，暹罗倾向日本，1941 年被日本占领，宣布加入轴心国。1942 年 1 月 25 日泰国宣布向英美宣战。1945 年 8 月 15 日日本投降，暹罗随即宣布"暹罗1942 年 1 月 25 日对英美宣战宣言无效"，该宣言被同盟国承认。1949 年改名泰国，意为"自由之地"。

第二次世界大战后泰国是美国在东南亚的主要军事盟国。

（二）政治制度

泰国实行君主立宪制，宪法规定：泰国是以国王为国家元首的民主体制国家。

泰国国会由下议院和上议院组成，下议院 500 人，上议院 250 人。

泰国司法系统由宪法法院、司法法院、行政法院和军事法院构成。宪法法院主要职能是对议员或总理质疑违宪、但已经国会审议的法案及政治家涉嫌隐瞒资产等案件进行终审裁定。由 1 名院长及 14 名法官组成，院长和法官由上议长提名呈国王批准，任期九年。行政法院主要审理涉及国家机关、国有企业及地方政府间或公务员与私企间的诉讼纠纷。行政法院分为最高行政法院和初级行政法院两级，并设有由最高行政法院院长和 9 名专家组成的行政司法委员会。军事法院主要审理军事犯罪和法律规定的其他案件。司法法院主要审理不属于宪法法院、行政法院和军事法院审理的所有案件，分为最高法院、上诉法院和初审法院三级，并设有专门的从政人员刑事厅，另设有司法委员会。

泰国全国分为中部、南部、东部、北部和东北部五个地区，共有 77 个府，府下设县、区、村。曼谷是唯一的府级直辖市。

（三）国家象征

泰国的国旗是一面三色旗，呈长方形，长与宽之比为3∶2。由红、白、蓝、白、红五条横带组成，蓝带比红白带宽一倍。上下方为红色，蓝色居中，蓝色上下方为白色。蓝色宽度等于两个红色或两个白色长方形的宽度。红色代表民族和象征各族人民的力量与献身精神。白色代表宗教，象征宗教的纯洁。泰国是君主立宪政体国家，国王是至高无上的，蓝色代表王室。蓝色居中象征王室在各族人民和纯洁的宗教之中。

知识卡片：曼谷

泰国的国徽是一只大鹏鸟，鸟背上蹲坐着那莱王。传说中大鹏鸟是一种带有双翼的神灵，那莱王是传说中的守护神。

泰国的国歌是《泰王国歌》。

泰国的国花是金链花。

（四）人口、民族和信仰

泰国总人口6 900万。全国共有30多个民族，泰族为主要民族，占人口总数的40%，其余为老挝族、华族、马来族、高棉族，以及苗、瑶、桂、汶、克伦、掸、塞芒、沙盖等山地民族。

佛教是泰国的国教。泰国90%以上的民众信仰佛教，马来族信奉伊斯兰教，还有少数民众信仰基督教、天主教、印度教和锡克教。

（五）经济结构

泰国实行自由经济政策，属外向型经济，依赖中国、美国、日本等外部市场。

农业是泰国传统经济产业，全国可耕地面积约占国土面积的41%，农产品是外汇收入的主要来源之一。农业主要作物有橡胶、稻米、玉米、木薯、甘蔗、绿豆、麻、烟草、咖啡豆、棉花、棕油、椰子等，是世界天然橡胶最大出口国。泰国海岸线2 705千米，泰国湾和安达曼海是得天独厚的天然海洋渔场，曼谷、宋卡、普吉等地是重要的渔业中心和渔产品集散地，是世界鱼类产品主要供应国之一。

泰国工业是出口导向型工业，近年来在国内生产总值所占比重不断上升，主要包括采矿、纺织、电子、塑料、食品加工、玩具、汽车装配、建材、石油化工、软件、轮胎、家具等。

泰国旅游业发展稳定，是外汇收入重要来源之一，主要旅游地包括曼谷、普吉岛、清迈、帕塔亚、清莱、华欣、苏梅岛等。

案例拓展

清迈

清迈为泰国北部城市，环境优美，气候凉爽，以玫瑰花著称，素有"泰北玫瑰"的雅称。

清迈曾长期作为泰国首都，保留着很多珍贵的历史和文化遗迹。金碧辉煌的佛塔、精美的雕刻、洁白的墙面，是清迈的标配。城区内有许多历史文化悠久的古老寺庙，包括契迪龙寺、清曼寺、古道寺、双龙寺、松德寺、帕烘寺、布帕壤寺、柴迪隆寺、普拉辛寺、查育寺等。

思考： 结合案例和网上知识总结清迈寺庙的主要风格。

（六）文化教育

泰国的国语是泰语。

泰国实行12年制义务教育，小学6年、初中3年、高中3年。中等专科职业学校为3年制，大学一般为4年制，医科大学为5年制。高等院校主要包括朱拉隆功大学、泰国国立法政大学、泰国农业大学、孔敬大学、清迈大学、泰国国立玛希隆大学、诗纳卡琳威洛大学、泰国易三仓大学、曼谷大学等。其中，朱拉隆功大学是泰国最古老的大学，被视作泰国高等教育的先驱。

泰式按摩是泰国宝贵级文化遗产之一，既可疏松筋骨、消除疲劳，又可以治愈多种疾病，有益健康。泰式按摩男女皆宜，从脚趾开始到头顶结束，包括捏、拽、揉、按、抻、拉等，甚至包括柔道式大背挎，让每一寸肌肉都得到舒展。

泰拳，发源于泰国，是泰国传统民族艺术和格斗技艺。泰拳是一项以力量与敏捷著称的运动，主要运用人体的双拳、双腿、双肘、双膝这四肢八体作为八种武器进行攻击，出拳发腿、使膝用肘发力流畅顺达，力量展现极为充沛，攻击力猛锐。

思政小课堂

中清杯第一届"互联网+"泰国大学生中文创新创业大赛

2020年10月26日，由驻清迈总领馆发起，清迈大学孔子学院、艺术与创新学院主办的第一届中清杯"互联网+"泰国大学生中文创新创业大赛以线上方式进行决赛。驻清迈总领事吴志武、清迈府尹代表维拉潘常秘、清迈中华商会主席曾昭淳、清迈大学副校长龙姆、中国电子商务职业教育教学指导委员会副主任陆春阳、京东泰国等中资机构和企业代表出席开幕式。

吴志武表示，中泰在创新领域的合作不断加速，潜力巨大。举办泰国大学生中文创新创业大赛，旨在激励有志于促进中泰友好的泰国青年积极投身创新创业热潮，以青春智慧和力量，助力双方创新合作，造福两国人民。维拉潘常秘和龙姆副校长表示，泰中务实合作的飞速发展给双方带来了实实在在的利益。虽然两国都遭受新冠肺炎疫情的冲击，但双边贸易额逆势增长，线上贸易、网络平台功不可没。驻清迈总领馆发起举办此次大赛，为泰国高校中文学生提供了学以致用、展示才华的平台，希望同学们磨砺创新创业精神，勇创佳绩，为中泰合作贡献力量。

> 开幕式后，进入决赛的8支代表队进行了最后角逐。经来自驻清迈总领馆、清迈中华总商会、中国电子商务职业教育教学指导委员会、泰国京东公司、泰国知名自媒体等5位评委的认真评选，清迈大学"青春无敌队"、诗纳卡琳威洛大学"无限可能队"、格乐大学"奥里给！玛卡巴卡队"分获一、二、三等奖。本次大赛自9月开始，泰国20余所大学、30支代表队、138名选手报名参加比赛，在泰国高校中引发热烈反响。
>
> （资料来源：中华人民共和国外交部 https://www.fmprc.gov.cn/web/gjhdq_676201/gj_676203/yz_676205/1206_676932/1206 x2_676952/t1827253.shtml）
>
> **思考：** 总结分析开展中文创新创业比赛的意义。

（七）主要节日

1月1日，元旦，公历新年。每年在泰国首都曼谷都会举行盛大的跨年仪式，燃放烟花，举办跨年晚会，迎接新的一年。

泰历三月十五日，万佛节。万佛节是泰国传统佛教节日，相传佛教创始人释迦牟尼，于泰历三月十五日在摩揭陀国王舍城竹林园大殿，向主动前来集会的1 250名罗汉首次宣传教义，泰国佛教徒视这次集会为佛教创建之日。

4月6日，查库里王朝纪念日。这一天是拉玛一世加冕登基之日，全国会举办各类活动，包括悬挂国旗、举行宗教仪式、向皇家纪念地敬献鲜花等。

4月13—15日，宋干节。宋干节是泰国最重要的节日之一，也称"泼水节"，是泰国新年。作为泰国新年，宋干节有很多美好的寄托，第一是感恩，感谢那些对社会做出贡献的人；第二是忠于祖先；第三是铭记对家人的责任；第四是颂扬佛教和僧侣；第五是主张做人仁慈和慷慨。一年一度的宋干节热闹非凡，泰国各地都会举行大型庆祝活动，互道祝福。

每年5月，农耕节。农耕节是泰国的重要节日，每年都要在曼谷大皇宫旁边的王家田广场举行大典，这个传统始于13世纪的素可泰王朝。

泰历六月十五日，佛诞节。佛诞节是纪念佛祖诞生、成道、涅槃的节日。

8月12日，母亲节。这一天是纪念"诗丽吉千岁王太后"的生日。

泰历八月十六日至十一月十五日，守夏节。守夏节期间，泰国的僧侣们禁止外出，同时会聚集在一起深入学习佛法，交流心得。在守夏节期间，虔诚的泰国佛教信徒会戒酒、戒杀生，远离罪孽，修身养性。

泰历十二月十五日，水灯节。在这一天，民众会制作水灯，并将自己的美好愿望寄托于水灯，然后放入池河中，以达成心愿。

12月5日，国庆节，泰王蒲美蓬诞辰，父亲节。泰王蒲美蓬诞生于1927年12月5日，是查库里王朝第九世君王。

12月10日，宪法纪念日。1932年12月10日，泰王颁布正式的宪法，宪法的颁布标志着泰国迈进民主时代，为纪念这一伟大变革，官方规定每年12月10日为宪法纪念日。

(八）风俗与禁忌

在泰国，佛教是代代相承的传统宗教，是泰国的国教。在泰国，僧侣非常受尊重，泰国风俗文化的方方面面都和佛教有着密切的关系。

泰国人见面多施合十礼，双手合十，置于胸前，手掌尖对鼻尖，微微低头，并互道一声"萨瓦迪卡"，寓意安乐吉祥。泰国人告辞时也施合十礼。泰国人对于不认识的长辈都习惯叫叔、伯、姑、姨或爷爷、奶奶；同辈之间也称兄道弟，或姐妹。

泰国人从小受家庭教育，在家要尊敬父母、长辈；在学校要尊敬老师，敬老师犹如敬父母，对高年级同学也要有礼貌。

泰国人非常重视头部，认为头是神圣不可侵犯的。用手触摸泰国人的头部，是对他极大的侮辱。如果长辈在座，晚辈必须蹲跪，以免高于长辈的头部。某人坐着的时候，忌讳他人提物从其头上掠过。在泰国，小孩子的头也不能摸，摸小孩子头部被认为是非常不吉利的。泰国人睡觉头不朝西，因为日落西方象征死亡，泰国人死后才将尸体的头部朝西摆放。

在泰国，国王和王室成员受人尊敬，不能随便谈论或议论王室。

在泰国，进入寺庙要脱鞋；服装应整齐，不能穿背心、短裤进入；女性避免碰触僧侣，如需敬奉财物，可请男士代劳，或直接放在桌上即可。

泰国人秉持"乐天安命"的处世态度，在泰国要避免使用暴力和粗鲁的语言，遇事要隐忍。

在泰国，不要用脚指任何东西。无论站着还是坐着，都不要让你的脚引人注意，更不要让别人看见鞋底。

公众场合不要做出过于亲昵的举动，如拥抱、亲吻等。

在泰国，不能用红笔签名，因为泰国人死后要用红笔在棺材口写上其姓氏。

泰国水灯节，在观看水灯时一定要注意，无论水灯多么漂亮，都绝对不能捡起来。

泰国禁赌，即使在自己房间也不能进行任何涉赌行为。

在泰国，人经常走过的门口、屋顶，禁忌挂衣物，尤其是内裤和袜子。

泰国人喜欢红色、黄色，禁忌褐色。

（九）饮食文化

泰国菜口味以酸、辣为主，常用新鲜的海鲜、水果、蔬菜制作，注重调味，常使用辣椒、罗勒、蒜头、香菜、姜黄、胡椒、柠檬草、椰子等香料调味，口味独特，别具一格。

泰国有泰北菜、泰东北菜、泰中菜、泰南菜四大菜系，反映泰国四方不同的地理和文化，而各菜系使用的食材往往跟邻近国家相近。泰国招牌菜有冬阴功汤、椰汁嫩鸡汤、咖喱鱼饼、绿咖喱鸡肉、杧果饭等。

（十）服饰文化

在泰国，民族服饰穿着广泛。泰国民族服饰（图 2-5-1）分为男装和女装：男装是立领马褂加裤子或者方裙，男装马褂正装穿长袖，日常装束穿短袖；女装是上衣下方裙。泰国的方裙是由一块长方形的丝绸做成的裙子，可以把腰间紧紧地裹起来，用绳子来调整松紧。正式的装束还要披一条斜穿上身的带子，叫披肩带。

课堂活动：泰国被称为"微笑国度"，你如何理解？

▲图 2-5-1　泰国民族服饰

四、主要旅游资源

1. 大皇宫和玉佛寺

曼谷大皇宫，位于曼谷市中心的古建筑群，是泰国王室的皇宫，总面积 218.4 平方千米。大皇宫始建于 1782 年，是泰国历代皇宫中规模最大、保存最完好、最具民族特色的，保存着泰国的建筑、绘画、雕刻、装潢艺术的精粹。走进大皇宫，碧草如茵，古树参天，佛塔式建筑金碧辉煌，精美绝伦。

大皇宫是由几座宫殿和一座寺庙组成的，这座寺庙就是玉佛寺。玉佛寺位于曼谷大皇宫的东北角，面积约占大皇宫的 1/4，是泰国最著名的佛寺，也是泰国三大国宝之一。玉佛寺始建于 1784 年，是泰国王族供奉玉佛像和举行宗教仪式的场所，寺内有玉佛殿、先王殿、佛骨殿、藏经阁、钟楼和金塔。玉佛殿是玉佛寺的主体建筑，大殿正中的神龛供奉着泰国国宝玉佛像：玉佛高 66 厘米，宽 48 厘米，是由一整块碧玉雕刻而成。每当换季时节，泰国国王都亲自为玉佛更衣，以保国泰民安。

2. 普吉岛

普吉岛位于印度洋安达曼海东南部，是泰国最大的岛屿、东南亚旅游度假胜地。普吉岛拥有碧绿的大海、幼白的沙滩、奇形怪状的石灰礁岩以及丛林遍布的山丘，每年吸引了国内外大量旅客。普吉岛著名海滩主要包括芭东海滩、卡伦海滩、卡塔海滩等，每个沙滩都有各自的魅力和特点。普吉岛主要景点包括皮皮岛、珊瑚岛、皇帝岛、攀牙湾等，其中皇帝岛开发时间较晚，自然风貌保持完好，环境清幽，以纯净无污染的海水、沙滩、奢华的配套服务著称。

微课：普吉岛

课堂活动：泰国海岛众多，上网查查著名的度假岛屿。

五、主要机场和航空公司

（一）主要机场

泰国机场主要包括素万那普机场、普吉国际机场、清迈国际机场、清莱国际机场、甲米国际机场等。国内航线遍布全国 20 多个大、中城市，国际航线可达欧、美、亚及大洋洲 40 多个城市。

素万那普机场（ICAO 代码：VTBS；IATA 代码：BKK），位于泰国首都曼谷，西距曼谷市中心约 30 千米，为 4F 级国际机场、大型国际枢纽机场。2019 年，素万那普机场旅客吞吐量 6 471.101 0 万人次，同比增长 3.02%，泰国排名第 1 位；货邮吞吐量 1349 857 吨，同比下降 10.02%，泰国排名第 1 位；飞机起降 37.888 6 万架次，同比增长 4.08%，泰国排名第 1 位。

素万那普机场建成时间为 2006 年 9 月，有 1 座航站楼，机场航站楼主体为 5 层，建筑面积为 56.3 万平方米，建成时为世界最大的单体建筑、最大的航站楼。素万那普机场设有 360 个值机柜台、124 个入境证照查验窗口、72 个离境证照查验窗口。设 120 个机位，其中 51 个为近机位，69 个为远机位。素万那普机场有两条跑道、四条平行滑行道、五条垂直滑行道；两条跑道分别是 01R/19L（长度 4 000 米、宽度 60 米）和 01L/19R（长度 3 700 米、宽度 60 米）。

素万那普机场共有 83 家航空公司在此运营，开通前往 110 个城市的航线。素万那普机场为泰国国际航空、曼谷航空的枢纽机场，为国泰航空、长荣航空的基地机场。

（二）主要航空公司

泰国航空公司主要包括泰国国际航空公司、曼谷航空公司、泰国亚洲航空公司、泰国微笑航空公司等。

泰国国际航空公司（图 2-5-2）（ICAO 代码：THA；IATA 代码：TG）成立于 1951 年，现为泰国的国家航空司，是星空联盟的创始成员之一。

泰国国际航空公司的标志采用了兰花图案，同时融合了泰国的代表性色调——寺庙闪

▲ 图 2-5-2　泰国国际航空公司

闪发光的金色、光滑丝绸的品红色和兰花艳丽的紫色。泰航口号"Smooth as Silk"，灵感源自著名的泰国丝绸的顺滑质感与高贵，一方面象征泰航飞行旅途的顺畅，另一方面寓意旅客乘坐泰航时所感受到的舒适。

泰国国际航空公司的航线网络以曼谷为中心，包含泰国国内线、地区区域航线及洲际航线，泰国国际航空航线通达全世界 30 余个国家、70 余个城市。

泰国国际航空公司机队主要包括波音 787 梦想客机、777 系列、747 系列、737 系列以及空客 A380、A350、A330。

泰国国际航空公司已开通飞往我国北京、上海、成都、广州、厦门、香港、台北等地的客运航线。

课堂讨论： 上网查找，泰国主要航空公司空姐制服的搭配。

第六节　印度尼西亚

知识目标

了解印度尼西亚的基本概况和历史；掌握印度尼西亚的风俗习惯；掌握印度尼西亚的主要旅游资源；掌握印度尼西亚的主要航空公司和机场概况。

技能目标

结合所学知识，能合理安排旅客航程，为旅客提供优质的服务。

情境导入

韩梅梅在新加坡旅行后，临时决定从新加坡飞往印度尼西亚的巴厘岛度假。韩梅梅选择了印尼航空的航班，不到 3 个小时就已经到达巴厘岛；近年来印尼简化入境手续，中国人免签，韩梅梅入境非常顺利。

结合情境，你了解印尼吗？了解印尼最新的旅游政策吗？你知道哪些便捷的印尼航空公司？

知识内容

一、初识印度尼西亚

印度尼西亚，简称印尼，是世界上最大的群岛国家，也是东南亚主要国家之一。印尼有数百个民族，爪哇族人口占 45%。印尼是东盟最大的经济体，2019 年印尼国内生产总值 15 833.9 万亿印尼盾，增长率 5.02%。印尼政府长期重视开发旅游业，2019 年外国赴印尼游客 1 611 万人次，主要客源国包括马来西亚、中国、新加坡、东帝汶、澳大利亚等。

印度尼西亚奉行积极独立的外交政策，主张大国平衡，重视同美国、中国、日本、俄罗斯、澳大利亚、印度以及欧盟的关系；重视不结盟运动和南南合作。1950 年 4 月 13 日中印两国建交；1965 年印尼发生"9·30 事件"后，两国中断外交关系；1990 年 8 月 8 日，中印两国恢复外交关系。近年来，中印两国领导人交往频繁，经贸合作发展顺利，在民航、科技、教育、卫生、旅游等领域的交流与合作不断发展。

二、地理概况

印度尼西亚，总面积为 1 913 578.68 平方千米。印尼位于东南亚，是世界上最大的群岛国家，被称为"千岛之国"。印尼地跨赤道，与巴布亚新几内亚、东帝汶、马来西亚接壤，与泰国、新加坡、菲律宾、澳大利亚等国隔海相望。

印尼各个岛屿分布分散，主要有加里曼丹岛、苏门答腊岛、新几内亚岛、苏拉威西岛和爪哇岛。岛屿内部地形崎岖，多山地和丘陵，多火山和地震，仅沿海地带有狭窄平原。

印尼属热带雨林气候，年平均温度25℃～27℃，四季无分别。北部受北半球季风影响，7—9月降水量丰富；南部受南半球季风影响，12月、1月、2月降水量丰富，年降水量 1 600～2 200 毫米。森林面积1.37亿公顷，森林覆盖率超过60%。

印尼河流众多，主要河流包括加里曼丹岛的曼伯拉莫河、巴里托河、马哈坎河，苏门答腊岛的穆西河，新几内亚岛的迪古尔河，爪哇岛的梭罗河等。印尼主要的湖泊有多巴湖、马宁焦湖、车卡拉湖、坦佩湖、托武帝湖等。

印尼矿产资源主要包括石油、天然气、煤、锡、铝矾土、镍、铜、金、银等。据印尼官方统计，印尼石油储量约97亿桶（13.1亿吨），天然气储量4.8万亿～5.1万亿立方米，煤炭已探明储量193亿吨，潜在储量可达900亿吨。

案例拓展

消失的小岛

据印尼《雅加达邮报》报道：印度尼西亚最大的环境组织印尼环境论坛（Walhi）称，印尼苏门答腊岛南部已有两座小岛消失。这两座小岛是位于苏门答腊的Betet岛和Gundul岛，目前已分别在海平面之下1米和3米。

Betet岛属于贝勒巴－森比浪国家公园的一部分，该国家公园的负责人确认了Betet岛已被海水淹没的消息。贝勒巴－森比浪国家公园于2018年被联合国教科文组织宣布为世界生物圈保护区，这里有着茂密的红树林，是苏门答腊虎、翠鸟等物种的栖息地。

气候变化导致的海平面上升对像印尼这样的群岛国家造成了巨大的威胁，印尼目前有数百万人生活在低海拔的沿海地带，分布在大约17 000个岛屿上。Walhi也警告，如果不及时采取行动来正视和解决不断上升的海平面问题，印尼另外四座岛屿也很可能会被淹没。更有科学家预测，如果不采取预防措施，印尼在2030年前将至少失去2 000座岛屿。

思考：结合案例，我们为保护岛屿、保护海洋环境能做点什么呢？

课堂讨论：上网查查印尼主要火山有哪些？

三、人文概况

（一）历史概览

公元 3—7 世纪，这里逐步建立了一些分散的封建王国，有记载的包括室利佛逝、新柯沙里王国、满者伯夷国。

15 世纪开始，葡萄牙、西班牙和英国先后入侵这里。1942 年日本占领印尼，1945 年日本投降。1945 年 8 月 17 日印尼宣布独立，成立印度尼西亚共和国。

印尼独立后，先后武装抵抗英国、荷兰的入侵，其间被迫改为印度尼西亚联邦共和国并加入荷印联邦。1950 年 8 月印尼联邦议院通过临时宪法，正式宣布成立印度尼西亚共和国，同年印尼加入联合国。1954 年 8 月脱离荷印联邦。

（二）政治制度

宪法规定，印尼为单一的共和制国家，"信仰神道、人道主义、民族主义、民主主义、社会公正"是建国五项基本原则。实行总统制，总统为国家元首、行政首脑和武装部队最高统帅。2004 年起，总统和副总统不再由人民协商会议选举产生，改由全民直选；每任五年，只能连任一次。总统任命内阁，内阁对总统负责。

人民协商会议，是国家立法机构，由人民代表会议和地方代表理事会共同组成，负责制定、修改和颁布宪法，并对总统进行监督。如总统违宪，有权弹劾罢免总统。每 5 年换届选举。

人民代表会议，是国家立法机构，行使除修宪以外的一般立法权。人民代表会议无权解除总统职务，总统也不能宣布解散人民代表会议；但如总统违反宪法，人民代表会议有权建议人民协商会议追究总统责任。

地方代表理事会，负责有关地方自治、中央与地方政府关系、地方省市划分以及国家资源管理等方面的立法工作。成员分别来自全国 34 个省级行政区，每区 4 名代表，共 136 名。

印尼实行三权分立，最高法院独立于立法和行政机构。最高法院院长由最高法院法官选举。

印尼政党包括民主斗争党、专业集团党、大印尼运动党、国民民主党、民族觉醒党等。

印尼全国共有一级行政区（省级）34 个，包括 31 个省和雅加达、日惹、亚齐 3 个地方特区。二级行政区（县 / 市级）共 514 个。

（三）国家象征

印度尼西亚的国旗是一面由红白两色横带组成的旗帜，长宽比例为 3∶2。国旗有两条一样宽的横带，上面的横带是红色的，下面的横带是白色的。红色象征勇敢、正义，还代表印尼的繁荣昌盛；白色象征自由、公正、纯洁，还表达了印尼人民反对侵略、爱好和平的美好愿望。

印度尼西亚的国徽是一只金色的昂首展翅的印尼神鹰，象征印尼人

知识卡片：雅加达

民的光荣和胜利。8月17日是印尼独立日，神鹰尾部有八根羽毛表示8月，双翅上各有十七根羽毛表示17日。神鹰胸前有一枚盾牌，盾面上有5幅图案：正中的金色五角星是伊斯兰教的象征；水牛头象征主权属于人民；绿色椿树象征民族意志；棉桃和稻穗象征繁荣；金链环紧紧相扣，象征国内各种族一律平等。一条黑色横线横贯盾徽，表示赤道穿过印尼领土。神鹰双爪下的白色饰带上写着印尼格言"殊途同归"。

印度尼西亚的国歌是《伟大的印尼》。

（四）人口、民族和信仰

印度尼西亚人口2.62亿。印尼有数百个民族，其中爪哇族占45%，巽他族占14%，马都拉族占7.5%，马来族占7.5%，其他26%。

印度尼西亚约87%的人口信奉伊斯兰教，6.1%的人口信奉基督教，3.6%的人口信奉天主教，其余信奉印度教、佛教和原始拜物教等。

（五）经济结构

印尼是东盟最大的经济体。农业、工业、服务业均在国民经济中发挥重要作用。

印尼全国耕地面积约8 000万公顷，盛产经济作物，包括棕榈油、橡胶、咖啡、可可等。印尼渔业资源丰富，政府估计潜在捕捞量超过800万吨/年。

印尼工业发展方向是强化外向型制造业，主要有采矿、纺织、轻工等。矿业在印尼经济中占有重要地位，产值占GDP的10%左右。

旅游业是印尼重要创汇行业，政府非常重视旅游业发展。2019年外国赴印尼游客1 611万人次，主要客源国为马来西亚、中国、新加坡、东帝汶和澳大利亚。

外贸在印尼国民经济中占重要地位，政府采取一系列措施鼓励和推动非油气产品出口。主要出口产品包括石油、天然气、纺织品和成衣、木材、藤制品、手工艺品、鞋、铜、煤、纸浆和纸制品、电器、棕榈油、橡胶等；主要进口产品包括机械运输设备、化工产品、汽车及零配件、发电设备、钢铁、塑料及塑料制品、棉花等。印尼主要贸易伙伴是中国、日本、新加坡、美国等。

思政小课堂

雅万高铁

雅万高铁，全称雅加达－万隆高速铁路项目，线路全长142.3千米，途经9个市县，全线共设4座车站，是东南亚第一条最高设计时速350千米的高铁。建成通车后，雅加达至万隆的铁路运行时间将从现在的3个多小时缩短至40分钟，有助于便利民众出行、带动沿线产业发展、提升区域经济社会发展水平。该项目由中国印尼企业合作建设和运营，双方风险共担、利益共享，结成紧密的命运共同体。

雅万高铁是中国和印尼合作的里程碑，印尼引入中国高铁技术是印尼铁路运输的一项突破和交通业发展的一次革新。雅万高铁是中国高铁首次全系统、全要素、全产业链走出国门,是"一带一路"建设的重大早期收获,意义重大。

雅万高铁项目再次证明,优势互补是中国印尼合作的根本动力,互利共赢是中国印尼合作的本质特征。我们愿以雅万高铁为新的标杆,与印尼方开展更加全面、深入的互利合作,共同发展进步,不断增进两国人民的福祉,推动中国印尼全面战略伙伴关系进一步向前发展。

(资料来源:百度百科 https://baike.baidu.com/item/%E9%9B%85%E4%B8%87%E9%AB%98%E9%80%9F%E9%93%81%E8%B7%AF/23774765?fromtitle=%E9%9B%85%E4%B8%87%E9%AB%98%E9%80%9F%E9%93%81&fromid=18385773&fr=aladdin)

思考: 上网查查中国印尼在基础建设领域的合作还有哪些。

(六)文化教育

印尼民族语言共有200多种,官方语言为印尼语。

印尼实行九年制义务教育。印尼主要大学包括印度尼西亚大学、加查马达大学、艾尔朗卡大学、万隆工学院、查兰大学、茂物农学院等。印度尼西亚大学,是印尼历史最悠久的高等学府,环太平洋大学联盟成员,设有12所学院和一间研究所。

哇杨皮影戏,是一种古典人偶戏,以精工制作的木偶和复杂的音乐风格而闻名,有三维的木质人偶和平面皮影人偶这两种基本类型。"一张牛皮道尽喜怒哀乐,半边人脸收尽忠奸贤恶"是对哇杨皮影戏最贴切的描述,"以影显形,借光显影"是哇杨皮影戏的最大特色。在印尼,每逢重大节日、宗教庆典,或者家族聚会时,印尼的城市广场或是私人院落里经常可以看到哇杨皮影戏的桥段,是上至王室贵族、下至平民百姓的共赏性文化。2003年,印尼哇杨皮影戏被收入联合国教科文组织"人类口头和非物质文化遗产"名录。

印度尼西亚羽毛球项目突出,是世界羽坛五大强国之一,羽毛球项目是奥运奖牌主要获奖项目。印尼羽毛球名将陶菲克和马来西亚的李宗伟、中国的林丹、丹麦的皮特·盖德并列为羽坛"四大天王"。

课堂活动: 外贸在印尼国民经济中占重要地位,近年来多个知名运动鞋品牌在印尼代工,你穿过哪些印尼代工的产品?

(七)主要节日

5月20日,民族觉醒日。1908年5月20日,印尼第一个民族运动组织"至善会"成立,为了纪念这一天,印尼政府定为民族觉醒日。每年这一天,印尼政府都会进行教育宣传,组织教育活动,以及文化宣传。

6月1日,建国五基诞生日。1945年6月1日,印尼总统苏加诺提出建国五基,作为印尼建国的指导思想,即"信仰神道、人道主义、民族主义、民主主义、社会公正",意义重大。

斋月后第一天，开斋节。开斋节是印尼的返乡高峰期，印尼人会选择这个时间回到家乡和亲人相聚；近几年，印尼流行在开斋节派发红包，送祝福讨吉利；印尼独特的开斋习俗是吃印尼粽子——古都拔，白色无瑕的粽馅代表人忏悔后回到最原始的心灵；开斋节后的半个月，是印尼的消费旺季。

伊斯兰教历十二月十日，宰牲节。每年这一天，穆斯林沐浴盛装，到清真寺举行祷告仪式，宰牛、羊、骆驼，除了自己食用外，还互相馈赠，以示纪念。

伊斯兰教历七月二十七日，登霄节。据《古兰经》记载，这一天是穆罕默德夜游升仙之日，通常教徒们会到清真寺举行诵经祈祷，穆斯林家庭会进行聚餐。

8月17日，独立日。1945年8月17日，印度尼西亚共和国获得独立，为了纪念这一天，印尼政府定为独立日。每年这一天，印尼政府都要在总统府前广场举行隆重的庆祝仪式，邀请各国政要及驻印大使观摩。

巴厘历十月一日，静居日，是巴厘印度教的新年。静居日前一天，大家身着民族服装去参加欢庆活动；上午载歌载舞，尽情狂欢；下午男人们敲锣打鼓，抬着3～4米高的大型木偶绕村、绕家游行，女人们头顶祭品走在游行队伍里，祈求来年风调雨顺。静居日当天，无任何庆祝活动，民众在家静坐冥思，且须遵循以下四禁：不生火（不开灯）、不工作、不出门、无娱乐活动。

（八）风俗与禁忌

印尼人讲究礼节，见面时要互致问候，握手礼是通用性礼仪。

在印尼和别人谈话或去别人家都要摘下太阳镜。拜访印尼商人时要带上礼物，收下礼物即意味着承担了某种责任。印尼人绝大部分是穆斯林教徒，在赠送礼品时不要送酒类物品。

印尼人认为，头部是神圣的，忌摸孩子的头。在印尼和朋友交谈，应避开政治、宗教等话题。

在印尼，进入圣地，如清真寺，要着装整齐，不能穿短裤、无袖背心或裸露的衣服，一定要脱鞋。在巴厘，进入寺庙必须在腰间束腰带。

印尼人大部分信仰伊斯兰教，忌吃猪肉食品，忌饮酒精性饮品，忌用左手拿东西、递接物品。

在印尼的公共场合，和异性过分亲昵是没有教养的表现。

印尼人喜欢白色，代表纯洁；喜欢红色，代表勇敢；此外，穆斯林还喜欢绿色，因为是宗教的代表颜色。

印尼人忌夜间吹口哨，认为它会招来游荡的鬼魂。

（九）饮食文化

印尼主食以大米、玉米、薯类为主。印尼人喜欢用香蕉叶或棕榈叶把大米或糯米，包成菱形粽子——古都拔。印尼盛产香料，印尼制作菜肴喜欢放各种香料，以及辣椒、葱、姜、蒜等，口味比较辛辣。印尼盛产海产品，喜欢吃鱼、虾，烹饪方法以煎、炸、烤为主，配上辛辣酱料和香料。

印尼人不用筷子，而是使用勺和叉子，也喜欢用手抓饭。抓饭时，桌中央放一碗清水用来清洁手部，并用右手抓饭吃。

麝香猫咖啡，又名猫屎咖啡，因麝香猫在吃完咖啡果后把咖啡豆原封不动地排出而得名，人们把它的粪便中的咖啡豆提取出来加工制成咖啡。经过消化系统后的咖啡豆，口味醇厚，别有一番滋味，是国际市场上的抢手货，价格高昂。麝香猫咖啡是世界上最贵的咖啡之一，是印尼特产。

巴厘岛的脏鸭餐（图2-6-1）闻名世界。之所以叫"脏鸭"，一是因为鸭子散养在巴厘岛的水稻田里，吃野生的小虫小鱼，浑身泥巴；二是在烹饪过程中经过油炸、烧烤，表皮看起来颜色黑黢黢的、脏兮兮的。脏鸭餐包括半只鸭子、一份水果、一杯水和一杯果汁，放在翠绿色的芭蕉叶上，让人食欲大增。

▲ 图 2-6-1　脏鸭餐

（十）服饰文化

巴迪衫是印尼主要的传统服饰，已有1200多年历史。巴迪衫舒适大方、选择多样、兼具传统与时尚。在印尼，上至国家总统，下至平民百姓，大家都穿巴迪衫。在印尼不同地区，巴迪衫的花色各有不同，融入了印尼人对生活、审美、文化、宗教的理解，是印尼的国民服饰。

课堂活动：印尼岛屿众多，民族众多，有很多民族服饰，请上网查一查。

四、主要旅游资源

1. 巴厘岛

巴厘岛（图2-6-2），位于爪哇岛东部，岛上热带植被茂密，风光旖旎，是举世闻名的旅游度假岛屿。巴厘岛是印度尼西亚唯一信奉印度教的地区，80%的人信奉印度教。主要旅游景点包括海神庙、圣泉庙、乌布王宫、京打玛尼火山、乌鲁瓦图断崖、金巴兰海滩、库塔海滩、圣猴森林公园等。

▲ 图 2-6-2　巴厘岛

视频：印度尼西亚（一生中必去的绝美圣地）

海神庙，始建于16世纪，是巴厘岛最重要的海边庙宇之一。海神庙坐落在海边一块巨大的岩石上，涨潮时，岩石被海水包围，整座寺庙与陆地隔绝，宛如水中阁楼；落潮时与陆地相连。观赏海神庙的最佳时间是日落时分，夕阳西下，海浪拍打着海岸，激起千层浪，夕阳、神庙、沙滩、海浪构成一幅壮美的风景，让游人赞叹不绝。

库塔海滩是巴厘岛最美丽的海岸，这里海滩平坦，沙粒幼白、细腻，是日光浴和进行水上活动的胜地。库塔海滩附近有热闹的商业街，大型百货商店和手工艺品店林立，是游客购物的场所。

2. 婆罗浮屠

婆罗浮屠，位于爪哇岛中部，大约建于公元750年至850年，由当时统治爪哇岛的夏连特拉王朝统治者兴建。整个建筑分为三层：基座是五个同心方台，呈角锥体；中间是三个环形平台，呈圆锥体；顶端是佛塔。围绕着环形平台有72座透雕细工的印度塔，内有佛龛，每个佛龛供奉一尊佛像。婆罗浮屠与中国的长城、印度的泰姬陵、柬埔寨的吴哥窟并称为古代东方四大奇迹。1991年，婆罗浮屠寺庙群（包括三座佛教寺庙：婆罗浮屠佛塔、孟督寺和巴旺寺）被联合国教科文组织确立为世界文化遗产。

课堂讨论：结合已经学习的印度教相关知识，谈谈在巴厘岛旅行的禁忌。

五、主要机场和航空公司

（一）主要机场

印度尼西亚主要机场包括苏加诺—哈达国际机场、棉兰瓜拉纳穆国际机场、坤甸苏巴迪奥国际机场、槟港德帕提·阿米尔国际机场、占碑苏丹达哈国际机场、丹绒槟榔市费萨比利利拉国际机场等。

苏加诺—哈达国际机场（ICAO代码：WIII；IATA代码：CGK）位于印度尼西亚首都雅加达以西20千米。机场建筑以印尼王宫为蓝本，是世界最有特色的机场之一。这里是多家国际航空公司的枢纽站，是亚洲最重要的转运中心之一。

苏加诺—哈达国际机场有150个值机柜台、30条行李传输带和42道安检门，有2条跑道，分别是07R/25L（长3 660米、宽60米）和07L/25R（长3 600米、宽60米）。

苏加诺—哈达国际机场共有2座航站楼。T1航站楼主要经营国内航线，分为T1A、T1B和T1C，印尼亚洲航空、印度尼西亚狮子航空公司、巴达维亚航空、亚当航空、曼达拉航空等航空公司在此值机。T2航站楼主要经营国际航线，分为T2D、T2E和T2F，中国国际航空、印度航空、土耳其航空、韩亚航空、国泰航空、中国南方航空、阿联酋国际航空、日本航空、俄罗斯航空等在T2D值机；芭达维亚航空、印尼航空、亚洲航空、深圳航空、荷兰皇家航空等在T2E值机；T2F经营国内航线和包机。

苏加诺—哈达国际机场已开通飞往我国北京、上海、广州、深圳、福州、厦门、香港、台北等多个目的地的航线。

（二）主要航空公司

印度尼西亚主要航空公司包括印度尼西亚鹰航空公司、印尼亚洲航空公司、印度尼西亚狮子航空公司、巴达维亚航空公司、亚当航空公司、印度尼西亚曼达拉航空公司等。

印度尼西亚鹰航空公司（ICAO 代码：GIA；IATA 代码：GA），简称印尼航空或者印尼鹰航，是印度尼西亚的国家航空公司，天合联盟成员。2014 年，印尼航空成功跻身于 Skytrax 五星航空公司之列。

印尼航空的基地设在苏加诺—哈达国际机场。印尼航空已开通 53 个国内目的地和 51 个国际目的地的航线，主要国际航线包括上海、香港、东京、新加坡、首尔、悉尼、墨尔本、巴黎、阿姆斯特丹、莫斯科、雅典、纽约、洛杉矶、阿布扎比等国际主要城市。印尼航空在运营主要客运机型包括空客 A330，波音 737、747、777，ATR 72–600 和 CRJ 1 000 NexGen。

课堂讨论： 结合所学，谈谈近年来印尼大力发展空运的原因。

第七节　越南

知识目标

了解越南的基本概况；掌握越南的风俗习惯；掌握越南的主要旅游资源；掌握越南的主要航空公司和机场概况。

技能目标

结合所学知识，能合理安排旅客航程，为旅客提供优质的服务。

情境导入

趁着春节假期，韩梅梅赴越南旅行，这一次她打算在岘港海边度假，再去会安古城游览。抵达岘港的当天，海边狂风大作，竟然有很多游客穿起了毛衣，她也被冻得瑟瑟发抖，就更别想下海游泳了。韩梅梅十分困惑，不是热带吗？怎么这么冷？会安古城中国风浓郁，正在庆祝春节的到来，街巷里张灯结彩，节日气氛浓郁。越南也过春节吗？韩梅梅一脸问号。

结合情境，你了解越南吗？能帮韩梅梅答疑解惑吗？

知识内容

一、初识越南

越南，全称越南社会主义共和国，是东南亚主要国家之一。越南是一个多民族国家，共有54个民族，其中京族占86%。1986年开始，越南实行革新开放，经济保持较快增长，2019年越南国内生产总值2 620亿美元，增长率7.02%，人均国内生产总值2 800美元。近年来，越南政府十分重视旅游业发展，2019年越南接待国外游客约1 800万人次，比上年增长16.2%，主要客源国为中国、韩国、日本、美国、俄罗斯、马来西亚、泰国、澳大利亚、英国等。

越南奉行独立、自主、和平、合作与发展、全方位、多样化外交路线，实行开放、全方位、多样化的对外政策，积极主动地融入国际社会，做国际社会可信赖的朋友和伙伴、负责任的一员。中国和越南是山水相连的社会主义邻邦，中越两国和两国人民的传统友谊源远流长。中国和越南在1950年1月18日建交，近年来在农业、经贸、旅游、环境、文化、基础设施等多领域展开了广泛的合作，中越两国关系持续深入发展。

二、地理概况

越南，位于中南半岛东部，总面积为329 556平方千米，北与中国接壤，西与老挝、柬埔寨交界，东面和南面临南海。

越南地形狭长，地势西高东低，境内3/4为山地和高原，北部和西北部为高山和高原。越南最高峰是黄连山主峰番西邦峰，海拔3 142米。西部为长山山脉，长1 000多千米，纵贯南北，是越南地形的主干，西坡较缓，在嘉莱-昆嵩、多乐等省形成西原高原。东部沿海为平原，地势低平，河网密布，海拔3米左右。

越南海岸线长3 260多千米，有海洋生物6 845种，其中鱼类2 000种，蟹类300种，贝类300种，虾类75种。越南森林面积约1 000万公顷。

越南地处北回归线以南，属热带季风气候，高温多雨。年平均气温24℃左右。年平均降雨量为1 500～2 000毫米。北方分春、夏、秋、冬四季。南方雨旱两季分明，大部分地区5至10月为雨季，11月至次年4月为旱季。

越南矿产资源丰富，主要有煤、铁、钛、锰、铬、铝、锡、磷等。其中，煤、铁、铝储量较大。

课堂讨论：上网查查，越南与我国哪个城市接壤？

三、人文概况

（一）历史概览

越南境内在远古时代已有人类活动的痕迹。

公元前214年，秦始皇在这一带设立了三个郡，分别是南海、桂林、象郡，越南北部（即骆越）是象郡的一部分。公元前111年，汉武帝灭南越国，并在越南北部和中部设立了交趾、九真、日南三郡。在之后长达一千多年的时间里，历经汉朝、东吴、晋朝、南朝、隋朝、唐朝、南汉，今天的越南中北部历史上一直是中国的直属领土，越南独立后将这一历史时期称为郡县时代。

公元968年，越南成为独立的封建国家。

1884年越南沦为法国保护国。1940年，日本入侵越南，在越南共产党的领导下，越南人民开展反抗日本帝国主义的斗争，1945年9月2日越南宣布独立，成立越南民主共和国。1945年9月法国入侵越南，越南进行为期9年的抗法战争；直至1954年7月，越南北方获得解放，但南方仍由法国（后成立由美国扶植的南越政权）统治。1961年起，越南进行抗美救国战争。1973年1月越美在法国巴黎签订关于在越南结束战争、恢复和平的协定，美军逐步从越南南方撤走。

1975年5月越南南方全部解放，1976年4月建立统一的国会，1976年7月越南全国统一，定国名为越南社会主义共和国。

（二）政治制度

越南是马克思列宁主义社会主义共和制人民共和国，政体是一党制的人民代表大会制度。

国会，是国家最高权力机关，任期四年，通常每年举行两次例会。

越南司法机构由最高人民法院、最高人民检察院及地方法院、地方检察院和军事法院组成。

越南共产党是唯一政党。越南共产党在1930年2月3日成立，现有党员约492万人，基层组织近5.6万个，同世界上180多个政党建有党际关系。

越南全国划分为58个省和5个直辖市。

（三）国家象征

越南的国旗为长方形，红底中间有五角金星，长宽比例为3:2。红色象征革命和胜利，五角金星象征越南共产党对国家的领导，五星的五个角分别代表工人、农民、士兵、知识分子和青年。

越南的国徽为圆形、红底；国徽的正上方是一个五角金星，代表越南共产党；红底下面是金色齿轮和金色稻穗，齿轮代表工人阶层，稻穗代表农民阶层；金色齿轮下方有"越南社会主义共和国"字样。

越南的国歌是《进军歌》。

越南民间把莲花作为国花，认为莲花是力量、吉祥、平安、光明的象征，还把莲花比喻为英雄和神佛。

(四)人口、民族和信仰

截至 2019 年越南人口 9 620 万,共 54 个民族,其中京族占总人口 86%。除此以外,人口超过 50 万的民族有岱依族、傣族、芒族、华族和侬族。

越南主要信仰佛教、天主教、和好教和高台教。和好教和高台教是越南特有的两种宗教。

1939 年,黄富楚创立和好教,因其居住的村子叫"和好村",故取此名。和好教不建寺庙,用一块红布代替神佛的图像,信徒早晚供佛两次,供品为鲜花和清水,鲜花代表坚贞,清水代表纯洁。

1926 年,范公创立高台教,高台表示最高的存在,是宇宙的心脏,是世间万物的主宰。

(五)经济结构

越南是发展中国家。1986 年开始,越南实行革新开放,经济总量不断扩大,产业结构趋向协调,对外开放水平不断提高,基本形成了以国有经济为主导、多种经济成分共同发展的格局。2016 年越共十二大通过了《2016—2020 年经济社会发展战略》,提出 2016—2020 年经济年均增速达到 6.5% ～ 7%,至 2020 年人均 GDP 增至 3 200 ～ 3 500 美元。

越南是传统的农业国,耕地及林地占总面积的 60%,农业人口约占总人口的 75%。粮食作物主要包括稻米、玉米、马铃薯、番薯和木薯等,经济作物主要包括咖啡、橡胶、胡椒、茶叶、花生、甘蔗等。2019 年越南农林渔业总产值占 GDP 的比重为 13.96%。

越南主要工业产品有煤炭、原油、天然气、液化气、水产品等。2019 年,越南工业生产指数增长 8.86%。

越南服务业近年保持较快增长,2019 年服务业占 GDP 比重为 45%,增长率为 7.3%。

近年来,越南政府重视旅游业发展,正努力在 2025 年成为东南亚地区旅游业领先发展国家。越南对外贸易高速增长,目前和世界上 150 多个国家和地区有贸易关系。2019 年进出口总额 5 173 亿美元,同比增长 7.6%;其中出口额达 2 642 亿美元,同比增长 8.4%;进口额 2 531 亿美元,同比增长 6.8%。越南主要贸易对象为中国、美国、欧盟、东盟、日本、韩国。主要出口商品包括原油、服装纺织品、水产品、鞋类、大米、木材、咖啡等;主要进口商品包括汽车、机械设备及零件、成品油、钢材、电子产品等。

(六)文化教育

越南官方语言、通用语言和主要民族语言为越南语。

越南的教育体系主要包括幼儿教育、初等教育、中等教育、高等教育、师范教育、职业教育及成人教育。初等教育 5 年制;中等教育分为初中和高中,其中初中 4 年制,高中 3 年制。越南全国高等院校共计 376 所,著名高等院校包括河内国家大学、胡志明市国家大学、顺化大学、岘港大学等,其中河内国家大学和胡志明市国家大学位列 2021 年 QS 世界大学排名千名以内。

思政小课堂

澜湄合作

澜沧江—湄公河自古以来就是该流域国家赖以生存的自然馈赠和守望相助的天然纽带。它孕育了古老灿烂的文明和世界最大的粮仓,把"同饮一江水"的六国连接成"平等相待、真诚互助、亲如一家"的命运共同体。

澜沧江—湄公河合作,简称"澜湄合作",是2014年11月国务院总理李克强在第17次中国—东盟领导人会议上提出建立的合作机制,参与成员包括中国、柬埔寨、老挝、缅甸、泰国、越南。2015年11月12日在云南景洪举行首次外长会,中国、泰国、柬埔寨、老挝、缅甸、越南六国外长就进一步加强澜沧江—湄公河国家合作进行深入探讨,达成广泛共识,一致同意正式启动澜湄合作进程,宣布澜湄合作机制正式建立。

澜湄合作是为六国发展量身定做,更加符合六国共同需求,重在为六国民众带来看得见、摸得着的福祉。澜湄合作以项目为本,重在高效务实,尽可能减少不必要的程序和会议,力求通过直接落实具体项目,为次区域发展带来实实在在的成果;与其他次区域合作机制专注于单一领域不同,澜湄合作涵盖政治、经济和可持续发展、社会人文三大领域,有利于全面对接东盟共同体建设,提升地区合作的整体水平;澜湄合作无意取代现有各种湄公河机制,而是旨在相互补充、相互促进、相辅相成、协调发展,发挥各自优势,共同促进次区域的发展繁荣。事实证明,澜湄合作正在为带动和促进其他次区域合作发展发挥积极作用。

在各国大力支持和积极参与下,澜湄水资源合作中心、环境合作中心、职业教育培训中心、全球湄公河研究中心、农业合作中心和青年交流合作中心陆续成立。中国设立的澜湄合作专项基金陆续资助沿岸国家265个惠民项目。澜湄合作顺应人心和各国发展需求,为推进包括越南在内地区国家的经济社会发展和开放、包容、普惠、平衡、共赢的全球化进程注入了源源不断的动力。

思考:请概括澜湄合作的重要意义。

(七)主要节日

越历正月初一,春节。在越南,春节有立迎春竿驱鬼的习俗,竿长5~6米,竿梢悬挂竹圈,圈上挂一些小玩具和小铃铛,立在户外,以驱赶鬼。春节期间,越南各主要城市都有盛大的花市,越南人过春节一定要逛花市,寓意花开吉祥。花市上桃花、金橘竞相开放,还有各类节庆游戏,热闹非凡。正月初一,京族人还要赶庙会,庙会上节庆活动众多,有舞长龙、舞狮子、猜谜、对歌等。

越历五月初五,端午节。每年这一天,越南人会吃粽子,佩戴五色线绳编制的符辟邪，饮雄黄酒，并将雄黄涂在小孩头、额、胸、脐各处来驱虫。越南的粽子（图 2-7-1）与中国的不同，有圆形和方形两种，圆形粽子代表天，方形粽子代表地，意为天地合一，大吉大利；包粽子用的材料主要包括芭蕉叶、糯米、绿豆、猪肉和胡椒粉，口味独特。

▲ 图 2-7-1　越南粽子

哈节，是京族的传统唱歌节。哈节在越南各地的过节时间各有不同，有的在每年越历六月初十，有的在越历八月初十。在京人聚居的村寨都建有哈亭，平时用来祀奉神像和祖先牌位，在哈节的时候，男人们聚集在这里，祭祖、宴饮、观戏、角力，彻夜狂欢。

越历八月十五，中秋节。每年中秋节，会吃月饼、赛龙舟，中秋夜晚还有点彩灯的习俗。

越历腊月下旬，盘古节，是京族的传统节日。每年这一天，越南家庭都会杀鸡宰猪，以做祭祀的贡品，祭祀开天辟地的始祖盘古，人们怀着虔诚的心祈求始祖保佑风调雨顺、平安吉祥。

2月3日，越南共产党成立日。1930年2月3日，胡志明在香港将三个组织合并，成立越南共产党。每年这一天在越南首都河内会举行庆祝大会，同时进行文艺汇演。

4月30日，越南南方解放日。1975年4月30日，胡志明市和整个越南南方解放，越南人民取得了抗美救国战争的全面胜利，实现了越南国家统一。

5月19日，胡志明诞辰。胡志明，1890年5月19日出生，5月19日是他的生日，每年这一天，越南都会在首都河内的国家会议中心举行隆重仪式，纪念胡志明主席诞辰。

9月2日，国庆日。1945年9月2日，胡志明在河内的巴亭广场宣布成立越南民主共和国，越南开启了新的历史篇章，这一天被定为越南国庆日。每年国庆日在越南首都河内都要举行隆重的集会、阅兵和游行等活动，晚上在主要城市河内、胡志明、岘港等地会燃放焰火，以示庆祝。

（八）风俗与禁忌

越南人重礼节、讲礼貌，双方见面时都会互相打招呼问好，或点头致意，或施握手礼。

越南人在称呼中，对父辈的人直接用大伯、大娘、叔、阿姨等；对平辈称兄、姐；对儿童称小弟、小妹；或者称呼对方最后一个名字，例如一位名叫阮春勇的男子，可根据他的年龄称为"勇伯""勇叔""勇哥""勇弟"或"勇同志"。

越南人热情好客，有客人到访时，主人会拿出最好的食物来欢迎宾客。客人吃得越多，主人就越高兴；客人离开时，主人还会馈赠当地土特产品。

在越南有嚼槟榔的习俗，一起嚼槟榔是朋友见面交流的一种方式。有客人来访时，请客人嚼槟榔是对客人的尊重，可谓"亲宾来往非槟榔不为礼"。

越南春节期间禁忌颇多。春节期间不能干农活，不能吵架，不能讲话粗鲁，不能弄坏东西等。正月初一清晨，第一个进入家门的外人，一般要事先安排，因为越南人认为，这代表了全家新一年吉凶祸福。

越南人崇敬祖先。生活中，晚辈忌提到长辈、祖先的名字，如果遇到祖辈、父辈的名字要回避，或者用同义词代替。越南人每家每户都设有神龛，用来敬奉祖先，神圣不可触犯，任何人不能有失礼行为。

京人聚居的村寨建有哈亭，是祀奉神像和祖先牌位的地方。访问京族村寨，未受到邀请不要走进哈亭，更不可触摸哈亭供奉的神像、祖先牌位。

越南人忌三人合影，认为三人合影中间的那个人会倒霉。在越南，"3"这个数字是用于神明的，应当避讳。

在越南，摸别人的头、拍别人的头都是极为失礼的行为。

案例拓展

越南十二生肖

越南文化与中国文化同源，在习俗上也很相近。中国有十二生肖，越南也有十二生肖，也是12种动物。越南的十二生肖是鼠、牛、虎、猫、龙、蛇、马、羊、猴、鸡、狗、猪。越南的十二生肖中只有1个生肖与中国不同，越南没有"兔"年，而有"猫"年，中国的"兔年"，在越南是"猫年"。

越南对属相也有不少说法。越南百姓认为"鸡年"是灾年，要格外小心；"狗年"发财，因为狗的叫声和越南语里"富有"同音；与"狗"相反，猫的叫声在越南语中是"贫穷"的谐音，因此越南人非常忌讳野猫窜到家中。

思考：你还知道中越文化的哪些相似之处？

（九）饮食文化

越南饮食清爽可口，不油腻；口味以酸、辣、甜为主。

越南的主要粮食作物是水稻，越南人也以大米为主食。对越南人来说，蔬菜和水果是生活中必不可少的，餐桌常呈现多蔬菜少肉的搭配。越南水产品、海产品非常丰富，越南人喜欢吃鱼、虾、蟹等海鲜。调味喜欢用鱼露，在越南几乎人人会制作这种调味品。越南烹饪手法以炸、清蒸、烧卤等最受喜爱。

视频：带你走进越南饮食的文化（河粉）

以水稻为原材料制成的越南河粉，是越南的国民美食，更风靡世界。越南河粉具有很强的东南亚口味特色，一碗越南汤河粉由四部分组成，包括汤底、河粉、牛肉和配菜。汤底，一般是用牛肉、牛骨和香料熬制的，决定着整碗粉的成败；河粉，要晶莹剔透、嫩滑爽口、有韧劲；牛肉，可以切成薄片，也可以把生牛肉直接放在河粉里烫熟；配菜，则用薄荷叶、豆芽、紫苏叶等搭配。

越南春卷，是越南当地一道知名的菜肴。春卷是用水稻磨浆制成的米皮包裹制作，馅料以虾肉、猪肉配以当地蔬菜，口味清爽。

越南法棍是与越南汤粉齐名的越南特色美食之一，曾被国家地理杂志评价为十大世界街边美食之一。越南法棍是在法棍面包内夹越南本土火腿、蛋黄酱、青木瓜、小黄瓜条，搭配以肝酱、辣酱，形成的独具特色的越南风味美食，极受游客欢迎。

（十）服饰文化

奥黛（图2-7-2），是越南的国服。奥黛由上衣和裤子组成：上衣要把胸部勒紧，腰部收紧；上衣从腰部开叉，长及脚踝，形成前后两片裙摆，走起路来裙摆随风摆动。裤子一般是白色或与上衣同花色的高腰阔腿长裤。

奥黛是越南各个年龄段女性在盛大节日和日常生活中普遍穿着的服饰，在越南街边行走，常见女性身着奥黛。在越南的绘画作品中奥黛也常有出现，越南女性身着奥黛的形象深入人心，奥黛已经成为世界了解越南文化的重要组成部分。

课堂讨论：中国广西壮族自治区也有京族的居住地，在广西哈节的庆祝活动有哪些？你能对比说说吗？

▲ 图2-7-2 奥黛

四、主要旅游资源

▲ 图2-7-3 红教堂

1. 胡志明

胡志明市，旧时称西贡，位于湄公河三角洲东北、西贡河右岸，面积2 090平方千米。这里曾是"南越"的首都，有东方巴黎之称。这里人文旅游资源丰富，是著名的旅游城市，主要景点包括红教堂、西贡邮局、统一宫、粉教堂、古芝地道等。

红教堂（图2-7-3），位于市中心，始建于1877年，是胡志明最著名的地标建筑，旁边是百年建筑西贡邮局。红教堂为法国殖民时期建造，原名胡志明圣母大教堂，红教堂得名于红色的墙体颜色。红教堂建造所用的红砖全部从法国运送，虽历经百年，仍清晰可见红色墙体，2018年教堂曾进行修缮维护。红教堂仿照巴黎圣母院钟楼设计，宗教色彩浓郁，庄严雄伟，两座塔楼高达40米，高耸挺拔；教堂前有圣母玛利亚雕像，重4吨，优雅而神圣。

2. 岘港

岘港位于越南中部，北连顺化、南接广南。岘港是直辖市，是越南第四大城市，仅次于胡志明市、河内市和海防市。岘港是古代占婆王国的发祥地，是古代占婆人文化、宗教活动之中心。岘港被《国家地理》杂志评为人生必去的50个地方之一，被誉为"东方夏

视频：越南岘港多美

威夷"，主要景点包括美溪海滩、巴拿山、山茶半岛、海云观、岘港大教堂、占婆雕刻博物馆等。

岘港西南 69 余千米的美山有古代占婆塔群遗址。这里曾是统治越南中南部地区长达 14 个世纪的印度教占婆王国的心脏地带，这里的圣子修道院，囊括了现存的占婆王国时期最古老最庞大的建筑群，1999 年被确立为世界文化遗产。

岘港东南 35 千米有会安古城。会安古城（图 2-7-4）到处可以见到中国式建筑和日本式建筑，建筑大量采用黄色墙体，将中国、日本、越南三国的建筑风格有机结合，极有特色，1999 年联合国教科文组织将会安古城列入世界文化遗产。会安古城街道的布局、建筑的式样，一方面展现了中华传统建筑的古朴与内涵，另一方面融入了越南人的审美观与生活哲学，是文化融合的杰作。

微课：会安

▲ 图 2-7-4　会安古城

案例拓展

越南会安灯笼的文化特色

会安灯笼（图 2-7-5）于 16 世纪在越南广南省会安市出现，至今已有 400 多年历史，是越南悠久的传统手工艺品之一。灯笼具有怀古色彩，是当地的一大特色，每次提到会安，人们都会想起每逢节日或每月农历十五淮江两岸五彩缤纷的传统灯笼。灯笼成为当地美好文化的代表并非偶然，它凝聚了当地历代居民的心血和智慧。

为制作一盏灯笼，艺人们要付出很多精力。首先是挑选和处理竹子、扎骨架，细心造型，其中灯笼的大小取决于竹子的大小。扎好骨架后，再蒙上布，这是制作令人印象深刻的灯笼的主要环节。会安灯笼的蒙布通常是丝绸，印有充满古典东亚文化色彩的图案，颜色则为单色。灯笼的颜色有不同的含义，如红色表示幸运、黄色表示喜悦等。此外，艺人们还使用越南人民熟悉的山水画来装饰灯笼。不仅样式多，选料独特，艺人们还创造了很多新颖但仍保留文化精粹的样式，以适应不同的空间，如圆形、八角形、六角形等。

昔日，灯笼只能挂在宫殿里，今日的艺人们设计的灯笼则适合所有空间和地点，从古屋到现代房间，从普通餐馆到高级餐厅（图2-7-6）。到这里，国际游客早晨徜徉在宁静古老的街头，夜晚则沉浸在缤纷多彩的灯光中。因此，造访这里的每一位游客都喜欢购买灯笼做纪念品或用于装饰。

▲ 图2-7-5　会安灯笼1

▲ 图2-7-6　会安灯笼2

灯笼的价格很适中，小灯笼1.5万至2万越盾一盏，大的12万至15万越盾一盏。近年来，各家旅行社订购了大量会安灯笼，使灯笼市场兴旺起来，不仅在国内销售，还出口美国、日本、新加坡等国外市场。目前，每年有数千盏灯笼销往国外。不管在哪儿，会安灯笼都给国际友人留下深刻的印象。就像流淌的淮江，会安文化得到一代代会安人的传承，成为越南文化宝库中的一朵奇葩。

（资料来源：https://zhuanlan.zhihu.com/p/56191012）

思考：中国也有挂灯笼的文化习俗，结合案例谈谈两者的共性与特性。

3. 下龙湾

下龙湾，是越南北部湾的海湾，由约3 000个岩石岛屿和土岛组成，风光秀美，景色宜人。下龙湾比较有名的山峰有诗山、青蛙山、斗鸡山、马鞍山、蝴蝶山、香炉山、木头山等。下龙湾中的小岛都是石灰岩的小山峰，大部分小岛无人居住，天然而原始；这里还有一些天然的洞穴和洞窟，以及稀有的海生、陆生动物。秀美的自然风光与原始的生态环境相辅相成，1994年联合国教科文组织将下龙湾列入世界自然遗产。

课堂讨论：有人将下龙湾比喻为"海上桂林"，请对比谈谈你的理解。

五、主要机场和航空公司

（一）主要机场

越南主要的机场包括新山一国际机场、河内内排国际机场、岘港国际机场、金兰国际机场、海防吉碑国际机场等。

新山一国际机场（ICAO 代码：VVTS；IATA 代码：SGN），位于胡志明市以北 7 千米，是越南最大的机场，运送旅客占越南的 50% 以上，是越南与各主要国家联系的重要门户。预计 2025 年，胡志明市以东 40 千米的隆城国际机场将落成，新山一国际机场将作为国内机场。

新山一国际机场共有 2 座航站楼，即 1 号客运大楼和 2 号客运大楼。1 号客运大楼，现为处理国内航线的航站楼，主要有越南航空、越捷航空、越捷太平洋航空在此值机。2 号客运大楼，楼高 4 层，面积约 10 万平方米，设有 8 条连接桥，每年可接待 800 万～1 000 万旅客。2 号客运大楼主要有越南航空、越捷航空、越捷太平洋航空、中国国际航空、中国南方航空、中国东方航空、四川航空、厦门航空、长荣航空、国泰航空、大韩航空、日本航空、全日空、新加坡航空、阿联酋航空、俄罗斯航空等航空公司在此值机。新山一国际机场共有 2 条跑道，分别是 07L/25R 长 3 048 米、宽 60 米，07R/25L 长 3 800 米、宽 60 米。

新山一国际机场已开通连接亚洲、中东、大洋洲、欧洲、非洲等目的地航线。目前，新山一国际机场已开通飞往我国北京、上海、广州、深圳、武汉、昆明、成都、西安、南宁、香港、台北等多个目的地的航线。

（二）主要航空公司

越南的航空公司主要包括越南航空、越南越捷航空、VietJet Air、越南湄公航空等。

越南航空（ICAO 代码：HVN；IATA 代码：VN），是越南的国家航空公司，也是越南最大的航空公司。2010 年加入天合联盟。

视频：越南航空

越南航空公司的标识是金莲花。金莲花标志是越南人民最永恒和最有意义的象征。莲花是越南的国花，在越南是神圣的花朵，是力量、吉祥、平安、光明的象征，代表他们能够承受逆境，传承其独特的传统文化。莲花让人联想到崇高和完美，它是一种寻常而又高贵、神圣的花朵。金色代表着越南航空公司极高的品质追求，以及机上豪华舒适的服务。2002 年 10 月越南航空公司正式使用金莲花标识，金莲花的形象表明越南航空正朝世界级航空公司大步迈进。

目前，越南航空公司已开通飞往 21 个越南国内城市和 28 个国际目的地的航线，涵盖亚洲、欧洲、澳大利亚。截至 2021 年 1 月越南航空公司在运营主要机型包括空客 A350、A321 和波音 787。

目前，越南航空已开通飞往我国北京、上海、广州、深圳、成都、香港、台北的航线。越南航空在我国的北京首都国际机场、上海浦东国际机场、广州新白云国际机场、成都双流国际机场设有莲花贵宾室。贵宾室提供的服务水准与机上保持一致,为候机旅客提供包括餐食、饮品、娱乐、休闲在内的多种服务,并设置单独的吸烟区域和宠物区域,满足旅客多种需求。

课堂讨论:结合所学,如果你从上海出发赴岘港旅行,选择哪里入境更合适?如何安排行程?

第八节　印度

知识目标

了解印度的基本概况和历史;掌握印度的风俗习惯;掌握印度的主要旅游资源;掌握印度的主要航空公司和机场概况。

技能目标

结合所学知识,能合理安排旅客航程,为旅客提供优质的服务。

情境导入

大学生韩梅梅是位"美食家",对世界各地的美食颇有研究。2019年学校食堂开设了印度口味窗口,大厨是一位来自印度的小伙子,菜做得好吃,就是普通话说得不流利,又不会写汉字,经常闹笑话。"美食家"韩梅梅决定伸出友谊之手,帮他写一份中文版的印度菜简介,介绍菜肴和口味,同时科普印度风俗习惯。

结合情境,你了解印度吗?知道哪些印度名菜?

一、初识印度

印度共和国,简称印度,是南亚次大陆最大的国家。印度是一个多民族国家,其中印度斯坦族约占46.3%。印度是世界上经济发展最快的国家之一,经济增长令人瞩目。2018—2019年国内生产总值2.72万亿美元,增长率6.8%,人均国内生产总值2 038美元。

泰戈尔说,中印是"极古老而极亲近的兄弟",中印传统友谊源远流长。1950年4月

1日中印两国建交。近年来，中印两国在经济合作领域不断拓展，在军事、安全领域的交流与合作进一步发展，在人文领域的交流与合作不断扩大。

二、地理概况

印度位于南亚，国土面积约298万平方千米，居世界第七位。印度北部同中国、尼泊尔、不丹接壤，孟加拉国夹在其东北国土之间，东部与缅甸为邻，东南部与斯里兰卡隔海相望，西北部与巴基斯坦交界。东临孟加拉湾，西濒阿拉伯海，海岸线长5 560千米。

印度，自喜马拉雅山向南伸入印度洋，地势低矮平缓，在广大的国土中平原约占总面积的40%。印度北部是山岳地区，中部是印度河、恒河平原，南部是德干高原及其东西两侧的海岸平原，山地和高原地形大部分海拔不超过1 000米。

印度属于热带季风气候，北面有喜马拉雅山脉为屏障，基本无寒流或冷高压南下的影响，因此印度气温较同纬度高。印度气候分雨季（7—9月）、旱季（4—6月）和凉季（10月到次年3月），印度降水主要集中在雨季，其他季节降水较少。印度的降水量地区差异很大，印度的乞拉朋齐是世界上降水量最丰富的地区之一，西部的塔尔沙漠则降水不足100毫米。

印度的主要河流有恒河、布拉马普特拉河、印度河、讷尔默达河、克里希纳河和默哈讷迪河等。恒河长2 525 km，是印度的母亲河，是印度文明的摇篮，恒河流经世界上土壤最肥沃和人口最稠密的地区之一。布拉马普特拉河发源于西藏喜马拉雅山脉北麓的杰马央宗冰川，从藏南进入印度，在瓜伦多卡德附近汇入恒河，形成巨大的恒河三角洲，最后注入孟加拉湾，全长为2 900千米。

印度资源丰富，有矿藏近100种。云母产量世界第一，煤和重晶石产量居世界第三。主要资源可采储量估计为：煤2 533.01亿吨，铁矿石134.6亿吨，铝土24.62亿吨，铬铁矿9 700万吨，锰矿石1.67亿吨，锌970万吨，铜529.7万吨，铅238.1万吨，石灰石756.79亿吨，磷酸盐1.42亿吨，黄金68吨，石油7.56亿吨，天然气10 750亿立方米。此外，还有石膏、钻石及钛、钍、铀等。

课堂活动： 概括印度的地理位置。

三、人文概况

（一）历史概览

公元前2 500年至1 500年创造了印度河文明。

公元前1 500年左右，原居住在中亚的雅利安人中的一支进入南亚次大陆，征服当地土著，创立了婆罗门教。

大约公元前324年，旃陀罗笈多建立统一的印度帝国政权——孔雀王朝。孔雀王朝在阿育王时期到达顶峰；大约公元前185年，孔雀王朝结束，印度进入长达500年的南北割据状态。笈多王朝是继孔雀王朝之后印度建立的最后一个帝国政权，是印度古典文化的黄金时代。8世纪初,阿拉伯帝国征服了印度西北部的信德,揭开了穆斯林远征印度的序幕。1398年,突厥化的蒙古族人由中亚侵入印度。1526年建立的莫卧儿帝国,是当时世界强国之一。

1600年英国开始入侵印度,1757年印度沦为英国殖民地,1849年英国占领印度全境。第二次世界大战中,印度民族运动不断发展。

1947年英国提出蒙巴顿方案,根据方案1947年8月15日英国在印度的统治宣告结束,印度独立。1950年1月26日,印度宪法正式生效,印度成立共和国,同时仍为英联邦成员。

(二)政治制度

印度是联邦制国家,是主权的、社会主义的、世俗的民主共和国,采取英国式的议会民主制。公民不分种族、性别、出身、宗教信仰和出生地点,在法律面前一律平等。

总统是国家元首,由上下两院和各邦议会的选举团选出,国家总统任期5年,但其职责是象征性的。总理领导的部长会议掌握实权,总理由议会多数党领袖担任,由总统任命,然后总理再向总统提名副总理及其他内阁成员。

印度的立法权归议会所有,议会分为上下两院,上院称为联邦院,下院称为人民院。联邦院议员不超过250人,不能提前解散,每年改选1/3的议员;人民院有议员545人,可以提出解散,议员任期5年。

最高法院是最高司法权力机关,有权解释宪法、审理中央政府与各邦之间的争议问题等。各邦设有高等法院,最高法院法官由总统委任。总检察长由总统任命,其主要职责是就执法事项向政府提供咨询和建议,完成宪法和法律规定的检察权,对宪法和法律的执行情况进行监督等。

印度为多党制,包括印度人民党、印度国民大会党、德拉维达进步联盟、草根国大党、印度共产党(马克思主义)等。

(三)国家象征

印度的国旗为长方形,长宽之比为3∶2。国旗由橙、白、绿三个面积相等的横长方形组成,正中心有一个含24根轴条的蓝色法轮。橙色象征勇气、献身与无私;白色代表真理与和平;绿色则代表繁荣、信心与人类的生产力。法轮是印度孔雀王朝的第三位君主阿育王在位期间修建于佛教圣地石柱柱头的狮首图案之一,人们笼统地称它为"阿育王法轮"(阿育王笃信佛教,对佛教的传承与发展有着巨大的贡献)。神圣的"阿育王法轮"象征着真理与道德,也代表了印度古老的文明。法轮的24根轴条则代表一天的24小时,象征国家时时都向前进。

印度的国徽来源于孔雀王朝阿育王石柱顶端的石刻。圆形台基上站立着三只金色的狮子,象征信心、勇气和力量。台基四周有四个守卫四方的守兽:东方是象、南方是马、西方是牛、北方是狮。雄狮下面中心处是具有古老印度教色彩的法轮;两边的守兽象征具有悠久历史的农业以及坚定不移的决心和毅力;图案下面有句用梵文书写的、出自古印度圣书的格言"唯有真理得胜"。

印度的国歌是《人民的意志》。

印度的国花是荷花。

印度的国鸟是蓝孔雀。

印度的国树是菩提树。

（四）人口、民族和信仰

截至 2019 年，印度总人口 13.24 亿，是世界上仅次于中国的第二人口大国。

印度有 100 多个民族，其中印度斯坦族约占人口总数的 46.3%，还包括马拉提族、孟加拉族、比哈尔族、泰卢固族、泰米尔族等。

印度是世界上受宗教影响深远的国家之一，世界各大宗教在印度基本上都有信徒。印度最重要的宗教是印度教，全印度约有 80.5% 的人信仰；伊斯兰教在印度的地位仅次于印度教，信奉者约占总人口的 13.4%；基督教是除了印度教和伊斯兰教以外信奉者最多的宗教，其他宗教还包括锡克教、佛教、耆那教等。

（五）经济结构

印度，是世界上发展速度最快的国家之一，也是金砖国家之一，经济增长令人瞩目。但由于印度人口众多，平均国民生产总值较低。印度经济产业多元化，涵盖农业、手工艺、纺织、服务业等。

印度是一个农业大国，农业在国民经济中具有举足轻重的地位。印度拥有世界 10% 的可耕地，面积约 1.6 亿公顷，农村人口占总人口的 72%，是世界上最大的粮食生产国之一。印度的农作物主要有水稻、小麦、棉花、黄麻、茶叶、甘蔗等。

案例拓展

大吉岭红茶

大吉岭，是印度西孟加拉邦的一座小城，位于喜马拉雅山麓的西瓦利克山脉，因其降雨量充足、昼夜温差大、高地多雾的气候，特别适合茶叶种植，所出产的大吉岭红茶与中国祁门红茶、斯里兰卡红茶并称世界三大高香红茶。

大吉岭红茶外形条索紧细，白毫显露，香高味浓，鲜爽。春摘茶嫩芽居多，带有温和、清新的香气，汤色金黄；夏摘茶叶身饱满，香气醇厚，汤色橙黄、明亮，气味芬芳高雅；秋摘茶味道浓厚，汤色深红。

思考：大吉岭红茶与中国祁门红茶、斯里兰卡红茶并称世界三大高香红茶，你了解其他两种吗？能为游客介绍吗？

印度工业已经形成体系，主要包括纺织、食品、化工、制药、钢铁、水泥、采矿、石油和机械等。近年来，汽车、电子产品制造、航空等发展迅速。

近年来，服务业增长迅速，成为全球软件、金融等重要出口国。

旅游业是印度政府重点发展产业，提供了大量的就业岗位。近年来，印度入境旅游人数逐年递增，旅游收入不断增加。

印度在信息技术领域的成就令人瞩目，印度凭借人才优势，为发达国家提供技术服务，同时吸引跨国研发中心在印度投资。

印度对外贸易发展迅速，主要出口商品包括初级产品、制成品和石油类产品。初级产品主要包括农产品和矿产品；制成品主要包括纺织品、珠宝、机械产品、化工产品、皮革、手工艺品等；石油类产品主要包括成品油、原油和石油产品等。印度主要的贸易伙伴包括美国、中国、德国、阿联酋、沙特、新加坡、英国、瑞士、法国、伊朗、日本等。

（六）文化教育

印度民族众多，语言复杂，据资料统计，印度共有 1 652 种语言和方言。印度的官方语言是印地语，约 30% 人口使用；英语是"第二附加官方语言"，是全国性通用语言，主要在政治和商业交往场合使用。另外，宪法还规定了 21 种地方性官方语言，包括马拉雅拉姆语、泰米尔语、泰卢固语、卡纳达语、孔卡尼语、马拉地语、乌尔都语、古吉拉特语、奥里亚语、旁遮普语、阿萨姆语、克什米尔语、信德语、尼泊尔语、梵语、曼尼普尔语等。

印度全国约 350 所综合性大学，包括德里大学、印度理工学院、加尔各答大学、马德拉斯大学、巴拉蒂尔大学等。印度理工学院，创建于 1951 年，是印度最顶尖的工程教育与研究机构，是由印度政府建设、七所自治工程与技术学院组成，7 所校区包括德里理工学院、坎普尔理工学院、卡哈拉格普尔理工学院、马德拉斯理工学院、孟买理工学院、瓜哈提理工学院和卢克里理工学院。2020 年 QS 世界大学排名印度理工学院孟买分校排名 152，德里印度理工学院排名 182。

泰戈尔，印度诗人、文学家、社会活动家、哲学家和印度民族主义者。1913 年，泰戈尔凭借诗集《吉檀迦利》获得诺贝尔文学奖，是第一位获得诺贝尔文学奖的亚洲人。泰戈尔的创作多取材于印度现实生活，描写了印度人民在殖民、封建制度压迫下的悲惨命运和不屈不挠的反抗精神，作品充满了鲜明的爱国主义和民族主义精神。他的代表作有《吉檀迦利》《飞鸟集》《眼中沙》《四个人》《家庭与世界》《园丁集》《新月集》《文明的危机》等。

思政小课堂

四大文明古国

四大文明古国，分别是古巴比伦（位于西亚，今地域属伊拉克）、古埃及（位于西亚及北非交界处，今地域属埃及）、古印度（位于南亚，地域范围包括今印度、巴基斯坦等国）和中国（位于东亚）。四大文明古国对应着世界四大文明发源地，分别是两河流域、尼罗河流域、印度河流域、黄河流域。

古巴比伦位于美索不达米亚平原，即幼发拉底河和底格里斯河中间的平原地区。在这片土地，苏美尔人发明了刻在黑色玄武岩以及砖石泥板上的楔形文字。约公元前 1 792 年汉谟拉比国王即位，他征服了苏美尔人和阿卡德人，统一了整个美索不达米亚平原地区，颁布了《汉谟拉比法典》，《汉谟拉比法典》是世界上第一部完备的成文法典。古巴比伦的空中花园是古代世界七大奇迹之一，当时奴隶们转动机械设备从幼发拉底河抽水来灌溉空中花园里的花草，这是人类早期文明的重大进步。

约公元前4 000年，在尼罗河流域产生了古埃及文明。古埃及有着完整的文字系统、政治体系和制度，以及宗教系统。金字塔、狮身人面像、象形文字、数学等都展现了古埃及的文明成就。

古印度文明发源于印度河、恒河流域。古印度本身就像是一个浩大的博物馆，文化包含了众多的特色，在宗教、文学、哲学、数学等方面都展现了不俗的文明成就。古印度的哈拉巴文化大约出现在公元前2 500年，在哈拉巴文化遗址中出土了大量的青铜器，这表明古印度已经掌握了对金银等金属的加工技术；从出土的手工艺品可以看出当时工匠的精巧技艺；从一些城市遗址来看，街道布局整齐，纵横相交，城市规划和建设已经有着非常高的水平。

中国文明又称华夏文明，是世界上最古老的文明之一，也是世界上持续时间最长的文明，发源于黄河流域。中国是一个有着辉煌文明的古老国度，从步入文明的门槛之日起，先后经历了夏、商、西周、春秋、战国、秦朝、西汉、东汉、三国、西晋、东晋十六国、南北朝、隋、唐、五代十国、宋辽夏金、元、明和清等历史时期，在建筑、农学、天文历法、诗词、艺术等方面都有着极高的成就，辉煌程度一度无人能及。由于中国疆域广阔，以长江流域和黄河流域为主要发源地的华夏文化又形成了不同的地域特色，数千年来影响着一代又一代的人。

思考： 结合内容谈谈四大文明古国。

（七）主要节日

1月26日，印度共和国日。这一天是庆祝印度宪法通过的日子，每年这一天印度都在总统府和印度门之间的国家大道上举行阅兵和游行庆祝活动。

8月15日，印度独立日。1947年8月15日，印度人民摆脱英国殖民统治，获得独立，独立日为此而设立。

每年2—3月，洒红节，是印度传统节日。每年2—3月份，正处在印度冬春交替、春季播种的时期，象征着冬天结束，万物复苏的春天到来。节日期间，人们互相抛洒用花朵制成的红粉，投掷水球，以这样的方式迎接春天的到来。

每年2—3月，湿婆节，是印度重要的节日之一。湿婆是印度教的主神之一，非常受崇拜。与印度其他节日热闹欢快的气氛不同，湿婆节是庄重严肃的，节日期间人们会禁食、冥想、到寺庙进行传统的湿婆神祭祀活动，并在湿婆神庙守夜。

每年5—6月，佛诞节，是印度重要的节日之一，是为庆祝佛祖诞生。

每年10—11月，排灯节，是印度重要的节日之一。相传，排灯节与印度神话有关，寓意正义战胜邪恶、光明战胜黑暗。在这一天，印度家家户户都会点亮象征光明、繁荣、幸福的油灯或蜡烛，只要是印度教的庙宇，信众都来点灯祈福，热闹非凡。

（八）风俗与禁忌

印度人见面的礼节是双手合十，两眼注视对方，弯腰欢迎礼拜对方，心中默念"我内在最珍贵的神性佛性，向你内在至高无上的神性佛性顶礼致敬"，这个时候，双方全心全意尊敬荣耀礼敬对方，当下彼此为一体，人与人的关系和信赖感可以透过这个精神中心而相互交流。

印度人向特别尊崇的人行礼时用摸脚礼。印度人认为触摸对方的脚是表达对长者、智者、尊者的敬意。行礼者屈身用右手摸长者的脚尖，然后再用同一只手摸一下自己的头，以表示自己的头同长者的脚接触；对方用手摸一下行礼者的头顶，以示还礼。

印度小孩出生后，父母会找人为他们占卜，孩子的名字多半取自英雄或神祇，孩子的生辰八字十分重要，决定了孩子未来的婚配。

印度传统上，女儿结婚时父母必须准备一笔丰厚的嫁妆，如果没有嫁妆，女儿是嫁不出去的。印度人的婚礼是一生中重大的仪式。印度青年到了适婚年龄，都会由父母为之寻找社会阶级、语言、星相可以匹配的对象。婚礼当天，新郎气势浩荡地来到新娘家，这时女方家里架起火坛，双方亲友在祭司念诵的吉祥真言中，绕行火坛祝祷；之后，新娘在女伴的簇拥下走到火坛前面，由祭司将新娘的纱丽和新郎的围巾系在一起，代表婚姻长长久久。

印度教徒去世后，家人会用黄色或白色绢布包裹尸体，然后放在两根竹制担架上，以游行方式抬到河坛火葬。

印度教视牛为"圣兽"，崇敬有加（图2-8-1）。印度教认为，牛既是繁殖后代的象征，又是人类维持生存的基本保证，不可宰杀，但可使役，受到法律的保护。印度教不准吃牛肉，印度虽有养牛业，但只能提供牛奶、黄油。因此，在印度的一些城市、乡村里，随处可见自由游荡的牛，神圣不可侵犯。

在印度，大象是吉祥的动物，被视为智慧、力量和忠诚的象征。

印度人用摇头表示同意，用点头表示不同意，即"点头不算摇头算"。

▲ 图2-8-1　印度"圣兽"

在印度，接收或传递食品时，一定要用右手。

到印度人家里做客时，可以带水果和糖果作为礼物；礼物最好用黄色、红色或绿色包装，象征幸福与快乐，而不要用白色或黑色包装；当主人给你戴花环时，你应马上把花环取下来以表示恭敬、谦让。

印度人忌3和13。湿婆神有3只眼睛，第三只眼睛是毁灭性的；忌13是因为人死后有13天丧期。

进入印度教寺庙时，身上不可穿着取材于牛的衣物或配饰，例如牛皮腰带、牛皮包等。

印度人认为头是身体最神圣的部位，不可触摸他们的头部，小孩的头部也不能触摸。

（九）饮食文化

印度的饮食文化，表现出强烈的宗教色彩，因信仰不同，饮食习惯也不同。

印度教徒绝对不吃牛肉，把牛奉为圣兽；穆斯林不吃猪肉；虔诚的印度教徒和佛教徒是素食主义者，不沾荤腥；耆那教徒也是严格的食素者。总的来看，印度的素食者大约占人口的一半。牛奶在印度非常受欢迎，男女老幼都喝牛奶。

印度人的主食主要有米饭和麦面饼；印度人常食用的蔬菜主要有花菜、圆白菜、西红柿、黄瓜、豆角、土豆、洋葱、冬瓜等；印度人善用调料，如咖喱、辣椒、黑胡椒、豆蔻、丁香、生姜、大蒜、茴香、肉桂等，其中使用范围最广的就是咖喱。印度人对咖喱情有独钟，几乎每道菜都会用到咖喱，从北方到南方，从普普通通的家常菜到大型宴会，从开胃菜到点心，都融入或浓或淡的咖喱调味，印度可谓是一座咖喱王国。印度菜常用的咖喱是粉状的，分为重味和淡味两种，黄咖喱、红咖喱、玛莎拉咖喱属重味，绿咖喱、白咖喱属淡味。常规搭配是白咖喱与羊肉搭配、绿咖喱与豆腐搭配、玛莎拉咖喱与海鲜搭配、黄咖喱与羊骨搭配、红咖喱与鸡肉搭配。

在正式场合，印度人用刀叉吃饭，但日常生活中常常有用手抓饭的习惯。印度人认为手抓饭能够用手来感受食物的温度，用手来感受食物的舒适感，而刀叉会阻碍这种触觉的传递。

（十）服饰文化

托蒂，是印度男性常见穿着的服装。托蒂是一块长三四米的白色布料，缠在腰间，下长至膝盖，也有的下长至脚部。随着社会发展，印度男子的服饰也有改进，除"托蒂"外，上身加一件肥肥大大的衬衣。在印度有些地区有包头巾的习俗，依据传统，头巾有特定的样式，有各式各样的包裹方法，颜色繁多，可与衣服相搭配。在城市里，男子服装已经趋于西化，西装是最为普遍的男性服装。

纱丽，是印度女性传统的服饰。相传，纱丽已有五千多年的历史，在古印度的雕刻和壁画中就已经存在身披纱丽的女性形象。纱丽是一种以丝绸为主要材料制作而成的衣服，穿着时以披裹的方式缠绕在身上。印度女性擅长利用扎、围、绑、裹、缠、披等技巧，使纱丽在身上产生不同的变化，印度女性通过别具一格的创造力诠释着她们对于生活、审美、色彩的理解和追求。无论是在繁华时尚的新德里，还是在古老的印度乡村，无论是在正式的社交场合，还是在日常生活中，都可以见到身着纱丽的印度女性身影。

课堂活动：印度电影《贫民窟的百万富翁》一经上映好评如潮，获第81届奥斯卡最佳影片奖，导演丹尼·博伊尔凭借该片获得最佳导演奖，你看过这部电影吗？一起来分享吧！

四、主要旅游资源

1. 泰姬陵

泰姬陵（图2-8-2），是印度最具盛名的名胜古迹，印度穆斯林艺术最完美的瑰宝，世界文化遗产，世界新七大奇迹之一。

泰姬陵，是莫卧儿王朝皇帝沙贾汗为其宠姬泰姬·马哈尔修建的，是一座用白色大理石建造的巨大陵墓清真寺，墙上镶嵌玛瑙、翡翠等各式宝石，绚丽夺目，有极高的艺术价值。相传，马哈尔是一位具有波斯血统的绝世美女，性情温柔，婚后与沙贾汗形影相随，足迹遍布疆场；自古红颜多薄命，在马哈尔生下第十四个子女后香消玉殒，沙贾汗伤心欲绝，同年决定为宠妃建造一座全世界最美丽的陵墓，以表达思念之情。

▲ 图 2-8-2　泰姬陵

泰姬陵呈长方形，长 580 米，宽 305 米，总面积为 17 万平方米，由殿堂、钟楼、尖塔、水池等构成。泰姬陵四周由红砂石墙紧紧包围，正中央是陵寝，在陵寝东西两侧各有两座式样相同的建筑，清真寺和答辩厅，对称均衡，左右呼应。陵的四方各有一座尖塔，高 40 米，内有 50 层阶梯，是专供穆斯林阿訇拾级登高的。大门与陵墓由一条宽阔笔直的用红石铺成的甬道相连接，布局工整，左右对称；在甬道两边是人行道，人行道中间修建了一个"十"字形喷泉水池。泰姬陵的前面是一条清澄水道，水道两旁种植有果树和柏树，分别象征生命和死亡。

微课：泰姬陵　　视频：守护爱之灯

2. 凯奥拉德奥国家公园

凯奥拉德奥国家公园位于印度拉贾斯坦邦东部，距离默哈拉杰约 50 千米，占地约 2 873 公顷，1985 年被确立为世界自然遗产。这里以前是印度王公打野鸭的狩猎地区，现今已成为大批水禽、鸟类冬季栖息地，这些鸟类主要来自阿富汗、土库曼斯坦、中国和西伯利亚地区。

凯奥拉德奥国家公园有记载的鸟类达 364 种，是世界鸟类品种最丰富和最珍贵的地区之一，还是濒临灭绝的西伯利亚仙鹤过冬的重要栖息地。这里拥有湿地、草地和树林等多种生态类型，为鸟类的生存提供了良好的自然条件；同时，凯奥拉德奥国家公园里的水生植物应有尽有，为水鸟提供了充足的养料，保证了水鸟的正常生存和繁殖。

课堂活动：上网查查，印度的世界自然遗产和世界文化遗产有哪些？

五、主要机场和航空公司

（一）主要机场

印度机场主要包括英迪拉·甘地国际机场、贾特拉帕蒂·希瓦吉国际机场、加尔各答国际机场等。

英迪拉·甘地国际机场（ICAO 代码：VIDP；IATA 代码：DEL），以印度前总理英迪拉·甘地的名字命名，位于印度新德里市中心以南约 16 千米，为 4F 级国际机场。自 2009

年以来是印度最繁忙的机场,也是南亚地区最繁忙的机场,已与 52 个国外航空公司和 11 个印度航空公司的 135 个目的地建立联系,年处理能力超 4 000 万旅客。

英迪拉·甘地国际机场拥有 3 座航站楼,目前 1 号航站楼为低成本航空公司运营,正在改扩建,预计 2022 年完成。2 号航站楼 1986 年 5 月建成,2010 年 7 月前用于国际航班,现由印度 GoAir 航空公司使用。3 号航站楼于 2010 年 7 月正式启动使用,拥有 168 个主机柜台,48 个登机桥,54 个机位,95 个出入境柜台,到达区域拥有 14 个行李传送带。英迪拉·甘地国际机场有 3 条现用跑道和一条在建跑道:09/27 跑道长 2 813 米、宽 45 米,10/28 跑道长 3 810 米、宽 46 米,11/29 跑道长 4 430 米、宽 60 米。

(二)主要航空公司

目前,印度主要经营客运定期航班业务的航空公司包括印度航空、维斯塔拉航空、印度航空快车、靛青航空、香料航空、亚洲航空(印度)等;主要的支线航空公司包括德干航空公司、TruJet 航空等;主要经营货运业务的航空公司包括蓝色飞镖航空、SpiceXpress 航空、Quikjet 航空等。

印度航空(ICAO 代码:AIC;IATA 代码:AI),是印度规模最大的航空公司,星空联盟成员。

印度航空前身为成立于 1932 年的塔塔航空;而后在 1948 年 3 月注册,最初的英文名称是 Air India International,以服务国内航线为主;自 1948 年 6 月开始从事国际航线业务;2014 年 6 月印度航空正式获准加入星空联盟,也是印度首家加入全球航空联盟的航空公司。

印度航空通航城市有 94 个,拥有约 124 架飞机,包含空客 319、320、321 和波音 787、777、747。英迪拉·甘地国际机场是印度航空的国际枢纽港,经营欧洲、非洲、亚洲、大洋洲、北美洲及南美洲航线。

课堂活动:上网查查印度航空标识的含义。

本章小结

本章主要介绍了亚洲主要客源国概况,包括日本、韩国、新加坡、马来西亚、泰国、印度尼西亚、越南、印度八个国家,具体介绍了这八个国家的地理概况、人文概况、主要旅游资源、主要机场和航空公司情况。

第三章
欧洲主要客源国

导读

欧洲，全称为欧罗巴洲，地处东半球的西北部，北接北冰洋，西临大西洋，南环绕黑海和地中海，隔地中海和非洲遥遥相望。欧洲大陆东抵乌拉尔山脉，南达马罗基角，西至罗卡角，北到诺尔辰角，是世界面积第六大洲，人口第三大洲，欧洲大陆共有45个国家和地区，我们习惯把它们分成5个部分，分别是东欧、西欧、南欧、北欧和中欧。

欧洲国家是我国重要的客源国，自20世纪30年代开始，来我国旅游的欧洲游客呈逐年递增的趋势，主要客源国是英国、法国、意大利、俄国四国。其中，俄罗斯是我国最大的客源国之一，2018年来自俄罗斯的旅客人数高达241.50万，位居欧洲第一。

客源国（地区）概况及风俗
Overview and Customs of Tourist Source Countries (Region)

第一节　俄罗斯

 知识目标

了解俄罗斯的基本概况；掌握俄罗斯的风俗习惯；掌握俄罗斯的主要旅游资源；掌握俄罗斯的主要航空公司和机场概况。

 **技能目标**

结合所学知识，能合理安排旅客航程，为旅客提供优质的服务。

 情境导入

李磊选择在元旦期间到俄罗斯去旅行，他听说俄罗斯气候寒冷，不知道应该穿些什么衣服。另外他听说西方人打招呼都会亲吻脸颊，不知道是不是真的，自己是不是也要这样和人打招呼。他听说俄罗斯有一个在冬天零下十几度的水中洗礼的节日，不知道这个节日在什么时间，自己可不可以参加？

请你帮助李磊解决这些问题。

知识内容

一、初识俄罗斯

俄罗斯国名的全称是俄罗斯联邦，首都是莫斯科，其国名是从他们民族的名称"罗斯人"演变而来的。在公元 9 世纪的时候，俄罗斯人的先祖们古罗斯部族人在这里建立了古罗斯国家，"俄罗斯"是我们通过蒙古语转译过来的名称。俄罗斯领土面积世界第一，有 1 710 万平方千米，是一个幅员辽阔、资源丰富的国家。

课堂讨论：谈谈你对俄罗斯的第一印象。

二、地理概况

俄罗斯作为世界上面积最大的国家，地域辽阔，其国土面积约为 1 710 万平方千米，跨越 11 个时区，横跨欧亚两大洲，包括欧洲东部地区和亚洲北部地区。

俄罗斯有绵长的海岸线，东部临近太平洋，西部接入大西洋，北部临近北冰洋，西北部又濒临波罗的海和芬兰湾，有丰富的渔业资源。同样漫长的还有俄罗斯的边境线、俄罗斯和14个国家接壤，西北邻挪威、芬兰，西邻爱沙尼亚、拉脱维亚、立陶宛、波兰、白俄罗斯，西南临乌克兰，南临格鲁吉亚、阿塞拜疆、哈萨克斯坦，东南临中国、蒙古和朝鲜，同日本、加拿大、格陵兰、冰岛、瑞典隔海相望。

俄罗斯大部分地区都是平原和高原，地势呈南高北低、东高西低之势。西部地势较低的地区大都是平原地区，以乌拉尔山为界，可以区分为东欧平原和西西伯利亚平原两部分。东部高地多是高原和山地地区，其中主要为中西伯利亚高原、南西伯利亚山地、东西伯利亚山地和远东山地，这里还有高耸入云的大高加索山脉，它的主峰厄尔布鲁士山是欧洲第一高峰，海拔5 642米。

俄罗斯国土面积辽阔，跨越4个气候带，但是大部分地区处于北温带，所以气候大都以温带大陆性气候为主，不过还有部分地区处于北极圈以北，所以这部分地区属于寒带气候，温差普遍较大。俄罗斯的春秋十分短暂，夏季短促凉爽，而冬季漫长寒冷，例如俄罗斯最冷小镇，有北半球"寒极"之称的奥伊米亚康，最低温度甚至低于−71℃。

俄罗斯的河流湖泊众多，大小河流多达300万条，湖泊也有280余万个。俄罗斯有着欧洲第一长河伏尔加河，它也是俄罗斯的"母亲河"，全长有3 690千米，流域面积138万平方千米。另外，世界淡水容量最大和最深的湖泊也坐落在俄罗斯，它就是贝加尔湖，最深处可达1 620米。

俄罗斯的自然资源十分丰富，资源种类繁多、储量巨大，俄罗斯有广袤的森林，森林覆盖面积为1 126万平方千米，占国土面积的65.8%，居世界第一位。它有着世界储存量第一的天然气和铁资源，占世界探明储量的25%；世界储存量第二的铝资源；世界储存量第八的石油资源，占世界探明储量的9%。水利资源十分丰富，居世界第二。同时铅、铀、黄金等资源的储存量也居世界前列。煤蕴藏量居世界第五位。铁、镍、锡蕴藏量居世界第一位。铀蕴藏量居世界第七位。

课堂讨论：试着找出俄罗斯和我国交界处有哪些城市。

三、人文概况

（一）历史概览

俄罗斯是一个有着悠久历史的国家，起源于东欧草原上，俄罗斯人、乌克兰人和白俄罗斯人有共同的祖先，那就是东斯拉夫人。公元6世纪左右，东斯拉夫人逐渐分成各个地域性的部落，到公元9世纪后期，形成古罗斯国家，因为是以基辅为中心所以称为基辅罗斯。

15世纪末，大公伊凡三世以莫斯科为中心建立了莫斯科大公国，这是一个实现了中央集权的国家，这是俄罗斯的前身。到了1547年，伊凡四世将自己任命为沙皇，而莫斯科公国也随之成为沙皇俄国。1721年彼得一世也就是彼得大帝，将国家称为俄罗斯帝国。俄罗斯帝国最鼎盛时期国土面积达2 280万平方千米之多，人口数量于1914年达到1.657亿人，仅次于当时的中国清朝和大英帝国。随着1917年十月革命的胜利，建立了社会主义苏维埃政权，1922年苏维埃社会主义共和国联盟正式成立之后，俄罗斯成为其主要组成部分。1991年12月25日，苏维埃联邦社会主义共和国联盟最高苏维埃决定，将国家正式名称改为"俄罗斯联邦"，次日宣布苏联自行解体，俄罗斯成为独立国家，1993年12月12日，经过全民投票正式确定国名为俄罗斯联邦。

（二）政治制度

俄罗斯是一个实行联邦民主制的国家，有9个联邦管区，实行多党制，主要政党有统一俄罗斯党、俄罗斯自由民主党、俄罗斯共产党、公正俄罗斯党等。

俄罗斯的最高领导是总统，也是俄罗斯国家武装力量的最高统帅，同时也是国家最高的行政元首，总统可以任命总理等国家的高级官员，但需要经过议会审批，在颁布法令上，总统则有权不经过议会，直接颁布。

俄罗斯的总理、副总理和若干部长共同构成了国家的最高执行机关，而议会是俄罗斯联邦的代表与立法机关，由上院的联邦委员会和下院的国家杜马两院构成，各联邦主体的权利、地位平等。司法机关主要有联邦宪法法院、联邦最高法院、联邦最高仲裁法院及联邦总检察院。不允许设立特别法庭。

（三）国家象征

俄罗斯的国旗是一个长宽比例为3∶2的长方形，旗面由上至下由3个平行且相等的横长方形组成，这三个长方形的颜色分别是白色、蓝色和红色。国旗上的这三种颜色代表了俄罗斯不同的地理环境：白色代表着白雪皑皑的寒带地区；蓝色代表着亚寒带地区和俄罗斯丰富的水资源、矿产和森林资源；红色给人以温暖的感觉，代表的就是温带地区。同时三种颜色也是俄罗斯悠久历史和对人类文明的贡献的象征。另外，白色也象征着真理和自由，蓝色代表着纯洁和真诚，红色则蕴含着力量和勇敢。

知识卡片：莫斯科

微课：莫斯科

俄罗斯的国徽是著名的双头鹰盾徽，是伊凡三世时期的国徽。俄罗斯国徽的图案是在红色盾面上金色的双头鹰，双头鹰面向左右两边代表着俄罗斯是一个横跨欧亚大陆的国家；在双头鹰的头上顶着三顶皇冠，代表着彼得大帝的3顶俄罗斯皇冠，三个皇冠紧密相连，也象征着俄罗斯是统一的俄罗斯联邦；双头鹰的鹰爪上紧握着的权杖和金球，代表了至高无上的国家权力；在双头鹰的胸前，有一个红色的小盾，上面有一个骑着白马的男人，这个人是勇士圣·乔治，他曾用长矛杀死恶龙，这象征着俄罗斯人们不忘过去、勇往直前，敢于和困难、敌人做斗争的精神。

俄罗斯的国歌是《俄罗斯，我们神圣的祖国》。

俄罗斯的国花是向日葵，因为向日葵永远朝向太阳，所以它代表了光明之花，给人们带来温暖和美好的希望。

（四）人口、民族和信仰

截止 2019 年俄罗斯人口约为 1.46 亿，大约有 193 个民族，除了占总人口数 79.82% 的俄罗斯族之外，主要的少数民族有鞑靼族、乌克兰族、巴什基尔族、白俄罗斯族、车臣族等。

虽然俄罗斯的国土面积辽阔，但是人口分布却十分不平衡，部分发达地区人口密度可达每平方千米 77 人，更有地区可以达到 261 人，但是像寒冷的东北部苔原带地区，每平方千米仅有 1 人。另外，俄罗斯男女比例也不均衡，呈现女多男少的趋势。

俄罗斯联邦全境内的官方语言是俄语，各共和国有权规定自己的国语，并在该共和国境内与俄语一起使用。俄罗斯人主要信奉的宗教是东正教，其次是伊斯兰教，其他还有基督教、萨满教、佛教和犹太教等。

（五）经济结构

俄罗斯是一个经济发达的国家，有很强的经济基础，俄罗斯国土辽阔，矿产资源丰富，有充足的农业产品，是一个发达的农业国家。同时俄罗斯工业技术发达，种类齐全，交通发达，科技先进，也是一个工业大国。

重工业在俄罗斯的经济发展中起到了举足轻重的作用，是俄罗斯的经济基础，主要工业区有莫斯科工业区、圣彼得堡工业区、乌拉东工业区、新西伯利亚工业区。主要以机械制造、石油、天然气和煤炭等自然资源、冶金、森林工业及化工等为主，不过俄罗斯重工业发达的同时轻工业发展缓慢，这就使得俄罗斯经济发展不均衡。

俄罗斯的农业虽然不如工业发达，但是因为俄罗斯国土面积广阔，使得俄罗斯的耕地面积巨大，约有 100 万平方千米，这就使得俄罗斯的农业产品也具有十分可观的产值。俄罗斯主要的农作物有小麦、大麦、燕麦、玉米、水稻和豆类，另外还有亚麻、向日葵、甜菜等具有经济价值的作物，同时俄罗斯的畜牧业十分发达，主要养殖的有牛、羊和猪等。

俄罗斯出口商品众多，其中占据重要地位的商品有石油和天然气，并且俄罗斯有健全发达的运输管道，用于将石油和天然气输送到各个国家。另外，机械、煤炭化工产品、木材制品、食品等也是俄罗斯重要的出口商品。

近年来，俄罗斯的旅游也发展迅速，虽然现在在国民经济中所占比重还不高，但是旅游业在俄罗斯经济中也在逐步发展和进步。2019 年，俄罗斯国内生产总值同比增长 1.3%。截至 2020 年 5 月 1 日，国际储备 5 673 亿美元。

（六）文化教育

俄罗斯有着十分先进的科技水平，这和俄罗斯对教育的重视是分不开的，俄罗斯人民的受教育程度非常高，俄罗斯高校在校生人数也居世界第一，截至 2019 年有 480 万俄罗斯人分布在 1 018 所综合性大学和研究院中学习。

俄罗斯的教育体系十分完善，分为学前教育、普通教育和高等教育三个层次。

学前教育，指的就是学前班、幼儿园，由国家或市镇等国家机构、国家企事业单位或者其他社会团体来开办，为学龄前儿童提供早期教育。

普通教育，和我们的中小学教育比较相似，但是在具体的时间安排上有所不同，俄罗斯的普通教育分为初级普通教育，为期在3~4年左右；基础普通教育，为期5年；完全普通教育，为期2~3年左右。俄罗斯的普通教育共11年，在这个阶段，学生也可以选择参加中等职业教育。

高等教育，其相关机构也分为综合性大学、专科院校和研究院三种。这三种类型的院校主要负责完成本专科的教育内容。

俄罗斯著名的高校包括莫斯科大学、圣彼得堡国立大学、俄罗斯人民友谊大学、莫斯科音乐学院、圣彼得堡列宾美术学院等。其中，莫斯科大学在世界上享有盛名，有11位俄罗斯诺贝尔奖获得者在这里学习和工作过。

思政小课堂

俄罗斯举办"中国节"

为了纪念中华人民共和国建国70周年和中俄建交70周年，2019年9月13—15日，中国驻俄罗斯大使馆、俄罗斯外交部、莫斯科市政府等部门在莫斯科联合举办了"中国节"。

俄罗斯举办"中国节"

举办"中国节"的目的是加强中俄双方在文化、科教、经济等领域的合作关系，所以本次"中国节"重点在于展示中国的文化传统、经济与科技发展成就、风俗特色等方面。

本次"中国节"的活动主要由"历史"与"现代"两部分组成。

"历史"部分重点展示了中国上下五千年的悠久历史文化传统和新世纪中国在科教、经济等领域取得的重要成就之间的联系。在这个部分，既有运动员的表演，又有一系列的图片展、茶艺展示、舞龙表演等活动，同时还有中国纪念品集市、音乐会、中医课堂、元宵节主题庆祝等具有中国特色的活动。

"现代"部分是举办了"数字经济——无国界发展"商业论坛，为中俄双方企业搭建了一个能够交流技术创新成果与经验，探讨经贸、投资与科技合作的平台。

中俄双方均表示，应该更多地组织类似活动，以向两国民众展示中俄两国关系发展成果。

本次活动最主要的意义在于广大民众可以在相对集中的时间内对中国在各个不同领域取得的成就进行全面而详细的了解，从美食烹饪到文化艺术、从科学技术到经济发展等。

（资料来源：百度百科等网页）

思考：俄罗斯举办"中国节"的同时，中国也举办了俄罗斯国家文化节，讨论中俄互办国家节的作用。

（七）主要节日

1. 谢肉节

谢肉节（图3-1-1）是俄罗斯非常重要的传统节日，也被称为送冬节，原本是俄罗斯一直流传下来的传统节日，后来随着俄罗斯人民开始信奉东正教，谢肉节就和东正教发生了关联，现在谢肉节开始的日期就定在了每年复活节前的第八周，在为期七天的谢肉节中，人们每天要做的事情都有所不同，第一天要迎春，第二天可以

俄罗斯谢肉节1　　俄罗斯谢肉节2

娱乐狂欢，第三天吃美食，第四天可以痛饮，第五天岳母需要宴请女婿，第六天是姑嫂相聚的日子，第七天就是送冬的日子，这一天人们需要互相登门拜访。

2. 春耕节

春耕节（图3-1-2）是人们对一年风调雨顺、五谷丰登的祈求，所以这个节日是设在大地复苏、积雪消融的时候，现在的俄罗斯农民在春耕节这一天会举办盛大的仪式活动，少女们打扮成仙女的模样，乘坐彩车在游行队伍的最前面，在少女的后面跟随着装扮成各种角色的农民，再后面就是耕作用的拖拉机和播种机，在队伍的最后是装载巨大黑麦面包的车，当这支队伍来到耕地时，他们就可以看到由一位女性扮演的大地女神和她的四名护卫，少女们将黑麦大面包献给大地女神，女神再将面包撕碎，抛给人们，之后拖拉机手们就在音乐声中犁出第一条垄沟，以此来宣布春耕开始。

▲ 图3-1-1　谢肉节

▲ 图3-1-2　春耕节

3. 三圣节

三圣节是东正教非常重要的节日，在复活节后第50天，在俄罗斯三圣节和斯拉夫人的悼亡节又结合在了一起，所以这一天也是人们怀念先人的日子。在这一天人们会用桦树装点屋子，也会聚集到桦树林中，唱歌、跳舞、编织花环，然后将编制好的花环挂在桦树上，一周之后人们再回到悬挂了花环的桦树林中，将悬挂的花环取下，和名为伊凡·古巴拉的木偶一起扔入水中，传说，谁的花环沉入水底，谁的愿望就能实现。

4. 俄罗斯胜利日

1945年5月8日24时德国于柏林郊区的卡尔斯霍尔斯特正式举行了无条件投降仪式，因为时差的原因，签订投降书的时间美、英、法等国为5月8日，所以美、英、法等欧美

国家的胜利日是5月8日，但是苏联位于柏林以东，签订投降书时，苏联已经是5月9日了，所以苏联的胜利日（图3-1-3）定在5月9日。

5. 俄罗斯独立日

1990年6月12日，俄罗斯联邦第一次人民代表大会以接近100%得票数通过了俄罗斯联邦的主权宣言，为了纪念这一天，1994年将这一天确定为全国性的节日，1998年将这个节日命名为俄罗斯独立日。

▲ 图3-1-3　俄罗斯胜利日

6. 主显节

主显节（图3-1-4）在每年的1月6日，主显指的就是主显现在世人的面前，或者说是被世人所知，指的就是"耶稣曾三次向世人显示其神性"，《新约圣经》中有记载，第一次为耶稣诞生，耶稣诞生时大星引领东方三博士前来朝拜，显示出他是基督；第二次为耶稣开始传道受洗时，"圣灵"如鸽子降在他头上，向世人昭示他是上帝的儿子；第三次为耶稣参加迦拿城的婚筵时，将水变成了酒，向世人展示了他的荣耀。主显节是

▲ 图3-1-4　主显节

东正教中一个最为重要的节日，人们会将冰面凿成十字架的形状，然后将全身浸入冰水中反复三次完成洗礼，不管气温多低，这一仪式都不能终止。

俄罗斯还有很多其他节日，例如圣诞节、感恩节、诗歌节、妇女节、劳动节等。

（八）风俗与禁忌

俄罗斯人热情大方、勇敢豪放，也十分讲究礼仪。在和人初次见面时，俄罗斯人通常行握手礼，并且为了表示对对方的尊重，握手时需要摘下手套，并且不能拉着对方的手不放。在面对亲朋好友时则会行吻礼，男士亲吻女士的手背，父母亲吻子女的额头，有时也可行贴面礼。

俄罗斯人的姓名由本名、父名、姓氏三部分构成。在称呼俄罗斯人时，初次见面时可以称呼他的全名，或者是在非常正式的场合，才能将三个名字连在一起称呼，其他的部分场合，可以依据双方的关系来采用不同的称呼。

在俄罗斯可以称呼对方为"先生""女生""同志"和"公民"，通常比较常用的就是"先生""女生"的称呼，如在商场等场合，"同志"在一些国企、公安部门等地方会使用，公民则是在一些公共场所使用。当对方有职务或者职称时可称呼他的职务。另外，对于年长者需要称"您"，关系亲密的朋友或者同事可称"你"，孩童可直呼其名。

俄罗斯人讨厌数字13，忌讳星期五，但却喜欢数字7，认为7能带来幸福和快乐。俄罗斯人虽然热情好客，但是在公共场所也不能大声喧哗，握手时禁忌将两手交叉成十字和多人握手，和人道别时不能在桥上。

在和俄罗斯人交谈时，不能夸奖对方身体健康，因为俄罗斯人相信恶魔和天使就分别站在他的左右肩膀上，所以如果恶魔知道他身体健康，会加害他。俄罗斯人认为魔鬼在左边，左边代表凶恶，天使在右边，右边代表吉祥，所以在和俄罗斯人握手或者向其传递物品时都不能使用左手。这种习惯一直贯穿在俄罗斯人生活中的方方面面，例如抽签时不用左手，走路时先迈右脚等。

（九）饮食文化

俄罗斯菜中除了俄罗斯民族传统的菜肴之外，其他均取自西欧、东欧和亚洲一些国家的菜式，例如红烩牛肉这道菜就来源于匈牙利。常用的烹饪手法是焖、煮、烩、炸、煎、烤、炒等。俄罗斯的宫廷菜宴席享誉世界，其服务形式至今仍影响着欧美各国。俄罗斯菜讲究量大实惠、重油味浓，喜欢酸、甜、辣、咸的菜。

微课：俄罗斯饮食文化

俄罗斯的主食主要是面包，我们熟知的俄罗斯大列巴，就是俄式黑面包的别称。土豆在俄罗斯饮食中也占有重要的地位，被称为"第二面包"。俄罗斯人喜食肉类，常吃的肉多是牛肉、羊肉，几乎每餐都有，但是不怎么喜欢吃猪肉。俄罗斯人喜欢用酸奶油、奶渣、柠檬、辣椒、酸黄瓜、洋葱、白塔油、小茴香、香叶等作为调味料。生活中喜欢吃各种鱼类，例如鲑鱼、鲱鱼、鲟鱼、鳟鱼，另外红鱼子酱和黑鱼子酱也是俄罗斯人喜欢的美食。俄罗斯人喜吃凉菜，凉菜的种类丰富多样，例如沙拉、杂拌凉菜、鱼冷盘、肉冻、鱼泥、肉泥等。俄罗斯人喜欢喝汤，正餐一定有汤，一般俄式汤可分为清汤、菜汤和红菜汤、米面汤、鱼汤、蘑菇汤、奶汤、冷汤、水果汤等很多种。俄罗斯人善饮，俄罗斯的伏特加是世界上最烈的酒之一。除此之外，俄罗斯人也有喜欢喝红茶的，还有喜欢喝蜂蜜和格瓦斯的。

课堂讨论：哈尔滨有很多具有俄罗斯特色的美食，例如列巴、红肠和格瓦斯，你还知道些哪俄罗斯和哈尔滨饮食文化的交融？

（十）服饰文化

俄罗斯人讲究仪容仪表，重视服饰搭配，他们的服装大都颜色艳丽，搭配和谐、得体。虽然现在俄罗斯人大多穿着西装或套裙，但是俄罗斯的传统服装依然受人们的欢迎和喜爱。例如女性非常喜欢的萨拉凡和鲁巴哈。

"萨拉凡"（图3-1-5）是俄罗斯十分大众化的服装，款式和我们熟悉的太阳裙很相似，有非常飘逸的裙摆，可以根据季节的不同选用不同的面料来制作，是非常实用的服装，"萨拉凡"在款式上也比较多变，可以添加丝带、绣花等不同的图案，颜色也十分艳丽多变。

"鲁巴哈"（图3-1-6），从外观上看很像是一条长袖的连衣裙，袖子是宽松的，在袖口处收紧，再配上和衣裙搭配的刺绣，既美观又实用，因为这样的设计能保证女性在割草时避免被割伤，同时又能杜绝蛇虫钻入衣袖，所以"鲁巴哈"又被称为割草裙。

"淑巴"（图3-1-7）也是俄罗斯比较普遍的服装，也就是我们常说的貂皮大衣，是俄罗斯冬季必备的御寒服装。

▲ 图 3-1-5　萨拉凡　　▲ 图 3-1-6　鲁巴哈　　▲ 图 3-1-7　淑巴

四、主要旅游资源

1. 克里姆林宫

克里姆林宫（图 3-1-8）是俄罗斯非常重要的建筑，已被联合国教科文组织列入《世界遗产名录》。它坐落于莫斯科市中心，建筑在鲍罗维茨丘陵上，它的南边是莫斯科河，西北面是亚历山德罗夫花园，东面是红场，整体形状像一个不等边的三角形。其曾是沙俄时期的皇宫，苏联时期党政机关也设在这里，现在俄罗斯总统府和国家杜马所在地也是这里。

克里姆林宫建于 1156 年，最初仅是木墙结构，克里姆林有卫城之意，是作为城市设防的主要部分，所以早期的克里姆林宫有宫殿、教堂、城墙和塔楼，到了 16 世纪它开始成为沙皇的宫殿，历经几代沙皇的扩建，17 世纪逐渐失去了防备城堡的作用，而转化成了莫斯科的市中心建筑群。到 19 世纪 40 年代建成大克里姆林宫才形成了现在的规模。

现在的克里姆林宫面积 27.5 万平方米，周长 2 千多米。主要有大克里姆林宫、多宫、圣母升天教堂、天使大教堂、报喜教堂、参议院大厦、伊凡大帝钟楼等。其中作为克里姆林宫最高建筑的伊凡大钟楼，高达 81 米，上面悬挂着被称为世界钟王的"沙皇钟"。另外，克里姆林宫还有 20 座塔楼，它们分布在克里姆林宫三角形围墙边上，比较著名的塔楼有斯巴斯克塔、尼古拉塔、特罗伊茨克塔、鲍罗维茨塔、沃多夫兹浜德等。其中的斯巴斯克塔、尼古拉塔、特罗伊茨克塔、鲍罗维茨塔和沃多夫塔 5 座塔楼之上还安装了用红宝石制作的、大小不同的五角星。

2. 彼得大帝夏宫

彼得大帝夏宫（图 3-1-9）作为历代俄国沙皇郊外避暑的离宫，同样被联合国教科文组织列入了《世界遗产名录》。它建造于芬兰湾南岸的森林中，占地近千公顷，因其华丽壮阔，被称为"俄罗斯的凡尔赛宫"。

彼得大帝夏宫是由沙皇彼得大帝下令兴建，瑞士设计师多梅尼克·特列吉尼设计建造的，外观上其是沉稳庄严的，但是其内部却十分奢华，其建成之后，彼得大帝生前每年都要到这里来消暑避夏，当时很多宴会和庆典活动都选在此处举行，1934 年以后，彼得大帝夏宫成为民俗史博物馆。

▲ 图 3-1-8　克里姆林宫

▲ 图 3-1-9　彼得大帝夏宫

3. 冬宫

冬宫（图 3-1-10）坐落于圣彼得堡宫殿广场上，原本是沙俄时期的宫殿，在十月革命之后成了艾尔米塔奇博物馆的一部分，它和巴黎的卢浮宫、纽约的大都会博物馆、伦敦的大英博物馆被称为世界四大博物馆。

冬宫建于 1830 年至 1839 年，是由亚历山大一世建造，其建造的目的是纪念 1812 年亚历山大一世所带领的俄罗斯军队打败了拿破仑所率领的法国军队，是一座由蔚蓝色和白色两种颜色构成的建筑，有三层高，整体是一座闭式长方形，长约 230 米，宽 140 米，高 22 米，占地面积达到 9 万平方米，建筑面积 4.6 万平方米。整个宫内共有厅室 1 057 间，门 1 886 座，窗 1 945 个，是一座十分华丽的宫殿。冬宫代表了 18 世纪中叶俄罗斯新古典主义建筑的特色，当时还有专门的法律规定，圣彼得堡市内所有的建筑，除了教堂，都不能高于冬宫。

4. 红场

红场（图 3-1-11）地处莫斯科市中心，比邻克里姆林宫东墙，是莫斯科最古老的广场。红场总面积大约为 9 万平方米，整体形状是一个南北方向为长、东西方向为宽的长方形，红场的东面是世界知名百货商店古姆商场，西面是克里姆林宫，南面是瓦西里·勃拉仁大教堂，北面是国家历史博物馆。红场原名叫作"托尔格"，也就是集市的意思，后来一场大火将这里燃烧殆尽，修复之后，人们将这里命名为"红场"，意为"美丽的广场"，后来红场虽历经了多次改建，但是红场的路面还是最初的石板路，简单整洁又古朴。红场见证了俄罗斯的历史，大多数的庆典、集会和阅兵活动都会在红场举行。

视频：俄罗斯红场

▲ 图 3-1-10　冬宫

▲ 图 3-1-11　红场

课堂讨论：你们还知道哪些俄罗斯景点，大家一起讨论一下。

五、主要机场和航空公司

（一）主要机场

俄罗斯航空业十分发达，有二百多个机场，其中比较知名的有谢列梅捷沃亚历山大·普希金国际机场、多莫杰多沃米哈伊尔·罗蒙诺索夫国际机场、伏努科沃安德烈·图波列夫国际机场、圣彼得堡普尔科沃国际机场、叶卡捷琳堡国际机场、索契国际机场、奥斯塔夫耶沃国际机场、茹科夫斯基国际机场、加里宁格勒机场、伊尔库茨克机场、新西伯利亚机场、克拉斯诺达机场、哈巴罗夫斯克诺维机场等。

谢列梅捷沃亚历山大·普希金国际机场（IATA 代码：SVO；ICAO 代码：UUEE），为 4F 级国际机场，是一个繁忙的国际航空枢纽。2019 年 6 月 5 日，正式更名为谢列梅捷沃亚历山大·普希金国际机场。机场位于莫斯科北部，距莫斯科 27 千米。截至 2019 年，谢列梅捷沃亚历山大·普希金国际机场旅客吞吐量达 4 993.300 0 万人次，货邮吞吐量 37.900 0 万吨，均位居俄罗斯第一位。

谢列梅捷沃亚历山大·普希金国际机场现在共有 6 座航站楼，分别是商务航站楼、北部机场综合体和南部机场综合体。其中商务楼为 A 楼，北部机场综合体为 B、C 楼，南部机场综合体为 D、E、F 航站楼以及航空快运火车站。现有 20 余家航空公司在谢列梅捷沃亚历山大·普希金国际机场开设了飞往全国和全世界的多条航线。其中俄罗斯国际航空有飞往上海浦东的航线，中国航空在此也开通了莫斯科—北京的航班。

谢列梅捷沃亚历山大·普希金国际机场的休息室也十分有趣，是以各个星球来命名的。例如 B 航站楼的水星休息室，供残疾人士免费使用；D 航站楼土星休息室，设有儿童游戏室；E 航站楼的天狼星休息室供 D、E、F 航站楼的残疾乘客使用。

谢列梅捷沃亚历山大·普希金国际机场提倡无纸化乘机，2019 年 4 月 4 日开始提供电子登机牌，方便了旅客出行。

谢列梅捷沃亚历山大·普希金国际机场是获得中国友好认证的机场，它是俄罗斯第一个获得这个认证的机场，在这里有专门的为中国旅客设置的中文翻译的网站、语言公告、导航标记、商店和咖啡馆中文指南，餐厅提供中餐，银联卡有折扣，支持支付宝支付等。

（二）主要航空公司

俄罗斯航空公司众多，其中比较著名的有俄罗斯航空公司、俄罗斯国际航空公司、西伯利亚航空公司、阿夫乐尔航空公司、乌拉尔航空公司、优梯航空公司、雅库特航空公司等。

俄罗斯航空公司（图 3-1-12）是俄罗斯最大的航空公司，简称俄航（IATA 代码：SU；ICAO 代码：AFL），总部在莫斯科，基地位于莫斯科的谢列梅捷沃亚历山大·普希金国际机场。始创于 1923 年的俄罗斯航空公司原本是苏联国家航空，1992 年成为俄罗斯航空公司，是俄罗斯国有航空公司，俄罗斯政府占股 51%，2001 年成为"天合联盟"成员。俄罗

▲ 图 3-1-12　俄罗斯航空公司

斯航空公司现有客机 236 架，其中包括现代空客 A320、A330，波音 737、777 和俄罗斯制造的新一代 Superjet 100 客机（SSJ100）。2020 年，首架空客宽体客机 A350 也已经顺利交付。俄罗斯航班现已开通了通往国内 37 个城市和国际 81 个城市的航线，和中国北京、上海、广州实现了互通。

课堂讨论：结合所学，如果你想去俄罗斯莫斯科旅游，选择哪家航空公司从哪个城市出发最为方便快捷？又要如何安排行程？

第二节 英国

知识目标

了解英国的基本概况；掌握英国的风俗习惯；掌握英国的主要旅游资源；掌握英国的主要航空公司和机场概况。

技能目标

结合所学知识，能合理安排旅客航程，为旅客提供优质的服务。

情境导入

李磊在春节长假期间进行了一场说走就走的旅游，他选择了去英国伦敦，结果到了英国就赶上了连雨天，一天中雨水总是断断续续的，还很阴冷。不是说英国属于海洋性温带阔叶林气候，冬暖夏凉，季节温度变化不显著吗，那为什么冬天这么多雨寒冷呢？什么时期是到英国旅游的最佳季节呢？

你能找到问题所在，帮助李磊解决疑问吗？

知识内容

一、初识英国

英国，全称大不列颠及北爱尔兰联合王国，简称英国或联合王国，首都在伦敦。作为一个岛国，它是由大不列颠岛上的英格兰、苏格兰、威尔士和爱尔兰岛东北部的北爱尔兰四部分组成的，国土面积为 24.41 万平方千米。

课堂讨论：谈谈你对英国的第一印象。

二、地理概况

英国位于欧洲西部，包括大不列颠岛、爱尔兰岛东部和一些小岛，海岸线总长达到11 450千米，环抱于北海、英吉利海峡、凯尔特海、爱尔兰海和大西洋之中，和欧洲大陆隔着北海、多佛尔海峡和英吉利海峡遥遥相望，和爱尔兰共和国比邻，横跨大西洋与美国和加拿大相对应。

英国属于海洋性气候，比较温和湿润，没有严寒酷暑，冬季气温通常不会低于-10℃，夏季气温通常不会高于32℃，因为是岛国，所以英国潮气较重，伦敦被称为雾都也是由于这个原因。英国气候温和但是天气多变，经常在一天之中，晴雨不停交替，英国的年降水量平均可达到1 100毫米，雨量分布山区较多，东部和东南较少，秋冬雨雾更多。

英国的地形以山区和丘陵为主，呈西北高东南低的趋势。英国地形分为英格兰东南部平原、中西部山区、苏格兰山区、北爱尔兰高原和山区四部分，作为苏格兰三个主要山脉之一的格兰扁山脉横跨了苏格兰中部地区，成了苏格兰高地和低地之间的屏障，它的最高峰朋尼维山则是英国最高峰，海拔1 344米。

英国境内河流湖泊众多，但是河流长度都不是很大。英国境内最长河流是塞文河，全长354米，发源于威尔士中部，途径英格兰中部，流入布里斯托海峡，最终汇入大西洋。英国最大的河流是泰晤士河，被称为英国的母亲河，源头在英格兰西南部的科茨沃尔德山；横贯伦敦，途径十多个城市，最终注入北海。泰晤士河下游水面较宽，入海口达29千米，所以泰晤士河上游幽静迷人，下游则是繁荣热闹的港口。泰晤士河两岸有很多著名景点，例如牛津和温莎等。英国还有很多著名的湖泊，例如以"尼斯湖水怪"而著称的尼斯湖。

英国是一个资源丰富的国家。英国的水力资源在生活用水、工业用水、内河航运、水产养殖和水上旅游方面得到了充分的运用。英国的森林覆盖面积大，占国土面积的12.6%，对应的动植物资源也十分丰富。在能源方面，英国是世界上主要的石油和天然气产出国，同时有巨大的煤、铁、锡等矿产资源。另外，英国还有丰富的盐储藏。

课堂讨论：为什么英国绅士总是随身带雨伞？

三、人文概况

（一）历史概览

大约2 000年前，来自地中海的伊比利亚人、比克人、凯尔特人纷纷来到了大不列颠岛，他们在这里过着原始的生活。在公元1—5世纪，古罗马帝国统治着这里，随着古罗马帝国的分裂，盎格鲁、撒克逊、朱特人又先后入侵了这里，到了公元7世纪左右，大不列颠岛开始形成了封建制度，是英国历史上群雄割据的时期。当时存在着许多小国，后来合并成

英国工业革命

七个王国，这七个王国纷争200多年，这就是著名的"盎格鲁－撒克逊时代"。到了公元829年，威塞克斯国王的爱格伯特实现了英格兰的统一。公元11世纪初，英格兰被诺曼底公爵威廉征服，建立了诺曼底王朝，英国进入了"诺曼时期"，同时英国也正式成为封建社会国家。1536年英格兰与威尔士合并之后，在1588年击败了西班牙"无敌舰队"，成为海上霸主。

英国在1640年爆发了资产阶级革命，在1688年爆发了"光荣革命"，奠定了资产阶级专政的君主立宪制，后渐形成了现在的议会君主制。1707年又与苏格兰正式合并，至此英国改国名为"大不列颠王国"。

18世纪60年代至19世纪30年代，英国率先完成了工业革命，成为世界上最先进的国家之一，在世界贸易中占据有利位置，被称为"世界工厂"。1801年"大不列颠王国"又实现了与爱尔兰的合并，不过在1921年爱尔兰南部26郡独立成立"自由邦"，只有北部6郡归属英国。随着爱尔兰的合并，英国进入疯狂扩张时代，到1914年，英国的殖民地面积是本土面积的111倍。不过在第二次世界大战之后，英国的殖民地纷纷宣布独立，往日的"日不落帝国"也逐步瓦解了。

英国是现在世界上仅存的几个拥有王室的国家之一。英国王室是凝聚国家力量的象征，并且为旅游业带来了大量的收益，如老王宫、伦敦塔、温莎古堡、肯辛顿宫、白金汉宫等都是游客喜欢打卡参观的景点。

（二）政治制度

英国是一个君主立宪制国家。国家元首、最高司法长官、武装部队总司令和英国圣公会的"最高领袖"都是国王，英国王室虽然在法律规定下有较大的权力，例如可以解散议会、任命首相等，但是实际中，英国王室不会去运用这个权力，事实上，国家的实权还是掌握在内阁手中。英国1973年1月加入欧共体，2020年1月退出欧盟。

英国的国家宪法不同于其他国家是一个文件，英国的宪法是由多个法案共同构成的，主要包括大宪章、人身保护法、权利法案、议会法、选举法、市自治法、都议会法等。

英国最高的立法机构是议会，是由国王和上下院构成的。上院也被称为贵族院，其成员主要是王室成员、贵族、上诉法院法官和教会大主教等。下院被称为平民院，是各个社会基层活跃的地方，是民主机关，议员都是通过选举产生的。在议会选举中获席位数多的政党的领袖可以由国王任命为首相。英国是一个多党制国家，主要政党有保守党、工党、自由民主党、社会民主党、威尔士民族党、苏格兰民族党、合作党等。

（三）国家象征

英国的国旗，通常被称为米字旗，是一个长和宽呈2：1的长方形，由深蓝色、白色和红色三种颜色组成。其中，红色和白色组成两个"米"字叠放在旗帜中间，蓝色作为它们的底色。

英国国旗上的"米"字其实是三个交叉在一起的十字架，最中间红底带白边的十字架代表了英格兰的红色圣乔治十字架，对角线相交

知识卡片：伦敦

的白色十字架代表苏格兰的白色圣安德鲁十字架，对角相交的红色十字架代表了爱尔兰的圣帕特里克十字架。

英国的国徽就是英王徽。在国徽的最中间是一枚盾牌，盾牌的左上角和右下角图案相同，都是红底上站着三只金色的狮子，这个图案代表着英格兰；右上角的图案是金色底纹上红色边框内有一种半站立的红色狮子，代表的是苏格兰；左下角的图案是蓝色底纹上的一只金色竖琴，代表了北爱尔兰。

在盾的外面是蓝底镶金边的嘉德勋章，上面用金色的法文写着一句格言"心怀邪念者可耻"，在盾的上面分别是有珠宝的金银色头盔和帝国王冠，王冠上面站立着一只头戴王冠的狮子。盾的左边是一只头戴王冠的站立的狮子，盾的右边是一只站立着的戴着王冠状金色项圈的银色独角兽，盾的下方是一片青草地，草地上两朵红色小花，地面上有一条镶金边的银色绶带，绶带上写着"天有上帝，我有权利"。

英国的国歌是《天佑女王》，是歌颂国家和皇室的歌曲，而且会根据君主的性别来改变歌名，如果国王是男性，国歌就会改为《天佑国王》。

微课：伦敦

英国的国花是白蕊的红玫瑰。

（四）人口、民族和信仰

截至 2019 年英国总人口数达到 6 679.68 万人，其中大部分人为英格兰人，其他还有苏格兰人、威尔士人和北爱尔兰人，官方语言是英语，但是威尔士北部的人们还会使用威尔士语，而在苏格兰西北高地及北爱尔兰的部分地区有人使用盖尔语。

英国大部分人信奉基督教新教，而英国的新教又分为英格兰教会和苏格兰教会。另外天主教、伊斯兰教、印度教、锡克教、犹太教和佛教等也是英国较大的宗教团体。

（五）经济结构

英国是一个资源充沛、经济发达的国家，是世界第五大经济体，欧洲第二大经济体。英国的经济主体是私有制，占国内生产总值的 90% 以上，英国的服务行业比较发达，金融保险、零售、旅游和商业服务，是英国的支柱产业，占国内生产总值的 3/4 以上。2019 年，英国国内生产总值 2.09 万亿英镑，同比增长 1.4%，人均国内生产总值 3.27 万英镑，通货膨胀率 1.7%，失业率 3.8%。财政赤字占国内生产总值比重为 2.1%。

英国的工业主要集中在采矿、冶金、机械、电子仪器、汽车、食品、饮料、烟草、轻纺、造纸、印刷、出版、建筑等上面。英国的制药、电子和光学设备行业十分发达，世界著名制药公司葛兰素史克和阿斯利康的总部都在英国，主要的研发和制造工厂也在英国。人造纤维和化工产品等也有丰厚的实力。英国的农牧业比较发达，机械化程度比较高，虽然农业的从业人数不多，仅占总就业人数 2% 不到，但是却能产出约 60% 的食物需求，不过英国农用土地用于耕种的仅有 1/4，其余大部分为草场和牧场。英国是欧洲最大捕鱼国之一，捕鱼量占欧洲的 20%。

英国的金融业十分发达，伦敦是著名的世界金融中心，拥有完善的金融服务体系，是世界最大的外贸交易市场，拥有世界数量最多的外国银行分支机构和办事处。

旅游也是英国的支柱型产业，英国的旅游业收入位居世界第五位，从事旅游行业的工作人员占总就业人数的10%，约有330万人。据统计，2019年赴英国旅游的游客就有4 086万人次。受欢迎的旅游地点有伦敦、爱丁堡、卡迪夫、布莱顿、牛津和剑桥等。

（六）文化教育

英国有着悠久且完善的教育体系，经过数百年的不断演变，英国的教育体系大致可以分为三个阶段，第一个阶段是义务教育阶段，第二个阶段是延续教育阶段，第三个阶段是高等教育阶段。

英国不同的地区义务教育的起始年龄也有所不同，英格兰、威尔士和爱尔兰的义务教育年龄是5～16岁，北爱尔兰地区则是4～16岁。学生在11岁时从小学毕业，进入中学。

英国的学生从5岁开始接受义务教育，所有的家长必须把孩子送到学校读书。小学教育一般持续到11岁，然后进入中学。英国的中学不分初中高中，完成4年的中学学习之后，就可以取得中学文凭。

延续教育是英国教育体系中比较独特的部分，它是进入高等教育之前的预备役，为进入高等学校还是就业打下相应的基础，是"第三级教育"，它分为学业方向和职业方向，一个为进入高校继续学习做准备，一个是学习专业的职业技能。

最后一个阶段就是高等教育，是英国教育体系中的高级阶段，分为本科、研究生和博士生高级国家文凭，大约40%的中学毕业生会选择继续学习，接受高等教育。

英国十分重视科技，发展教育，拥有很多知名高校，例如牛津大学、剑桥大学、帝国理工学院、伦敦政治经济学院、曼彻斯特大学等。

思政小课堂

中国国家京剧院在英国举办中华人民共和国成立70周年主题演出

为庆祝中华人民共和国成立70周年，受文化和旅游部委派，由中国驻英国大使馆支持，中国国家京剧院一行63人由著名京剧表演艺术家于魁智、李胜素率队，于2019年11月25日至30日赴英国进行演出和交流活动。这是中国国家京剧院连续五年赴英国演出。

当晚的演出在伦敦萨德勒之井剧院上演，精选了《闹天宫》《白蛇传》《天女散花》《贵妃醉酒》等多个经典京剧唱段，浓缩展现中国京剧二百年的厚重历史和大美光华。剧场内座无虚席，掌声热烈。观众中有学中文的英国大学生，有熟悉京剧的老戏迷，也有不少人是首次接触京剧。

于魁智在演出前接受记者采访时说，京剧博大精深，展现出中国人的价值观

中国国家京剧院在英国举办新中国成立70周年主题演出

和民族精神，是向世界讲述中国故事的绝佳载体。今年带到英国演出的曲目经过精心挑选，不仅要呈现京剧唱、念、做、打的非凡技艺，还能传递家国情怀等鼓舞人心的正面情感。

作为中国国家京剧院的经典保留剧目，京剧《杨门女将》是五年间最受英国观众认可与厚爱的剧目之一。该剧以崭新的角度、卓绝的高度演绎了千百年来广为中华儿女传颂的杨门女将出征报国的故事，被视为京剧史上的不朽经典。

此外，京剧艺术讲座还将走进大英图书馆、牛津大学、利物浦大学，中国国家京剧院旨在向英国知识界和公众全面介绍京剧艺术及中华优秀传统文化。

思考： 简述京剧演出对两国文化交流的意义。

（七）主要节日

1. 万圣节

万圣节是英国重要的节日。据说公元前500年，在爱尔兰和苏格兰居住的凯尔特人认为10月31日是夏天结束的日子，11月1日是新的一年的开始。当时的人们相信，在一年结束之时，亡魂会来到人们身边，寻找生机，所以在这一天人们就熄灭家中的火光，带上恐怖的面具在街上四处游走，以达到吓走亡魂的目的。而时至今日，万圣节已经成了人们狂欢的节日，人们打扮成不同角色和朋友一起玩乐，小孩子们则提着南瓜灯（图3-2-1）去索要糖果。

2. 复活节

复活节是西方重要的节日，是基督教的一个重大宗教节日。复活节是为了纪念耶稣被钉在十字架上死后三天得以复活的节日。

复活节的日期为每年春分月圆之后的第一个星期日，大概在3月22日至4月25日间。这是因为复活节代表的是生机和希望，这和万物复苏的春季相应和。复活节的必备物品就是百合花、兔子和复活节彩蛋（图3-2-2），百合代表了纯洁，而彩蛋和兔子都代表了生命力。

视频：英国复活节

▲ 图3-2-1 万圣节南瓜灯

▲ 图3-2-2 复活节彩蛋

3. 圣诞节

圣诞节（图3-2-3）是纪念耶稣诞生的节日，所以也被称为主降生节，但事实上圣经并没有记载耶稣的生日,12月25日,原本是罗马帝国时太阳神的诞辰,基督教徒们认为耶稣如同太阳,所以也选择这天作为圣诞节,后来就一直延续至今,成为一个重要的节日。圣诞节人们需要布置圣诞树、互赠礼物、吃圣诞大餐。

4. 圣戴维日

圣戴维日(图3-2-4)是每年的3月1日。它是威尔士的传统节日,是为了纪念到威尔士传教的僧人戴维,在这一天,很多企业单位都会放假,人们会在衣服上戴上威尔士标志的黄色水仙花。

▲ 图 3-2-3　圣诞节

▲ 图 3-2-4　圣戴维日

5. 圣帕特里克日

圣帕特里克日,是爱尔兰的重要节日,时间是每年的3月17日,是为了纪念爱尔兰的主保圣人圣帕特里克。在这一天,所有的爱尔兰人都会参与到庆祝之中,包括爱尔兰共和国、北爱尔兰以及其他地方的爱尔兰裔。

6. 母亲节

英国的母亲节和我们所熟知的母亲节有所不同,我们熟知的母亲节是美国的母亲节,是在5月的第二个星期日,而英国的母亲节则是在每年四旬斋的第四个星期天,所谓四旬斋就是在复活节前除星期天的四十天,在英国母亲节这天,人们会为妈妈送上鲜花和贺卡。

7. 情人节

情人节也被称为圣瓦伦丁节,是起源于基督教的一个重要的节日,时间是在每年的2月14日。关于情人节的来历有很多说法,有传说是瓦伦丁在狱中和典狱长的女儿相爱,在被处死之前,向恋人写了一封长长的遗书,表明自己的爱意,同时说明自己是无罪的,后来为了纪念他的爱情,才设立了情人节。也有传说是,瓦伦丁是一名神父,当时的罗马帝国皇帝克劳迪乌斯二世为了让男人们可以无牵无挂地奔赴战场而废除了婚姻,瓦伦丁无视这条法律依然为年轻人举行婚礼,因此他被处死,后人为了纪念他,就将他被处死的这一天——2月14日作为圣瓦伦丁节。不管哪一个传说为真,现在的情人节都是年轻人十分喜爱的节日,他们在这一天互送礼物,倾诉爱意。

(八)风俗与禁忌

英国人尊重传统,讲究礼仪,思想保守,富有绅士风度,讲究女士优先,在日常生活中十分重视自己的穿着礼仪,社交活动时,男士会穿着西装戴领带,女士会穿着套裙或连衣裙,都会以正式的着装来应对。英国人相对来说比较内敛、矜持,感情不宜外露,较少与人发生争执。英国人在第一次见面时很少拥抱,而是通常行握手礼,如果戴着帽子,在握手时需要脱帽再握手,不能双手交叉呈十字来握手。英国人十分喜爱小动物,喜欢饲养猫、狗,但是不喜欢黑猫,认为黑猫不吉利,也不喜欢山羊,因为恶魔的形象就是山羊,其他像孔雀、大象、猫头鹰等动物也不喜欢。英国人不喜欢随便被人碰触,所以在英国,不要用手拍打别人。英国人大都喜欢自己国旗的颜色,也就是蓝色、红色和白色。在英国,不会用英国人来称呼他们,而是称呼他们为不列颠人,或者根据他的出生地来称呼他们为英格兰人、苏格兰人、威尔士人、爱尔兰人等。英国人重视隐私,在和陌生人交谈时,通常会讨论天气,所以伦敦多变的天气几乎是所有人的话题。

英国人虽然十分重视私人空间,不希望别人进入自己的生活区域,甚至邻里之间交流都很少,但若是受到了邀请,就可以欣然地登门拜访。需要注意的是,虽然英国人遵守时间,但是到英国人家里做客则需要比约定时间晚10分钟,英国人不希望收到贵重的礼物,鲜花和威士忌就是很好的礼物。

英国人忌讳数字13和星期五,认为是不吉利的,当两者相遇在同一天时,很多英国人会选择休假在家来躲避。在英国,做任何事情都要排队,不能插队,插队的行为被人们所不齿,另外购物时也不能讨价还价,那被认为是有失绅士风度的行为。

在英国还有很多其他的忌讳,例如给人点烟时不能用一根火柴连续给三个人点烟;666在西方代表恶魔,所以英国人很忌讳这个数字;英国人还忌讳将鞋子放在桌子上、忌讳从梯子下走过、忌讳在屋子里打伞。在英国,女王是国家的象征,所以不能随便讨论皇室隐私。

(九)饮食文化

英国人对饮食的要求不高,认为吃食物只是为了生存,英国人不擅长烹饪,但是比较重视餐桌礼仪。日常食物简单少油,鲜嫩少辣,清单量少,精致小巧,讲究菜品的外观、气味和香气,希望菜品看上去赏心悦目。英国人常用的烹饪技巧有煎、炸、烩、烧烤等,对海鲜和牛肉烹饪技巧有独到之处,善用酒和香料来调味。"烤牛肉加约克那布丁"被称为国菜,英国人不吃动物的头、足和内脏,不吃狗肉。

英国饮食文化

英国的饮食习惯非常有特色的就是他们除了一日三餐之外,非常喜欢吃茶点,起床要喝"起床茶",上午十点要喝"上午茶",下午四点要喝"下午茶",晚饭后要喝"晚饭茶",他们喝的大多是英式红茶。

英国的饮食中比较重视早餐和晚餐,英式早餐十分丰富,像是各种果汁和水果、咖啡、可可、牛奶麦片、三明治、煎蛋、煎肉、熏肉、煎香肠、黄油面包和各种粥类。午餐英国人通常都是应付了事,学生在学校有免费午餐,成人则一个三明治和一杯咖啡即可。晚餐是一天中的正餐,所以会比较丰盛正式,喜欢吃牛肉、羊肉、土豆和烤面包等。英国人喜食水果，每餐后会食用水果。英国人虽然不善于烹饪，但是他们创造了炸鱼、薯条和三明治这样的快餐，为现代快餐业打开了大门。

英国人喜欢喝酒，常喝的有苦啤酒、葡萄酒、威士忌、琴酒、雪莉酒等。在英国饮酒是有时间限制的，在非规定时间内饮酒买卖双方都会受到处罚。

案例拓展

英式下午茶

我们现在所说的下午茶其实都是从英式下午茶演变而来的，英式下午茶，是一顿简餐，并非仅仅喝茶而已。英式下午茶的起源可以追溯到19世纪，据说在1840年，安娜贝德芙七世公爵夫人，每天到下午四点左右就会感到饥饿，但是那个时候，贵族们的晚餐是在晚上八点，安娜贝德芙七世不想忍受饥饿，所以就让女仆准备一些面包和红茶，这些食物让她度过了一个非常愉快的下午，于是她开始邀请朋友和她一起来度过这个时光，后来这个活动逐渐拓展到了全国，成为一种新的时尚，也就是现在的英式下午茶。

英式下午茶的茶主要为伯爵茶、大吉岭红茶、锡兰红茶等。下午茶的茶点是非常重要的。传统的英式下午茶用三层点心盘来盛放点心，每一层摆放的点心也有讲究，最下面一层要摆放味道重的咸的点心，主要用于解饿，例如三明治等。第二层要摆放咸甜均有的点心，例如松饼等点心；最上面一层放的是柔糯香甜的点心，例如蛋糕等。吃点心的时候，从最下面开始吃，吃到最后，上面甜的点心点到即可。

思考：你吃过英式下午茶吗？一起来分享吧。

（十）服饰文化

英国人十分重视服饰的穿着得体，参加正式场合时男士会穿黑色西装配无条纹领带，有时还会穿着燕尾服，女士则会穿礼服。原来在政府机关、大企业工作的人们会穿暗色西装搭配白色衬衫，再搭上合适的领带，而做各种技术工作的工人则穿着蓝色的工作服，这就是我们最初所说的白领和蓝领。但是现在越来越多的英国人喜欢穿着舒适自由，所以穿着非正式的服装的人越来越多，白领、蓝领的界限也就越来越模糊了。在某些特殊的场合，需要穿着特殊的服装，比如法院开庭时，法官要带上白色假发，穿上黑色长袍。

苏格兰方格裙（图3-2-5）也是十分有特色的服装。完整的格子裙要包括以下几部分：首先就是要一条及膝的方格子裙，上身搭配与之相配的背心和夹克，脚上穿着一双针织长袜。裙子上系上皮质腰带，在腰带上挂一个腰包，腰包需要挂在格子裙的中间，有些时候，还会在肩上披一条格子毯子，头上戴着黑色的帽子，手里拿着管风琴。

苏格兰方格裙，虽然看上去都一样，但其实每个图案都有自己的含义。在过去，人们在战场上就是通过不同的格子来分辨敌我的。据统计，现在至少有几百种不同的格子图案，不同的家族都会以自己家族的名字来命名一种格子图案，现在英国皇室有自己的皇室格，贵族有自己的贵族格，政府也有自己的政府格。

▲ 图 3-2-5　苏格兰方格裙

英国服饰文化

课堂讨论：谈谈你对英国人穿裙子习俗的理解。

四、主要旅游资源

1. 海德公园

海德公园（图 3-2-6）在白金汉宫东侧，是伦敦最大的也是最著名的皇家公园，这里林木苍翠，有很多著名的景点，这里的演讲角，人们可以自由地发表演讲，除了不能批评王室和发表反政府的言论之外，可以针对其他问题发表演说，许多的抗议活动都是在这里举行的。

2. 白金汉宫

白金汉宫（图 3-2-7）是英国的王宫，是英国王室生活和工作的地方，很多英国的重大活动都是在这里举行的。白金汉宫是世界五大著名宫殿之一，其他四座分别是中国故宫、美国白宫、法国凡尔赛宫和俄罗斯克里姆林宫。

白金汉宫位于西伦敦的中心，始建于 1703 年，因为是白金汉公爵所建，因此而得名。在 1761 年被当时的英国国王乔治三世买了下来，送给王后作为居所。1825 年，乔治四世将白金汉宫改建为王宫，到了 1837 年，维多利亚女王登基，白金汉宫正式成为英国王室居住和办公的场所，期间按照意大利风格进行过改建。

视频：英国白金汉宫

现在的白金汉宫，是一座四层楼建筑，呈正方形，内部建有宴会厅、典礼厅、音乐厅、画廊、图书馆等 600 多个房间，有非常繁多的家具和绘画收藏，宫殿门前广场站立一座胜利女神雕像，内部还有一座广阔的御花园。

白金汉宫士兵的换岗仪式也是不容错过的景色，带着高高的熊皮帽子、穿着制服的士兵，在4—7月时，每天中午11：30开始换岗，其他月份隔天进行，换岗仪式持续45分钟。

▲ 图 3-2-6　海德公园

▲ 图 3-2-7　白金汉宫

3. 威斯敏斯特教堂

威斯敏斯特教堂（图 3-2-8）是伦敦著名的景点，威斯敏斯特教堂位于泰晤士河畔，是伦敦和英国的标志。它是英国国教的礼拜堂，英国王室历代君主加冕仪式和王室成员婚礼都是在这里举行，同时这里也是国葬的陵园。它始建于1050年，由爱德华一世下令建造，历时六年，于1065年建成，后在历代国王的增建完善之下，直到15世纪才最终完成，是世界最大的哥特式建筑物之一。整座教堂肃穆庄严，金碧辉煌，全长156米，宽22米，大穹隆顶高31米，钟楼高68.5米，有显著的哥特风格。

4. 大本钟

大本钟（图 3-2-9）是英国议会大厦的报时钟，始建于1858年，是英国第一大钟，世界第三高的钟楼，因为负责监制的人是本杰明爵士，所以被人们称为"大本钟"。大本钟的钟盘直径为7米，时针长2.75米，分针长4.27米，整体重达14吨，钟摆重305千克，每一刻钟敲响一次，声音洪亮悠长，整个城市都可以听到。

▲ 图 3-2-8　威斯敏斯特教堂

▲ 图 3-2-9　大本钟

5. 大英博物馆

大英博物馆（图 3-2-10）也被称为不列颠博物馆，是举世闻名的博物馆，和纽约的大都会艺术博物馆、巴黎的卢浮宫并称为世界三大博物馆。它始建于1753年，建成于6年之后，于1759年对外开放，历史悠久。

大英博物馆由埃及文物馆、希腊罗马文物馆、西亚文物馆、欧洲中世纪文物馆和东方艺术文物馆组成，规模十分宏伟。大英博物馆内藏品十分丰富，汇聚了世界各地的文物 700 多万件，乃至受限于空间，很多藏品还没有展出过。

课堂讨论：随着故宫文创的风靡，大英博物馆的天猫店也开设了，你了解过哪些文创产品？这些文创产品对于文化的传播有哪些好处？

五、主要机场和航空公司

（一）主要机场

英国现有机场约 23 个，主要有希思罗机场、爱丁堡机场、曼彻斯特机场、利兹布拉德福德国际机场、伯明翰国际机场、格拉斯哥国际机场、利物浦雷侬国际机场、贝尔法斯特国际机场、纽卡斯尔国际机场，其他还有伦敦的卢顿机场、斯坦斯特德机场和盖特威克机场。

希思罗机场（IATA 代码：LHR；ICAO 代码：EGLL），位于英国伦敦希灵登区南部，距离伦敦市中心 23 千米，是一家 4F 级的国际机场，是英国航空和维珍航空的枢纽机场，是英伦航空的主要机场，是一座门户型国际航空枢纽，是英国最繁忙的机场，全世界排名第三。中国直达伦敦的航线，降落地大都是希思罗机场。

▲ 图 3-2-10　大英博物馆

希思罗机场始建于 1930 年，当时为私人机场，称为大西部机场，"二战"时被征用为军用机场，经改建命名为赫希顿机场，1946 年转民营机场，再次更名为伦敦机场，1966 年正式更名为希思罗机场。

希思罗机场共有 4 座航站楼，2 条跑道。四座航站楼分别是 T2 航站楼、T3 航站楼、T4 航站楼和 T5 航站楼，T1 航站楼于 2015 年 6 月 29 日停止运营，原址改建扩修了 T2 航站楼。T2 航站楼被称为"女王航站楼"，主要服务于星空联盟的成员，例如爱尔兰航空、德国之翼航空、维珍大西洋航空和冰岛航空等；T3 航站楼主要服务于寰宇一家的成员，主要是飞往美国、亚洲和其他远东地区的航班；T4 航站楼主要服务于天合联盟成员和一些非联盟成员的航空公司；T5 航站楼设计新颖奇特，是欧洲最大的单顶棚建筑，主要服务于英国航空公司大多数航班和寰宇一家的成员。

截至 2019 年，希思罗机场旅客年吞吐量 8 088.431 0 万人次、货邮吞吐量 158.745 1 万吨、飞机起降 47.586 1 万架次，均排名全国第一。截至 2020 年 7 月，共有 70 余家航空公司在此开通了联通世界 60 余个国家或地区的航线。其中，英国航空有到上海浦东和北京大兴的航线，维珍大西洋航空有到上海浦东和香港的航线，金威航空有到香港的航线，中国国际航空有到上海浦东、北京首都的航线，中国南方航空有到广州的航线，北京首都航空有到青岛、重庆、天津的航线，海南航空有到长沙的航线，国泰航空有到香港的航线。

（二）主要航空公司

英国所有的航空公司均为私营企业。主要的航空公司有英国航空公司、英国维珍大西洋航空公司、金威航空公司、爱尔兰航空公司、英伦航空公司等。

英国航空公司（图 3-2-11），始建于 1924 年 3 月 31 日，航线现已覆盖 90 多个国家和地区的 220 座城市，每年的载客量约为 3 600 万人，是寰宇一家创始成员之一。它是世界最大的航空公司之一，也是英国历史最悠久的航空公司，总部位于伦敦的希思罗机场，以希思罗机场和盖特威克机场作为它的枢纽基地。英国航空公司没有自己的货运飞机，货运飞机和机组人员都是和美国租借的，但是英国航空公司是全球最大货运航空公司之一。

▲ 图 3-2-11　英国航空公司

英国航空公司现有飞机约为 273 架，以空中客车和波音系列为主，其中空中客车 A319 有 43 架，空中客车 A320 有 67 架，波音 777-200ER 有 46 架，波音 777-300ER 有 12 架，波音 787-9 梦想客机有 18 架。

1980 年英国航空公司（以下简称"英航"）开通到北京的航线，每周有七个航班由北京飞抵伦敦，冬季改为每周 6 班，同时每周还有 6 个航班从上海飞往伦敦。2004 年，英航开通从世界各地到上海的全球货运服务，2005 年，英航到上海通航。到了 2006 年 3 月，英航在中国的客机航线增加到 31 个，同时还有 7 个货机航班。2013 年 9 月 22 日英航开通成都双流—伦敦希思罗的航线，但是这条航线在 2017 年 1 月 13 日最后一班后停飞。

2019 年 12 月，中国南方航空公司与英国航空公司在北京大兴国际机场签署联营合作协议。从 2020 年 1 月 2 日起，双方在中英之间主干航线及所有与其衔接的中英境内航线上展开联营合作。这是中英航空市场之间首次联营合作。本次联营合作，将涵盖代码共享、休息室及常旅客等方面，旅客权益将得到进一步提升。

课堂讨论：结合所学，谈谈如果你想到英国伦敦旅游，可以选择哪家航空公司、从哪个城市乘坐飞机出发、如何安排行程？

第三节　法国

知识目标

了解法国的地理、人文概况；掌握法国的主要旅游资源、节庆与习俗；掌握法国的主要航空公司和机场概况。

 技能目标

能熟练介绍法国的旅游资源、机场和航空公司，能根据所学知识为客人提供优质服务。

 情境导入

某旅行社导游员小李要接待一批法国客人，为了更好地为客人提供服务，她搜集了很多和法国相关的资料。主要有：法国历史悠久，绘画、建筑、文学、音乐等一直被视为典范；法国人爱好社交，在人际交往中大多诙谐幽默；忌讳的颜色是黄色和墨绿色；法国是时尚之都，注重穿衣打扮的搭配方法；法国人喜欢吃各种肉类和内脏等。

你觉得小李搜集的资料有误吗？你对法国还有哪些了解？

知识内容

一、初识法国

法国，全称"法兰西共和国"。"法兰西"一词在日耳曼语中意为"勇敢的、自由的"。法国是世界主要发达国家之一，欧洲联盟和北约创始会员国之一，全球最受欢迎的旅游目的地之一。法国素有"艺术之都""美食王国""时装王国""名酒之国"的誉称。

课堂活动：谈谈你对法国的第一印象。

二、地理概况

法国是欧洲国土面积第三大的国家，其本土面积为 55 万平方千米，包括海外领土面积为 632 834 平方千米。边境线总长度为 5 695 千米。东与比利时、德国、卢森堡、瑞士、意大利接壤，南与摩纳哥、安道尔、西班牙相邻，濒临北海、大西洋、英吉利海峡和地中海四大海域，国内最大的岛屿是位于地中海的科西嘉岛。

法国平原面积占总面积的 2/3，地势东南高西北低。东部是阿尔卑斯山地和侏罗山地；中南部为中央高原；西南边境有比利牛斯山脉；西南地区为阿基坦盆地；北部是巴黎盆地；西北部为阿莫里坎丘陵。主要山脉有阿尔卑斯山脉、汝拉山脉、比利牛斯山脉等。勃朗峰位于法意边境，海拔 4 810 米，为欧洲第二高峰。法国的主要河流有卢瓦尔河、塞纳河、罗讷河、马恩河。

法国的南部属地中海气候，中部和东部属温带大陆性气候，西部属温带海洋性气候。月平均气温：一月西部及南部 4℃～7℃，东部及北部 1℃～3℃；七月北部及西部 16℃～18℃，南部及东部 21℃～24℃，大部分时间气候温和，环境优美，适宜居住。

课堂活动：谈谈法国的地形与气候有哪些特点。

三、人文概况

（一）历史概览

公元前10世纪，凯尔特人自中欧山区迁居于此，当时的罗马人把当地居民称为"高卢人"。公元前1世纪，罗马总督恺撒占领了全部高卢，从此受罗马统治达500年之久。公元5世纪，法兰克人在此建立法兰西王国。15世纪末到16世纪初逐渐形成中央集权的国家。1789年法国爆发大革命，发表《人权宣言》，废除君主制，并于1792年9月22日建立第一共和国。1804年，拿破仑称帝建立法兰西第一帝国。1848年，爆发二月革命，建立法兰西第二共和国。1852年拿破仑三世建立第二帝国。1870年9月，巴黎人民推翻帝制，成立了法兰西第三共和国。1871年，巴黎工人阶级建立了第一个无产阶级政权——巴黎公社。后又经历了第一次世界大战和第二次世界大战，1944年法国解放，1946年法兰西第四共和国成立，进入政坛不稳定时期，12年间更迭了20多届政府。但此时期法国工业生产发展迅速，人民生活逐渐富裕。1959年9月，法兰西第五共和国成立。

> **思政小课堂**
>
> ### 诺曼底登陆
>
> 诺曼底是法国西北部著名的历史和文化大区，它北临英吉利海峡，与英国遥遥相望，面积约3万平方千米，海岸线全长600千米，几乎是悬崖峭壁。
>
> 诺曼底登陆战役，是20世纪最大的登陆战役，也是战争史上最有影响力的登陆战役之一。盟军出动1 200艘战舰，先后调集了36个师，总兵力达288万人，17万辆车，60万吨各类补给品，最终成功渡过了英吉利海峡。盟军共消灭德军11.4万人，击毁坦克2 117辆、飞机245架。盟军方面有12.2万将士献身疆场。诺曼底登陆规模之大、战争之残酷都是人类战争史上罕见的。
>
> 诺曼底登陆的胜利，使纳粹德国陷入两面作战，是盟军在欧洲大陆开辟第二战场的标志，从此，苏军的压力随之减轻，最终盟军攻克柏林，迫使法西斯德国提前无条件投降，美军全力投入太平洋战场对日作战，加快了第二次世界大战的结束。
>
> **思考**：结合诺曼底登陆战役的"二战"历史，谈谈你对珍惜和平有什么启示。

（二）政治制度

法国的政体是半总统半议会制。

总统为国家元首和军队统帅，由选民直接选举产生，任期5年。

法国实行国民议会和参议院两院制，拥有制定法律、监督政府、批准宣战等权力。

法国实行多党制，主要政党有共和国前进党、共和党、社会党、国民联盟等。其中共和国前进党是全国第一大党。

（三）国家象征

法国全称是法兰西共和国，别名为"高卢雄鸡"。

法国的国旗由三个平行且相等的竖长方形组成，长宽之比为3∶2，从左至右分别为蓝、白、红三色。

法国的国徽图案是法国资产阶级革命时期采用的标志之束棒，束棒中捆有一凸凸出的斧头，图案中间的带子上用法文写着"自由、平等、博爱"，权柄两旁以橡树叶和橄榄枝叶为装饰，四周环绕着带有古罗马军团勋章的绶带。

知识卡片：巴黎

法国的国歌是《马赛曲》。

法国的国花是香根鸢尾。

（四）人口、民族和信仰

法国共有人口6 706万人（截至2020年1月，不含海外领地），其人口总数在欧洲仅次于俄国和德国，居第三位。

法兰西族居民占全国总人口的83%，少数民族有科西嘉人、阿尔萨斯人、布列塔尼人、加泰隆人、佛拉芒人和巴斯克人等，大约占人口总数的7.9%。来自其他国家的外国移民约占人口总数的8%。

法国约有65%的居民信仰天主教，其他主要信奉伊斯兰教、基督教、犹太教，也有28%的人自称无信仰。

法语为法国的官方语言。

（五）经济结构

法国是世界主要发达国家之一，在航空、航天、核电和铁路方面世界领先。国内生产总值位居世界第七（2019年）。服务业占法国国内生产总值的79%，其次是工业部门（19.4%）和农业部门（1.6%）。法国拥有强大的机械、化工、汽车、飞机和电子等产业。

法国是最发达的工业国家之一，法国工业产值约占国内生产总值的11.2%。主要工业部门有汽车制造、机械、造船、纺织、建筑、化学、电子及日常消费品等。钢铁、汽车和建筑业是国内三大工业支柱。近年来核能、石油化工、航空、宇航、海洋开发等新兴工业部门发展较快。核电设备能力、石油和石油加工技术居世界第二位。航空和宇航工业居世界第三位。钢铁、纺织业居世界第六位。

法国的粮食产量占全欧洲产量的1/3，是欧盟最大的农业生产国，是仅次于美国的世界第二大农业出口国。法国已经基本实现农业机械化，农业食品加工业是法国对外贸易的支柱产业之一。法国的葡萄酒产量居世界第一位。

法国是世界第一大旅游接待国，2019年共接待游客近9 000万人。旅游业从业人员约110万人。

法国航空业发达，建有494个机场，其中153个为民用机场。可通达134个国家和地区的529个城市。主要航空公司为法国航空公司。

法国是世界贸易大国，与世界各大地区和100多个国家有贸易往来，是世界第五大出口国和第六大进口国。进口商品主要有能源和工业原料等，出口商品主要有汽车、机械、化工产品、农产品、钢铁、食品、服装、化妆品和军火等。

货币为欧元，汇率：1欧元＝7.9 086元人民币（2021年1月10日）。

（六）文化教育

法国拥有悠久的历史、丰富的文化。在文学、时装、建筑、雕塑、绘画、电影、音乐、建筑等方面为世界文化做出了巨大贡献。

17世纪开始，法国的古典文学进入了辉煌时期，相继出现了莫里哀、司汤达、巴尔扎克、大仲马、雨果、福楼拜、小仲马、左拉、莫泊桑、罗曼·罗兰等文学巨匠。他们的许多作品成为世界文学的瑰宝。其中雨果的《巴黎圣母院》和《悲惨世界》、司汤达的《红与黑》、巴尔扎克的《高老头》、大仲马的《基督山伯爵》、罗兰的《约翰·克利斯朵夫》等，已成为世界广为流传的文学作品。

法国被称为"艺术之都"。近现代，法国的艺术在继承传统的同时不断创新，主要代表人物有雕塑艺术大师罗丹、印象派画家莫奈、野兽派创始人马蒂斯等。从17世纪开始，法国工业设计、艺术设计领域一直处于世界领先地位。大批艺术类学校也因"法国制造"的商业硕果而闻名海外。

法国的音乐、歌剧、芭蕾舞在世界上享有盛誉。德彪西、柏辽兹都是著名的音乐大师，巴黎歌剧院是世界上历史最悠久的歌剧院之一。法国戛纳国际电影节是世界五大电影节之一，其最高奖项为"金棕榈奖"，每年5月在法国东南部海滨小城戛纳举行，为期两周左右。戛纳电影节是世界上最早、最大的国际电影节之一。

法国著名高校有巴黎大学、里昂第一大学、斯特拉斯堡第一大学、格勒诺布尔第一大学及国家行政学院、综合理工学校、巴黎高等商业学校、巴黎高等师范学校等。

（七）主要节日

元旦，1月1日。法国人有以元旦这一天的天气推测新一年的年景的习俗，人们会在清晨上街看风向来占卜：刮南风，预示风调雨顺，将是平安而炎热的一年；刮西风，有一个捕鱼的丰收年；刮东风，水果将高产；刮北风，则是歉收年。人们还会在这一天饮酒庆祝新年，直到1月3日才结束。

知识卡片：法国网球公开赛

主显节（又称三王来朝节），每年1月6日或1月2日至8日的周日。主显节在希腊语中意为"出现"，是纪念东方三贤士朝觐耶稣的节日。在这一天，所有基督教堂都会举行庄严的庆祝活动。咸味薄饼和国王蚕豆是供奉圣贤的象征。

复活节，时间不固定，为每年春分（3月20日或21日）月圆之后的第一个星期日，介于3月22日到4月25日之间，次日星期一放假。复活节是纪念耶稣复活的节日，复活节彩蛋是节日里必不可少的东西。

圣灵降临节，又称"圣神降临瞻礼"，复活节后第50日即为圣灵降临节，因此又被犹太人称为"五旬节"。圣灵降临节是基督教的重大节日之一。该节法国放假两天。

五一国际劳动节，5月1日。全国放假一天，各工会举行大规模的游行。

耶稣升天节，复活节后第40日（5月1日和6月4日之间）。这是基督教纪念耶稣"升天"的节日。放假一天。

国庆节，7月14日。全国放假一天。香榭丽舍大街会举行大规模的阅兵仪式。

诸圣节，又称万灵节、"诸圣瞻礼"，11月1日。全国放假一天。这一天相当于中国的清明节，是法国人凭吊亲人、到墓地去祭奠献花的日子。

圣诞节，12月25日。圣诞节是法国最为重大的宗教节日之一，基督教徒会到教堂参加子夜弥撒。圣诞节也是法国人合家团圆的日子，人们互赠贺卡和礼品，共饮香槟，举行圣诞晚宴。

除此之外，还有圣母升天节、四旬节、圣枝主日、圣三节、圣蜡节等。

（八）风俗与禁忌

法国人爱好社交，善于交际。在人际交往中大都诙谐幽默、热情爽朗。法国人喜欢高谈阔论，善于雄辩，讨厌不爱讲话的人，喜欢户外活动，爱冒险，追求浪漫。

法国人崇尚自由，是最著名的"自由主义者"。不大喜欢集体行动，纪律性较差。

法国人有较强的民族自尊心和民族自豪感，偏爱"国货"。法国的艺术、时装和美食全世界都有口皆碑，法语也是法国人引以为傲的国家文化，和法国人交往时讲几句法语，他们会热情有加。

在人际交往中，法国人主要行握手礼、拥抱礼和吻面礼。崇尚骑士精神，尊重妇女。在餐桌上敬酒先敬女士，走路、进屋、入座都是妇女先行。

法国人大多喜爱红色、蓝色与白色，忌讳黄色与墨绿色。在挑选礼物的时候一定要注意颜色的选择。

法国人所忌讳的数字是13与星期五。

法国人对礼物有特殊的讲究。一般初次见面忌讳送礼，因为他们会认为你不善交际。礼物宜选具有艺术感或纪念意义的物品，不宜选刀、剑、剪、餐具或是带有明显广告标志的物品。男士不可向一般关系的女士赠送香水，以免引起误会。

法国人视孔雀为恶鸟，并忌讳仙鹤、乌龟，认为杜鹃花、纸花不吉利。

法国人忌讳别人打听他们的工资待遇、政治倾向以及个人隐私。

（九）饮食文化

法国是举世皆知的三大烹饪王国之一，在西餐之中，法国菜可以说是最讲究的。法国人爱吃面食，主要面食是面包，配以奶酪，面包的种类很多。在肉食方面，他们爱吃牛肉、猪肉、鸡肉、鱼子酱、鹅肝，不吃肥肉和肝脏之外的动物内脏，不吃无鳞鱼和带刺骨的鱼。法国式大餐标准的上菜顺序为冷盘菜、汤类、主菜和甜品。

法国是香槟、白兰地的故乡。波尔多、朗格多克、勃艮第是著名的法国名酒产区。法国人特别善饮，他们除了早餐外顿顿离不开酒。他们习惯于餐前饮用开胃酒，饭后喝干邑白兰地之类的烈性酒，佐餐时，吃肉类配红葡萄酒，吃鱼虾等海味时配白葡萄酒，玫瑰红葡萄酒是通用型。法国菜注重新鲜、原味。牛肉、烤蜗牛、松露菌、蘑菇、龙虾、鹅肝、鱼子酱、酒、橄榄油、鲜奶油以及各式香料是他们的最爱。除此之外，法国人平时还爱喝咖啡和生水。

知识卡片：葡萄酒的分类

（十）服饰文化

法国时装闻名于世，其选料丰富、质优，设计大胆，制作技术精湛，法国时装一直引导世界时装潮流。所谓"巴黎式样"，即代表着世界的时尚与流行趋势。

法国人在正式场合通常要穿西装、套裙或连衣裙。颜色多为蓝色、灰色或黑色。

出席庆典仪式时一般要穿礼服。男士穿燕尾服配蝴蝶结，或是黑色西装套装，女士所穿的则多为单色大礼服或小礼服。

法国人重视穿着搭配，在选择发型、帽子、手袋、手表、鞋子、眼镜等配饰时，都十分强调要与自己的着装相协调。

四、主要旅游资源

法国是世界著名的旅游接待国，旅游资源极其丰富。这里不仅有优美的海滨、辽阔的乡村和秀丽的山川，还有以中世纪建筑和博物馆为代表的众多世界文化遗产。首都巴黎的四大建筑、地中海和大西洋沿岸的风景区及阿尔卑斯山区、卢瓦尔河畔的古堡群、布列塔尼和诺曼底的渔村，这些旅游胜地都在世界享有极高的声誉。此外，还有一些历史名城以及科西嘉岛等也是著名的旅游景点。被称为浪漫之都的法国还以时尚、葡萄酒、化妆品、时装和香水而闻名于世。

微课：法国旅游资源

1. 埃菲尔铁塔

埃菲尔铁塔（图3-3-1）是一座位于法国巴黎战神广场上的镂空结构铁塔，被视为巴黎的象征，被法国人爱称为"铁娘子"。它建成于1889年，高300米，天线高24米，总高324米，塔身重达9 000吨。埃菲尔铁塔分为三层，第一层平台是商店和餐厅，距地面57米；第二层平台高115米；在第三层建筑结构猛然收缩，直指苍穹。从一侧望去，像倒写的字母"Y"。这座铁塔由桥梁工程师居斯塔夫·埃菲尔主持设计，故命名为埃菲尔铁塔。埃菲尔铁塔设计新颖独特，是世界建筑史上的杰作。它与纽约的帝国大厦、东京的电视塔同被誉为世界三大著名建筑。

2. 巴黎圣母院

巴黎圣母院（图3-3-2）建成于1345年，是巴黎最古老、最宏伟、建筑最出色的天主教堂。法国作家雨果在作品《巴黎圣母院》中称之为"石头交响乐"。这座哥特式的巨石建筑物历史悠久，是巴黎最辉煌的建筑之一。

▲ 图 3-3-1　埃菲尔铁塔

▲ 图 3-3-2　巴黎圣母院

3. 卢浮宫

卢浮宫（图 3-3-3）位于巴黎歌剧院广场南侧，塞纳河右畔，原是一座中世纪城堡。卢浮宫是法国最大的王宫建筑，是世界三大博物馆之一。博物馆收藏的艺术品已达 40 万件，共分 7 个门类。其中的镇馆三宝是《米洛斯的维纳斯》《蒙娜丽莎》和《萨莫色雷斯的胜利女神》。其他著名的作品还有《丑角演员》《狄安娜出浴》《拿破仑一世加大典》《编花带的姑娘》《自由之神引导人民》等。

4. 凯旋门

凯旋门（图 3-3-4）位于巴黎戴高乐星形广场的中央，又称"星门"，是世界上最大的圆拱门。凯旋门是巴黎四大代表建筑（埃菲尔铁塔、凯旋门、卢浮宫、巴黎圣母院）之一。它始建于 1806 年，是拿破仑为纪念奥斯特利茨战争的胜利而建立的。沿着凯旋门内的 273 级螺旋状的石阶登顶，便可以俯瞰巴黎城，12 条笔直的大街以凯旋门为中心，向四周辐射，形似星光四射，气势磅礴。

▲ 图 3-3-3　卢浮宫

▲ 图 3-3-4　凯旋门

5. 凡尔赛宫

凡尔赛宫位于法国巴黎西南郊外的凡尔赛镇，建于 1623 年，是世界著名的豪华宫殿。其建筑、雕刻、绘画、园林艺术等被视为法国文化艺术的瑰宝，各国游人络绎不绝，1979 年被列入《世界遗产名录》。

课堂讨论：为什么法国会成为最受欢迎的旅游目的地之一？

五、主要机场和航空公司

（一）主要机场

法国主要机场有巴黎夏尔·戴高乐机场、马赛机场和尼斯机场等。可通达134个国家和地区的529个城市。

巴黎机场（简称ADP），主要包括夏尔·戴高乐机场（IATA代码：CDG；ICAO代码：LFPG）、奥利机场（IATA代码：ORY；ICAO代码：LFPO）和伯韦机场。夏尔·戴高乐机场是以法兰西第五共和国第一任总统夏尔·戴高乐的名字命名的法国首都巴黎首要的机场，是法国的主要国际机场，也是欧洲主要的航空中心。据2020年6月机场官网显示，巴黎夏尔·戴高乐机场共有T1、T2、T3三个主航站楼及7个航空货站。其中，T1航站楼有S1～S7共7个卫星厅，T2航站楼分设T2A、T2B、T2C、T2D、T2E、T2F、T2G七个子航站楼大厅和K指廊及L、M卫星厅。截至2017年，巴黎夏尔·戴高乐机场共设有210座登机廊桥，数量位居世界第一。巴黎夏尔·戴高乐机场是法国航空的枢纽机场，是达美航空的欧洲航空枢纽。奥利机场是法国第二大机场，主要接待国内航班和部分欧洲航班。该机场总面积超出15.3平方千米，跨越2个省和7个市镇，共有三条跑道和二座独立的客运航站楼，可以满足宽体客机的起降要求。伯韦机场1919年启用的勒布尔热机场是巴黎的第一座民用机场，并一直是1932年奥利机场启用前大巴黎地区唯一的民用机场。

尼斯机场，全称"尼斯蔚蓝海岸机场"（IATA代码：NCE；ICAO代码：LFMN），位于法国著名旅游城市尼斯（Nice），是法国第三大机场，是法国航空、易捷航空的枢纽机场。尼斯机场占地面积超出3.7平方千米，共有两条沥青跑道，即长×宽为2 960米×45米的04R/22L跑道和2 742米×45米的04L/22R跑道。机场拥有两座客运航站楼和一座货运航站楼，每年可接待旅客1 300万人次，每小时机场约有52架次的航班起降。每天有80个航班来往于世界45个国家之间。

马赛机场，全称"马赛普罗旺斯机场"（IATA代码：MRS；ICAO代码：LFML）。马赛是法国第二大城市和最大的海港。马赛机场是法国第四大机场，机场货运量大，年货运量1亿吨，是法国对外贸易最大门户。马赛机场拥有两座客运航站楼，新航站楼在2006年正式投入使用，主要服务于低成本航空公司。机场航线遍及法国15个城市，每天都有航班往返于欧洲5大枢纽城市：巴黎、阿姆斯特丹、法兰克福、伦敦、马德里。在巴黎和马赛之间的航班有28架次，飞行时间仅1小时左右。

（二）主要航空公司

1. 法国航空公司

法国航空公司（图3-3-5）（IATA代码：AF；ICAO代码：AFR），成立于1933年，是法国国营航空公司。法国航空公司是世界上航空公司的先驱者之一，是世界第三大客运航空公司和第四大货运航空公司。2004年5月成功收购荷兰皇家航空公司，组成了法国

▲ 图3-3-5　法国航空公司

航空—荷兰皇家航空集团（Air France-KLM），其总部设于巴黎夏尔·戴高乐国际机场，法国航空—荷兰皇家航空集团目前是欧洲最大的航空集团，集团维持双品牌的独立经营。法国航空公司是"天合联盟"的创始成员之一。

法国航空—荷兰皇家航空集团拥有168架长程飞机，是从欧洲出航的世界最大的国际长程航运网络。主要的国际枢纽机场是巴黎夏尔·戴高乐国际机场和阿姆斯特丹史基浦机场。

2. 科西嘉国际航空公司

科西嘉国际航空公司（IATA代码：SS；ICAO代码：CRL）成立于1981年，总部设在法国兰吉。它目前是法国第二大航空公司，仅次于法国航空公司。枢纽机场是法国奥利机场。主要运营前往非洲、北美洲及海外领地等15个目的地的定期航班和包机业务。

3. 蓝色海岸航空公司

蓝色海岸航空公司（IATA代码：ZI；ICAO代码：AAF）成立于1946年，总部位于巴黎附近的特伦布莱，是法国第三大航空公司。该公司主要经营西欧和北非区域的航线，飞往摩洛哥、阿尔及利亚、突尼斯、葡萄牙、北非、意大利和马里。

案例拓展

法航的空姐制服

法航空姐个个气质优雅，举手投足之间尽显浓浓的法式风情。"时装王国"的称号赋予法航对空姐制服的灵感与责任，法航不仅以出色的专业服务受到顾客青睐，作为时尚元素的法航空姐制服更是让乘客颇为喜爱。

法航空乘的服装以深色系为主，深蓝色一直是最为经典的"法航色"。法国巴黎是设计之都，因而法航空乘人员的制服也都是出自名师设计，如之前的Dior。2005年，才华横溢的设计师克里斯汀·拉克鲁瓦（Chrisitan Lacroix），在原有的深蓝色、白色和浅蓝色三色调中加入红色，独立为法航工作人员打造出上百件单品的衣橱。法国现行制服的基本颜色在沿用法航使用了70多年的"法航色"的前提下，略有变化为偏蓝灰色，既符合全球品牌的身份，又紧跟时尚潮流。现行制服的风格将空乘的职业性与时尚性融合在一起，外套的轮廓呈"宝塔"式形状，女式夹克上设计了"法航"肩章。款式时髦、优雅，视觉上突出了腰部和肩部，体现出一种严肃、权威感，正适合于航空运输业安全形象的要求。女式制服中的配饰，如腰带、手套等均选择了红色，恰与法航标志的红色相对应，呈现出一种活力和动感。克里斯汀·拉克鲁瓦设计作品中常见的"末蜷曲"海马和花纹也被运用到女工制服上。另外，"法航"字样花边也出现在丝巾、围巾、挎包上。

思考： 法航空姐制服的特点体现在哪些方面？对航空公司的服务有哪些积极作用？

课堂讨论： 法国航空业是世界上航空业的先驱者之一，结合实际谈谈当前发展情况。

第四节 德国

 知识目标

了解德国的地理、人文概况；掌握德国的风俗习惯；掌握德国的主要旅游资源；掌握德国的主要航空公司和机场概况。

 技能目标

结合所学知识，能合理安排旅客航程，为旅客提供优质的服务。

 情境导入

某酒店要接待一批德国客人，负责接待的张经理通知餐饮部准备好啤酒、奶酪、香肠、猪肉、核桃等食品，又为客人们准备了红色彩带包扎的玫瑰和蔷薇欢迎花束，等待旅游团的到来。

张经理的做法是否正确？为德国客人服务时需要注意哪些习俗和禁忌？

知识内容

一、初识德国

德国，全称"德意志联邦共和国"。"德意志"在古高德语中是"人民的国家""人民的土地"的意思。德国位于欧洲中部，是连接东西欧和斯堪的纳维亚半岛与地中海之间的枢纽，水、陆、空交通发达，被称为"欧洲走廊"。国土面积357 582平方千米，由16个联邦州组成。德国的首都是柏林。

课堂活动：谈谈你对德国的第一印象。

二、地理概况

德国位于欧洲中部，它周围有9个邻国。北邻丹麦，西部与卢森堡、荷兰、比利时、法国为邻，南边与瑞士和奥地利接壤，东部是捷克共和国及波兰。

德国地势总体上南高北低，南部为阿尔卑斯山脉和巴伐利亚高原，平均海拔500米，多冰川作用形成众多湖泊。中部是山峦、丘陵和盆地交织分布。北部是北德平原，大部分地区海拔100米以下，适于多汁牧草生长。沿海多深水优良港湾。德国主要的河流有莱茵河、多瑙河、易北河、威悉河、美因河和施普雷河。较大的湖泊有博登湖、米里茨湖、埃德尔湖等 10 余个。

德国处于东欧大陆性与西欧海洋性气候之间的西风带，温度起伏变化不大。降雨分布在一年四季。冬季平均温度在 1.5℃（低地）和 -6℃（山区）之间。7 月份平均温度大约在 18℃（低地），南方有 20℃左右（山谷）。

德国硬煤、褐煤和盐的储量丰富，其他自然资源较为贫乏，工业原料供应和能源方面对进口依赖度高。森林覆盖率达 30%，水域面积占全国面积的 2.4%。

课堂活动：德国的地理环境对德国的文化有哪些影响？

三、人文概况

（一）历史概览

公元前居住在此的日耳曼人是德国人的祖先。公元 962 年建立神圣罗马帝国。13 世纪中期走向封建割据。18 世纪初奥地利和普鲁士崛起，组成了德意志联邦。1871 年统一的德意志帝国建立。

1914 年德意志帝国挑起第一次世界大战，1918 年因战败而宣告崩溃。1919 年 2 月德意志建立魏玛共和国。1933 年希特勒上台实行独裁统治，于 1939 年发动第二次世界大战，1945 年 5 月 8 日德国战败，被美、英、法、苏四国分区占领。1948 年 6 月，美、英、法三国占领区合并，翌年成立了德意志联邦共和国，同年苏占区成立了德意志民主共和国，德国从此正式分裂为两个主权国家。1990 年 10 月 3 日民主德国正式加入联邦德国，德国实现统一。

（二）政治制度

德国实行议会民主制下的总理负责制。联邦总统为国家元首，由联邦大会选举产生，任期 5 年，可连任一次。联邦总统在国际上代表德意志联邦共和国，总统不是联邦政府成员，只拥有形式上的权力，地位相当于立宪制国家的君主。联邦总理为政府首脑。

《基本法》是德意志联邦共和国的根本大法，《基本法》规定了国家制度的 5 项原则：德国是共和国、民主制国家、联邦制国家、法治国家和社会福利国家。

德意志联邦共和国的人民代表机构是联邦议院。它由人民每 4 年选举一次。联邦议院最重要的任务是立法、选举联邦总理和监督政府。

德国实行多党制，主要政党有德国基督教民主联盟、德国社会民主党、基督教社会联盟、德国选择党、自由民主党、左翼党、联盟 90/绿党等。联邦议院中的两大政党为德国社会民主党和德国基督教民主联盟。

（三）国家象征

德国的国旗呈横长方形，长与宽之比为 5∶3，旗面自上而下依次由黑、红、金三道条纹组成。

德国的国徽以金色盾牌为背景，背景上是一只黑色的雄鹰，雄鹰的喙

知识卡片：柏林

和两爪为红色。盾形徽章"联邦之盾"位于中央。黑鹰象征着力量和勇气。黑色代表力量与勤勉,金色代表重视荣誉,红色象征国民的热情。

德国的国歌是《德意志之歌》的第三段。

德国的国花是矢车菊。

德国的国鸟是白鹳。

(四)人口、民族和信仰

德国总人口约 8 300 万,是欧盟人口最多的国家,也是欧洲人口最稠密的国家之一。

民族构成主要是日耳曼人,有少数丹麦人和索布人。

德国全境通用德语,少数人讲索布语、丹麦语和弗里斯兰语。

德国居民中约有 5 300 万人信奉基督教,其中约有 2 389.6 万人信奉新教,2 465.1 万人信奉罗马天主教,90 万人信奉东正教。其他信奉伊斯兰教、犹太教和佛教。

(五)经济结构

德国是欧洲最大经济体,经济总量位居欧洲首位,世界第四位。

工业:德国工业发达,是世界上最大的钢铁、化工、煤炭、汽车、机械和机床生产国之一。鲁尔区是德国的传统煤钢工业区。慕尼黑、汉堡、斯图加特、沃尔夫斯堡也形成了强大的制造业集群,生产出了奔驰、保时捷、宝马、奥迪、大众等全球知名的汽车品牌。新兴工业集中在慕尼黑一带。德国工业具有侧重重工业、高度外向、垄断程度高等特点,中小企业比重较大。

农业:德国农业机械化程度较高。德国的畜牧业在欧盟国家处于前列,并有"中欧第一畜牧业国"之称。

交通运输业:德国公路、水路和航空运输发达,是最早研发成功磁悬浮铁路技术的国家。

对外贸易:德国是世界贸易大国,全国近 1/3 的就业人员从事工作与出口有关。主要出口产品有汽车、化学品、机械品、通信技术、医学及化学设备、供电设备。

(六)文化教育

德国是世界著名的音乐之乡,其音乐成就举世瞩目。德意志民族是一个热爱音乐且极具音乐天赋的民族,造就了许多音乐名家。巴赫和亨德尔是 17 世纪最杰出的作曲家;海顿、莫扎特和贝多芬三人被称为古典音乐大师;舒伯特与舒曼则是 19 世纪浪漫派音乐的杰出代表;19 世纪下半叶,最有名的是对德国乃至欧洲音乐发展影响巨大的音乐家瓦格纳。

德国素有"诗人和哲人的国度"之称。受意大利文艺复兴的影响,18 世纪德国文学涌现出一批杰出的作家,如歌德、席勒、莱辛、海涅和格林兄弟等。20 世纪最著名的作家海因里希·伯尔和贡特·格拉斯分别于 1972 年和 1999 年获得诺贝尔文学奖,最具代表性的作品为《强盗》《少年维特的烦恼》等。

德国历史上曾涌现出一批闻名世界的思想家，如马克思、黑格尔等。马克思是世界著名的思想家、革命家，世界无产阶级的导师和领袖，他与恩格斯共同创立了马克思主义哲学的精华——唯物辩证法、辩证唯物主义、剩余价值论和无产阶级专政理论成为世界无产阶级革命理论的基础。康德、尼采、黑格尔、费尔巴哈都是世界著名的哲学家。

在科学方面，著名的科学家有爱因斯坦、伦琴等人。他们是现代物理学的开创者和奠基人。德国科学成就也非常显著，共有103位德国人获得诺贝尔奖。

德国实行九年制普通学校义务教育（个别州为十年），对此后不满18岁的年轻人还规定了三年的职业学校义务教育期，共实行13年。德国著名的大学有科隆大学、慕尼黑大学、海德堡大学、法兰克福大学、柏林自由大学等。

（七）主要节日

全德范围的法定节日有新年、耶稣受难日、劳动节、复活节、耶稣升天节、圣灵降临节、圣诞节和德国统一日。地区性的法定节日有三王节、基督圣体节、万圣节、圣母玛利亚升天节、宗教改革纪念日、忏悔祈祷日等。

元旦，1月1日。德国人元旦有穿新衣和"跳进"新年（新年来临前一刻跳到椅子上，钟声响起后跳下来并将重物抛向椅背后）的习俗，勃兰登堡门前举办新年晚会也是柏林的传统活动。

主显节，1月6日。东正教俗称为洗礼节，是天主教及基督教纪念及庆祝耶稣在降生为人后首次显露给外邦人（指东方三贤士）的重要节日。

复活节，4月1日。复活节（主复活日）是一个西方的重要节日，德国政府规定复活节休息两天。复活节是家人团聚的节日，亲戚朋友见面要互相祝贺，互赠彩蛋，共享传统美食。蛋、火、水、兔子被视为复活节的吉祥物，彩蛋象征着生命的复苏，兔子则被看作春天的使者。在复活节中，父母把巧克力糖做成彩蛋、兔子形状送给孩子，孩子们还要寻找藏在家中或花园里的彩蛋。

劳动节，5月1日。全国放假一天。

慕尼黑啤酒节，在每年9月的第三个星期六至10月第一个星期日之间。节日期间，来自德国及世界各地的游客在各大啤酒厂的节日帐篷里痛饮啤酒，各类庆祝活动使节日更加热闹。作为啤酒生产和消费大国，据说，每年啤酒节要喝掉100万升以上的啤酒。

德国统一日，10月3日。它是全国法定假日，是为纪念1990年10月3日德国统一的国家性节日。每年庆祝统一日的活动由各州的首府轮流举行。

狂欢节，从每年11月11日11时起，一直到第二年复活节前40天为止，狂欢节要持续两三个月。在德国庆祝狂欢节的方式五花八门，不同地区的城市将举办一系列精彩活动，主要活动内容有：选举狂欢节的"王子"和"公主"、"玫瑰星期一"彩车游行、"星期四女人节"、

知识卡片：慕尼黑啤酒节

化妆大游行等。

圣诞节，12月25日。在圣诞节期间，德国人有放置圣诞花环寓意希望的习俗；圣诞夜教徒会到基督教堂参加午夜弥撒；人们还会用枞树装饰屋子，枞树上挂着薄饼干或小甜饼；此外，室内还设有一木质的三角形结构的圣诞塔，塔身饰以常青树枝叶，在上面的小架格上放置基督雕像、蜡烛和一颗星。

（八）风俗与禁忌

德国人的姓名排列次序为名在前、姓在后。德国人的姓的起源有的与《圣经》中的名字有关，有的则和地名、职业、动植物相关。女子出嫁后一般随夫姓。通常用姓来称呼德国人，也可以带上对方的头衔打招呼，随意地直呼他们的名字是不礼貌的。

德国风俗与禁忌

在社交场合和他人会面的时候行握手礼。如果是熟人、朋友或者是家人的话，通常行拥抱礼。德国人对工作一丝不苟，在社交场合庄重，讲究风度，奉行"女士优先"和"以右为上"的原则。

忌讳数字13和星期五。

认为公羊、黑猫、孔雀、仙鹤等动物和核桃是不祥之物。

与德国人交谈时，不宜涉及纳粹、宗教与党派问题。忌讳在公共场合窃窃私语。

德国人不喜欢墨绿色、红色、红黑相间色以及褐色。法律禁用纳粹或其军团的符号图案。

送花时不宜选择玫瑰或蔷薇，玫瑰表示求爱，蔷薇则专用于悼亡。

德国人吃鱼用的刀叉和吃肉或奶酪的刀叉要分开使用。

赠送德国人礼物时，不宜选择刀、剑、剪、餐叉和餐刀。包装纸和彩带的颜色也不宜选择褐色、白色、黑色。

（九）饮食文化

德国菜做法较为简单，具有朴实无华、经济实惠的特点。德国菜以酸、咸口味为主，调味较为浓重。烹饪方法以焖、烤、烩、串烧为主。

主食是面包、土豆、奶酪、香肠、黄油、牛奶和水果等，常食用生菜、生肉，冷生肉切成薄片配以芥末酱是常见的吃法之一。

在肉类方面，德国人最爱吃猪肉，大部分有名的德国菜都是猪肉制品，如柏林酸菜煮猪肉、汉堡肉扒等。以拥有世界上种类最繁多的香肠而闻名。

德国是世界饮酒大国，酒类年消耗量位居世界第二，啤酒的销量居世界之首。慕尼黑、汉堡、多特蒙德是德国啤酒的三大生产地。

德国著名的美食有德式清豆汤、德式生鱼片、德式咸猪手、德式苹果酥、德式肉肠、酸菜、煎甜饼等。

（十）服饰文化

德国人的穿衣风格庄重、朴素、整洁。男士大多爱穿西装、夹克，并喜欢戴呢帽。女士则大多爱穿色彩、图案淡雅的长裙或翻领长衫。

德国人在正式场合露面时，必须要穿戴得整整齐齐，衣着一般深色。在商务交往中，男士通常穿三件套西装，女士则穿裙装。

德国人对发型较为重视。但男士不宜剃光头，免得被人当作"新纳粹"分子。德国少女的发式多为短发或披肩发，烫发的妇女大半都是已婚者。

德国巴伐利亚的传统服饰（图3-4-1）非常有特色，是啤酒节中常见的民族服饰。女性一般穿敞口领、束腰的裙装，领口镶着白色、粉色等花边，袖子通常为泡泡袖，下身的裙装配有精美的蝴蝶结和花边。男性多佩戴饰有羽毛的帽子，上身着没有翻领的黑绿色外套，下身着皮裤。脚上穿圆头翻毛皮鞋，习惯穿长袜。

▲ 图3-4-1　巴伐利亚传统服饰

课堂活动：讨论为什么德国能成为世界重要的旅游客源国？

四、主要旅游资源

德国是一个富有魅力的旅游之国，旅游资源十分丰富。在自然旅游资源上，有欧洲的母亲河莱茵河穿过，因地形和气候差异形成了独特的风景。位于德国南部的著名自然风景区——黑森林，树木茂密、风景怡人。还有登山者和徒步旅行者的游乐场所——巴伐利亚阿尔卑斯区，是德国最热门的度假胜地。在人文旅游资源上，悠久的历史和跌宕的经历造就了独特的德国特色：中世纪的建筑、文化反映的街头雕塑、见证历史的博物馆和名人故居等。

知识卡片：德国人的婚俗

1. 勃兰登堡门

勃兰登堡门（图3-4-2）位于柏林市中心，是柏林唯一的城门，有200多年的历史。由于紧挨柏林墙，在东西德分裂时期，成为东西柏林分裂的代表建筑。柏林墙倒塌后，于1989年12月22日勃兰登堡门再次对外开放，成为统一的象征。勃兰登堡门建筑样式以雅典卫城城门为蓝本，门顶矗立着象征战争胜利的胜利女神铜像。如今的城门和周围的巴黎广场成为人们欢庆国庆（10月3日）和观赏新年烟火的场所。

2. 科隆大教堂

科隆大教堂（图3-4-3）始建于1248年，历史悠久，一直以来都是科隆最为亮眼的打卡地标,被称为最伟大的哥特式大教堂。教堂巍峨高耸,塔高157.3米,是世界第三高的教堂,外部有很多小尖塔烘托。教堂内部空间挑高又加宽,四壁的彩色玻璃描绘着不同的圣经人物,教堂内有很多珍贵的藏品,比如大摆钟和三王圣龛。在大教堂的塔顶可以俯瞰科隆全景和莱茵河。

▲ 图3-4-2　勃兰登堡门

▲ 图3-4-3　科隆大教堂

3. 无忧宫

无忧宫(图3-4-4)位于德国波茨坦市北郊,是腓特烈二世仿照巴黎的凡尔赛宫所建的小型夏日宫殿。宫名取自法文的"无忧"或"莫愁"。宫殿建筑为洛可可风格,殿内设有音乐厅、大理石厅和图书馆。无忧宫的园林风景非常著名,南侧山坡的梯形露台上种满了葡萄,巴洛克式的喷泉雕塑在园内随处可见。花园尽头是红色的巴洛克式的新皇宫,也是由腓特烈大帝所建,以大量的贝壳、珊瑚、玻璃甚至珠宝做装饰,外观非常华丽。

▲ 图3-4-4　无忧宫

4. 新天鹅堡

新天鹅堡(图3-4-5),位于德国巴伐利亚西南方,建于1869年,是巴伐利亚国王路德维希二世的行宫之一,也被看作德国的象征。由于是迪士尼城堡的原型,也有人叫灰姑娘城堡。它是德国最受欢迎的旅游景点之一。

5. 莱茵河

莱茵河(图3-4-6)是西欧最长的河流,德国部分长867千米,流域面积占德国总面积的40%,是德国的摇篮。沿途风景如画,其中最美的一段在莱茵河谷段中游,从德国的美因兹到科布伦茨间。这里河道蜿蜒曲折,河水清澈见底。莱茵河两岸的山坡上布满葡萄园,远处丘陵起伏、美不胜收。莱茵河流经之处小城林立、宫殿遗址众多,仅古堡就有50多座。

▲ 图3-4-5　新天鹅堡

▲ 图3-4-6　莱茵河

课堂活动：德国博物馆数量和种类繁多，上网查一查，德国的特色博物馆有哪些？

五、主要机场和航空公司

（一）主要机场

1. 法兰克福国际机场

法兰克福国际机场（IATA代码：FRA；ICAO代码：EDDF），位于德国黑森州法兰克福，是德国最大的机场，也是欧洲第三大机场、世界第九大机场。法兰克福国际机场是欧洲境内最重要的客运航空枢纽。从乘客流量上看，法兰克福国际机场位列欧洲第三位。

法兰克福国际机场正式启用于1936年，占地面积为4 942英亩[①]。该机场共有三条跑道，即长×宽为4 000米×45米的07R/25L混凝土跑道、4 000米×60米的07L/25R沥青跑道和4 000米×45米的18/36混凝土跑道。法兰克福国际机场有两座主客运航站楼和一座汉莎头等舱航站楼。1号航站楼每年可容纳旅客约5 000万人次，分成三个大厅，主要由德国汉莎航空和星空联盟成员使用。2号航站楼由两个大厅组成，每年可容纳旅客约1 500万人次。还有一座汉莎航空专用的汉莎头等舱航站楼，由德国汉莎航空运营管理，每天为约300人次的旅客服务。

2. 慕尼黑国际机场

慕尼黑国际机场（IATA代码：MUC；ICAO代码：EDDM），距慕尼黑市区东北约29千米，是德国第二大机场，欧洲第九大机场。机场占地面积1 618公顷，共有两条混凝土平行起降跑道，长宽分别为4 000米×60米的08R/26L和4 000米×60米的08L/26R，可供空客A380飞机正常起降。慕尼黑国际机场拥有两座客运航站楼，即1号航站楼和2号航站楼，每年可接待旅客5 000万人次。1号航站楼共21个登机桥，停机坪面积为60万平方米，每年可容纳2 500万人次。2号航站楼总建筑面积为26万平方米，每年可接待旅客2 500万人次，供德国汉莎公司、星空联盟以及汉莎公司其他合作伙伴使

---

① 1英亩=0.405公顷。

用。慕尼黑国际机场是欧洲大型航空枢纽之一,是慕尼黑的主要对外门户,主营国内、地区和国际定期的客货运输业务,与全球101家航空公司合作,航班可飞往全球68个国家的242个航点。

3. 汉堡国际机场

汉堡国际机场(IAIA代码:HAM;ICAO代码:EDDH)位于德国汉堡市,成立于1911年,是德国历史最悠久的机场。主要停机坪面积为320万平方米。汉堡国际机场有17个喷射机跑道和54个停机坪。

案例拓展

柏林勃兰登堡机场

柏林原有两个机场,一个是位于柏林东南部的舍讷费尔德机场,距柏林市中心约18千米,机场总面积为660万平方米,有1座航站楼,建筑面积为1.7万平方米。民航站坪设52个机位,有1条跑道,长3 600米、宽45米。另一个是位于柏林西北部的泰格尔机场,机场总面积为466万平方米,有2条跑道,宽度均为46米,长度分别为3 024米、2 428米。

德国首都柏林的新机场柏林勃兰登堡机场于2020年10月31日正式启用,比原定时间晚了9年。柏林勃兰登堡机场于2006年正式开工,机场启用时间六度推迟,最初预计耗资25亿欧元,因防火技术等各种问题,项目造价最终约为70亿欧元。

建成的柏林勃兰登堡机场共建设两条跑道,长度分别为3 600米(11 811英尺)的07L/25R沥青跑道和4 000米(13 123英尺)的07R/25L混凝土跑道。该机场航站楼每年可容纳旅客2 700万人次,每小时可以发送6 500名旅客,机场信息塔高32米,是柏林勃兰登堡国际机场的地标性建筑。

2020年10月25日起,舍讷费尔德机场整体并入柏林勃兰登堡机场,其航站楼作为柏林勃兰登堡机场的T5航站楼使用,其跑道作为柏林勃兰登堡机场的北跑道使用。2020年11月8日,泰格尔机场关闭,所有航班转场至柏林勃兰登堡机场运营。柏林勃兰登堡取代费尔德机场和泰格尔机场成为德国第三大机场。

思考: 比较整合后的柏林勃兰登堡机场和柏林原有两个机场,有何不同之处。

(二) 主要航空公司

1. 德国汉莎航空股份公司

德国汉莎航空股份公司(IATA代码:LH;ICAO代码:DLH)简称汉莎航空(图3-4-7),也可简称为德航。其德语原名"Lufthansa",原意是"空中的汉莎"。汉莎航空是德意志联邦共和国最大的国际航空公司,也是欧洲机队规模

▲ 图3-4-7 汉莎航空标志

最大、载客量最多的航空公司。其以法兰克福国际机场为枢纽机场,运营基地称为"汉莎航空中心",是全球最大的航空联盟"星空联盟"的创始公司之一。

德国汉莎航空的核心业务是经营定期的国内及国际客运和货运航班,飞行网络遍布全球 450 多个航空目的港。汉莎航空拥有六个战略服务领域,包括客运、地勤、飞机维修、航空餐食、旅游和 IT 服务。航线覆盖全球六大洲,航班服务遍及全球 190 余个目的地。目前在 146 个国家有 117 000 名员工。2019 年汉莎航空承载旅客量超过 1.45 亿人次。

汉莎航空目前是中国市场上最大的欧洲航空公司,在中欧航线上的直飞航班中最为繁忙,每周多个直飞航班覆盖中国北京、上海、南京、青岛、沈阳、香港等多个城市。

2. 柏林航空公司

柏林航空公司(IATA 代码:AB;ICAO 代码:BER)简称柏林航空,是德国第二大航空公司。其总部设于柏林,广泛经营从德国飞往地中海、加那利群岛、北非以及欧洲一些主要城市的航线。现基地设于柏林勃兰登堡机场,枢纽机场则有纽伦堡机场、杜塞尔多夫国际机场及帕尔马的颂圣若安机场。2012 年 3 月 20 日,柏林航空正式加入寰宇一家。

思政小课堂

汉莎航空 A380 首次执飞中国航线

北京时间 2010 年 9 月 2 日 8 时 28 分,一架空客 A380 客机缓缓降落在北京首都机场 01 跑道上,这架被命名为"北京号"的巨无霸飞机隶属德国汉莎航空。"北京号"自 9 月 2 日起执飞从北京往返法兰克福航线的 LH720/LH721 次航班。近年来随着中国经济的发展,越来越多的航空公司将关注的目光投入中国市场,并把最新飞机投入中国以吸引游客。"北京号"是自阿联酋航空 A380 首航北京以来,第二家采用 A380 巨无霸客机执飞北京航线的航空公司。

1926 年 7 月 24 日,两架容克斯 G24S 型飞机由柏林飞往北京,是汉莎航空与中国合作的开端。1930 年 2 月 21 日,德国汉莎航空与中国政府达成协议,中德合资的欧亚航空公司成立。

1980 年,汉莎航空在中国的航线重新开通。

中国国际航空公司与德国汉莎航空合作成立的汉莎航空技术深圳公司在 2001 年开始运作。汉莎航空食品公司在上海、北京、西安等城市展开业务合作。北京燕莎中心,是汉莎航空投资的集宾馆、办公、居住、购物、娱乐及其他配套设施于一体的综合建筑群,被视为中德合作的典范。

思考:分析德国汉莎航空在中国的业务发展历程及原因。

第五节 瑞士

知识目标

了解瑞士的基本概况和历史;掌握瑞士的风俗习惯;掌握瑞士的主要旅游资源;掌握瑞士的主要航空公司和机场概况。

技能目标

结合所学知识,能合理安排旅客航程,为旅客提供优质的服务。

情境导入

瑞士是旅游发展的先驱,也是世界上著名的旅游发达国家。经过200多年的发展,旅游业已成为瑞士国民经济的支柱产业。近几年的旅游收入均在200亿瑞士法郎以上,旅游业已经成为瑞士继出口型工业、金融业之后的第三大支柱产业。瑞士是一个内陆国家,国土面积不大,但其独特的旅游资源和旅游服务却吸引了世界各国的游客,每年到瑞士旅游的过夜客人达6 000多万人次,已成为重要的国际旅游目的地。

如果你作为一名往返于北京和苏黎世之间航班的乘务人员,会如何介绍瑞士?

知识内容

一、初识瑞士

瑞士,全称"瑞士联邦"。瑞士的国名源于国内的一个州名——施维茨。"施维茨"在古高德语中是"焚烧"的意思。因这一地区原为一片森林,放火烧荒后,当时的瑞士民族便在此地开始居住。瑞士是全球最富裕、经济最发达和生活水准最高的国家之一,伯尔尼是联邦政府所在地。瑞士是被草地、雪山、湖泊环绕的国家,被称为"世界花园"。在瑞士,钟表厂遍布全国,世界名牌表大多为瑞士制造,因此瑞士又被称为"钟表王国"。瑞士还是世界上按人均比例统计银行最多的"金融之国"。瑞士是欧洲三大河流发源地,"欧洲水塔"之称名副其实。

课堂活动:谈一谈你对瑞士的第一印象。

二、地理概况

瑞士是位于欧洲中南部的内陆国家。国土总面积为 41 284 平方千米，北部与德国接壤，东临奥地利和列支敦士登，南临意大利，西临法国。

瑞士全境以高原和山地为主，有"欧洲屋脊"之称。阿尔卑斯山区大约占国土总面积的 60%，高原占总面积的 32%。阿尔卑斯山自东向西伸展，形成了瑞士气候的分界线。瑞士地域虽小，但各地气候差异很大。阿斯科那市海拔为 193 米，是瑞士的最低点，这里属于地中海气候，到处生长着棕榈树。瑞士的最高点是杜富尔峰，海拔为 4 634 米，属于北极极地气候。但是，阿斯科那与杜富尔峰相距仅有 70 千米。由于地理环境的特殊性，在瑞士，几千米的土地上可能景色对比鲜明、气候各不相同。

瑞士有"欧洲水塔"之称，是欧洲大陆三大河流莱茵河、阿尔河、罗纳河发源地。其中莱茵河全长约 1 232 千米，是欧洲第三大河流。瑞士境内有 1 484 个湖泊，最大的日内瓦湖，又称莱蒙湖（图 3-5-1），面积约 581 平方千米。

课堂活动：查阅相关资料，为大家介绍一下瑞士有哪些美丽的湖泊。

▲ 图 3-5-1　日内瓦湖（莱蒙湖）

三、人文概况

（一）历史概览

瑞士国土范围在史前是凯尔特人海尔维第部落和雷托部落的活动区域。公元前 58 年被恺撒的军队征服，此后遭罗马帝国统治 400 年之久。公元 3—7 世纪，勃艮第人在西部建立了第一个勃艮第王朝，此后相继受阿勒曼尼人、日耳曼人和法兰克人的控制。公元 11 世纪分裂的瑞士再度统一受神圣罗马帝国的统治。1648 年摆脱神圣罗马帝国的统治，宣布独立，奉行中立政策。1798 年，拿破仑一世占领瑞士，改建为"海尔维第共和国"。1803 年，瑞士恢复联邦。

1815 年，维也纳会议确认瑞士为永久中立国。1848 年瑞士制定新宪法，设立联邦委员会，从此成为统一的联邦制国家。瑞士在两次世界大战中均保持中立。自 1948 年起一直是联合国的观察员国。2002 年 9 月 10 日，第 57 届联合国大会作出决议，正式接纳瑞士联邦为联合国会员国。

（二）政治制度

瑞士实行议会民主制，是委员制国家，联邦委员会全体成员集体作为国家元首。联邦委员会实行集体领导，由 7 名委员组成，分任 7 个部的部长，任期四年，是国家最高行政机构。联邦委员会设主席和副主席，由联邦委员轮任，任期1年，不得连任。

联邦议会是瑞士最高立法机构，由具有同等权限的国民院和联邦院组成。只有两院一致批准，法律或决议方能生效。国民院有200名议员，由公民普选产生，任期4年；联邦院有46名议员，由各州选派，任期因州而异，最长4年。两院议长任期均为1年。

瑞士立国的"三大法宝"分别是武装中立政策、联邦体制和直接民主。瑞士政局相对稳定，自第二次世界大战以来没有发生过政府危机，是世界和平与安定的典范。因此，国际上许多重要的会议都选择在瑞士举行。日内瓦也成为许多国际会议组织总部所在地。

瑞士政党共有30多个，主要政党有人民党、自由民主党、社会民主党、基督教民主人民党、公民民主党、绿党。

（三）国家象征

瑞士的国旗呈正方形。红色旗底，正中是一个白色十字。红色象征着奋斗和爱国热情，白色象征和平、公正和光明；国旗的整组图案象征国家的统一。正方形象征国家在外交上采取的公正和中立的政策。

瑞士的国徽为盾徽。图案和颜色与国旗相同。

瑞士的国歌是《瑞士诗篇》。

苏黎世

瑞士的国花是火绒草。

瑞士的首都是柏尔尼（Bern）。

（四）人口、民族和信仰

全国总人口860.6万人（2019年），其中外籍人约占25%。官方语言有法语、德语、意大利语及拉丁罗曼语四种。居民中讲德语的约占62.8%，讲法语的约占22.9%，讲意大利语的约点8.2%，讲拉丁罗曼语的约占0.5%，讲其他语言的约占5.6%。欧洲的三种重要文化在瑞士融合，形成了不同的地区，即德语区、法语区和意大利语区。

知识卡片：苏黎世

瑞士是由瑞士籍日耳曼人、瑞士籍意大利人、瑞士籍法兰西人和少数列托罗马人后裔组成的多民族群体。

信奉天主教的居民占37.2%，新教25.0%，其他宗教7.4%，无宗教信仰24.0%。

（五）经济结构

瑞士是高度发达的工业国，是世界最为稳定的经济体之一。瑞士为世界各地避税投资者所青睐源于其政策的长期性、银行的保密体制和安全的金融体系。瑞士是世界上最为富裕的国家之一，人均收入处在世界最高行列，同时有着很低的失业率。瑞士的服务业在瑞士经济中占重要地位。

瑞士矿产资源匮乏，生产生活所需能源、工业原料主要依赖进口，水力资源丰富，森林面积为127.1万公顷，森林覆盖率为29.3%（2019年）。

瑞士的主要支柱产业有机械制造、化工、食品加工、医药、旅游、高档钟表、纺织业。以钟表为代表的精密工业技术水准高超，产品质量精良，在国际市场具有很强的竞争力。其中，中小企业在国民经济中发挥了重要作用。

瑞士农业就业人数约15万，占总就业人口的3.7%。主要农作物有马铃薯、小麦、大麦、燕麦和甜菜。总体上农产品出口大于进口。

瑞士旅游业发展较早，是瑞士国民经济支柱产业，是仅次于机械制造和化工医药的第三大创汇行业。主要旅游地点是苏黎世、卢塞恩、日内瓦和洛桑等。

瑞士金融业发达，2019年全国共有银行246家。最大城市苏黎世是国际金融中心之一，是世界第二大黄金交易市场。

瑞士外贸在经济中占重要地位。95%的原料、能源和60%的消费品依靠进口；工业产品的70%～90%外销，商品和服务出口比例高，占国内生产总值的40%。2019年进出口总额4 470亿瑞郎。主要出口商品是机械设备、化工产品、医药、精密仪器、钟表及食品，主要进口商品是原料、半成品和耐用消费品。主要贸易伙伴是欧盟和美国。

（六）文化教育

德国、法国、意大利三个邻国文化对瑞士三大语区文化产生直接影响，限制了瑞士本国统一文化的形成与发展，逐渐形成了现今的多元文化的特点。

知识卡片：瑞士钟表与瑞士军刀

日内瓦交响乐团和苏黎世音乐厅交响乐团在国内享有一定声誉。洛迦诺国际电影节创办于1946年，是与戛纳电影节、柏林电影节地位相当的国际A类电影节，其最高奖是金豹奖。阿尔卑斯长号历史渊源，其有文字记载的历史已超过500年，长3～4米、重4千克的木质号角以前是阿尔卑斯山区牧民召唤牧群、传递信息的工具，现已成为瑞士山区文化的代表。

瑞士有四个语言区，其中法语区、德语区、意大利语区文化传统又都同邻国文化密切相连，形成了不同的文化特征，因此瑞士没有统一的民族文学。所谓瑞士文学，其实是瑞士法语文学、瑞士德语文学、瑞士意大利语文学和瑞士罗曼什语文学。瑞士法语文学的代表人物有让·加尔文和让·雅克·卢梭。瑞士德语文学代表人物有现实主义小说家和诗人戈特弗里德·凯勒，以戏剧创作和日记形式的随笔闻名的马克斯·弗里施以及以描写犯罪问题见长的小说家弗里德里希·迪伦马特。瑞士意大利语文学的代表人物是被誉为意大利最优秀诗人的乔尔吉奥·奥雷里。

知识卡片：苏黎世大学

瑞士平均每9 000人有一所博物馆，是世界上人均拥有博物馆最多的国家之一。瑞士国家博物馆位于苏黎世，是全国最大的博物馆。瑞士有图书馆6 000多所。大致分为公共阅读图书馆、科技图书馆、普通文化学习图书馆三种类型。

瑞士人喜爱运动，每个人往往会3～5种体育运动，由于位于阿尔卑斯山脚下，常年的积雪给瑞士人的冬季运动创造了便利，使得瑞士人尤其酷爱滑雪等运动项目。瑞士的网球运动也有着深厚的群众基础，著名的网球运动员马丁娜·辛吉斯和罗杰·费德勒都是瑞士人。

瑞士实行9年义务教育制，各类学校有1.1万余所。瑞士有30多所高等院校，比较有名的大学有瑞士苏黎世联邦理工学院、瑞士洛桑联邦理工学院和瑞士苏黎世大学。

（七）主要节日

瑞士法定节日有元旦、复活节、劳动节、国庆节、圣诞节、耶稣升天日、降灵节、节礼日、耶稣受难日等。除此之外，比较受欢迎的节日还有苏黎世送冬节、伯尔尼洋葱节、马塞尔狂欢节、蒙特勒爵士音乐节等。

元旦，1月1日。瑞士人过年时，会从屋外取些寓意着吉祥的白雪，化成水后洒在地上压尘，然后进行清扫。此外，瑞士人还有元旦健身的习惯，人们成群结队地爬上山顶，放声歌唱，互祝身体健康。

复活节，在瑞士或世界其他地方，复活节都会让人首先联想到彩蛋和兔子。复活节前的几个星期，商店橱窗里就摆满了各式各样的巧克力兔子、彩蛋及复活节蛋糕，特别吸引小孩子。复活节星期天，孩子们开始拎着用来装彩蛋的篮子，在房前屋后或花园里寻找复活节彩蛋。瑞士的这一传统与欧洲其他国家及美国相同。

瑞士国庆日，在19世纪末，8月1日成为瑞士国庆日，为庆贺节日，私人住宅、商店都将悬挂国旗并装饰鲜花，国庆游行一般在中午12点开始，来自政界、文化界的名人将进行演讲、合唱、趣味比赛等活动。点篝火、放烟花也是国庆日当晚必不可少的庆祝活动。

苏黎世送冬节，于每年4月第三个星期日至星期一举行。14世纪起，苏黎世便已成为繁华的商贸之都。在每年的早春4月第三个星期日，大教堂第一次敲钟是春天的开始，夏季每晚六点敲钟为下班时间。这个风俗渐渐演变为送冬节。节日前一天晚上约2万名儿童聚集在一起，穿着各式古代服装，头戴花环，如天使一般，随乐队穿过市区主要街道游行。次日来自不同行业协会的成员代表组队，他们身着古装，头戴假发或古帽，跟随乐队，缓慢行进欢呼的人群中，并沿路派发糖果、鲜花。傍晚，人们会聚焦于苏黎世湖畔广场，以烧掉代表严冬的雪人而达到庆祝活动的高潮。

伯尔尼洋葱节，每年11月第四个星期一，是伯尔尼人如狂欢节一样欢腾的市场日，节日的主角是洋葱。洋葱节当天，摊主们把洋葱编成形态各异的工艺品出售。在洋葱节上，孩子们互抛彩色纸屑庆祝，非常热闹。临街的大小餐馆、咖啡厅、酒吧，处处座无虚席，人们共享以洋葱为主的特色菜肴。

圣诞节，12月25日。瑞士人在圣诞节前4个星期，就将4支巨型的蜡烛点燃，放在由树枝装饰成的一个圆环里，每周点1支，当点燃第4支后，圣诞节就到了。瑞士的圣诞老人与人们所熟知的圣诞老人有所不同，瑞士的圣诞老人穿白色长袍，戴假面具。其往往由贫苦人装扮，成群结队向富人讨取食物和礼物，散队时才平分所得物。

思政小课堂

苏黎世送冬节庆150周年 华校组中国方队表现亮眼

冬去春又来。瑞士迎来了2012年苏黎世送冬节。中国方队已是第十一次参加这一盛举。今年的中国方队主要由苏黎世标准中文学校和苏黎世学联唐人学校共同组成。

伴随着游行队伍的行进，中国方队在印有烫金"中国"字样的大红横幅引领下再次亮相。儿童民族服装队的孩子们走在队伍的最前头，这些孩子们在妈妈们的精心打扮下，一个个显得那么可爱、活泼，神气十足。赚足了游行队伍两旁大人、孩子的眼球。

2012年正值苏黎世送冬节150周年大庆。为此，由瑞士苏黎世标准中文学校和苏黎世学联唐人学校组成的中国方队，经过数月来的精心准备，在苏黎世送冬节进行了舞龙表演（图3-5-2），把具有浓郁中国北方民族风格的"威风锣鼓"呈现在了苏黎世街头。虽然天气不尽如人意，但队员们依然精神抖擞，其灵秀飘动的服饰与整齐划一的鼓点完美和谐地演绎出"威风锣鼓"的精华。

▲ 图3-5-2　中国留学生在苏黎世送冬节的舞龙表演

今年是中国龙年，独具特色的中国龙成为方阵中一道最耀眼的风景线。金色的长龙在十几个身形矫健的棒小伙儿的娴熟驾驭下，腾挪跳跃，上下翻飞……巨龙鳞片闪耀，舞龙人精神抖擞，将龙的传人、龙的精神永远定格在送冬节的记忆中。

（资料来源：https://www.chinanews.com/hwjy/2012/04-17/3825835.shtml）

思考：中国方队包含了哪种中国的文化元素？请谈一谈你了解的节庆活动中能够体现中国特色的文化元素。

（八）风俗与禁忌

瑞士人时间观念强。与瑞士人约会应准时赴约，早到或迟到均被视作不礼貌。瑞士一般通行握手礼，男子间相见，也有施拥抱礼的，女子之间，还有施吻面礼的。聊天时喜欢议论旅游、体育、政治及关于瑞士的话题。

偏爱洋葱，平常会用洋葱制作各种风味的菜肴以供食用，还会用洋葱制作各种艺术品供欣赏或佩戴。

喜欢红色、黄色、蓝色、绿色、橙色、紫色，以及红白相间、浓淡相间的二重色，忌用黑色。对数字 11 非常偏爱与崇拜，视其为吉祥的数字。

珍视火绒草，用它象征至高无上的荣誉，常将它作为最珍贵的礼物奉献给外宾，以表达友好、诚挚、崇敬。

不会在公共场所（阳台、餐厅、公寓等处）晾晒衣服，认为这样做会影响环境的美观。

在餐厅就餐时，不愿听到餐具相互碰撞的响声和咀嚼食物的声音，他们不喜欢吃辣味过重的菜肴。

忌讳摸孩子的头，他们认为摸头可能会伤害孩子头里的灵魂，也可能会带来病痛、灾害。

忌讳猫头鹰，认为它是一种祸鸟。给人以刺探、欺骗、阴谋和险恶的印象。

（九）饮食文化

瑞士的多元文化特征在饮食文化上也有所体现，不同语区的饮食习惯不尽相同。总体上以西餐为主，对菜肴色香味较为讲究。主要以面食为主食，也喜欢米饭。喜欢食用牛肉、奶酪、巧克力、速溶咖啡和浓缩食品。注重菜肴精烹细做，喜清淡口味稍带甜味。爱喝葡萄酒。喜欢喝的饮料有咖啡、可可、香片花茶、酸牛奶。

瑞士的国菜是奶酪火锅，将一大块奶酪熬成汤汁作为锅底，主要涮品有土豆条、面条、苹果条、海鲜等。奶酪、湖鱼、巧克力是瑞士美食的代表。

（十）服饰文化

瑞士人在政务交往和商务活动中，讲究穿西装套装或套裙。有身份、地位的男士，则以穿三件套为宜。在较为正式的场合，忌讳着装过于鲜艳亮丽，觉得那样会给人不稳重之感。在日常生活中，瑞士人的穿着以朴素、随意为主要特色。瑞士人衣着的款式总体上并不时髦，但却十分讲究剪裁合体、大方优雅。

瑞士的民族传统服装十分丰富多彩，从 17、18 世纪开始，瑞士的丝绸、刺绣、缎带、穗带便闻名欧洲，现今多见于节日或庆典之中。最常见的传统服装：男子上穿大袖衬衫，镶红边的黑色马甲，下穿瘦腿马裤。女子则上穿装饰刺绣的丝质上衣、披肩式三角围巾、天鹅绒背心，下穿大摆长裙。

课堂活动： 谈一谈瑞士的经济发展有何成功之处。

四、主要旅游资源

瑞士素有"世界公园"和"旅游业摇篮"的美誉，是世界上旅游业发展最早的国家之一。其丰富的自然旅游资源和人文旅游资源得到了很好的保护。

1. 万国宫

万国宫（图 3-5-3）坐落在日内瓦东北郊的莱蒙湖畔阿丽亚娜公园内，与巍峨的阿尔卑斯山遥遥相望，湖光山色，环境幽美。万国宫由四座宏伟的建筑组成，北侧是图书馆和新楼，中央是大会厅，南侧是理事会厅，万国宫曾是联合国前身"国际联盟"的所在地，而今是联合国欧洲总部。

2. 西庸古堡

西庸古堡（图3-5-4）是一座雄伟的中世纪水上城堡，位于瑞士边境城市蒙特勒附近的日内瓦湖畔。西庸古堡所处位置依山临水，远观好像置身湖中的小岛，城堡内中世纪遗迹十分丰富，故被称为建筑史上一颗奇异的珍珠，也是瑞士最负盛名的古迹之一，在民间素有"欧洲十大古堡"之称。

▲ 图3-5-3 万国宫

▲ 图3-5-4 西庸古堡

3. 奥林匹克博物馆

奥林匹克博物馆位于洛桑莱蒙湖畔，于1993年建成。奥林匹克博物馆是一座白色建筑，线条简洁明快。正门前排放着8根白色的希腊艺术立柱，纯白的立柱象征着和平和"费厄泼来"体育精神。终年燃烧着的奥运之火与不同运动造型的雕塑点缀在广场中央。奥林匹克博物馆展厅共有五层，藏有与奥运会有关的各类纪念品、艺术品，其中包括火炬、纪念币、邮票、奥运会张贴画、奖章等。馆内电影厅播放介绍奥林匹克运动历史、优秀选手、历届夏季和冬季奥运会盛况、圣火火炬传递场景等，深受旅游者欢迎。

4. 莱茵瀑布

莱茵瀑布（图3-5-5）是欧洲最大的瀑布，宽150米，最大落差21米，水深13米。瀑布中央有两座岩石，一座岩石上设有阶梯，游人可沿阶梯登上顶端。莱茵瀑布水流极大，气势恢宏、蔚为壮观，自古以来就是欧洲著名的风景名胜，吸引着世界各地的观光游客。

5. 少女峰

少女峰被称为阿尔卑斯山的"皇后"，海拔4 158米，是阿尔卑斯山脉的较高的山峰之一。山顶常年被

▲ 图3-5-5 莱茵瀑布

冰雪覆盖，而山下却绿草茵茵、风景秀丽，是瑞士有名的观光及户外运动胜地。少女峰地区已于2001年被列为世界自然遗产，因而受更多人的瞩目，目前与我国黄山结为"姐妹峰"。

课堂活动：总结并介绍瑞士的旅游资源概况。

五、主要机场和航空公司

（一）主要机场

1. 苏黎世机场

苏黎世机场（IATA 代码：ZRH；ICAO 代码：LSZH）又名克洛滕机场，位于瑞士联邦苏黎世州克洛滕镇，是瑞士最大的国际机场，也是欧洲最主要的航空枢纽之一。其于 1921 年 7 月投入使用。

苏黎世机场分为 A、B 两处，A 处的航空公司有瑞士航空公司、三角洲航空公司以及上述二家航空公司合作的澳大利亚航空公司、新加坡航空公司；B 处是其他的航空公司。

据 2019 年苏黎世机场年度数据报告显示，苏黎世机场共有 67 家航空公司在此开通前往 64 个国家的 283 条航线。

2. 日内瓦国际机场

日内瓦国际机场（IATA 代码：GVA；ICAO 代码：LSGG）是瑞士日内瓦的民用国际机场，建于 1919 年，距离市中心 5 千米，是日内瓦的主要空中门户。该机场北部位于瑞法边境上，前往法国的乘客可以不经瑞士直接进入法国境内。航空操作也由两国共同管理。

日内瓦国际机场共有两条跑道，主跑道是沥青跑道，长 3 900 米，是全瑞士最长的跑道。另有一条与主跑道平行的较短的草地跑道，服务于小型飞机。该机场为超过 30 家航空公司提供服务。尤其冬季航班数目明显较多，可直飞超过 132 个目的地城市，航线网络覆盖欧洲、北美、开罗、马拉喀什和特拉维夫境内。

3. 巴塞尔—米卢斯—弗赖堡欧洲机场

巴塞尔—米卢斯—弗赖堡欧洲机场（IATA 代码：BSL；ICAO 代码：LFSB）坐落在瑞法边境，位于瑞士巴塞尔西北方向 3.5 千米，法国米卢斯东南方向 20 千米，德国弗赖堡西南偏南方向 46 千米。它处于西欧版块的核心地带，并位于瑞士巴塞尔、德国弗赖堡和法国米卢斯三个经济发达的地区的十字中心，独特的地理优势使该机场取得巨大成功。2014 年，该机场年载客量达到 652 万人次，机场营运的定期航线遍布全球 30 个国家的 70～100 个机场。

（二）主要航空公司

瑞士国际航空公司（IATA 代码：LX；ICAO 代码：SWR）成立于 2002 年，由瑞士航空公司倒闭后和瑞士环欧航空公司重组而成，是瑞士的主要航空公司。瑞士国际航空公司主运营机场在苏黎世国际机场（ZRH），其母公司是瑞士国际航空集团。瑞士国际航空公司标志（图 3-5-6）是红底飞机尾翼、白色"＋"号加"SWISS"的组合，瑞士特征明显，非常容易辨别。

▲图 3-5-6　瑞士国际航空公司标志

2003年9月，瑞士国际航空公司加入寰宇一家航空联盟；2004年瑞士国际航空公司终止加入寰宇一家，被德国汉莎航空并购后，于2006年4月加入星空联盟。瑞士国际航空集团仍拥有其独立品牌和独立的管理层，并且拥有6家子公司，航线则由德国汉莎航空管理。

瑞士国际航空公司作为德国汉莎／瑞士国际航空集团的一部分和星空联盟的成员，提供从瑞士飞往欧洲和世界各地的航空服务。其服务于苏黎世和日内瓦等全球45个国家的100多个目的地，每年运送近1 900万名乘客，拥有约90架飞机的机队。瑞士拥有约9 500名员工，2019年的总营业收入超过50亿瑞士法郎。

案例拓展

瑞士国际航空公司的服务特色

原瑞士航空曾是欧美人心目中一贯贵族式服务的标志。瑞士国际航空公司服务始终以此高调形象为标准。瑞士国际航空公司的核心理念是"无微不至""人性化服务"和"瑞士风格"。瑞士国际航空公司做到了真正了解每一位旅客在旅程中的需求。瑞士洲际旅行航班，包括豪华独特的头等舱、舒适安全的商务舱以及服务温馨的经济舱，可供旅客自由选择。欧洲境内的短途航班，瑞士国际航空公司也提供服务周到的商务舱以及高效简约的经济舱，瑞士国际航空公司的免费酒精饮料种类在全球各大航空公司中首屈一指，总之，无论旅客选择何种航线、何种舱位，瑞士国际航空公司7 300多名员工都将自始至终地关注每一位旅客的需求，并以其引以为傲的个性化服务竭诚为旅客服务。

思考： 结合瑞士国际航空公司的服务特色，谈一谈对你的启示。

第六节　意大利

知识目标

了解意大利的基本概况和历史；掌握意大利的风俗习惯；掌握意大利的主要旅游资源；掌握意大利的主要航空公司和机场概况。

技能目标

结合所学知识，能合理安排旅客航程，为旅客提供优质的服务。

情境导入

潇潇是一个影视明星,受邀参加在意大利威尼斯举行的威尼斯国际电影节,于是打算在意大利境内进行一场旅行。在网上搜索发现意大利历史悠久,名胜古迹众多,于是她决定参观罗马斗兽场、威尼斯水城、庞贝古城、加尔达湖、马焦雷湖、乌菲兹美术馆和西西里岛。

你要如何安排她的行程?又有哪些旅行建议?

知识内容

一、初识意大利

意大利,全称"意大利共和国"。意大利位于欧洲南部,古时曾被称为"艾斯佩利亚""威大利亚",后因语言变化"威"音变"意",即称意大利为"意大利亚",意为"小牛生长的乐园"。意大利主要由南欧的亚平宁半岛及位于地中海的萨丁岛和西西里岛所组成。国土面积为301 333平方千米,人口6 024万。在意大利的领土中还包围着两个微型国家——梵蒂冈和圣马力诺。

意大利是高度发达的资本主义国家,是欧盟和北约的创始会员国,也是欧洲四大经济体之一。意大利拥有的世界遗产数量名列世界第一,共有50处联合国教科文组织世界遗产。意大利在艺术和时尚领域也处于世界领先地位,拥有世界时尚之都米兰、水都威尼斯、文艺复兴起源之城佛罗伦萨、历史文化名城罗马。

课堂活动:谈谈你对意大利的第一印象。

二、地理概况

意大利80%国界线为海界,陆界北部以阿尔卑斯山为屏障与法国、瑞士、奥地利和斯洛文尼亚接壤,并且与突尼斯、阿尔及利亚和马耳他隔地中海相望。海岸线长约7 200多千米。意大利处于地中海区域东、西之间的海路交通要道,同时是北欧、中欧前往非洲的天然陆桥,扼守欧洲的南大门,交通位置十分重要。

意大利大部分地区属亚热带地中海型气候。全国分为南部半岛和岛屿区、马丹平原区和阿尔卑斯山区三个气候区。南部1月份平均气温为2℃~10℃,7月为23℃~26℃;马丹平原区1月份平均气温为2℃~4℃,7月为20℃~24℃;阿尔卑斯山区1月份平均气温为-12℃~1℃,7月份为4℃~20℃。

意大利矿产资源贫乏,主要工业原料和75%的能源供给依赖国外进口。意大利传统重要可再生能源为地热和水力,地热发电量为世界第二,仅次于美国,水力发电为世界第九。

课堂活动:说说你对意大利地理环境的评价。

三、人文概况

（一）历史概览

意大利是欧洲的历史古国，早在旧石器时代就已有人类居住在此。从公元前900年开始，出现了伊特鲁里亚文明，公元前753年，古罗马人建成罗马城，此后先后经历了罗马王政时代（公元前753—前509年）、罗马共和国（公元前509—前27年）、罗马帝国（公元前27—476年）三个阶段，存在时间长达一千年。经过几百年的不断扩张，发展成为以地中海为中心，跨越欧、亚、非三大洲的大帝国。

476年西罗马帝国灭亡，奴隶制度在西欧崩溃。此后意大利经历了漫长的中世纪，意大利境内王朝不断更替，政权混乱。14世纪的意大利成为欧洲文艺复兴运动的发源地。从16世纪起，意大利遭受法国、西班牙等国占领。在法国资产阶级大革命的影响下，意大利人进行了长达几十年的民族解放战争，最终在1870年完成了统一。

19世纪60年代，意大利复兴运动蓬勃开展。意大利王国于1861年宣布成立。统一之后的意大利就走上了对外扩张的资本主义殖民道路。1921年，墨索里尼的法西斯党掌握了国家大权，实行长达20余年的法西斯统治，并与德国、日本成立了轴心国集团，企图重新瓜分世界。1943年在战争不断失败下投降正式退出轴心国集团。1946年废除君主制，宣告成立意大利共和国。1957年，意大利以创始国之一的身份加入欧洲经济共同体。

（二）政治制度

意大利为议会制共和制政体。根据1948年1月实施的《意大利共和国宪法》，规定国家总统为虚位元首，实行立法、行政和司法的三权分立制度。

意大利议会，由众议院和参议院组成，参议两院的主要职能有审议批准法案、监督政府，国家预算和决算，批准政治性国际条约，决定战争状态、大赦和特赦等。议案须参议两院全部通过才算生效。

知识卡片：罗马

总统是国家元首和国家统一的象征，由众、参两院联席会议以秘密投票方式选举产生，可以连选连任。

意大利政府是国家最高行政机关，其内阁是国家权力的核心。内阁总理和成员由执政党或政党联盟的议员联合组成。总理是政府首脑，负责召集内阁会议，统领整个政务工作，对政府负责。

视频：罗马

意大利实行多党制，各主要政党有五星运动、民主党、意大利活力党、联盟党、意大利力量党、意大利兄弟党等。

（三）国家象征

意大利的国旗呈长方形，长与宽之比为3∶2。旗面由三个平行相等的竖长方形相连构成，从左至右依次为绿、白、红三色。

意大利的国徽呈圆形。中间是一个带红边的五角星图案，象征意大利共和国；五角星背后是一个大齿轮，象征劳动者；齿轮周围由橡树叶和橄榄枝叶环绕，象征和平与强盛。底部的红色绶带上写着"REPVBBLICA ITALIANA"（意大利共和国）。

意大利的国歌为《马梅利之歌》。

意大利的国花为雏菊。

意大利的国树为五针松。

意大利的国石为珊瑚。

意大利的国鸟为红胸鸽。

（四）人口、民族和信仰

截至2020年，意大利人口为6 046万。

意大利是一个多民族国家，总人口约94%是意大利人。意大利的官方语言是意大利语，个别地区讲法语和德语。

大部分居民信奉天主教，还有少数居民信奉基督教新教、犹太教、伊斯兰教等。

思政小课堂

马可·波罗来华

元朝年间，大量外国人来华，意大利的威尼斯商人马可·波罗就是其中之一。1254年马可·波罗出生于意大利威尼斯的一个商人家庭，马可·波罗17岁时跟随父亲和叔叔离开故乡，经过四年的长途跋涉，于1275年来到了元朝都城——上都。马可·波罗进宫觐见了元世祖忽必烈，此后，就留在了朝廷做事。元世祖十分赏识他，经常派遣他到外地视察或出使外国，曾到达越南、苏门答腊、爪哇、马来西亚等地。在中国生活25年后，马可·波罗于1295年回到家乡。1298年马可·波罗参加了威尼斯与热那亚的战争，不幸被俘，被关在热那亚监狱中，在狱中他经常向同狱的人讲述东方各国的奇风异物。一个监狱的难友鲁思梯谦听得饶有兴趣，他是一位作家，他觉得马可·波罗的见闻很有意思，便向马可·波罗提议写成书籍。于是一部由马可·波罗口述、鲁思梯谦整理的《马可·波罗游记》就这样诞生了。游记写好后迅速在欧洲大陆流传，也激发了欧洲人对于东方财富和文明的向往。

思考：马可·波罗来华及《马可·波罗游记》的诞生，在当时有哪些现实影响？

（五）经济结构

意大利是发达工业国，也是欧洲第四大、世界第八大经济体。意大利的服务业发达，占国内生产总值的75%。中小企业发达，被誉为"中小企业王国"。

"二战"后意大利经济损失严重，1/3的国民财富毁于一旦，工业生产受设备的损毁影响很大，国民收入降低了50%以上，数千万人失业，国家还要偿还巨额的战争赔款。在此情况下意大利政府不断调整内政外交，加入了美国主导的"欧洲复兴计划"，获得美国的资金支持，通过一系列手段在1951—1963年期间经济得以高速增长，这十多年被西方媒体称为阿尔卑斯山南面的奇迹。在这一时期意大利国民纯收入年均增长5.8%左右。随后意大利的经济发展一直不容乐观，1999年后，在经过一系列养老金、政府财政等方面改革后意大利放弃本国货币加入欧元，但这并没有使意大利的经济继续发展。2000年至今经济发展迟缓，GDP平均每年增长0.2%，接近"零增长"。巨大的债务压力、脱离实际的高福利政策、失业率居高不下等原因都是使意大利的经济进一步衰退的重要原因。

尽管如此，意大利作为老牌资本主义工业国依旧有着极强的工业实力。意大利是欧盟内第二大制造业强国。工业以加工工业为主，每年工业产品出口达1/3以上。意大利每年加工原油为1亿吨左右，素有"欧洲炼油厂"之称。钢产量位居欧洲第二。塑料工业、电力工业、拖拉机制造业等也位居世界前列。在意大利的经济中，中小企业占有重要地位，近70%的国内生产总值由中小企业创造，这些企业在纺织、服装、制革、制鞋、家具、首饰、机械、酿酒、大理石开采及机械工业等领域具有较强的国际竞争力。

意大利农业可耕地面积约占全国总面积的10%，是世界传统农业大国和农业强国，农业产量位居欧盟前三位。有机食品生产位列欧洲第一，主要农产品包括葡萄栽培、果蔬和橄榄作物等。

意大利旅游业发达，是世界重要的旅游接待国和客源国之一。全国旅游业从业人员32万人，主要旅游城市有罗马、威尼斯和佛罗伦萨等。

意大利交通基础设施完善。全国公路总长65.5万千米；铁路网总长19 394千米，共有352个港口，96座机场。

（六）文化教育

文艺复兴首先在意大利发展。意大利城市保留了古希腊、古罗马的古典文化。并且，意大利最早出现资本主义萌芽，资产阶级在形成中为了维护自身发展的政治、经济权益，迫切地要求摧毁神学教会的世界观，铲除维护封建统治的传统观点。因此，一场以复兴希腊罗马古典文化的名义发起的弘扬资产阶级思想和文化的运动在14—17世纪的意大利发展起来。文艺复兴最直观的体现便是在艺术文化领域。在这期间涌现了许多文艺大家。

在文学领域，诗人但丁创作的《神曲》，整篇诗篇强调的是自由意志，是文艺复兴的新思想、新主流；皮特拉克和薄伽丘分别以《歌集》和《十日谈》开启了欧洲近代抒情诗和短篇小说的先河。

意大利的绘画和雕塑在世界上享有极高的声誉，主要代表人物有文艺复兴早期的画家乔托和被称为"文艺复兴三杰"的达·芬奇、米开朗琪罗、拉斐尔。乔托被誉为"欧洲绘画之父"，主要作品有《犹大之吻》《逃往埃及》等；达·芬奇既是艺术家又是科学家，是当时"全面发展的人"这一理论最完美的典型，壁画《最后的晚餐》和《蒙娜丽莎》是誉满全球的杰作；拉斐尔是罗马画派的杰出代表，其代表作《西斯廷圣母》被称为"艺术史上最动人的作品"之一；米开朗琪罗的代表作为雕塑《大卫》《被缚的奴隶》等。

文艺复兴在音乐上最显著的转折点发生在 17 世纪，意大利作曲家蒙特威尔地是"新音乐"的第一个伟大作曲家。意大利很多城市是歌剧艺术的中心。著名的代表人物有罗西尼、威尔第，他们的代表作分别是《塞维利亚的理发师》和《茶花女》。

近代以来意大利的文化也在不断发展，意大利境内举办着世界三大电影节之一的威尼斯电影节和世界四大时装周之一的米兰时装周。截至 2019 年 7 月意大利共拥有 55 项世界遗产，其中自然遗产 5 项、文化遗产 50 项，与中国并列世界第一。

意大利全国实行八年义务教育，主要分为幼儿教育、小学教育、初中教育、高中教育和大学教育五个阶段。意大利国内共有 88 所大学和高等专业学校，其中国立大学 54 所，私立大学 13 所，在美术、设计、音乐、体育等学科享誉世界。意大利的大学大多历史悠久，例如博洛尼亚大学距今已有 1 000 多年的历史，是世界上最古老的大学之一。意大利的大学也培养过许多名人，例如曾在比萨大学读书的伽利略，曾在帕多瓦大学读书的《神曲》作者但丁等。意大利还是最早建立孔子学院的国家之一，其中米兰大学更是少有的传播中国语言文化的大学。

（七）主要节日

意大利共有 10 个法定节假日，分别是独立日、解放日、劳动日、国庆节、圣约翰节、圣母升天节、万圣节、圣母无玷始胎节、意大利春节、复活节。意大利有众多民间节日，例如在威尼斯举行的狂欢节、佛罗伦萨的 5 月音乐节、威尼斯国际电影节等，同时宗教节日在意大利也扮演着重要角色，例如主显节、八月节（圣母升天节）、万圣节、亡人节。

知识卡片：米兰时装

元旦，1 月 1 日。一年之首，意大利人在这一天到来时通常有开香槟酒、摔东西来庆祝新年的习俗。因为意大利传统认为，元旦前夜的各种响声可以驱邪，这样就可以在新年中吉祥如意。所以在元旦前意大利人会不停地燃放烟花爆竹，并且打碎一切能有声音的物品。同时元旦这一天，意大利人会在家里点燃一炉整天不灭的旺火，因为意大利人认为，火来自太阳，元旦断了火，来年就会不见天日。在意大利的首都罗马还有着跳河过新年的特色习俗，距今已有 60 多年的历史。

主显节，1 月 6 日，也称显现节。主显节在意大利已经从原来纪念"东方三博士前来朝拜圣婴耶稣"的节日，发展成为意大利的儿童节。

狂欢节，每年的 2 月初到 3 月初期间威尼斯都会举行盛大的狂欢节（图 3-6-1）。威尼斯狂欢节是世界上历史最久、规模最大的狂欢节。精美的面具和华丽的服饰是威尼斯狂欢节最大的特点，也最令游客感兴趣。

独立日，3 月 17 日。这是意大利王国成立的日子，也标志着意大利王国在罗马帝国后再一次成为一个统一的国

▲ 图 3-6-1　狂欢节

家，同时也是意大利摆脱"二战"中法西斯统治的一天。通常每个城市的中心广场都会举行演唱会，街上也会挂上意大利国旗。

解放日，4月25日。为了纪念1945年4月25日，意大利北方上百座城市进行武装起义，米兰和都灵等十几座城市摆脱了法西斯统治从而获得解放。通常这一天意大利会举行盛大的阅兵仪式。

国庆节，6月2日，也称意大利共和国日。1946年6月2日到3日，意大利以民主投票的方式废除了君主国体，建立意大利共和国。

八月节，8月15日，又叫作圣母升天节。这一节日有着古老的历史，起源可以追溯到两千多年前的古罗马时期。这一天是意大利全国人民放松游玩的节日。

亡人节，11月2日。类似中国的清明节，意大利人大多于这一天手持菊花祭拜亡人。

（八）风俗与禁忌

因为意大利人90%以上居民信奉天主教。如果有人打喷嚏，旁边的人马上会说："萨路德（Salute）（祝你健康）。"这是由于欧洲曾有过因重感冒流行而夺走人命的历史，人们视感冒如洪水猛兽。如果当着别人的面咳嗽或打喷嚏，会被认为是不礼貌的事，所以本人要马上对旁边的人表示"对不起"。

意大利人热情好客，但时间观念不强。人际交往中十分讲究礼仪，通行的见面礼是握手或招手示意；对长者、有地位和不太熟悉的人的标准称呼方式是姓加上"先生""太太""小姐"或荣誉职称。与意大利人交谈，宜谈论工作、足球、新闻，不宜谈论政治和美式橄榄球。

意大利人忌讳交叉握手。有些意大利人约会时不守时。意大利是尊重女士的国度，特别是在各种社交场合，就餐、乘车、乘电梯等情况下，女士处处优先。

意大利的婚丧嫁娶与欧洲其他国家较为相似，仪式多与宗教仪式相关。意大利人的嫁娶需要经过订婚、结婚两道仪式，订婚仪式必不可少的内容是交换订婚戒指，而结婚要分为民政婚礼和教堂婚礼。

受宗教势力影响，意大利人家庭观念很强，很多人完全以家庭为中心，祖母非常受人尊重——每年民间甚至还有一个"最酷奶奶"的评选，冠军是赤脚跳快速旋转的"塔兰台拉"舞蹈的优胜者。

忌数字"13"。房间门牌号、剧院座位号等都不准有13的字样。17在意大利也是不受欢迎的数字。

赠送纪念品时，切忌送手帕，因为手帕象征着亲人间的离别；在送花时忌送菊花，因为菊花在意大利是送给死人的花；送花的花枝、花朵应为单数。

去教堂或天主教博物馆参观时，无论男士、女士都不得穿短裤、短裙或无袖衬衫。

（九）饮食文化

提到意大利的美食人们首先想到的就是葡萄酒、比萨饼和意大利面（图 3-6-2）。意大利人对于食物更加注重原汁原味，例如意大利人对于鱼肉、鸡肉等都很少进行腌制，大多数都会在锅中煎或在锅中炸后加入海盐和黑胡椒，并撒上柠檬汁加以调味。

意大利人一顿饭一般只有三道菜，第一道大多是汤、面食，例如意大利面、比萨等。第二道为主菜，一般有肉排、煎鱼等搭配上蔬菜。第三道为生菜。在意大利宴请客人时一般要喝开胃酒，饭后也要喝消化

▲ 图 3-6-2　意大利面

酒。主人开完红酒后，要将木塞拿给客人以示红酒的保存程度，并且酒要首先倒入杯中，由主人举杯沾唇以示对于客人的尊重。在食用意大利面时要用叉子将意大利面卷起食用，不能发出声音。

（十）服饰文化

意大利的服饰随着时代的发展在不断变化，古罗马时期意大利的服饰大多传承了古希腊的传统，男女都为围裹式的长衣长袍，以羊毛织物为原料的托加便是其中最有代表性的服饰之一。托加是罗马人的骄傲，整体设计庄重典雅，通过衣服上颜色的不同代表不同的等级。文艺复兴时期意大利的服饰大多色彩艳丽，做工极致考究、极尽奢华，修米兹有着精美的刺绣，金银线的绲边，窄长的紧身袖口；罗布，腰身高，衣长及地，裙身肥大，这些都是当时最受欢迎的服饰之一。

到了现代意大利的服装制造业更是享誉世界，大多色彩艳丽、做工精致，尤其以高档西服和晚礼服闻名世界。其中阿玛尼、芬迪、古驰、宝格丽等更是享誉世界的奢侈品品牌。

课堂活动：讨论如何利用意大利的文化影响力吸引游客。

四、主要旅游资源

意大利旅游资源丰富多样，北部阿尔卑斯山脉终年积雪、巍峨雄奇，南部的西西里岛阳光灿烂、浪漫迷人。此外，联合国教科文组织认为西方文明古迹 60%～70% 分布在意大利，意大利目前有 10 万座教堂、5 万座历史建筑物和 3 200 多座博物馆，收藏了 200 多万件艺术品和 510 多万件文物。共有 50 处古迹和景观列入《世界遗产名录》。

1. 古罗马竞技场

雄伟的古罗马竞技场（图 3-6-3）建成于公元 80 年，堪称世界公共建筑的典范。拱券结构是古罗马建筑中最基本和最伟大的成就之一，而一系列的拱券和恰当安排的椭圆形建筑构件使整座建筑极为坚固。拱券结构形式赋予了建筑内部更大的空间，体现了古

代人类的劳动智慧。竞技场内设有阶梯和走廊，共有 80 个拱门，每一个拱门都在入口处标记数字，方便观众很快地找到自己的座位，可以 5 万人于 10 分钟内进入剧场内坐定。这样的设计即使在今天也算是很先进的。竞技场的功能性设计也非常合理，角斗士从何处出入、在哪里休息，猛兽关在哪里，死伤者从何处抬出，都有巧妙合理的设计。在古罗马时代，这里是人同野兽或奴隶之间互相搏斗的地方，而现今每年都在此表演歌剧或举办音乐会。

2. 威尼斯水城

威尼斯水城（图 3-6-4）建于公元 5 世纪，位于意大利东北部，是意大利著名的旅游和工业城市。它距大陆约 4 千米，威尼斯湖上约有 118 个大大小小的岛屿星罗棋布，150 多条运河和 400 座桥梁纵横交错，形成了威尼斯这座"因水而生，因水而美，因水而兴"的城市，每年吸引着世界上成千上万的游客慕名而来。著名的景点有圣马可广场、叹息桥、里亚托桥、圣马可大教堂、总督宫等。

微课：旅游资源
威尼斯水城

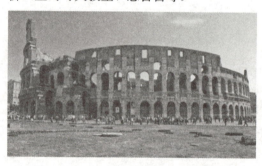

▲ 图 3-6-3　古罗马竞技场

▲ 图 3-6-4　威尼斯水城

3. 米兰大教堂

米兰大教堂（图 3-6-5），雄踞在意大利米兰市中心的大教堂广场上，也称意大利圣母降生教堂、多莫大教堂。米兰大教堂总面积 11 700 平方米，可容纳 4 人举行宗教活动，是世界五大教堂之一，也是世界上最大的哥特式建筑。米兰大教堂于公元 1386 年开工建造，历时五个世纪于 1897 年完工。米兰大教堂也是世界上雕塑和尖塔最多的建筑，被誉为大理石山，是世界上最大的天主教区米兰教区的主教堂，被视为米兰的精神象征，也是世界建筑史和文明史上的奇迹。

4. 比萨斜塔

比萨斜塔（图 3-6-6）位于意大利中部比萨古城内的教堂广场上，于 1350 年建成，是意大利罗马式教堂建筑的典型代表。比萨斜塔高 54.5 米，共分为 8 层，除底层和顶层形状有所不同外，其余 6 层的结构完全一样。现塔顶中心点偏离垂直中心线 4.4 米，已岌岌可危。但这种斜而不倾的现象，正是比萨斜塔闻名遐迩的原因。

知识卡片：梵蒂冈—罗马城中的教皇国

▲ 图 3-6-5　米兰大教堂

▲ 图 3-6-6　比萨斜塔

课堂活动：总结并介绍意大利的旅游资源概况。

五、主要机场和航空公司

（一）主要机场

意大利有 20 多个较大的机场，其中比较著名的有罗马菲乌米奇诺机场、米兰马尔彭萨机场、贝加莫国际机场、米兰利纳特机场、西塔迪－托里诺机场、博洛尼亚机场、帕尔马国际机场。

1. 罗马菲乌米奇诺机场

罗马菲乌米奇诺机场（IATA 代码：FCO；ICAO 代码：LIRF）是一座位于意大利拉齐奥大区菲乌米奇诺的民用机场。1961 年首航后即成为罗马的首要机场。罗马菲乌米奇诺机场占地面积 15.5 平方千米，机场内设有 4 座航站楼、4 条跑道。T1 航站楼主要服务于意大利国内及申根国家航线；T2 航站楼服务于意大利航空公司和意航代码共享以外的航空公司及小部分申根国家航线；T3 航站楼主要停靠国际航线飞机；T4 航站楼服务于部分飞往美国和以色列的飞机以及专机等。2017 年，罗马菲乌米奇诺机场旅客吞吐量达到 4 000 万人次，世界排名第 47 位，是意大利最大、欧洲第八大的机场，同时也是意大利最重要的航空枢纽。

2. 米兰马尔彭萨机场

米兰马尔彭萨机场（IATA 代码：MXP；ICAO 代码：LIMC）又译作"米兰马尔本萨机场""米兰马尔奔萨机场"，位于意大利共和国伦巴第大区瓦雷泽省，东南距米兰市中心约 50 千米，为 4F 级国际机场，是米兰的三个国际机场之一，大型国际枢纽机场。

米兰马尔彭萨机场整体设计呈现后现代艺术风格。机场总面积为 35 万平方米，共有两条沥青跑道，即长×宽为 3 920 米×60 米的 17R/35L 跑道和 3 920 米×60 米的 17L/35R 跑道，可起降 An225 型 F 类飞机。

1948年投入商业航班，主营国内、地区和国际定期的客货运输业务，50多家国内外航空公司在此停靠。截至2019年，根据米兰机场公司报告显示，米兰马尔彭萨机场完成旅客吞吐量2 884万人次，在意大利机场中排名第二；货邮吞吐量558 481吨，意大利排名第一。

米兰马尔彭萨机场包括T1和T2两处航站楼。T1航站楼是机场中较新的一座，建筑面积较大，划分为1A、1B和1C三个区域。1A区主要服务于国内航班和申根国家航线；1B区和1C区均服务于非申根国家和部分洲际航线。T1航站楼有278个值机柜台、76个登机口和10条行李传送带等，面积7 250平方米的购物区商品丰富，以满足大多数旅行者的需求。T2航站楼目前仅为易捷航空航班服务，设有54个值机柜台、36个登机口和5条行李传送带等。此外，机场内还设有火车站，为定期和包机航班提供服务。

3. 贝加莫国际机场

贝加莫国际机场（IATA代码：BGY；ICAO代码：LIME）位于意大利贝加莫市，距离米兰只有45千米，是DHL航空和瑞安航空的枢纽机场。主要满足贝加莫和米兰及其周边地区旅客的需求，与米兰利纳特机场和马尔彭萨机场组成了米兰的机场系统。该机场为威兹航空、瑞安航空、开罗航空、爱琴航空、天马航空、DHL航空等航空公司提供服务。

（二）主要航空公司

意大利航空公司（图3-6-7）（IATA代码：AZ；ICAO代码：AZA），是天合联盟成员之一，欧洲十大航空公司之一。它是意大利国家航空公司，意大利政府为其最大股东。意大利航空公司秉承一贯安全第一、旅客至上、诚信为本的服务理念，着眼于全球化旅客的需求，不断改善服务，以米兰马尔彭萨机场和罗马达文西国际机场为枢纽，意大利航空公司的航线已经通往世界50余个国家的110多个目的地。

▲ 图3-6-7　意大利航空公司

现有空客A319、A320、A321，波音767-300ER、777-200ER，MD-827，ATR72，ERJ145，Embraer 170等客机100余辆。

意大利航空公司与我国的中国东方航空公司、中国国际航空公司、中国南方航空公司、国泰航空公司、港龙航空公司都有合作关系。

课堂活动： 查一查加入天合联盟的欧洲航空公司有哪些。

第七节　荷兰

 知识目标

了解荷兰的地理、人文概况；掌握荷兰的风俗习惯；掌握荷兰的主要旅游资源；掌握荷兰的主要航空公司和机场概况。

 **技能目标**

结合所学知识,能合理安排旅客航程,为旅客提供优质的服务。

 **情境导入**

初春四月,在北京机场飞往荷兰阿姆斯特丹的航班上,韩梅梅及其好友一行三人在热烈讨论着此行的目的地——荷兰,人们常说:"一生要有一个春天留给荷兰,才能不遗憾。"但她们是第一次前往荷兰,非常想了解荷兰有哪些美丽的景点、特色的商品,也想知道在荷兰需要注意哪些风俗与禁忌。

作为一名乘务人员,你会如何介绍荷兰,并提出哪些旅行建议?

知识内容

一、初识荷兰

荷兰王国,简称荷兰。荷兰位于欧洲西北部,是由荷兰、库拉索、阿鲁巴和荷属圣马丁4个构成国组成的复合国。荷兰国土面积为41 528平方千米,人口1 414万,平均每平方千米有410人,是世界上人口较为稠密的国家之一。它被喻为"花之国""风车之国""水之国""牧场之国"。

课堂活动:谈谈你对荷兰的第一印象。

二、地理概况

荷兰位于欧洲西北部、莱茵河三角洲一带,东邻德国,南接比利时,西部和北部濒北海。海岸线长1 075千米。荷兰位于欧洲交通中心,地理位置优越,素有"欧洲大门"之称。荷兰王国由本土12个省和海外领地组成。海外领地包括萨巴、圣俄斯塔休斯、博纳尔3个海外行政区,以及库拉索、阿鲁巴、荷属圣马丁3个自治国。

"荷兰"又称尼德兰,日耳曼语的意思为"低地之国",因荷兰平均海拔很低,国土有24%的面积低于海平面,1/3的面积仅高出海平面1米,荷兰人为保护原本不大的国土免受海水侵占,13世纪开始坚持不懈地围海造田,国土面积增加了60万公顷。

荷兰境内河流纵横交错,莱茵河、马斯河是国内较大河流。西北濒海处有艾瑟尔湖。其西部沿海为低地,中部和东南部地区为高原,东部地区是波状平原。

荷兰属温带海洋性气候,冬暖夏凉,沿海地区平均气温夏季16℃、冬季3℃;内陆地区夏季17℃、冬季2℃。年平均降水量797毫米。

课堂活动:说说荷兰为什么被称为"欧洲大门"。

三、人文概况

（一）历史概览

在古罗马时代，荷兰的莱茵河南岸地区曾先后划分为"比利时高卢省"和"日耳曼行省"。居住在北部地区的日耳曼部落与南部地区的高卢人，以及后迁入的法克人在此时期不断融合发展为荷兰民族。

16世纪前的荷兰长期处于封建割据状态。16世纪初受西班牙统治。1568年爆发反抗西班牙统治的战争，1581年北部7省成立荷兰共和国，战争打打停停，1648年西班牙签署《威斯特伐利亚和约》，正式承认荷兰独立，至此反西班牙战争整整持续了80年。17世纪获取独立的荷兰发展成为航海和贸易强国，对外贸易额几乎占全球的一半。荷兰的商船数目超过欧洲所有国家商船数目总和，被誉为"海上马车夫"。荷兰的商船遍布世界每一个角落，控制了海上交通要道，先后在世界拓展了多处殖民地和贸易据点。这段时期在荷兰被称为"黄金年代"。17世纪后期，先后与英国、法国交战遭到失败后，国势渐衰，18世纪后，荷兰殖民体系逐渐瓦解。1795年法国军队入侵。1806年拿破仑之弟任国王，荷兰被封为王国。

1814年脱离法国，1815年和卢森堡、比利时共同成立荷兰王国。1848年宪法正式确立君主立宪制。第一次世界大战期间始终保持中立。第二次世界大战爆发后宣布中立，1940年5月被德国军队入侵，王室和政府被迫迁至英国，成立流亡政府。1945年恢复独立，战后放弃中立政策，加入北约和欧共体（欧盟）。

（二）政治制度

荷兰是由尼德兰、库拉索、阿鲁巴和荷属圣马丁4个构成国组成的复合国，是以尼德兰本土为核心的主权国家。各构成国拥有完全的自主权和自治权，荷兰政府的权力仅限于国防、外交、国籍和引渡。

荷兰是世袭君主立宪王国，立法权属国王和议会，行政权属国王和内阁。最高国务协商机构为枢密院，主席为国王本人，其他成员由国王任命。

议会由一院和二院组成。两院议员任期均为4年。一院（参议院）无立法权，但有权批准或否决法案。二院（众议院）主要职责是立法和监督内阁执政。立法权体现在二院可自行提出法案、修改法案、批准或否决内阁提案。监督权体现在二院具有预算核准权、独立调查权和质询权。

荷兰的主要政党有自由民主人民党、工党、基督教民主联盟、自由党、社会党、基督教联盟、左翼绿党、六六民主党。

首都为阿姆斯特丹，政府所在地为海牙。

（三）国家象征

荷兰的国旗呈长方形，长与宽之比为3∶2。红、白、蓝三个平行相等的横长方形自上而下相连。蓝色表示国家面临海洋，象征人民的幸福；白色象征自由、平等、民主，还代表人民纯朴的性格特征；红色代表革命胜利。

知识卡片：阿姆斯特丹

荷兰的国徽即奥伦治-拿骚王朝的王徽，为斗篷式。顶端是一顶红色的如开启幕布的华盖，华盖上饰有皇冠，下部的蓝色饰带上嵌有出自威廉亲王的法语誓言"我将一如既往"（Je Maintiendrai），两只跨立的金狮翘着尾巴，口吐红舌护着一面蓝色盾徽。盾徽顶部是威廉一世玉玺上所用的王冠。盾徽中央绘有一只头戴皇冠的金狮，右前肢向上挥舞着一把利剑，象征着国王的权力，左前肢挥动一束金色箭翎，象征着荷兰的各个省份。

荷兰的国歌是《威廉颂》，这也是世界上第一首国歌。

荷兰的国花是郁金香。荷兰郁金香原产自亚洲。16世纪，一名叫作克卢修斯的园丁从出使土耳其的奥地利大使手中得到了美丽的郁金香，这种花很快遍及荷兰各地，受到当时荷兰人的喜爱，一度掀起了郁金香热。

荷兰的国鸟是琵鹭。琵鹭因嘴极像琵琶而得名。主要分布在欧洲南部到亚洲，在欧洲仅有荷兰和西班牙两处繁殖地。

（四）人口、民族和信仰

荷兰人口1 740万（2020年）。大部分为荷兰族，其他较大的少数族裔有土耳其、德意志、摩洛哥、苏里南等。

荷兰本土居民中信奉天主教的人数较多，占23.7%，15.5%信奉新教，10.6%信奉佛教、伊斯兰教等其他宗教，另有50.2%的居民无宗教信仰（荷兰统计局，2019年）。

荷兰官方语言为荷兰语。海外领地通用荷兰语、英语、西班牙语、帕皮阿门托语。

（五）经济结构

荷兰是发达资本主义国家，国内生产总值排名在全球前15位之内。由于国内自然资源相对缺乏，荷兰经济属于外向型经济，80%的原料靠进口，60%以上的产品供出口。国际贸易是荷兰经济增长的主要动力，对外贸易的80%在欧盟内实现。商品与服务的出口约占国民生产总值的80%。

荷兰工业发达，主要工业部门有石油化工、半成品加工、机械制造、冶金、电子、印刷、钢铁、造船、钻石加工等。荷兰是世界主要造船国家之一，传统工业是冶金和造船等，鹿特丹是欧洲最大的炼油中心。自20世纪80年代以来，荷兰政府积极鼓励发展微电子和生命科学等高新技术产业。荷兰拥有许多著名的跨国公司，荷兰皇家壳牌集团位居500强企业第二名，是世界第二大石油公司；飞利浦电子公司，在全球电子电器企业中排前十名。此外，喜力、联合利华和荷兰皇家航空公司等也在各自行业内实力雄厚、享有美誉。

荷兰是农业大国，农业生产高度集约化、机械化，是世界最大种子出口国，农产品出口常年位居世界第二位。牛奶制品生产位居世界前列。花卉生产和出口居世界首位。

服务业是国民经济支柱产业，占国内生产总值的70%，主要集中于物流、银行、保险、旅游和法律等行业。

外贸在经济中占重要地位。进口产品主要是原油、工业原料、半制成品和机械等；出口产品以食品、电子产品、机械、石油制品、化工、船舶和农产品等为主。

荷兰的陆、海、空交通运输十分便利，是欧洲大陆重要的交通枢纽。鹿特丹是世界第一大港，阿姆斯特丹的斯希波尔机场是欧洲第四大客运和货运航空港，莱茵河、马斯河上的内陆水运船队53%来自阿姆斯特丹，公路运输占欧洲内陆流动卡车的27%。

> **思政小课堂**
>
> ### "一带一路"海陆交汇点——荷兰
>
> "一带一路"是"丝绸之路经济带"和"21世纪海上丝绸之路"的简称，它们把活跃的东亚经济圈和发达的欧洲经济圈融会贯通，极大助推全球化进程。"一带一路"起点中国，结点欧洲，合于大西洋北海海岸的荷兰。荷兰不仅是"丝绸之路经济带"的沿线国家，还属于"海上丝绸之路"的重要国家，是"一带一路"的海陆交汇点，未来，中荷两国的合作需求将日趋显著。
>
> 2014年3月，国家主席习近平访荷时表示："中国和荷兰虽然分处亚欧大陆两端，但两国交往源远流长，是东西方文明互学互鉴、共同繁荣的典范。进入21世纪，中国同荷兰和欧洲更加紧密联系在一起。荷兰是欧洲的门户，我选择从荷兰推开欧洲的大门。"
>
> 中国提出共建丝绸之路经济带，荷兰加入亚投行积极响应。荷兰连续多年成为中国在欧盟内仅次于德国的第二大贸易伙伴，其实力在达沃斯世界经济论坛《全球竞争力报告》排名中一路攀升，2017年位列世界第四。

课堂活动：上网查一查，"一带一路"都有哪些欧洲国家参与。

（六）文化教育

荷兰的文化艺术品位高雅、灿烂辉煌。荷兰在绘画艺术史上的成就享誉世界，这里孕育出绘画大师伦勃朗、凡·高、弗美尔、哈尔斯、蒙德里安等。伦勃朗的画作题材广泛，代表作有《夜巡》《木匠家庭》等。印象派画家凡·高的代表作品有《星夜》《向日葵》与《有乌鸦的麦田》等。虽然当时他的作品很难被人接受，却对20世纪的绘画艺术有着深远的影响，现已跻身全球最著名与昂贵的艺术品行列。荷兰在文学方面继承了丰富的遗产，培养出了许多杰出的作家，如16世纪人文主义文学的代表人物伊拉兹马斯、被誉为17世纪文学精粹之一的哲理故事作家斯宾诺莎。1637年出版的 *Statenbijbel* 一书，被视为荷兰语演变的一个里程碑。在两次世界大战之间，荷兰保持中立和推行国内民主，为文学发展创造了良好环境，文学界涌现出一批著名的作家，如诗人马尔斯曼、斯劳沃霍夫、奈霍夫以及小说家显德尔和费斯特代克。另外，荷兰的管弦乐团和芭蕾舞团同享有国际美誉。

荷兰实行12年全日制义务教育。中小学校分为公立和私立两类。荷兰高等教育分为大学和高等职业教育。现有13所重点大学，著名高等院校有莱顿大学、乌特勒支大学、阿姆斯特丹大学、阿姆斯特丹自由大学、格罗宁根大学、代尔夫特理工大学、鹿特丹伊拉斯谟大学和瓦格宁根农业大学等。

乌特勒支大学在荷兰大学中排名第一，也是欧洲研究型大学中的楷模。莱顿大学建于

1575年，是欧洲历史最悠久的大学之一，治学严谨，综合学术水平享誉全球。这里最早开设了人体解剖课，是荷兰最早设有中文系的大学，拥有欧洲大陆最著名的汉学院和中文图书馆，诞生了世界上第一台心电图仪和第一座低温物理实验室。

（七）主要节日

荷兰的重要节日有新年、复活节、圣诞节、女王日、解放日、死难纪念日、圣灵降临日、耶稣升天大日、圣尼古拉斯前夜等。另外，风车节、郁金香节等也是荷兰人重要的节庆活动之一。

荷兰女王日，4月30日。女王日是荷兰庆祝女王生辰的法定假日，如今沿用朱丽安娜女王的生日。届时满街悬挂荷兰国旗和代表皇室的橙色旗帜，到处可见游行的队伍和热闹的音乐盛会，普通居民甚至游客都会穿着一身橙色共同欢庆。

死难纪念日，5月4日。纪念"二战"死者。

解放日，5月5日。1945年5月5日，荷兰从法西斯德国的占领下解放。解放后，荷兰政府将这一天规定为荷兰的"解放日"。

风车节，5月第二个星期六。荷兰被称作"风车之国"。因地势低洼，当地人用风车排水，变沧海为良田。风车节这天，全国到处都是风车或风车图案的饰物，风车上挂着国旗和花环。全国的风车一起转动，举国欢庆。

郁金香节，最靠近5月15日的星期三。郁金香是荷兰的国花。美丽的5月是荷兰郁金香盛开的时节，五颜六色的郁金香像绚丽的地毯铺洒在荷兰的土地上。每到郁金香节来临时，各地都要举行盛大的花车游行活动。花车被饰以鲜花组成的各种图案，欢乐的人们头戴花环，簇拥着"郁金香女王"，在乐队伴奏下浩浩荡荡前进，穿街过市。每年节日期间，几十万游客从世界各地慕名而来。

圣尼古拉斯前夜，12月5日。这是荷兰儿童的节日，传说这天晚上"圣人尼古拉斯带着朴人克拉普斯给孩子送礼物"。届时各地举行盛大的节日庆典。

圣尼古拉斯节，12月6日，在绝大多数荷兰人心中是最重要的节日之一。这一天家庭成员欢聚一堂，共同庆祝节日的到来。家家户户和商店都以红色和金色为主题精心装饰，给节日游行增添了很多喜庆的气氛。

（八）风俗与禁忌

荷兰人爱清洁、遵守秩序、做事严谨认真，一切细节都安排得井然有序。喜欢精确、有计划的工作和生活，不喜欢临时去做某件事。荷兰人性格开朗热情、办事果断、自信心强。他们待人礼貌、善于体谅他人。荷兰在民族形成时就具有强烈的自由思想、民主意识和无神论，人本主义社会传统保留至今，形成了普遍认同的"宽容"文化。

社交场合，荷兰人与人见面通行握手礼或拥抱礼，和亲密好友相见时还会亲吻一下对方。遵守"女士优先"礼仪，爬楼梯一般是男性在前女性在后。会客时鲜花和巧克力是最好的礼物。青年男女订婚，新郎会送给新娘一双漂亮的木鞋。

荷兰人喜欢鲜花，家家户户都在宅院前后种植鲜花，美化环境。

荷兰人很喜欢 AA 制。

荷兰人忌讳13和星期五；忌讳询问他们的宗教信仰、工资、私人财产、衣物价格、婚姻、个人去向等问题。忌讳别人私自对他们拍照，合影须先征求同意。荷兰人喝咖啡忌讳一杯倒满，认为倒杯子的2/3为合适。

谈话时避免谈德国纳粹、美国政治、钱和物价，比较受欢迎的谈话内容为旅行、政治和体育。

（九）饮食文化

荷兰人的早餐和午餐通常是冷餐，以面包、蛋糕、牛奶、奶酪、生蔬菜、熏肉类和果汁为主。晚餐是热的，正餐的主食通常是土豆，配以蔬菜和肉。荷兰人口味较淡，一般不喜欢太咸的食物，爱甜、酸的味道。讲究菜肴的清爽嫩滑，常见的烹饪方法以煎、炸、烧、炒为主。爱喝啤酒，对矿泉水、汽水、酸奶等饮料也非常喜欢。

知识卡片：荷兰人与AA制

荷兰人把土豆、胡萝卜和洋葱混合烹调的菜叫作"国菜"，据说这是为了纪念国家的难忘历史。

（十）服饰文化

荷兰男子传统服饰颜色单一，上衣对襟，灯笼裤，有时穿短裤，下配黑色的长筒袜。通常夏季穿白色裤子，冬季穿黑色裤子。女子上衣有红、绿相间的条纹，外面再套上一个绣满了花纹的紧身围腰。

白色风帽也是荷兰传统服饰的另一特征。帽子还与年龄、生育等有关。儿童戴无檐帽，女孩的帽子上装饰小星，男孩的帽子上装饰小矛。女子16岁以后，改戴白色的左右有帽翼的无檐女帽；而当生了孩子后，就戴圆柱形的高帽。紧身围腰上绣花的数目也有讲究，通常未婚绣5朵花，已婚则绣7朵花。

知识卡片：荷兰人的饮食文件特色——鲱鱼

木鞋是荷兰传统服饰的代表作。

课堂活动：谈一谈接待荷兰客人时需要注意些什么。

四、主要旅游资源

荷兰处于低洼之地，境内没有崇山峻岭，但河网密布、堤坝林立，和美丽的圩田交错分布，构成了独特的自然风光。荷兰坐拥欧洲最为方便的地理位置，有近20处旅游休假区和旧城、鲜花种植区、博物馆、运河等主要观光点。

1. 库肯霍夫公园

曾数次荣获欧洲"最具价值旅游景点"奖的库肯霍夫公园是世界上规模最大的郁金香公园，也是荷兰最受欢迎的景点和世界上被拍摄最多的景点。在过去60年里共接待游客超过4 400万人。公园占地32公顷，园内有700万株球茎花卉，仅郁金香就达100余种450万株。每年春天的花展使公园成为欧洲乃至世界的热门旅游景点。

2. 凡·高美术馆

凡·高美术馆位于阿姆斯特丹博物馆广场附近，随着城区发展，现在已有旧馆、新馆两部分。1973年建成之后便对外开放，现在的凡·高美术馆，已经有200多幅凡·高油画作品，素描作品约有580幅。其中最知名的当属《群鸽》与《向日葵》。除了凡·高的画作外，美术馆中也收藏了凡·高约750封信件。

3. 荷兰四宝

荷兰四宝分别是风车、木鞋、奶酪、郁金香。

（1）风车（图3-7-1）。荷兰以风车而闻名。早在13世纪以前，荷兰人就修筑了阻挡海水入侵的堤坝并围海造田。15世纪初，荷兰人巧借海边的强大的风力，发明了利用风力排水的机械——风车。到了18世纪中叶，全国风车总数达1万多座，因而被誉为"风车王国"。时至今日，全国仍有1 000座风车被有意识地保存下来。"小孩堤防"是荷兰境内风车较多的地方，19部风车并排，非常壮观，并且还能见到穿着传统服饰的荷兰妇女。

（2）木鞋（图3-7-2）。荷兰是个"低洼之国"，冬天潮湿寒冷，地上时常结冰。而在数百年前，贫苦的农民们无钱买鞋，又不能光脚踏在冰上，所以就用木头雕空制成形状像船的鞋。木鞋的鞋底厚实，鞋头上翘，鞋内填充稻草，可以御寒。这种木鞋穿在脚上舒适且保暖，于是木鞋就在荷兰流行起来。如今木鞋多种多样，人们用彩漆在木鞋上面绘制各种图案，有的还书写着装者姓名的首写字母。

木鞋是荷兰传统服饰的代表作，也被认为是荷兰的国家符号与象征。如今，荷兰木鞋已经成为旅游者必购的纪念品，造型如小船般可爱的木鞋，既可以做装饰品，还可以做花瓶。近年来，木鞋为荷兰创汇已逾亿万美金。

视频：服饰文化
——木鞋

▲ 图3-7-1 风车

▲ 图3-7-2 木鞋

（3）奶酪（图3-7-3）。荷兰是真正的奶酪王国，每年奶酪出口量达40多万吨。最具代表性、最有名的当属车轮般大小的黄波奶酪（Gouda）和世界上唯一保持完美球形的红波奶酪（Edma）。"豪达""莱登"和"艾登"是所有荷兰奶酪中最著名的产地。

（4）郁金香（图3-7-4）。荷兰有"欧洲花园"的美称。它是世界上最大的花卉出口国。郁金香是荷兰的国花，是荷兰种植最广泛的花卉，它象征着美好、华贵、庄严和成功。每年3—5月郁金香陆续盛开，每逢这个时期，荷兰家家户户的庭院和大大小小的公园、广场都遍布着色彩多样、品种不一的郁金香，吸引了世界各地的旅游者前来观赏。

▲ 图 3-7-3　奶酪

▲ 图 3-7-4　郁金香

课堂活动：结合"荷兰四宝"，谈谈如何挖掘具有特色的旅游商品。

五、主要机场和航空公司

（一）主要机场

荷兰的主要机场有阿姆斯特丹史基浦机场、艾恩德霍芬机场、鹿特丹机场等。

阿姆斯特丹史基浦机场（IATA 代码：AMS；ICAO 代码：EHAM），又名阿姆斯特丹国际机场，是荷兰首都阿姆斯特丹的主机场。它位于城市西南方的市郊，距离市中心约 9.1 千米。阿姆斯特丹史基浦机场是荷兰主要的进出门户，也是欧洲较为繁忙的机场之一。

阿姆斯特丹史基浦机场海拔高度为 –3 米（–11 英尺），是世界主要的民用机场中海拔最低的之一。目前机场拥有六条主跑道与一条辅助跑道，主跑道可以起降大型民航机，而辅助跑道主要供通用航空使用。六条主跑道分别为 2 014 米 ×45 米的 04/22 跑道、3 500 米 ×45 米的 06/24 跑道、3 453 米 ×45 米的 09/27 跑道、3 300 米 ×45 米的 18C/36C 跑道、3 800 米 ×60 米的 18R/36L 跑道和 3 400 米 ×45 米的 18L/36R 跑道。其中，18R/36L 跑道于 2003 年正式投入使用，跑道总长度 3 800 米，是该机场最新和最长的一条跑道，在尖峰时间可处理 120 架飞机起降。与机场第五跑道相连接的 A5 道路则是连接海牙、鹿特丹至阿姆斯特丹的重要通道。机场有一个航站楼，航站楼内设有约 165 个登机桥。机场的管制塔台，建于 1991 年，高 101 米（331 英尺），为世界最高的航空塔台。

阿姆斯特丹史基浦机场是荷兰皇家航空与其子公司马丁航空、泛航航空的枢纽机场，而向来与荷兰皇家航空有深厚合作关系的美国西北航空（后被达美航空并购成为其一部分）也以该机场作为在欧洲地区的转运枢纽，因此该机场成为其他国家进入欧陆地区的入口点。

案例拓展

空港城市典范——阿姆斯特丹史基浦机场

史基浦机场（以下简称"史基浦机场"），位于荷兰的首都阿姆斯特丹西南部，建成于1916年，随着2003年航空城的建成，史基浦机场已经成为集展览、物流、客流、娱乐以及观光于一体的"航空都会"，是荷兰通往欧洲的门户和连接世界的入口点。

史基浦机场拥有得天独厚的地理位置优势。它位于一个多种交通模式并存的集合处，航空交通、公路交通和水路交通在此交汇。机场位于欧洲西北部主要十字路口，500千米范围内有世界上最成功的港口鹿特丹、往返于比利时及德国的国际铁路线及人口数达1.6亿的工业区。史基浦机场与阿姆斯特丹西南方相距15千米，是世界上距离市中心第二近的大型国际机场；它与全球最大的港口之一鹿特丹相距60千米，且有高速公路开车半小时即可抵达；德国50%的货运和法国30%的货运都经过荷兰。

史基浦机场航次资源良好、客货运量巨大。2018年史基浦机场搭载了7 105万名乘客，并运送了171万吨货物，起降架次达到49万，为全球251个目的地提供直飞航线，其中包括146条欧洲航线和105条洲际航线。

机场采用单一航站楼设计，史基浦广场所有到达和出发大厅与火车都在同一屋顶下。机场作为物流中转基地，除提供超过13万平方米的货物仓库外，还拥有一系列其他服务设施，包括机场旅客服务：外币兑换处、货币兑换机器、免税商店、寄存行李、餐厅、饭店预订中心、旅游经纪公司和祷告房间等；机场商业服务：商务中心、传真、电话、个人计算机等，两个可接纳50人或者80人团体的会议室、单人办公室、84个互联网连接点、无线网感应点等。此外，机场还开设了荷兰国家博物馆分馆，荷兰黄金时代的画坛巨匠作品在此展出。机场不但建设了购物、餐饮、影像、书报、娱乐、健身设施，还建造了为旅客提供休息和娱乐的酒店、宾馆、网球馆、高尔夫练习馆等。业态齐全的史基浦机场已从传统的旅客和货物集散点，发展成为产业化、商业化的机场。

思考：借鉴史基浦机场的建设经验，谈谈如何发展空港城市。

（二）主要航空公司

1. 荷兰皇家航空公司

荷兰皇家航空公司（图3-7-5）（IATA 代码：KL；ICAO 代码：KLM），通常简称为荷航（KLM），是一家以荷兰阿姆斯特丹为总部的国际航空公司，天合联盟成员之一，主要航空枢纽是阿姆斯特丹史基浦

▲图3-7-5　荷兰皇家航空公司

机场。2005年，与法国航空公司合并，组成欧洲最大航空集团——法航荷航集团。

荷航创立于1919年10月7日，具有长达80年的优良飞行服务经验，是世界上历史最悠久的航空公司，至今仍以其原名运营。荷兰皇家航空集团在阿姆斯特丹的总部运营，2018年为其全球网络提供了214架飞机，雇用员工33 000人。荷航及荷航城市直升机载客3 410万人次，载货62.1万吨，是荷航集团的核心。通过92个欧洲城市和70个洲际目的地的庞大网络，荷航为世界各地的主要经济中心提供直接服务。作为天合联盟的合作伙伴，该联盟为乘客提供了更多的可能性，联合服务173个国家的1 063个目的地。

2. 荷兰泛航航空公司

荷兰泛航航空公司（IATA代码：HV；ICAO代码：TRA）属于法航荷航集团旗下的一家公司，是一家廉价航空公司。总部设在阿姆斯特丹史基浦机场，哥本哈根机场、艾恩德霍芬机场、鹿特丹机场为荷兰泛航航空公司的枢纽机场。该公司可提供飞往63个城市的定期航班和包机航班。

3. 埃克费航空公司

埃克费航空公司（IATA代码：OR；ICAO代码：TFL）总部设在阿姆斯特丹史基浦机场，主要经营荷兰的定期航班和包机航班，飞往地中海地区、红海地区、加勒比海地区、北非、巴西和荷属大西洋地区。航空公司最初成立于1981年，当时的名字是荷兰航空，由于2004年的财务问题停止运营。在2005年5月，被途易航空集团重组，新的航空公司更名为埃克费航空公司。2005年9月开始执行新的航线服务。

课堂活动：查阅资料并结合所学知识，介绍法航荷航集团。

第八节 瑞典

 知识目标

了解瑞典的基本概况和历史；掌握瑞典的风俗习惯；掌握瑞典的主要旅游资源；掌握瑞典的主要航空公司和机场概况。

 技能目标

结合所学知识，能合理安排旅客航程，为旅客提供优质的服务。

 **情境导入**

人生不可错过的旅行有很多，对于韩梅梅来说，去北欧观赏大自然的奇迹——美丽的极光是她的旅行计划之一，北欧五国有瑞典、挪威、芬兰、丹麦、冰岛，她计划出发的第一个目的地是瑞典。

你会推荐韩梅梅什么季节去瑞典？瑞典还有哪些特色的旅游资源？中国有哪几趟直飞瑞典的航班？

知识内容

一、初识瑞典

瑞典王国，简称瑞典，别称"湖泊王国""北欧雪国""欧洲伐木场""森林王国""禁酒王国"。瑞典是一个人口稀少的国家，森林辽阔茂密，海岸线蜿蜒悠长，湖泊数量众多。瑞典位于北欧斯堪的纳维亚半岛东半部，领土面积为45万平方千米，北极圈内土地占15%，是北欧最大的国家，也是世界最北端的国家之一。

课堂活动：谈谈你对瑞典的第一印象。

二、地理概况

瑞典西部与挪威相邻，东北与芬兰接壤，东濒波的尼亚湾和波罗的海，西南同丹麦、英国隔北海相望，海岸线长2 181千米。

瑞典地势自西北向东南倾斜，地形狭长。北部为诺尔兰高原，克布讷凯塞峰海拔2 123米，是全国最高峰，南部及沿海地区多为丘陵或平原。湖泊约10万个，是名副其实的"万湖之国"。境内最大的维纳恩湖面积为5 585平方千米，居欧洲第三。境内可通航河流较少。

由于位于地球的北端北极圈附近，瑞典拥有漫长的夏日，也同样拥有悠长的冬夜。瑞典北部的夏天近两个月全天都有太阳光，而冬天则32天都是黑夜。瑞典以温带大陆性气候为主，受北大西洋暖流影响，瑞典的温度要比同纬度其他国家高一些，平均气温1月北部-16℃，南部-0.7℃；7月北部14.2℃，南部17.2℃。

森林、铁矿、水力是瑞典的三大资源。森林覆盖面积约占全国面积的1/2，是欧洲木材采伐和加工业发达之国，故被称为"欧洲伐木场"。铁矿石储量约53亿吨，是世界上重要的铁矿石出口国。瑞典水电约占总发电量的70%。

课堂活动：分析瑞典的地理环境和季节特点。

三、人文概况

（一）历史概览

公元11世纪初开始形成国家。1157年兼并芬兰。1397年，为了对抗当时的汉萨同盟，与丹麦、挪威组成卡尔马联盟，受丹麦国王统治。1523年脱离联盟重获独立，建立瓦萨王朝。

1654年至1719年为强盛时期，曾晋身欧洲列强之一，领土包括现芬兰、拉脱维亚、立陶宛、爱沙尼亚以及波兰、俄国和德国的波罗的海沿岸地区。1700年，丹麦、俄国和波兰结盟与瑞典开战，1721年瑞典作战失败后丧失了波罗的海属地及其军事强国地位，随后逐步走向衰落。

1805年参加拿破仑战争，1809年被俄国战败后割让芬兰，1813年正式加入反法同盟。1814年与丹麦签订《基尔条约》取得挪威，成立了瑞挪联盟，1905年挪威脱离联盟独立。瑞典在两次世界大战中均保持中立。1995年加入欧盟。

（二）政治制度

现行宪法包含政府法典、王位继承法和新闻自由法三个基本法。此外还有1866年制定的议会组织法。

瑞典实行议会制君主立宪制。国王是国家元首，仅作为国家象征履行代表性或礼仪性职责，不能干预议会和政府工作。国王的长子女是法定王位继承人。议会是立法机构，实行一院制，共349名议员，议员经普选产生，任期四年。政府是国家最高行政机构，对议会负责。

政党主要有社民党、环境党、温和党、自由党、中间党、基督教民主党、左翼党、瑞典民主党等。其中，社民党是第一大政党。

（三）国家象征

瑞典的国旗正式制定于1906年，意为"从天而降的十字旗"。国旗的设计源于一段传说：瑞典国王埃里克九世远征芬兰前向神祷告，突然见到金色十字架的光芒横越天空，由此蓝底金十字就成了瑞典的国家象征。国旗的形状是长方形，长宽之比为5∶8，黄色十字略向左侧，又被称为蓝旗。

瑞典的国徽分为大小两种。小国徽为瑞典政府使用，大国徽为王徽。大国徽为斗篷式，一面蓝盾被黄色十字一分为四：左下和右下部绘有3顶王冠，代表至今保留的君主体制；右上和左下部蓝白相间的背景上，绘有一只金色雄狮，象征古老的福尔孔王朝。大国徽中间镶嵌着一枚小国徽图案，左面由蓝、银白、红三色斜纹和一把金壶组成，右面绘有一座城堡式的钟楼和一只飞翔的金鹰，它们分别代表了瓦萨王朝和伯纳道家族。蓝盾两侧立着一头戴王冠的金狮，国徽顶部是链条环绕的皇家冠冕，链条上饰有生动的六翼天使。

知识卡片：斯德哥尔摩

瑞典的国歌是《你古老的光荣的北国山乡》。

瑞典的国花是铃兰。

瑞典的国鸟是乌鸫。顾名思义，乌鸫全身羽毛乌黑色，鸣叫声婉转多变，善于模仿其他鸟鸣，有"百舌"的美称。

瑞典的货币是瑞典克朗。

（四）人口、民族和信仰

瑞典总人口为1 037万。绝大多数为瑞典人，移民多来自中东、东南欧、非洲等地区。瑞典民族中，瑞典族占90%。北部有芬兰族约2万人，拉普族（萨米人）近2万人。

基督教路德宗是瑞典的国教。国王信奉国教。法律规定非信奉国教公民不得担任首相。

瑞典的官方语言为瑞典语，通用英语。

（五）经济结构

瑞典经济高度发达。以高收入、高税收、高福利为主要内容的"瑞典模式"有效地抵御了经济危机的影响，对国家经济的发展发挥了积极作用。在世界经济论坛2019年度全球竞争力排名中位居第九。

瑞典是世界五大工业强国之一，主要有机械制造业、森林及造纸工业、矿业、电力设备、化工、电信、汽车、食品加工等。瑞典在冶金、材料、制药、通信、航天等专业领域的水平位于世界前列，同时瑞典还拥有独立的核工业、航空业和先进的军事工业。

瑞典寒冷的气候特点限制了农业的发展，主要以畜牧饲养为主，其产值约占农产总值的80%。粮食、肉类和蛋、奶自给有余，水果和蔬菜主要依靠进口。

瑞典是多森林的国家，林业在国民经济中占有重要位置，除出口木材外，林业相关的深度加工工业部门齐全，纸浆、造纸、家具、林产化工产量和出口量均居世界前列。其中针叶树木产品的出口额居世界第二，纸浆出口居世界第三。瑞典每年森林采伐量不得超过自然生长量，这使其森林覆盖率并未受到林木出口的影响。

瑞典近70%的人在服务业工作，主要有商业、运输通信、金融、医疗护理、企业服务、教育、科研及文化服务等。

瑞典旅游业稳定发展，主要旅游地有首都斯德哥尔摩、北部自然保护区、西部的哥德堡市和南部的斯科纳省。

瑞典一直支持世界贸易自由化，外贸依存度较高，出口利润占GDP的45%左右。瑞典拥有很多国际知名品牌，如爱立信、伊莱克斯电器、沃尔沃汽车、萨博汽车及ABB、宜家家具、SKF轴承公司、阿斯利康制药等。

（六）文化教育

瑞典是诺贝尔奖的故乡，是世界第三大音乐出口国，瑞典的文化和艺术生机勃勃、成就非凡。文学上，瑞典有著名的剧作家、小说家斯特林堡，儿童文学作家林格伦和诗人特朗斯特罗姆，他们的作品被翻译成世界各种语言，对世界文学产生了重要影响。瑞典电影业发达，20世纪六七十年代，英格玛·伯格曼、杨·杜里尔、波·韦德伯格、维尔戈特·斯耶曼等人创造了瑞典电影的辉煌。

知识卡片：诺贝尔与诺贝尔奖

瑞典的教育体系较为完善，全国实行9年义务免费教育。全国有各类高校48所（其中综合性大学11所，艺术类院校5所）。著名高校有斯德哥尔摩大学、乌普萨拉大学、皇家工学院、隆德大学等。

思政小课堂

屠呦呦荣获 2015 年诺贝尔生理学或医学奖

2015 年 10 月 8 日,中国科学家屠呦呦荣获 2015 年诺贝尔生理学或医学奖,成为第一个获得诺贝尔自然学奖的中国人。屠呦呦多年来致力于中药和中西药结合的研究,带领团队创造性地研制出抗疟新药——青蒿素和双氢青蒿素,实现对疟原虫 100% 的抑制率,引领了中医药在世界的新的发展方向。

思考:你知道获得诺贝尔奖的华人还有哪些?

(七)主要节日

瑞典一些节假日源自宗教节日,由德国商人或新教徒从外国传入,也有部分节日具有本国特色,与季节变化紧密相连。

元旦,1 月 1 日。瑞典人于除夕之夜要唱祝寿歌迎接新年的到来,还有守夜的习俗。元旦清晨,家庭里最年轻的妇女会拿着专门的食物招待前来拜访的宾客。妇女的服饰也有特别要求:通常是白色衣裙系红色腰带,还要佩戴燃烧着蜡烛的冠冕。

耶稣受难日,是纪念耶稣被钉十字架和复活的基督教节日,通常在三月或四月。

复活节,4 月 1 日。小女孩们会打扮成女巫,骑着扫帚挨家挨户地祝愿邻居们复活节快乐,并用手工制作的卡片来换取糖果。复活节期间,人们还会以蛋作为宝藏,一起玩寻宝和砸蛋游戏。复活节的大餐主要有鲱鱼、三文鱼和由洋葱、鳀鱼、土豆、奶油烤制而成的食物。

五朔节,每年 5 月 1 日的前一天晚上,是瑞典人庆祝冬去春来的一个节日。五朔节是北欧地区的传统节日。这一天,一家人围坐在一起,共同品尝丰盛美味的餐点,举杯共迎春天的来临。每年五朔节之夜,人们还会在野外举行盛大的篝火聚会,人们将各种颜色的花朵和一片片绿叶装扮在一个红色的木桩上,围着象征春天到来的"五月树",伴着乐曲边唱边跳,充满了欢乐的气氛。

基督升天节,复活节 40 天后的星期四。耶稣升天节之前的三天即星期一、星期二、星期三,被称为祈祷周,或祈祷日。

国庆节,6 月 6 日。1809 年 6 月 6 日,瑞典通过实施第一部现代宪法。后来这一天被定为国庆节。国庆节期间,全国各地都悬挂着瑞典国旗,国王和王后参加国庆典礼并接受祝福者献上的鲜花。当天将举办具有北欧风情的文艺表演。

仲夏节,6 月末的星期六。仲夏节一般在夏至前后,这一天白昼最长,黑夜最短。首都斯德哥尔摩 22 点多太阳落山,而凌晨 3 点半太阳又将冉冉升起。在仲夏节(图 3-8-1),青年男

▲ 图 3-8-1　仲夏节

女围绕着鲜花、彩带装饰起来的花柱，载歌载舞，欢庆光明和繁盛的到来。为了最大化地享受阳光，很多瑞典人也会选择从仲夏节开始休假。

龙虾节，是瑞典喜庆传统节日之一，又称小男孩节，每年8月7日晚上拉开序幕，持续大约一个月。龙虾节的晚上，男人们带着家里的小男孩乘船出海，用灯笼捕捞小龙虾，喜欢光亮的小龙虾争先恐后地游向灯笼，一只只小龙虾被钓上来，最终成了瑞典人晚会上的吉祥物和餐桌上的美食。瑞典传统认为钓的龙虾多就代表小男孩一年里聪明好学、有好的运气相伴。因此无论大人小孩儿都希望能满载而归。龙虾节期间，人们还要举行龙虾晚会。人们一边喝酒、吃龙虾，一边唱歌、跳舞，同时大声赞扬和鼓励家里的小男孩，直到第二天早晨才结束。

露西亚女神节，12月13日。据传每年12月13日夜晚露西亚女神将降临人间，给人们带来光明。露西亚烛光游行是最富异国情调的瑞典习俗之一。

圣诞节，12月24日。瑞典的圣诞节比其他西方国家早一天，23日晚为圣诞夜。

（八）风俗与禁忌

瑞典人办事沉着冷静、谈吐文明、重诺守时且计划性强，受气候影响，习惯7、8月份休假旅行，最佳的商务活动时间为2—5月或9—11月。

瑞典人性格较为内敛安静，着装整洁，爱好帆船、骑马、冰球、滑雪、跑步等各类运动。

在瑞典，社交场合通常以握手为礼，有时也行接吻礼。在一般情况下，为互不相识的人做介绍时，遵循原则为把年幼者介绍给年长者，把男子介绍给女子。交谈时会保持较远距离，并且目光直视对方以示对对方的尊重。

瑞典人忌讳陌生人询问他们的政治倾向和年龄，忌讳黄色和蓝色，忌讳数字13。

瑞典对酒管控较严，酒精含量超过4度的酒类只能到专卖店购买。大多数室内公共场所、公共交通设施、饭店、机场、商店等都禁止吸烟。

瑞典人也有一些古老的习俗：新出生的孩子，由这家的女人们抱着他绕父母的壁炉转三圈，如果孩子的身上带有膜状的东西，那就表示这个孩子会有守护神伴随其左右。

送花时不宜送百合或者菊花，因为这两种花是在葬礼上用的，宜送与访问家庭小孩有关的礼物。

（九）饮食文化

瑞典人以西餐为主，主食通常是面包和马铃薯，其中特别喜欢黑面包。早餐通常是面包配奶油和果酱、咖啡、红茶；午餐有面包、肉、马铃薯、蔬菜和色拉等；晚餐与早餐的食物相仿，只加一份汤。瑞典人爱吃瘦嫩肉和新鲜蔬菜，喜欢喝浓汤。菜肴基本上以鱼为主，其中又以鲱鱼、鲭鱼为主，也吃牛肉、猪肉、鸡肉、鸡蛋、野味和其他水产品。瑞典最受欢迎的菜肴是肉丸和鲱鱼，将土豆和越橘搭配肉丸，是全国很多家庭的主食。瑞典的传统菜肴都有一个有趣的菜名，如"老人的糖果""祖母的眼睛""詹逊的诱惑"等。

瑞典人习惯每天要吃固定的菜品，如星期一的菜品是"西鲁布拉"，以牛肉、鲱鱼为主要材料。"忏悔星期二"是吃萨姆拉的日子，即填满奶油和杏仁酱的面包。而星期四的菜品是"艾他鲁、米德、佛拉斯克"，这种菜以豆类和猪肉为主要原料。瑞典的"海盗席"也非常具有代表性，即在一张大桌上摆上几十种菜，菜的烹调质量仅为中等，用餐者按自己的爱好分取。

瑞典是禁酒之国，这个国家所有菜馆和饭店只准晚餐时供应少量的酒。家中饮酒也要持"购酒特许证"去指定地点购买。

（十）服饰文化

瑞典的传统民族服饰（图 3-8-2）是男子上身穿短上衣和背心，下身穿长裤或齐膝短裤，头上戴高筒礼帽或平顶帽子。女子穿长裙，裙子上饰有各种颜色的花朵，有的还在腰间拴着荷包。上身常是坎肩和衬衣。已婚女子戴的帽子风格各异，而少女一般不戴帽子。瑞典传统服装上的装饰较多而且很有特色，如刺绣、抽纱、花边、编结等工艺元素常常被应用在上衣、裙子甚至手套上。

▲ 图 3-8-2　瑞典传统服饰

婚礼上，新郎、新娘的衣服都要绣上各种花纹，新娘还要佩戴王冠式女帽。瑞典的婚服常常由新娘自己绣制，一件美丽的婚服，可能需要耗费几年时间，因此不少新娘从少女时就开始准备自己的婚服了。此外，和荷兰人相似，瑞典人也爱穿木头鞋，这也是源于瑞典国内森林遍布，取材便利，因而木制鞋渐渐成为其民族传统服饰特色。

课堂活动：谈一谈在为航班飞行途中的瑞典旅客服务时，要注意哪些问题。

四、主要旅游资源

瑞典春秋短暂、冬夏分明。夏天可以看到午夜的太阳，亲睹神奇迷人的北极光。冬天则一片白雪皑皑的景象，是溜冰、滑雪运动的天堂。

微课：瑞典旅游资源

1. 斯德哥尔摩群岛

斯德哥尔摩群岛（图 3-8-3）位于波罗的海上，是瑞典最大的群岛。群岛由两万多个大大小小的岛屿组合而成，主要集中在南曼兰和乌普兰的海岸线上。斯德哥尔摩群岛是瑞典主要的经济中心，其美丽的自然环境吸引了众多游客。斯德哥尔摩群岛如同迷人的仙境，茂盛的森林和漫山的野花中点缀着红色的小木屋和白色的游艇，置身于阳光充足的海滩中，看着群岛的美丽景色，一定令游客流连忘返。

2. 瑞典皇宫

瑞典皇宫（图 3-8-4）坐落在斯德哥尔摩市中心，建于17世纪，现在是国王办公和举行庆典的地方，也是斯德哥尔摩的主要旅游景点。瑞典皇宫由著名建筑学家特里亚尔主持设计，正门屹立着两只威武的石雕狮子，身穿中世纪服装、头戴一尺多高红缨军帽的卫士持枪站在两侧，显得十分庄严肃穆。瑞典皇宫方正宽敞，围着中间的场院共有608个房间。瑞典皇宫保留着中世纪的建筑风格，在华丽的皇宫大厅里，大幅的历代国王和皇后的肖像画挂在墙壁之上。宫内各类博物馆珍藏着各种金银珠宝和金银器皿，穹顶及墙壁上的精美壁画和浮雕艺术展现了皇宫的艺术之美，王宫卫队换岗仪式于每天中午举行，皇宫对外开放的部分包括：皇家寓所、皇家兵器馆、古斯塔夫三世的珍藏博物馆、珍宝馆、三王冠博物馆。

▲ 图 3-8-3　斯德哥尔摩群岛

▲ 图 3-8-4　瑞典皇宫

3. 阿比斯库国家公园

阿比斯库国家公园占地77平方千米，拥有迷人的自然风光和种类繁多的北欧野生动物，漫游在阿比斯库国家公园，呼吸新鲜空气的同时，还可以观赏到各种景色，如山峰、峡谷、平原、森林、小动物。最值得一提的便是这里的北极光，每一年的五月中下旬到七月中下旬这里可以欣赏午夜太阳。

▲ 图 3-8-5　卡尔马城堡

4. 卡尔马城堡

卡尔马城堡（图3-8-5）是瑞典最著名的城堡之一，吸引了大量游客。这座美丽的城堡位于沿波罗的海的城市卡尔马上。以前，这座城堡只是一座小的瞭望塔，可以保护内部土地免受海盗侵害。在马格努斯·拉杜拉斯国王统治下，这座钟楼被重建为瑞典最现代、最坚固的堡垒之一。

5. 维斯比古堡

维斯比古堡被认为是瑞典保存完好的最古老的城市。它建于中世纪。尽管它已有数千年的历史，但它仍然保留了最初的样子。作为曾经的汉萨同盟的重要港口，这座古老城市被称为"玫瑰和废墟之城"，城内保存着中世纪城墙和多座古老的教堂废墟，1995年被列入世界遗产。

课堂活动： 查阅北欧五国资料，设计前往北欧五国的旅行线路。

视频：阿比斯库极光

知识卡片：阿比斯库极光

五、主要机场和航空公司

(一)主要机场

瑞典有三个主要国际机场,分别是斯德哥尔摩阿兰达国际机场、兰德维特机场和斯图洛普机场。

斯德哥尔摩阿兰达国际机场(IATA代码:ARN;ICAO代码:ESSA),简称阿兰达机场。1959年建成,位于瑞典王国斯德哥尔摩,是瑞典最大的机场,也是北欧航空主要的枢纽机场。中国国际航空公司运营北京往返斯德哥尔摩直航航班,航班号为CA911/CA912;中国东方航空公司运营上海往返斯德哥尔摩直航航班,航班号为MU289/MU290,均在阿兰达机场起落。阿兰达机场有四个航站楼:2号和5号航站楼运行国际航线,而3号和4号航站楼主要运行国内航线。

兰德维特机场(IATA代码:GOT;ICAO代码:ESGG),是瑞典第二大国际机场,由瑞典民航管理局运营。其位于瑞典西南部港口城市哥德堡东南方向,距市中心约25千米。兰德维特机场建于1972年,于1977年启用,跑道长度为3 299米,宽度为45米。主航站楼有20个登机门,40个停机坪,为超过20家商业航空公司和包机航空公司服务,年载客量约为500万人次,国际航班的旅客人数占75%左右。城市航空(City Airline)是该机场的最大航空运营商。

(二)主要航空公司

瑞典航空公司(IATA代码:LF;ICAO代码:LIN),成立于1957年。1992年2月,斯堪的纳维亚航空公司(SAS)收购瑞典航空公司50%股份,翌年1月1日,瑞典航空公司正式并入SAS。瑞典航空公司是瑞典国内最大的航空公司。共有机队35架,主要基地在布朗玛机场和阿兰达机场,通航城市39个。它提供超过每年20个国内机场和结转500万人。

瑞典空运航空公司(IATA代码:HS;ICAO代码:HSV),成立于2000年,是一家地区航空公司,总部位于博伦厄机场。瑞典空运航空公司经营瑞典和挪威国家内的13条航线。作为一家地区航空公司,该公司是由Air Express、Highland Air和Airborne三家航空公司合并而成的。瑞典空运航空公司的母公司是哥特兰航空公司。

此外瑞典还有安德森商业航空公司、商业喷气公司等小型从事商业旅行服务和国内短途旅行服务的航空公司十余个。

案例拓展

北欧航空公司

北欧航空公司,也称为斯堪的纳维亚航空公司(SAS),是一家由北欧三国——挪威、丹麦及瑞典联合而组成的航空公司,瑞典占3/7股份,总部设于瑞典斯德哥尔摩，枢纽机场为阿兰达机场。北欧航空公司成立于1946年，现有飞机140架，母公司为 SAS 集团。北欧航空公司是"星空联盟"的创始成员之一。

思考： 北欧三国联合成立航空公司的原因有哪些？（地理、经济、文化、社会……）

课堂活动： 查阅资料，介绍一下中国与瑞典之间的航班情况。

本章小结

　　欧洲是近代旅游业的发源地，也是当代世界旅游业最发达的地区。欧洲旅游资源十分丰富，自然景观、古建筑和博物馆多种多样，其中城堡、宫殿、教堂被称为欧洲"三绝"。欧洲拥有数目众多的航空公司和机场，旅游接待设施先进完善，旅游业已经成为该地区规模最大、就业人口最多的行业。第二次世界大战后的半个世纪中，尽管欧洲接待国际旅游人数和旅游创汇在世界总份额中比例逐渐下降，但仍居世界之首，超过 50%。本章介绍了俄罗斯、英国、法国、德国、瑞士、意大利、荷兰、瑞典八个欧洲国家的地理概况、人文概况、历史概览、国家象征、政治经济、文化教育、主要节日、风俗与禁忌、饮食文化、服饰文化、具有代表性的旅游资源、主要航空公司及机场等。

第四章
美洲主要客源国

美洲全称亚美利加洲，位于西半球，东面为大西洋，西面是太平洋，北面是北冰洋，南面隔着德雷克海峡与南极洲相望，西北方与亚洲以白令海峡为界，东北方和欧洲隔着格陵兰海和丹麦海峡。北美洲和南美洲之间以巴拿马运河为界。美洲陆地面积为 4 219.8 万平方千米，约占世界陆地总面积的 28.2%。

美洲大陆上共有 51 个国家和地区，其中北美洲由 37 个国家和地区组成，南美洲有 14 个国家和地区。美洲大陆既有优美险峻的自然风光，又是经济发达的地区。近年来到我国旅游的人数也越来越多，是我国重要的客源国地区。

第四章　美洲主要客源国

第一节　美国

 知识目标

了解美国的基本概况；掌握美国的风俗习惯；掌握美国的主要旅游资源；掌握美国的主要航空公司和机场概况。

 技能目标

结合所学知识，能合理安排旅客航程，为旅客提供优质的服务。

 情境导入

李磊想在6月份到美国去旅游，他想去夏威夷、阿拉斯加和纽约，结果发现从夏威夷到拉斯维加斯需要7个小时，从拉斯维加斯到纽约也需要5个多小时，不是同一个国家吗？怎么需要这么久呢？

你知道为什么吗？请帮他解决疑问，合理规划路线。

知识内容

一、初识美国

美国位于北美洲中南部，全称美利坚合众国，首都为华盛顿，被称为山姆大叔，是北美第二大国家，是一个总统联邦共和制国家。美国的名字来源于美洲大陆的名字"亚美利加"，和"美利坚"为同一个单词。1776年7月4日通过《独立宣言》，正式宣布成立了美利坚合众国。美国虽然是一个移民国家，但还是有很多原住民，例如印第安人、爱斯基摩人和夏威夷人。虽然美国有多民族聚居，但是国家的通用语言还是美式英语，主要信奉基督教新教、天主教等。

课堂讨论：谈谈你对美国的第一印象。

二、地理概况

美国总面积为937万平方千米，本土东西长4 500千米，南北宽2 700千米，海岸线长22 680千米。领土包括华盛顿哥伦比亚特区，北美洲西北部的阿拉斯加州，太平洋中部的夏威夷州和本土的 48 个州,以及关岛等诸多海外岛屿和领土。美国北与加拿大接壤,南靠墨西哥湾,西临太平洋,东濒大西洋。美国地势为东西高中间低,西部为以落基山脉为主的山脉地形,中部是以密西西比平原为主的平原地形,东部是以平缓的阿巴拉契山脉为主的山地地形。主要山脉没有东西走向,都为南北走向,最高山峰为阿拉斯加州的麦金利山,海拔 6 193 米。

美国河流密布,主要的水系可分为太平洋水系和大西洋水系,落基山脉就是两大水系的分水岭。属于太平洋水系的主要有科罗拉多河、哥伦比亚河、育空河等。属于西洋水系的主要有密西西比河、康涅狄格河、赫德森河。另外美国还有很多知名湖泊,例如世界上最大的淡水湖群——五大湖,指的就是苏必利尔湖、休伦湖、密歇根湖、伊利湖和安大略湖五个湖。

美国地域辽阔,气候多变,大部分地区为大陆性气候,东北部沿海和五大湖地区是温带湿润性大陆气候,中部地区为大大陆性半湿润、半干旱气候,阿拉斯加地区则属于寒带大陆性气候,太平洋沿岸地区属于温带海洋性气候,夏威夷地区则属于热带海洋性气候。美国国土面积广大,有丰富的自然资源,多种资源储存量都居于世界前列。其中,煤储存量约 3.6 万亿吨,原油储存量约 270 亿桶,天然气储存量约 5 600 亿立方米,镁矿石、钾盐、磷酸盐、硫黄等矿物储存量也十分巨大,其他矿物质,像铜、铁、铅、锌、钨、钼、铀等存储量也十分可观。另外,美国有十分丰富的森林资源,森林覆盖率达 33%。

课堂讨论: 上网查查,然后讨论,美国各城市气候和气温差异大吗?为什么?

三、人文概况

(一)历史概览

北美洲大陆原本是印第安人的聚居地,随着哥伦布发现新大陆,15 世纪之后西班牙、荷兰、法国、英国等国的人们,纷纷来到了这片大陆,从这时开始,美洲大陆成了欧洲国家的殖民地。

最初来到美洲大陆的人身份和国家都不同,最多的是英国人、爱尔兰人、德国人和荷兰人,他们中有些是躲避战乱或宗教迫害,有些是"契约奴",有些是乞丐和罪犯,还有一些贵族、地主和资产阶级,他们怀揣希望,想在新大陆上开始新的生活。

1606 年英国在北美建立了第一个殖民城市詹姆斯,也就是后来的弗吉尼亚殖民地。到 1773 年,英国已经从大西洋沿岸巴拉契亚山脉之间建立了 13 个殖民地,1775 年波士顿人们展开了武装起义,美国的独立战争自此开始,1776 年 7 月 4 日著名的《独立宣言》在费城通过,美利坚合众国正式宣布成立。独立战争持续到 1783 年才结束,之后在 1787 年制定了联邦宪法,次年乔治·华盛顿当选为第一任总统。1860 年反对黑奴制度的共和党人亚伯拉罕·林肯当选总统,1862 年 9 月宣布《解放黑奴宣言》后,南部奴隶主发动叛乱,爆发了南北战争。1865 年,战争以北方获胜而结束,从而为资本主义在美国的迅速发展扫清了道路。

19 世纪初,随着资本主义的发展,美国开始对外扩张。在 1776 年后的 100 年内,美国领土几乎扩张了 10 倍。在这期间美国工业也在不断发展，到 19 世纪末，美国的工业总产值已经是世界第一，从"一战"至今，美国经济、军事、科技都得到了飞速发展，成为超级大国。

（二）政治制度

美国是实行总统制的国家，实行的是权力三分的政策，由总统、议会和联邦法院来分别执掌行政、立法、司法的权力。

总统享有国家最高权力，他既是国家元首、政府首脑，同时也是武装部队总司令，不对国会负责。总统是通过间接选举产生，任期四年，最多可任职两届。美国的政府内阁由总统、副总统、各部部长和总统任命的其他成员组成。事实上政府内阁并没有决策权，只起到总统助手和顾问的作用。

国会是国家最高立法机构，分为参、众两院，国会议员都是由选民直接选举产生的。参议院议员每州可有两名共有 100 名，每名议员的任期有 6 年，每两年就会改选 1/3 的议员。众议院议员的人数是按照各州人口数的百分比分配出来的，大约有 435 名，每名议员任期 2 年。

参众两院的议员都可以连任，并且不限任期，但是议员是专职工作，一旦担任议员的职务，就不能再兼职其他政府职务了。

美国的司法职权由联邦最高法院、联邦法院、州法院及一些特别法院执掌。其中，联邦最高法院是最高的司法部门，由首席大法官和 8 名大法官组成，都是可以终身任职的。联邦最高法院可以判定联邦法院或各州政府的法律违规不给予采用。

美国各州享有较高的自治权，美国虽然是多党派国家，但是在国内政治上比较有影响力的是共和党和民主党。

（三）国家象征

美国的国旗又叫作星条旗，旗面上有蓝色、红色和白色三种颜色，红色象征勇气，白色象征自由，蓝色则象征正义。美国国旗是一个长宽比为 19∶10 的长方形，在国旗的左上角是一个蓝色的小长方形，上面印有 50 颗白色五角星，共有 9 行，其中 1、3、5、7、9 行每行有 6 颗，2、4、6、8 行每行有 5 颗，共计 50 颗，象征着美国的 50 个州。在国旗的其他位置交替排列着红色和白色的条纹，其中红条纹 7 条，白条纹 6 条，共计 13 条，象征着最早发动独立战争并取得胜利的 13 个州。

视频：华盛顿

美国的国徽主体是一只白头海雕，是美国的国鸟。它代表了力量、勇气、自由和不朽。在海雕的胸前有一个小盾牌，盾牌的上半部是一个蓝色的长方形，下半部为红白相间的条纹，象征着美国国旗。在海雕的头顶悬挂着一顶皇冠，代表着一个新的国家——美利坚合众国诞生了，顶冠内有 13 颗白色星星，象征着美国最初的 13 个州。海

知识卡片：华盛顿

雕的两个爪子分别抓着橄榄枝和箭，代表和平与武力。在海雕的嘴中衔着一条黄色的绶带，上面写着"合众为一"，表明美国是由多个州联合在一起形成的完整统一的国家。

美国的国歌是《星光灿烂的旗帜》。

美国的国花是玫瑰花，象征了爱情、和平、友谊、勇气和献身精神。

（四）人口、民族和信仰

美国是一个移民国家，是多民族国家，有着世界上最多的民族，大部分是欧洲移民的后代。截至2019年，美国共有人口3.32亿，其中约62.1%为非拉美裔白人，约16.9%为拉美裔，约13.4%为非洲裔，约5.9%为亚裔，约2.7%为混血，约1.3%为印第安人和阿拉斯加原住民，约0.2%为夏威夷原住民或其他太平洋岛民，这些数据存在一小部分人被重复统计的情况。

美国人中约46.5%信仰基督教，约20.8%信仰天主教，约1.9%信仰犹太教，约0.9%信仰伊斯兰教，约0.7%信仰佛教，约0.5%信仰东正教，约1.2%信仰其他宗教，约22.8%无宗教信仰，因为有部分人存在多信仰，所以也存在重复统计的情况。

美国的通用语言虽然为英语，但是经过长时间的分离，美式英语和英式英语还是有些不同的。除此之外，还有一些民族使用本民族语言，例如，印第安人的印第安语，墨西哥人会讲西班牙语，华人讲汉语等。

（五）经济结构

美国是世界上经济最发达的国家之一，也是世界最大的商品和服务贸易国。国内生产总值和对外贸易都高居世界首位，有着高度发达的现代市场经济，宏观调控体系十分完善，2019年数据表明，美国国内生产总值为21.4万亿美元，人均国内生产总值为65 111万美元，实际国内生产总值增长率为2.3%。美国经济中所占比重较高的是汽车工业、建筑业和金融业。

美国工业生产种类齐全，集成化程度高，近年来又开始优化产业结构，工业行业的从业人数占总就业人数的20.2%。作为国家的经济基础支柱行业，主要产品有东北部地区的机械、汽车、化工等传统工业产品，南部地区的石油、飞机、宇航、电子等工业产品，西部地区的宇航、电子、信息技术等新兴工业产品。美国农业技术发达，自动化程度高，农产品出口量世界排名第三，美国耕地面积为国土面积的20%，粮食产量巨大，可达世界总产量的1/5，美国的粮食储备量大，所有谷物的总库存量位居世界第一。美国的畜牧业同样十分发达，在所有农产品的生产总值中，占48%。美国的金融业十分发达，对世界经济都有十分重要的影响，华尔街就融汇了多个金融集团，是美国的金融中心。

美国是对外贸易大国，进口量和出口量分别居世界第一位和第三位。美国的出口商品以化工产品、机械、汽车、飞机、电子信息设备、食品、药品、饮料等为主，进口商品多为食品、服装、电子器材、机械、钢材、纺织品、石油、天然橡胶等。美国同样是一个旅游大国，从业人员众多，旅游资源丰富。

（六）文化教育

美国的教育体系可以分为四个阶段，分别是学前教育、初等教育、中等教育和高等教育，也就是小学教育、初中教育、高中教育和大学教育。

美国的中小学教育不是由联邦政府负责管理的，而是由各州教育委员会和地方政府自行负责的。各州为学生提供公立学校的免费义务教育，各州的学制会有所不同，有些是小学 5 年、初中 4 年、高中 3 年，有些是小学 6 年、初中 3 年、高中 3 年，并且为学生提供免费或者半价午餐，提供校车接送。

学生 18 岁之后可继续接受高等教育，并且有多种选择，可以进入 2 年制的初级学院和技术学院，也可选择进入 4 年制本科院校，继而再进入 2～4 年的研究生院。学生高中毕业之后不经过大学的入学考试就可以升入高等学校学习，成绩优秀的学生更有很多优秀学校可选。

在 2017—2018 学年期间，美国共有 4 298 个大学可以授予学位，全球排名前 500 的高校，美国占 168 所，前 20 名中，有 17 所是美国高校，其中著名的有哈佛大学、普林斯顿大学、耶鲁大学、宾夕法尼亚大学、斯坦福大学、加州理工学院、麻省理工学院、哥伦比亚大学等。

思政小课堂

中国驻美国大使馆举办"中华讲坛"交流活动

2016 年 4 月 11 日，中国驻美国大使馆迎来 200 多名美国杜克大学的校友，与使馆外交官们进行了一场别开生面的"中华讲坛"交流活动。

驻美使馆周景兴公使衔参赞、李斌参赞、郑振华参赞分别就中美关系、中国经济、中国外交这三个当前美各界高度关注的热点议题向美方来宾做了介绍，并进行了轻松自由的交流。从中国经济结构调整谈到国有企业改革，从中美贸易投资谈到人民币汇率，从中美新型大国关系谈到两国在应对气候变化等领域的合作，宾主间进行了坦诚深入的对话。

杜克大学校友表示，杜克大学长期以来高度重视并积极致力于对华教育交流合作。杜克大学的校友活跃在美国政商学等各界，与中国外交官进行面对面的交流，他们很高兴，这对他们了解中国的发展和中美关系很有帮助。

吴玺公使向媒体表示，当前中美关系发展的广度和深度已经达到前所未有的水平，如何进一步加强沟通、增进理解、深化互信，减少误解和误判，对进一步推进中美各领域合作至关重要，也是两国共同面临的一项紧迫任务。这些年来，中国驻美大使馆一直敞开大门，与美国各界加强交流对话。每年有数以千计的美国各界人士来使馆做客，通过深入沟通交流加强对中国和中美关系的了解。此次与杜克大学合办"中华讲坛"交流活动，就是希望帮助更多美国各界朋友了解中国和中美关系，为两国关系健康稳定发展营造良好的舆论和民意氛围。

思考："中华讲坛"对传播中国文化有什么作用？

（七）主要节日

1. 林肯纪念日

林肯纪念日，每年的 2 月 12 日，是为了纪念亚伯拉罕·林肯总统而设立的节日，现在是 26 个州的法定假日。林肯在美国人民心中有着非常崇高的地位，他领导南北战争，废除了奴隶制度，所以将他诞辰这一天作为纪念日，人们在这一天举行演讲，撰写缅怀文字或到林肯纪念馆（图 4-1-1）瞻仰。

2. 母亲节

母亲节，每年 5 月的第二个星期日。美国的母亲节起源于 1907 年，安娜·查尔维斯女士为了纪念母亲，奔走呼吁，她还亲自组织在教堂安排仪式举行母亲节仪式，后来越来越多的人参加到这个节日中，感谢母亲的照顾，1913 年，美国国会正式通过法案规定了每年 5 月的第二个星期日作为母亲节。现在世界上的大部分国家都设立了母亲节，这个节日已经成为一个世界性节日。

3. 国旗日

国旗日（图 4-1-2），每年 6 月 14 日。1777 年 6 月 14 日美国通过了第一面正式国旗，为了纪念这一天，就将每年的 6 月 14 日定为国旗日。在这一天全国各地都能看到国旗飘扬，各地都会举行庆典活动。

▲ 图 4-1-1 林肯纪念馆的林肯雕像

▲ 图 4-1-2 国旗日庆典

4. 父亲节

父亲节，每年 6 月的第三个星期日。自从有了母亲节，就有人提议也要感恩父亲，应该设立父亲节，据传，约翰·多德夫人是第一个提出这个建议的，因为她自小失去母亲，是父亲独自抚养她成人，她给当地教会写信表明了自己的希望，教会经过讨论，通过了她的提议，1934 年 6 月，美国国会统一规定 6 月的第三个星期日为父亲节。现在同样成为一个世界性节日。

5. 独立日

独立日（图 4-1-3），每年的 7 月 4 日，是美国的国庆节，是非常重要的节日。1776 年 7 月 4 日美国通过了《独立宣言》，这一天就成为美国人民永远纪念的节日。每年的这一天，人们会举行各种游行、庆典，非常热闹。

6. 感恩节

感恩节（图4-1-4），每年11月第的四个星期四。感恩节也是美国人民原创的节日，是一家人合家欢的节日。早期的感恩节没有固定的日期，美国独立后，感恩节成了全国的节日，固定在了每年11月的第四个星期四，人们在这一天团聚在一起，品尝火鸡。

▲ 图4-1-3　独立日游行

▲ 图4-1-4　感恩节聚会

案例拓展

感恩节为什么要吃火鸡

1620年，一批在英国遭受宗教迫害的清教徒，来到了美洲大陆，他们在美洲大陆度过第一个冬天时受到了当地印第安人的帮助，印第安人给他们提供了食物，教他们捕猎和种植等。在印第安人的帮助下，这些清教徒才能度过这个冬天，按照宗教传统习俗，移民规定了感谢上帝的日子，为了感谢印第安人，移民们邀请印第安人一起来参加这个活动，他们烤了火鸡请印第安人吃，还做了玉米、南瓜、红薯和果子等美味佳肴，清教徒们和印第安人载歌载舞庆祝了三天，从这之后，火鸡就成了感恩节必备的食物。

美国还有很多其他的节日如万圣节、圣诞节、复活节、劳动节等。

思考： 节日大餐是庆祝节日的重要方式，你还知道哪些与节日相关的特色饮食习惯？

（八）风俗与禁忌

在日常生活中，美国人喜欢彼此称呼名字，不需要带姓或者先生、女士，因为他们觉得这样称呼才不会呆板客套。这样的称呼习惯不但体现在邻居和亲戚朋友之间，还体现在父母和子女之间、同事之间、上司和下属之间。美国人虽然比较自由随意，但是在日常生活中也是讲究礼仪的，即使和家人交谈时也会用礼貌用语。

在美国，人们见面时通常行握手礼，握手需要将手套摘下，面带微笑，眼睛不能看其他方向。如果是与女性握手，要等女士先伸手，再与她握手。但如果是好朋友之间的话，打招呼可以不拘小节，是各种形式，也可以行贴面礼。

美国人奉行女性优先，和女性同行时，需要为女性开门、请女性先行上车或者电梯，走在路上时，男性也应走在外侧以保护女性。美国也很重视隐私，不会相互询问对方一些私人信息，例如年纪、收入、宗教等问题。在美国如果要到对方家里做客，需要事先和对方约定时间，并且带上小礼物，不需要很贵重的礼物，但是需要注意的是不能送给女性香水、衣物和化妆用品这些私人物品。

在生活中，美国人也有很多忌讳，有些忌讳和欧洲国家一样。美国人忌讳数字13和星期五，不喜欢黑色，认为是死亡的颜色，所以当13和星期五在同一天时，通常被称为黑色星期五。美国人认为不能穿着拖鞋走路发出啪啪的声音，因为这是对母亲的诅咒。美国人不喜欢蝙蝠和黑猫，认为蝙蝠象征了吸血鬼，是不吉利的动物，而黑猫预示了死亡。美国人忌讳打碎镜子，认为破碎的镜片预示了疾病和死亡。在美国不能对人伸舌头，因为这是侮辱人的动作。在美国对年长的人不能称呼"老"。

（九）饮食文化

美国人在饮食上讲究不多，追求方便快捷，对于菜肴的精致要求不高，一日三餐吃得都很随意，大都是以快餐为主，常吃炸鸡汉堡、牛排、比萨、三明治和热狗等食物，喜欢喝咖啡和可乐。用水果做菜是美国餐饮的一大创新，美国人的冰箱里会常备一些速冻食品。美国人口味偏清淡，不喜欢味道比较重的食物，日常吃生冷食品比较多，喜欢吃一些酸甜的菜肴，例如糖醋鱼、咕噜肉等中餐。肉类食物喜欢吃炸牛肉、炸牛排、炸猪排、烤鸡等。美国人喜欢喝冰水，佐餐时喜欢喝啤酒、葡萄酒、汽水等，美国人虽然不喜欢喝烈酒，但是喜欢喝威士忌和白兰地。美国人不吃肥肉，不吃动物内脏，不吃鸭皮，喜欢吃清蒸和红烩的菜。

视频：美国饮食文化1

视频：美国饮食文化2

（十）服饰文化

美国人在着装上比较自由随意，喜欢彰显个性，西装、T恤加牛仔裤等都可以成为美国人的日常着装。但是美国人的着装也是有着自己的规矩，这个规矩就是按场合来着装。所以即使是高官富商，在户外活动时会穿便装和运动鞋，而即使是普通的技术工人，在去参加婚礼时也会穿西装打领带。美国人会做到在正式庄重的场合着正式的服装，在轻松的场合穿着时尚潮流的服装。有些活动会标明需要着什么样的服装。

课堂讨论：通过学习，你如何理解美国文化？

四、主要旅游资源

1. 总统山

总统山（图4-1-5）指的就是拉什莫尔山国家纪念公园，俗称"美国总统山"，位于美国南达科他州基斯通附近。总统山有四座高18米的雕像，依次为乔治·华盛顿、托马斯·杰斐逊、西奥多·罗斯福、亚伯拉罕·林肯四位美国前总统，他们象征着美国前 150 年的历史和重大事件。雕像是由美国艺术家夏兹昂·波格隆创作，他为了雕刻这四座雕像倾尽了心血，在工程即将完成时与世长辞，他的儿子继承他的遗志，完成了雕像的制作。现在总统山每年都有大量的游客前来参观。

2. 白宫

白宫（图 4-1-6）是历届美国总统居住的地方，由主楼和东西两翼组成，占地 7.3 万多平方米，主楼共有三层，分别是底层、一层和二层。白宫始建于 1792 年，最初只建了一栋灰色的沙石楼，被称为总统大厦。1800 年开始，它才成为美国总统在任期内办公和与家人居住的地方。白宫外表颜色的改变源于 1812 年开始的第二次美英战争，当时英国军队一路打进了华盛顿，于 1814 年 8 月 24 日，一把火焚烧了这里，1817 年在对白宫进行修复时，为了掩盖燃烧的痕迹，总统门罗下令用白色油漆将白宫漆成白色，之后人们按照颜色来称呼它为白宫，到了 1901 年罗斯福总统正式将它命名为白宫。白宫在特定的时间内可对外开放参观。

视频：美国总统山

▲ 图 4-1-5　总统山

▲ 图 4-1-6　白宫

3. 自由女神像

自由女神像（图 4-1-7）坐落在纽约，位于哈德逊河口附近，全称为"自由女神铜像国家纪念碑"，是由法国雕塑家弗雷德里克·奥古斯特·巴托尔迪创造的，是 1876 年法国送给美国独立 100 周年的礼物。自由女神像又被称为"照耀世界的自由女神"，她身着古希腊服装，头戴皇冠，皇冠上有 7 个尖角，象征着七大洲，右手高举火炬，象征着自由，左手拿着《独立宣言》，书的封面上写着 1776 年 7 月 4 日。脚下是断裂的镣铐和枷锁，象征着冲破束缚获得自由。自由女神像已经被列入《世界遗产名录》。

视频：美国自由女神像

4. 金门大桥

金门大桥（图 4-1-8）是旧金山著名的景点，也是旧金山的象征。它是世界上最大的单孔桥之一，横跨金门海峡，连接了旧金山市区和北部的马林郡，全长 2 780 米，金门大桥桥身为红色，在落日下十分宏伟美丽。

▲ 图 4-1-7　自由女神像

▲ 图 4-1-8　金门大桥

5. 迪士尼乐园

迪士尼乐园（图 4-1-9）是每个孩子心中的梦想之地。1955 年，沃尔特·迪士尼根据迪士尼动画形象创造了第一个迪士尼乐园，这是第一个现代的主题乐园。沃尔特·迪士尼去世后，迪士尼公司又陆续开设了多家迪士尼乐园，截至 2016 年，全球共有 6 家迪士尼乐园，其中美国有两家，分别是加州的安纳海姆迪士尼乐园度假区和佛州的奥兰多华特迪士尼世界度假区。迪士尼乐园被称为"全世界最快乐的地方"。

▲ 图 4-1-9　迪士尼乐园

6. 黄石国家公园

黄石国家公园（图 4-1-10）大部分位于美国怀俄明州，总面积约为 8 983.17 平方千米，成立于 1872 年，已被联合国教科文组织列入《世界遗产名录》，是世界上第一个国家公园。黄石国家公园最初是印第安族的圣地，后来被美国探险家发现，进而成为最壮观、最热门的国家公园之一。黄石国家公园由西北部的猛犸象温泉区、东北部的罗斯福区、中间的峡谷区、东南部的黄石湖区、西及西南的间歇喷泉区五部分组成。

7. 科罗拉多大峡谷

科罗拉多大峡谷（图 4-1-11）位于美国西部亚利桑那州西北部的凯巴布高原，是举世闻名的自然景观，被誉为世界七大奇迹之一。科罗拉多大峡谷的形成源于科罗拉多河，这条河奔腾穿梭，描绘出了大峡谷的地形，大峡谷全长 446 千米，平均宽度 16 千米，最大深度 1 740 米，平均谷深 1 600 米，总面积 2 724 平方千米，是"世界第一大峡谷"，是联合国教科文组织选中的受保护的天然遗产之一。

▲ 图 4-1-10　黄石国家公园

▲ 图 4-1-11　科罗拉多大峡谷

课堂讨论：科罗拉多大峡谷地处热带，全年高温，查找科罗拉多大峡谷的地形特点，讨论这里会下雪吗。

五、主要机场和航空公司

（一）主要机场

美国有近 2 万个机场，其中主要机场有纽约肯尼迪国际机场、华盛顿杜勒斯国际机场、旧金山国际机场、哈兹菲尔德—杰克逊亚特兰大国际机场、拉斯维加斯麦卡伦国际机场、波特兰国际机场、西雅图—塔科马国际机场、泰德·史蒂文斯安克雷奇国际机场、奥黑尔国际机场、洛杉矶国际机场、休斯敦乔治·布什洲际机场、达拉斯-福特沃斯国际机场等。

纽约肯尼迪国际机场（IATA 代码：JFK；ICAO 代码：KJFK），全称为约翰·菲茨杰拉德·肯尼迪国际机场，位于纽约市皇后区的东南部，距离曼哈顿 24 千米。它是纽约最主要的国家机场，是美国东海岸最重要的机场，是全世界最贵、最大和最繁忙的机场之一。纽约肯尼迪国际机场始建于 1942 年，最初的名字是纽约国际机场，后来为了纪念被刺身亡的肯尼迪总统，将机场名字改为"约翰·菲茨杰拉德·肯尼迪国际机场"。纽约肯尼迪国际机场共有 9 个航站楼，这些航站楼围绕成了一个 U 字，在 U 字中间的是停车场、酒店、供电设施等。截至 2018 年旅客吞吐量为 61 909 148 人次，2019 年

视频：美国洛杉矶国际机场

起降架次 455 529 次。

第一航站楼原本是美国东方航空的枢纽,东方航空停运后,第一航站楼也就拆除了。后来由法国航空、日本航空、大韩航空、汉莎航空四家航空公司联合修建而成,于1998年肯尼迪国际机场启用50周年时再次启用。第一航站楼有11个登机闸口,为19个航空公司提供航班服务,其中有俄罗斯航空、中国国际航空、法国航空、日本航空、意大利航空、奥地利航空、中国东方航空、大韩航空、汉莎航空等航空公司。

第二航站楼有12个登机闸口,1962年正式开始使用,原本是供布兰尼夫国际航空和西北航空使用的,后来这两家航空公司被达美航空收购了,第二航站楼的使用权也就交给了达美航空。达美航空希望将第二航站楼和同样归属它使用的第三航站楼合并成一个现代化的航站楼。现在第二航站楼主要飞美国国内多个城市。

第三航站楼有17个登机口,1962年开始使用,由达美航空使用,有通往本国和世界50多个城市的航线。

第四航站楼是一个国际航班的枢纽,2001年开始使用,有两个大堂和17个登机闸口。它为43个航空公司提供航班服务,其中有爱尔兰航空、阿根廷航空、印度航空、牙买加航空、捷克航空、埃及航空、以色列航空、阿联酋航空、荷兰皇家航空、智利国家航空、北美航空公司、巴基斯坦航空、维珍航空、中国南方航空、厦门航空、中国东方航空、海南航空等。

第五航站楼是环球航空公司飞行中心,2008年重建后成为捷蓝航空的新航站。

第六航站楼有14个登机闸口,大部分是国内航班,少部分是国际航班。

第七航站楼有12个登机闸口,原本是为英国海外航空和加拿大航空而建。现在为11家航空公司提供航班服务,有加拿大航空、英航、国泰航空、西班牙国家航空、澳大利亚航空公司、联合航空、全美航空等。

第八航站楼将全面拆卸,使新的第九航站楼能全面投入使用。

第九航站楼有10个登机闸口,主要为美国航空、美鹰航空、芬兰航空、匈牙利航空四家航空公司提供服务。

纽约肯尼迪国际机场有具有先进的通信、雷达、风切变预警系统的塔台,有四条跑道,有多层次的停车场,有超过17 000个停车位,是世界上领先的国际航空货运中心之一。

纽约肯尼迪国际机场现已开通了本国国内大部分城市的航班和世界上大部分国家的航线,在我国开通了到北京、上海、广州、福州、重庆、成都等地的航班。

(二)主要航空公司

美国有很多航空公司,主要有美国联合航空公司、美国航空公司、达美航空公司、西南航空公司、捷蓝航空、边疆航空等。

美国航空公司(图4-1-12)是寰宇一家的创始成员之一,是世界最大的航空公司,由82家小航空公司通过整合和改革发展而来。它已和全球50多个国家和地区的260多个城市实现通航,其中包括本国150个城市。其约由900架飞机组成,

▲ 图4-1-12 美国航空公司

主要航空基地有奥黑尔国际机场、达拉斯——沃思堡国际机场、洛杉矶国际机场、迈阿密国际机场、纽约肯尼迪国际机场等。其他和北京和上海通航。

美国联合航空公司（图4-1-13），始建于1926年，最初是作为波音航空运输公司、太平洋航空运输公司、国家航空运输公司和瓦尼航空公司的管理公司，主要用于国内交付邮件。现在则是包括汉莎航空公司、北欧航空公司、泰国国际航空公司、加拿大航空公司和瓦力格航空公司在内的星空联盟集团的成员。通过相互参与各自的常旅客计划，旅客可以享受到里程累积，共用候机楼休息室和简化美联航星空联盟涂装客机办理登记手续。美联航有多班次航班飞往中国，如旧金山—北京、旧金山—成都、旧金山—上海和纽约（纽瓦克）—上海等。

达美航空公司（图4-1-14）总部位于美国佐治亚州亚特兰大，也被称为三角洲航空或德尔塔航空。它是"天合联盟"的创始成员航空公司之一，以哈兹菲尔德—杰克逊亚特兰大国际机场、底特律大都会机场、明尼阿波利斯—圣保罗国际机场、盐湖城国际机场、辛辛那提—北肯塔基国际机场、纽约肯尼迪国际机场、纽约拉瓜地亚机场、布拉德利国际机场等作为枢纽机场。它拥有将近900架飞机，开通了多条到中国的航线，其中有上海—亚特兰大航线，北京—东京—旧金山连程航线，上海—东京—亚特兰大联程航线，北京—西雅图直飞航线，香港—东京、香港—亚特兰大和台北—东京航线等。

▲ 图4-1-13　美国联合航空公司

▲ 图4-1-14　达美航空公司

课堂讨论：结合所学，谈谈如果你从北京出发赴美国旅行，选择哪里入境更合适？如何安排行程？

第二节　加拿大

知识目标

了解加拿大的基本概况；掌握加拿大的风俗习惯；掌握加拿大的主要旅游资源；掌握加拿大的主要航空公司和机场概况。

技能目标

结合所学知识，能合理安排旅客航程，为旅客提供优质的服务。

客源国（地区）概况及风俗
Overview and Customs of Tourist Source Countries (Region)

李磊想去加拿大看极光，但是他听说极光不是一直都能看到的，他不知道哪个月份能够大概率地看到极光，也不知道哪个城市是最佳的观察极光的地点，同样不知道为了这场看极光的旅行他应该准备些什么。

你了解加拿大的极光吗？可以解答李磊的疑问吗？

知识内容

一、初识加拿大

加拿大是北美洲最北的国家，也是一个移民国家，首都在渥太华。"加拿大"一词在葡萄牙语中有荒凉之意，这是法国探险队最初到达这里的感受。也有一种说法认为"加拿大"是印第安语中"棚屋"的意思，传说法国探险家卡蒂埃抵达这片大陆之后，询问当地的印第安人这里的名字，酋长告诉卡蒂埃，他们住的地方叫作"加拿大"，也就是他们棚屋部落，但是因为语言和认知的不同，卡蒂埃以为"加拿大"是这片大陆的名字，所以这个名字就一直流传了下来。加拿大国内有很多枫叶，所以也被称为"枫叶之国"。

课堂讨论：谈谈你对加拿大的第一印象。

二、地理概况

加拿大在北美洲大陆的北部，是北半球的一个高纬度国家，国土面积虽大，但是有1/5的领土在北极圈内，接近半数领土是冻土，人口分布也很不均衡。加拿大东接大西洋，西达太平洋，北至北冰洋，国土面积998万平方千米，是世界国土面积第二大的国家。加拿大南部和美国相邻，西北又和美国的阿拉斯加相邻，拥有世界上最长的不设防疆界，边界长达8 892千米。东北部和丹麦的格陵兰岛、法国的圣皮埃尔和密克隆群岛遥望。

加拿大地势东西高中间低，东部地区多为丘陵地形，南部的圣劳伦斯地区则地势平坦，呈盆地地形，中部为广袤的平原地形，西部地区地势最为高耸，这里是科迪勒拉山区，有着很多高山，大部分山峰海拔都在4 000米以上，最高峰是落基山脉的山洛根峰，海拔达5 951米。加拿大境内有很多湖泊河流，国土面积的8%都是内陆的江河湖泊，是世界上湖泊最多的国家之一，境内最长的河流是马更些河，其他著名的还有圣劳伦斯河、育空河、纳尔逊河、温尼伯湖，还有和美国共有的五大湖群等。

加拿大国土面积跨距大，甚至直达北极，所以加拿大各地温差也很大，中部地区温度最高时可达40 ℃以上，而接近北极的北部地区气温最低可达-60℃以下。加拿大是一个冬季漫长、春秋短暂的国家，秋季是最美丽的季节。加拿大大部分地区属于温带大陆性气候，整体上来说，加拿大东部地区气温偏低，西部地区温和潮湿，南部地区气温适中，北部地区终年严寒。因为加拿大处于高纬度地区，部分国土在北极圈以内，所以在加拿大可以看到美丽的极光。很多城市适宜观赏极光。

加拿大地大物博，森林、矿产、水利、原油等各种资源十分充足，加拿大森林覆盖面广，位居世界第三位，占国土面积的44%。水资源充沛，约89万平方千米都为淡水资源，占世界总淡水量的7%。加拿大矿产资源十分丰富，约有60余种，主要有钾、铀、钨、镉、镍、铅等，其中钾的储存量居世界第一。原油产量也十分充足，位居世界第三位，98%为油砂，储存量为1 677亿桶，占世界油砂储存量的10%。

课堂讨论：上网查查，加拿大地广人稀，这样的人口分布情况和地理环境有关吗？

三、人文概况

（一）历史概览

加拿大最初是印第安人和因纽特人的居住地。16世纪时，随着新大陆的发现，欧洲各国纷纷登上了美洲大陆，法国人和英国人先后来到了这里，1603年法国人首先在加拿大建立了殖民地，后来法国人又建立了魁北克城，法国逐渐掌控了加拿大。

17世纪时英国开始向北美地区大量移民，为了争夺殖民地，英国同荷兰与法国展开了战争，也就是著名的英法"七年战争"，这场战争以法国战败告终，英法之间签订协议，法国将加拿大卖给了英国。1848年成立了归属英国的北美殖民地自治政府。18世纪末，加拿大为了独立爆发了独立运动，在1867年迫使英国同意加拿大自治，到了1926年，加拿大实现了外交独立，在1931年确定了和英国的关系是"平等地位，不再互相求属"，到1982年3月英国女王签署了《加拿大宪法法案》，自此以后立法和修宪的全部权力回到了加拿大的手中。同年4月17日，加拿大国会通过新宪法，至此加拿大实现了完全独立。

（二）政治制度

加拿大名义上的国家元首是英国女王伊丽莎白二世，实行君主立宪制，由女王任命加拿大总督代行职权，而总督由加拿大总理提名，所以实际上英国女王没有实权，加拿大实行的是议会民主制。加拿大国家的立法、行政和司法权分别是由议会、政府和法院来实行的，军队的最高指挥官是国防参谋长。

议会掌握着国家的最高权力并且是国家的立法机构。加拿大的议会也是由参议院和众议院组成的，参众两院通过的法案经由总督签字后即可生效。参议院共有105个席位，各省的名额是按照各省的人数以及历史惯例来分配的，参议院则是需要由总理来提名，总督任命的。1965年6月2日前任命的为终身制，此后任命的到75岁退休。众议院共有338个席位，众议员由按各省人口比例划分的联邦选区直接选举产生，任期4年。

加拿大政府实行内阁制，由众议院中所占席位多的政党领袖来担任总统，总统才有权组建内阁，内阁成员由总理、副总理和各部部长组成。

加拿大没有完整的宪法，而是用各个时期的宪法法案构成现行的宪法体系，包括1867年英国议会通过的《不列颠北美法案》也依然在使用，有关宪法法案规定，实行联邦议会制，尊英国女王为加拿大国家元首，总督为英国女王在加拿大的代表，英、法语均为官方语言。宪法宗旨为和平、秩序和良政。加拿大是一个多党派国家，主要政党有保守党、自由党、新民主党、魁北克党、绿党等。

（三）国家象征

加拿大的国旗，是一个长宽比为2∶1的长方形。国旗上有红白两种颜色，在国旗的左右两侧是两条红色的细条，分别代表了大西洋和太平洋，中间是一个大的白色方块，象征着加拿大辽阔的领土，在白色方块的中心有一片红色的枫叶，枫叶上有11个角，代表着7个省和4个自治州，同时枫叶也是加拿大的象征，所以枫叶也象征了加拿大民族。

视频：渥太华

加拿大的国徽，中间是一个盾形，在盾的下部为白色，上面有一枝有着三片叶子的枫叶枝，在枫叶的上方是两个蓝色的长方形，左边的长方形上是一把金色的竖琴，象征着爱尔兰，右边蓝色的长方形上是三朵金色的百合花，代表法国。在盾牌的最上方，左侧红底印着三只金色的狮子，代表着英格兰，右侧黄底带有红色边框，中间是一只站立的红色狮子，代表了苏格兰。盾牌之上有一个底座，上面站着一只狮子，手中举着一片枫叶，下面也延伸出了白色和红色的枫叶，象征着加拿大的民族和对在"一战"中牺牲的同胞的悼念。狮子的头顶还有一顶王冠，代表着英国女王是加拿大的国家元首，处于最高的地位。在盾牌的外面有一圈红底镶金边的绶带，上面用金色字写着加拿大国家格言："他们渴望更美好的国家"，这是1994年，由加拿大总理提议，英国女王批准加上的。盾牌的左边站立着一只金色狮子，手中举着英国国旗，右边站立着一只银色金角带着皇冠项圈的独角兽，手中举着原来法国的百合花旗。在盾牌的下方有一条蓝底镶金边的绶带，上面用金色的字写着"从海洋到海洋"，表明了加拿大比邻太平洋和大西洋。在绶带下面是一束鲜花，其中有玫瑰、百合、四叶草等。

知识卡片：渥太华

加拿大的国歌是《哦！加拿大》。

加拿大其实没有确定的国花，但是人民喜欢枫树和枫叶。

（四）人口、民族和信仰

加拿大是一个移民国家，99%的人是移民而来，约有70多个民族，截至2020年1月，加拿大共有3 789万人，其中英法等欧洲后裔人数居多，大约占总人数的42%和27%，意大利、德国、乌克兰等国的后裔人数也较多，原住民的印第安人、因纽特人和米提人约3%，其他还有亚洲、拉美、非洲等后裔。加拿大还有许多华人生活在这里，约有一百多万人。加拿大人口分布十分不均，人口密度小，很多地区无人居住，大部分人集中在魁北克和安大略两省生活，生活在城市的人口比较多，约占总人口数的77%。加拿大是一个宗教信仰自由的国家，大部分都有宗教信仰，全国有很多宗教，大部分人普遍信奉天主教和基督教，分别占45%和36%。加拿大的官方语言是英语和法语，英语是使用最广泛的语言，法语主要在魁北克省使用，其他语言还有汉语、意大利语、德语等。

（五）经济结构

加拿大是一个经济很发达的国家，贸易是加拿大的立国根本，是世界十大贸易国之一。加拿大也是一个工业大国，是西方七大工业国之一。加拿大的支柱产业是制造业、建筑、矿产，同时高科技产业也十分发达。

加拿大是一个工业化程度高的国家，在重工业方面主要有石油、金属冶炼、造纸、矿产、机器制造、化学、木器加工、通信电子、运输设备和新能源新材料等，拥有先进的技术水平，另外像时装轻纺、森林建材、食品饮料等轻工业也是加拿大重要的工业部门，在生产和对外贸易中占有一席之地。

加拿大同时也是一个农业大国，农业生产非常发达，机械化程度和商业化程度很高，粮食产量位于世界第三位，主要种植大麦、小麦、燕麦、亚麻、玉米等农作物。耕地面积约占国土面积的16%，其中已耕地面积约6 800万公顷。加拿大的渔业也十分重要，是世界出口水产品量最大的国家，75%的渔业产品都用于出口。

旅游业也是加拿大的重要经济收入产业。加拿大交通发达，酒店众多，旅行社和旅游行业从业者数量充足，约有60万旅游从业者。2019年前三季度旅游业产值约297亿加元，接待外国游客约2 210万人次，同比增长约1%。主要旅游城市有温哥华、渥太华、多伦多、蒙特利尔、魁北克城等。

加拿大对外贸易依赖严重，深受美国影响。加拿大出口的商品主要有汽车及零配件、工业制品、金属和能源产品，进口商品有工业材料、其他消费品及食品等。

（六）文化教育

加拿大的教育水平较高，实行义务教育制度，但是加拿大没有教育部，这是因为加拿大地广人稀，各省之间经济水平相差较大，所以为了建立符合各省的教育制度，加拿大的教育是由各省自行负责，建立符合本省发展的独特的教育制度，教育经费也要由各省自行支付，不过政府会适当给予一定的拨款。

加拿大的教育制度和美国比较相似，大致分为初等教育、中等教育和高等教育，加拿大规定6~16岁的未成年人必须参加义务教育，公立学校的教育是免费的。

初等教育就是小学教育，孩子6岁就可以去小学学习，每年9月份开学到次年6月份为一学年，小学教育延续7年。加拿大的小学教育会融入社会教育，所以经常会组织学生参加各种活动，例如参观博物馆、参加体育运动等。作为双语国家，有些地区加拿大的学生在四年级左右就学习法文。

中等教育大约需要 5 年，有些学校实行 5 年制的中等教育制度，有些学校采用的则是 3 年初中、2 年高中的学制，不管是哪种制度，所有学习的内容和课程都是基本相似的，中等教育的最后两年的学习成绩是评定学生能否晋升大学的依据。

加拿大的高等教育十分先进，有很多世界闻名的高校，加拿大学生升入大学不需要参加考试，只要在高中阶段成绩合格，学分充足，就可以申请进入大学继续学习。

加拿大著名的大学有多伦多大学、麦吉尔大学、滑铁卢大学、不列颠哥伦比亚大学、阿尔伯塔大学、皇后大学等。

思政小课堂

加拿大孔子学院举办白求恩逝世 80 周年纪念活动

2019 年 10 月 26 日，加拿大滑铁卢孔子学院与魁北克孔子学院联合举办题为"同一片天空下"的纪念白求恩逝世 80 周年国际研讨会，是一系列纪念白求恩逝世 80 周年活动的一部分。这次研讨会为期 5 天，主要包括"同一片天空下"和"白求恩精神于今意义何在"主题的研讨会、讲座、影片播放、专著发放等活动。本次活动先后在滑铁卢、渥太华和蒙特利尔等地举行。两国文化界、医学界、社会科学界专家学者和代表以及来自白求恩家族、故乡和母校的代表参加纪念活动。

白求恩纪念馆馆长戴维森表示，现在越来越多的加拿大人带着小孩子来参观纪念馆，他们想了解白求恩。所以今后白求恩纪念馆会设置一些互动项目，让年轻人了解当年的情况。

中国驻加拿大大使丛培武说，中国一直积极倡导白求恩精神，白求恩不仅是一个名字，还是国际主义、人道主义和无私奉献的象征，更是中加友好的象征。"我们纪念白求恩医生，不仅是为缅怀他的感人事迹，还是为激励更多人传承他的精神。"

思考： 学习和了解白求恩的生平和精神，谈谈纪念活动对两国的文化交流有什么意义。

（七）主要节日

1. 郁金香节

郁金香节在每年的 5 月 9 日。第二次世界大战的时候，荷兰王室在加拿大避难，一位荷兰公主身怀六甲，马上就要生产了，但是荷兰王室对在外国出生的成员，不予承认其身份，在这样的情况下来不及将公主送回荷兰，加拿大政府就临时将公主所在的楼划归给荷兰，让它成为荷兰领土，灵活地解决了这个问题。对于荷兰王室来说，这是雪中送炭。后来荷兰王室为了感谢加拿大的帮助，送给加拿大 10 万株郁金香，感恩于荷兰的礼物，加拿大设立了郁金香节。郁金香节通常在首都渥太华举行，有鲜花、彩车和乐队。

2. 枫糖节

加拿大被称为"枫叶之国"，人们也十分喜欢枫叶，所以枫糖节是加拿大人们十分喜爱的传统节日。枫糖（图 4-2-1）传说起源于印第安人，他们发现了枫糖浆，现在每年的 3—4 月份，枫糖节就开始了，传统的枫糖节是会对游客开放的，一些农场还会利用古时印第安人采集枫树汁和制作枫糖的器具，来展示制作枫糖的过程，每到周末还会免费提供"太妃糖"。枫糖节能一直延续到 6 月。

▲ 图 4-2-1　枫糖

案例拓展

枫糖是如何制作的

枫糖是加拿大著名的传统美食，是一种琥珀色的糖浆，是用枫树的汁液慢慢熬煮，直至黏稠而成的。枫糖是加拿大原住民印第安人和因纽特人的发明，他们利用原始的方法采集枫汁，然后将枫汁放到烧烫的石块上，慢慢提炼出枫糖。制作枫糖的原料——枫汁并不是随时都可以采集的，需要有一定的温度差，就是所谓"昼暖夜寒"，能满足这个条件的大约就是每年 3 月份第 2 至第 4 周的时间，这也就是枫糖节在这个时期举办的原因。

枫糖的制作既简单又复杂，通常只需要三个步骤，采集、熬煮和过滤。但作为一个传承多年的活动，需要有十足的耐心。

采集，当昼夜之间产生了温差，枫树中的枫树汁开始流动起来，这时就可以选择枫树取枫树汁了，最好选择树叶是手掌形状直径 25 厘米以上的枫树，这样采集到的枫树汁才香甜。采集的方法就是在枫树向阳的一侧根部的上方打一个洞，然后将洞密封处理，在树下放置容器，剩下的就是等待了，采集枫树汁的过程需要几周。

熬煮，同样是一个需要时间的活动，首先将枫树汁多次过滤，然后将枫树汁置于温度稳定的火上加热，需要时刻小心温度的变化，保证熬煮时的温度是稳定的。

过滤，熬煮过后的枫树汁，黏稠漂亮，但是为了防止枫糖底部形成糖砂，所以需要再次进行过滤，黏稠的枫糖并不容易过滤，所以需要多次过滤，这也是一个十分考验耐心的活动。

3．魁北克冬季狂欢节

魁北克冬季狂欢节（图 4-2-2）是魁北克省一年一度十分重要的节日，通常在 2 月份举行，持续 10 天，有浓厚的法国特色。在狂欢节期间人们制作冰雕、聚会滑雪、参与冰雪运动，例如冰雕比赛就是狂欢节十分受欢迎的项目，观赏冰雕也是人们非常喜欢的活动。

4．加拿大国庆日

加拿大国庆日（图 4-2-3）也称为加拿大日，在每年的 7 月 1 日。1867 年 7 月 1 日《英属北美条约》将英国在北美的三块领地合并为一个联邦，这是加拿大国家的开始，1879 年定为国家节日，最初称为"自治领日"，1982 年 10 月 27 日改名为加拿大日。

 ▲ 图 4-2-2 魁北克冬季狂欢节
 ▲ 图 4-2-3 加拿大国庆日

加拿大还有很多和欧美国家相同的节日，例如圣诞节、万圣节、复活节、感恩节、劳动节等。

（八）风俗与禁忌

加拿大人热情友善，性格温和，乐于助人。加拿大生活节奏较慢，人们生活比较惬意放松，大部分加拿大人都是英国和法国的后裔，所以很多风俗礼仪和禁忌都和欧洲国家相似，因和美国相邻，有些习惯也与美国相同。

加拿大人在与其他人相见时，通常是行握手礼，需要脱帽和摘下手套，握手时需要等女士、老人、领导先伸手。在和熟人朋友见面时可以亲吻和拥抱。加拿大人在称呼上比较随意放松，喜欢直呼其名，但并不是不知礼节，加拿大人在正式场合十分讲究礼节。

加拿大人不喜欢和人交谈时被打断或发生争吵，认为这是不礼貌的行为。和加拿大人工作或聚餐都要事先预约，如果没有预约会被认为是不速之客，而受到排斥。加拿大人喜欢白雪，喜欢白色，认为是幸福吉祥的象征。加拿大人同时还喜欢冰雪运动，酷爱滑雪，加拿大人也喜欢阳光，他们喜欢在夏天冲浪和晒日光浴。加拿大人喜欢修剪花草，每家每户的草坪都修剪得十分整齐。他们在人际交往中会送对方礼物，但是不需要送贵重礼物，小而精的礼物最受欢迎，一束花、一瓶酒都是人们喜欢的礼物。

加拿大大部分公共场所都是不能吸烟的，办公室、公交车、朋友的家中也是不可以吸烟的。加拿大还有很多法律规定，例如，所有人均须注意保护环境。没有钓鱼证，不得钓鱼。没有打猎许可，任何人任何场合不得捡拾动物尸体。不得打骂孩子，不能将未满12岁的儿童独自留在家里。未成年不许饮酒，部分地区甚至不能将其他省份的酒带入。

加拿大人讨厌数字13和星期五，认为是不吉利的，不喜欢百合花，认为是送给死者的花，在家中吃饭时，不要讨论悲伤的事，不要议论死者，以免带来不幸。

（九）饮食文化

加拿大人的饮食习惯和英美人相似，同时因为天气寒冷，所以加拿大人喜欢吃烤制

的食物,尤其钟爱烤牛排。加拿大人讲究饮食均衡和健康,注重营养搭配,口味清淡,喜欢吃酸甜的食物,日常主食以大米为主,菜肴主要是牛肉、鸡肉、鸡蛋、番茄、洋葱、土豆、黄瓜等,配料喜欢用黄油和奶酪。因为境内河流湖泊较多,河鲜种类众多,鳄鱼、鲢鱼、鳞鱼、鲈鱼都是常吃的鱼类。另外境内是驯鹿生活的区域,所以日常也会食用驯鹿肉等。加拿大人喜欢生食蔬菜,饮用冰水。加拿大人的饮食习惯也是一日三餐,早餐是简单的烤面包、鸡肉和饮料。午餐通常是三明治面包、饮料和水果。晚餐是一天中的正餐,通常会做得比较丰盛。加拿大人喜欢喝咖啡,酒类喜好喝白兰地和香槟。加拿大人不喜欢吃味道奇怪的食物,不吃动物的脚和内脏。习惯在用餐后喝咖啡和吃水果。

(十)服饰文化

加拿大的服饰和欧美国家比较相似,比较随意时尚,讲究色彩搭配的和谐。在正式场合,例如工作、会议、观看演出等需要穿正式的服装,男士是西服,女士为礼服或者连衣裙。在日常生活中,穿着比较随便,如逛街、看电影、约会等,男士会穿夹克、衬衫、牛仔裤,女士可穿连衣裙或各种时尚服装。

羽绒服是加拿大人冬季必备的服装,除此之外,雪地靴也是加拿大人冬季喜爱的物品。加拿大女性喜欢戴各种饰品,例如项链、耳饰、手镯等,同时男性也有很多会佩戴项链和耳环。

加拿大因纽特人的服装(图4-2-4)也十分有特色。因为因纽特人生活在寒冷的北极,所以他们的服装大都是一些皮质的大衣。因纽特人常穿的服装是用驯鹿毛皮缝制而成,这种衣服通常使用一整块皮子制成,帽子和衣裤是一体的,较少的缝隙确保了衣服的保暖。

▲ 图4-2-4 因纽特人服装

课堂讨论:比较美加文化,发现相似与差异。

四、主要旅游资源

1. 班夫国家公园

班夫国家公园(图4-2-5)建于1885年,位于阿尔伯塔省,是加拿大历史最悠久的国家公园,也是全世界最受欢迎的国家公园之一。它是洛基山脉中国家公园群中的一个,西部连接幽鹤国家公园,北部连接贾斯珀国家公园,南部连接库特尼国家公园。其中有冰川、冰原、松林和高山,景色十分优美。

视频:班夫国家公园

2. 芬迪国家公园

芬迪国家公园(图4-2-6)是观赏世界大潮汐最理想的地方。它位于加拿大新不伦瑞克省东南方向的阿尔马镇附近,坐落在芬兰湾之内。明纳斯湾的潮汐是加拿大著名的景点,涨潮时,海水汹涌而来,高度可达15米;退潮之后,海上会留下很多海螺、贝壳等,很多游客来这里观赏涨潮，再在退潮后挑选海螺做纪念。这里还有美丽的丛林景色和野生动物。

▲ 图 4-2-5　班夫国家公园

▲ 图 4-2-6　芬迪国家公园

3. 安大略皇家博物馆

安大略皇家博物馆（图 4-2-7）地处多伦多市中心，是北美洲最大的博物馆。安大略皇家博物馆始创于 1912 年，是由安大略省政府创立的。它是加拿大最大、藏品最多的博物馆，拥有世界各地的近 600 万件收藏品，其中收藏了非常多的中国艺术品，其他还有希腊、埃及、罗马等国家的藏品。

4. 尼亚加拉大瀑布

尼亚加拉大瀑布（图 4-2-8）位于加拿大和美国的交界处，源于尼亚加拉河，位于河流的中段，瀑布的主体部分在加拿大境内，最佳观测点也在加拿大境内。尼亚加拉大瀑布宽度 1 240 米，被山羊岛和鲁纳岛两个岛分成了三段，水流湍急、雄伟壮观、水汽充沛，被印第安人称为"雷神之水"，和巴西的伊瓜苏瀑布及津巴布韦的维多利亚瀑布并称世界三大瀑布。

▲ 图 4-2-7　安大略皇家博物馆

▲ 图 4-2-8　尼亚加拉大瀑布

5. 落基山脉国家公园群

落基山脉国家公园群（图 4-2-9）位于西南部的艾伯塔省和不列颠哥伦比亚省，坐落于落基山脉之中，总面积 2.3 万平方千米，是世界上面积最大的国家公园，包括多个国家级和省级国家公园。例如贾斯珀、班夫、约霍、库特奈等国家公园，以及汉帕、罗布森、阿西尼伯因等省立公园，这七个公园为落基山脉国家公园群提供了各种美丽的山地景观，蜿蜒崎岖的山峰，高耸纯洁的冰原和冰川，还有河流湖泊、溶洞峡谷、瀑布温泉，吸引了无数游客慕名而来。

6. 千岛湖

千岛湖（图 4-2-10）是加拿大著名的三大自然奇观之一，也是世界著名的旅游景点。北美洲的安大略湖湖水流入了圣劳伦斯河，圣劳伦斯河与安大略湖相连接的部分散布着 1 865 个天然岛屿和一个人工岛屿，有些岛屿很小，仅生长着 2 棵树木，这些岛屿如撒入圣劳伦斯河的繁星，熠熠生辉，十分美丽。以千岛湖中心线为分界，南岸是美国纽约，北岸是加拿大安大略省，千岛湖的 2/3 岛屿归属加拿大。

▲ 图 4-2-9 落基山脉国家公园群

▲ 图 4-2-10 千岛湖

案例拓展

去加拿大看极光

大部分人觉得看极光应该去欧洲或者美国，像芬兰、冰岛或阿拉斯加，但是其实加拿大也是世界上最适合欣赏极光的国家之一。

加拿大西北部的黄刀镇是最适宜观看极光的地区之一，这里地处极光带上，距离极光出现的位置仅 50 千米，地势平坦无遮掩，亚寒带针叶林地使得这里景色优美。黄刀镇可观赏极光的时间很长，每年的 9 月至第二年的 4 月都是极光的观赏期，时长可达 240 天左右，并且这里看到极光的概率极高，游客通常只要在这里停留三天，就有 98% 的概率能看到极光。有时甚至可以看到 4 或 5 级的极光。

虽然黄刀镇的极光十分美丽，但是还需要注意保暖，这里贴近北极圈，冬季气温常年在零下二三十度，而黄刀镇的极光观景台又在室外，虽然有帐篷和篝火，但还是需要准备好保暖的衣物鞋帽等。当然也可以选择到镇上租借羽绒服。

课堂讨论：结合所学，试着规划一条去加拿大的旅游线路。

五、主要机场和航空公司

(一) 主要机场

加拿大有近1 500个机场,基本各大城市均有航班往来,比较重要的机场有多伦多皮尔逊国际机场、魁北克让·勒萨热国际机场、蒙特利尔—米拉贝尔国际机场、温哥华国际机场、维多利亚国际机场、蒙特利尔特鲁多国际机场等。

截至2017年年底,中国北京、上海、广州和香港均有直航航班前往多伦多、温哥华;成都、沈阳、厦门、青岛、郑州、天津、重庆、杭州、南京和昆明有直航航班至温哥华;北京和上海有直航航班前往蒙特利尔;北京有直航航班前往卡尔加里。

多伦多皮尔逊国际机场(IATA代码:YYZ;ICAO代码:CYYZ)坐落于加拿大安大略省大多伦多地区,西北距多伦多市中心22.5千米,4F级国际机场,是加拿大最大的机场。该机场于1939年开始投入使用,命名为米尔顿机场,1960年更名为多伦多国际机场,1984年为了纪念加拿大第十四任总理莱斯特·皮尔逊更名为多伦多皮尔逊国际机场。

多伦多皮尔逊国际机场原本有三个航站楼,不过2008年时2号航站楼已经拆除,并改建成了停机坪,现在使用的是1号和3号两个航站楼。两个航站楼中均设有美国过境预先清关设备。

现在的1号航站楼是2004年重新建成的,原来的1号航站楼已经拆除。航站楼呈新月形状,为国内、国际及过境转机而设计。号航站楼约有16家航空公司在使用,如加拿大航空、牙买加航空、奥地利航空、德国汉莎航空、美国联合航空等。

3号航站楼建于1991年2月,最初建成的目的是缓解一、二号航站楼的压力,三号航站楼共有40个登机口,2006年又经历了一次改建,现在有约45家航空公司在使用,如俄罗斯航空、法国航空、美国航空、英国航空、海南航空、中国东方航空、中国南方航空等。

(二) 主要航空公司

加拿大有很多航空公司,商业性的航空公司约有900家,包括加拿大航空公司、加拿大波特航空公司、西捷航空公司、不列颠哥伦比亚航空公司、安大略航空公司、诺瓦航空公司等。

加拿大航空(图4-2-11)是加拿大境内最大的航空公司,是归属于国家的航空公司,总部在魁北克省蒙特利尔,是星空联盟的创始成员之一。枢纽机场有多伦多皮尔逊国际机场、温哥华国际机场、蒙特利尔特鲁多国际机场和卡尔加里国际机场等。

▲ 图4-2-11 加拿大航空

加拿大航空最初是1937年4月10日的环加拿大航空,1965年更名为Air Canada,因为没有中国航线,所以未有中文译名,1994年开通了温哥华—香港航线,需要注册中文名称时,"加拿大航空"的名字已经被另一家开通了香港—东京—温哥华的航空公司Canadian Airlines注册了,所以这个时期的加拿大航空的中文名字是"枫叶航空"。

2000年1月,"枫叶航空"收购"加拿大航空",两家航空公司合并之后,Air Canada正式使用了"加拿大航空"这个名字。

加拿大航空公司主要有加拿大境内航线、美加越境航线、欧美航线、亚洲航线等,可提供班机直达超过240个目的地、90个度假目的地。开设有多伦多、温哥华和蒙特利尔通往北京和上海的航班。

课堂讨论：结合所学，如果你从北京出发赴加拿大旅行，选择哪里入境更合适？如何安排行程？

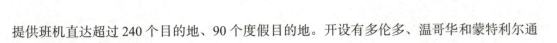

第三节 巴西

 知识目标

了解巴西的基本概况；掌握巴西的风俗习惯；掌握巴西的主要旅游资源；掌握巴西的主要航空公司和机场概况。

 技能目标

结合所学知识，能合理安排旅客航程，为旅客提供优质的服务。

 情境导入

李磊想去参加巴西狂欢节，同时还想参观热带雨林，但是他不知道狂欢节哪一天开始，也不知道要如何抵达巴西和规划行程。

你了解巴西吗？能为李磊制定合适的浏览路线吗？

知识内容

一、初识巴西

巴西，全称巴西联邦共和国，国土面积851.49万平方千米，全国共有26个州和1个联邦区，首都为巴西利亚，国土面积世界第五，是拉丁美洲最大的国家，世界第五大国。"巴西"一词原是一种红木的名称。1500年，葡萄牙人首先发现了美洲大陆上的这片土地，为了彰显主权，在巴西竖起了一架十字架，在这个十字架上刻着葡萄牙王室徽章，这个竖立葡萄架的地方被命名为"圣十字架地"，以此来昭示这片土地归葡萄牙所有。后来人们在当地发现了一种类似东方红木的木材，它纹路细密、坚固耐用，是做家具的好材料，同时它色彩艳丽，可以成为优良的染料，这种木材被命名为巴西。从这以后，"巴西"逐渐取代了"圣十字架地"成为这片土地的名称，一直沿用至今，成了国名。巴西是金砖国家之一，是里约集团、南方共同市场、南美进步论坛和20国集团成员国，与阿根廷和智利并称为ABC国家。巴西的足球举世闻名，被称为"足球王国"，是人们生活中备受喜爱的运动，是巴西的主流运动。

课堂讨论：谈谈你对巴西的第一印象。

二、地理概况

巴西地处南美洲，位于南美洲的东南部，是世界最大的热带国家。与多个国家接壤，北部和法属圭亚那、苏里南、委内瑞拉和哥伦比亚相邻，西部和秘鲁、玻利维亚相邻，南接巴拉圭、阿根廷和乌拉圭，东抵大西洋，有绵长的海岸线，约7 400千米。

巴西的地形主要是高原和平原，巴西主要的高原地区有圭亚那高原，位于北边的边境地区，其中有巴西最高峰内布利纳峰，海拔3 014米，另一个就是占巴西国土面积1/2、位于巴西中部的巴西高原，海拔在500米以上。在两个高原之间，就是辽阔的亚马孙平原，巴西1/3的国土都在这儿，海拔大都在150米以下，位于亚马孙河西部。这里坐落着世界最大的热带原始森林。

巴西水资源丰富，境内有三条水系，分别是亚马孙河系、巴拉那河系和圣弗朗西斯科河系。亚马孙河是世界上第二长河，是流量和流域最大的河，是支流最多的河，贯穿了整个巴西西部地区，全长6 400千米。亚马孙河孕育了世界最大的热带森林，亚马孙雨林从安第斯山脉一路延伸到大西洋沿岸，面积辽阔，约700万平方千米，大部分位于巴西境内，占世界森林面积的20%，被称为世界之肺。这里生活着数不胜数的昆虫、各种鸟类和动植物，并且每年都有很多新物种被不断发现。圣弗朗西斯科河，全长2 900千米，虽然没有亚马孙那么大的流量和长度，但也是巴西十分重要的河流，它是干旱的东北地区主要的灌溉水源。巴拉那河流则是西南部的主要河流，水流湍急，多激流和瀑布，是十分丰富的水力资源。巴西大部分国土位于赤道附近，所以巴西除了最南端部分区域为亚热带气候，其他地区都是热带气候，分为热带草原和热带雨林气候。

巴西有丰富的资源储备，铁矿砂的储存量为世界第五，约有33亿吨，铌、锰、钛、铝矾土、铅、锡、铁、铀等29种矿物储存量也十分丰富，均居于世界前列。石油储存量巨大，已探明储存量约为153亿桶，预计将超过500亿桶。沿海地区有多个特大盐下油气田，预期储存量500亿至1 500亿桶。

课堂讨论：上网查一查，热带雨林每年新发现多少种动植物。

三、人文概况

（一）历史概览

巴西最初是印第安人的集聚地，他们生活在亚马孙河森林附近，是半游牧民族，既会从事农耕，也会进行迁徙。1500年4月22日，葡萄牙的航海家佩德罗·卡布拉尔首先登上了这片大陆，并宣布葡萄牙对这里的所有权。16世纪30年代葡萄牙开始派遣远征队到巴西，在1549年设立巴西总督，逐渐开始了殖民统治，这之后的300年间，葡萄牙人不断迁入，逐渐定居在此。1808年拿破仑攻打葡萄牙，葡萄牙王室被迫迁往了巴西，战争结束之后葡萄牙王室于1821年迁回了里斯本，当时的佩德罗王子留在巴西，担任摄政王，1822年9月7日，佩德罗一世宣布从葡萄牙独立，建立了巴西帝国。1889年11月15日，将军丰塞卡发动政变，推翻了佩德罗二世，废除帝制，成立了巴西合众国。1964年3月31日，军队通过政变，实行独裁统治，并于1967年将国家更名为巴西联邦共和国。1985年1月，反对党赢得了总统大选，结束了军队21年的统治。1989年，巴西实现了通过全民直选来进行大选。

（二）政治制度

巴西现在实行的是总统联邦共和制，总统是国家最高领袖，担任国家和政府首脑、武装部队总司令，自1989年开始，总统都是通过直接选举而产生的。巴西最高的权力机构是议会，政府是由总统任命的内阁组成的，议会有权制定联邦法律；国家在和平时期的武装力量编制和兵力也需由议会来确定；国家和地区性的发展计划须由议会来制定；国家状态发生改变，总统需要宣布战争或者和平时，需要得到议会的授权；总统和副总统出访他国需要经过议会的批准；总统签署的临时性法令、联邦干预或戒严令都需经议会批准或撤销；总统签署国际条约也需要经过议会同意；议会还有权批准和审查总统及政府行政开支等。

巴西的议会同样由参、众两院组成。参议院议长同时兼任国会主席。两院的议长、副议长任期都为2年，所以两院议长每2年就要改选一次，但是同一届的议员在任期内不能连选连任。参议院规定需要议员81名，每周有3个名额，参议员任期为8年，实行每4年改选1/3或2/3的选举方式。众议院有议员513人，各州的名额是按照人口比例来进行分配的，每个州，最少不能少于7人，最多不能多于70人，众议员任期为4年。

巴西的第一部宪法诞生于1882年，到了1988年10月5日巴西颁布了第八部宪法，这部宪法规定了总统需要通过直接选举产生，任期为5年，取消了总统直接发布法令的权力，要求保障人身自由等，之后又分别于1994年和1997年，由议会通过了宪法修正案，总统任期变为4年，总统和州市官员可连选连任一次。

巴西也是多党制国家，很多党派在议会中占有一席之地，例如劳工党、社会自由党、进步党、巴西民主运动党、民族社会党、自由党、社会党、共和党、社会民主党等。

（三）国家象征

巴西的国旗是一个长宽比为10：7的长方形。国旗整体为绿色，代表着广袤的热带雨林，在国旗的正中间有一个黄色的菱形，黄色代表着巴西丰富的矿产资源，菱形的四个角距离国旗边缘的距离相等，在菱形的中间是一个蓝色的星球仪，星球仪中间有一个白色的绶带，上面用绿色的葡萄牙文字写着"秩序和进步"，星球仪下部象征着南半球的星空，上面散落着27颗星星，代表着巴西的26个州和1个联邦区。

视频：巴西利亚

知识卡片：巴西利亚

巴西的国徽中间是一个巨大的五角星，五角星外面分别有一圈黄色和红色的边，五角星的每个角都由绿色和黄色组成，这个大五角星象征着国家的独立和团结。在五角星内部有1个描着黄边的蓝色圆圈，在这个圆圈内还有一个描着黄边的蓝色圆圈，在最中间的圆圈内有五个白色的星星,代表着南十字星座;两个黄边构成的蓝色圆环内有一圈 27 个白色的星星,象征着巴西的 26 个州和一个联邦区。在五角星的外圈左侧是咖啡豆和咖啡叶,右侧是烟草叶,它们编织成了一个花环,一柄长剑从花环下部向上竖立,剑柄在五角星下端。在最下方有一条蓝色绶带,上面用黄色葡萄牙文写着"巴西联邦共和国"和"1889 年 11 月 15 日"。

巴西的国歌是《听,伊匹兰加的呼声》,也称《巴西联邦共和国国歌》。

巴西的国花是毛蟹爪兰。

(四)人口、民族和信仰

截至 2019 年,巴西共有人口约 2.1 亿人,其中约 53.74% 为白种人,约 38.45% 为黑白混血,约 6.21% 为黑种人,约 1.6% 为黄种人和印第安人等。巴西的官方语言为葡萄牙语。大部分居民信奉天主教,约占总人数的 64.6%,另外还有 22.2% 的人信奉基督教福音教派。

巴西经历过多次大量的移民浪潮,1818 年德国人开始移民巴西,1875 年意大利人、1880 年西班牙人也纷纷移民到了这里,到了 20 世纪日本人、叙利亚人、黎巴嫩人也纷纷来到巴西,所以巴西也是一个多民族的国家。欧洲血统的后裔大都生活在巴西南部,土著居民大部分居住在北部和东北部地区,东南地区居住的大部分是混血居民,例如葡萄牙和意大利混血、非洲和巴西混血等。

(五)经济结构

巴西是一个经济发达的国家,经济发展迅速,在拉丁美洲经济实力排名第一,世界第八。巴西是金砖四国之一。巴西的工业实力雄厚,有完善的工业体系,主要的工业有钢铁、汽车、造船、石油、水泥、化工、冶金、电力、纺织、建筑等,飞机制造业和生物燃料产业也已经进入了世界领先水平。

巴西的农牧产业十分发达,是多种农牧产品的生产国和出口国。巴西是世界第一的咖啡生产和出口国,被称为咖啡王国,从廉价咖啡到阿拉比卡咖啡豆都有产出。巴西还是世界最大的蔗糖生产和出口国,是世界第二的大豆和世界第三的玉米生产和出口国,有 21 世纪的世界粮仓的美誉。巴西有着十分完善的服务业,主要包括不动产、租赁、旅游业、金融、保险、信息、广告、咨询和技术服务等。巴西的旅游业十分出名,是著名的旅游目的地国家,旅游业为巴西带来了非常多的收益。

(六)文化教育

巴西的教育体系分为基础教育和高等教育两个阶段。基础教育又有初级教育和中等教育两部分。

初级教育,大致是从 7 岁到 15 岁,也分成两个阶段,小学 4 年和初中 4 年,是义务教育,公立学校免除学费,并提供午餐和校服。在这个阶段学生们会学习葡萄牙语、社会常识、自然科学、文艺和体育等课程,在 5、6 年级的时候会逐步增加工业、商业、农业和家政课程,7、8 年级的时候增加了关于职业的选课,帮助学生选择自己未来的学习方向。

中等教育,就是高中教育,大致是从 15 岁到 18 岁,有普通高中和职业高中两种。普通高中学制3年，主要学习基础知识，为了升高等教育做准备，职业高中学制为2～4年，主要是培养学生的职业技能，培养中等技术水平的工人和技术人员。职业教育在巴西的中等教育中占有十分重要的地位，非常受学生们的喜欢，普通高中和职业高中的毕业生都可以报考高等教育，继续学习。

高等教育就是大学教育，其中包括了综合大学和专科院校。巴西的高等院校本科的学制，因专业不同，年限也会有所不同，为2～6年。巴西的高等院校为巴西输送了大量高级专家、科学家和高级工程技术人员。

巴西著名的大学有圣保罗大学、坎皮纳斯大学、巴西利亚大学等。

思政小课堂

巴西多城市举办欢庆中国春节活动

巴西当地时间2020年1月22日，由中国驻累西腓总领馆和累西腓市政府联合举办的首次2020年巴西"欢乐春节"活动拉开了序幕。这次活动中国驻累西腓总领事严宇清、驻巴使馆文化公参舒建平，巴西伯南布哥州副州长卢西亚娜桑托斯、州司法法院院长费尔南多、累西腓副市长卢西亚诺西凯拉、巴西外交部驻东北部地区办事处主任卡蒂娅吉拉贝尔特大使，另外还有巴西各界友人和华人华侨等600余人观看了演出。

巴西当地时间2020年1月24日，里约热内卢举行了2020年里约春节庆祝活动暨春节招待会，本次活动在巴西里约博塔弗戈俱乐部举行，其中汇聚了中巴双方各界学者精英，大家相聚一堂，共度春节。活动现场中巴民众表演了各国的特色舞蹈，总领事李杨还现场书写"福"字，向里约市长马塞洛·克里韦拉、巴西外交部驻里约代表处主任爱德华多·拉莫斯、里约商会副主席马尔科·波洛等对华友好人士赠送福字。

当地时间2020年2月21日，巴西圣保罗于巴中友好协会组织举办了"欢乐春节线上联欢会"活动。活动中为观众准备了中国十二生肖介绍、烹调、武术、书法、国画、中医、舞蹈、茶艺等丰富多彩的表演。此外，主办方还邀请熟悉中国文化的巴西友人讲解中国文化小常识并送上新年祝福。

（资料来源：网络、央视新闻客户端）

思考： 举办中国春节庆祝活动，对两国文化交流和人民团结有什么意义？

（七）主要节日

1. 海神节

海神节（图4-3-1）在每年的1月1日，这是新年的第一天，和元旦在同一天，也有辞旧迎新的意思。这是一个已有200多年历史的节日，是一个纪念和供奉海神的节日。巴西东部萨尔瓦多市的海神节仪式每年都是最为隆重的。每年1月1日零点，参加海神节的人们就来到海边，他们头

视频：巴西当狂欢节遇上春节

上顶着装满鲜花的陶器，手里拿着自己制作的小船，在海神像前唱歌跳舞，当零点的钟声敲响，新的一年来临之时，人们一边歌唱海神一边将小船和鲜花放入水中，让他们把崇敬之情带给海神，之后人们会在海中洗掉一年的污浊，期望新的一年可以干净纯洁。

2. 巴西狂欢节

巴西狂欢节（图4-3-2）其实就是欧洲的谢肉节，是在复活节前47天，是由欧洲移民带来的节日，现已成为巴西人民的传统节日，现在巴西狂欢节已经是世界最大的狂欢节，被称为"地球上最伟大的表演"。人们穿着各种造型的服装，尽情狂欢。

▲ 图4-3-1　海神节

▲ 图4-3-2　巴西狂欢节

3. 圣灵节

圣灵节原本是葡萄牙的民间节日，葡萄牙移民将这一节日带到了巴西，1819年开始在巴西举行，每年6月初开始，一直持续10天。人们盛装出席，头戴牛、鬼、小丑、海盗主题的面具，唱歌跳舞、彼此祝福，年轻人还可以在这个节日里互诉衷情，在圣灵节的最后三天，节日的气氛达到了高潮，会有骑马表演、少女巡游仪式和歌唱表演。

4. 敬牛节

敬牛节是巴西东北部的传统节日，在每年的6月下旬开始，起源于非洲黑人的牛复活节，现在已经成为葡萄牙人、黑人和土著印第安人一起庆祝的节日。在这一天人们展开盛大的游行演出，人们会在游行中表演各种节目，通过展现牛的遭遇来表达自己的喜怒哀乐，在节日的最后，人们在圣坛前为牛命名，这个牛是人扮演的，表达了对牛的敬爱之情。

5. 巴西独立日

巴西独立日是每年的9月7日，是为了纪念1822年9月7日，巴西宣布独立、成立巴西帝国的日子。在这一天人们会举行各种庆祝活动，是一个全国性的节日。

6. 共和国成立日

1889年11月15日，将军丰塞卡发动政变，推翻了佩德罗二世，废除帝制，成立了巴西合众国。为了纪念这一天，每年的11月15日为巴西的共和国成立日，也就是巴西的国庆节。

（八）风俗与禁忌

巴西人热情大方、性格爽朗，为人礼貌周到。巴西人在待人接物上喜欢直来直往，同时幽默风趣，在和人交流时会流露出真情实感。巴西人见面时，通常喜欢拥抱和亲吻，行贴面礼，但是在正式的场合，或者是初次见面时会行握手礼。印第安人还有特殊的沐浴礼，就是请客人到河里沐浴，请的次数越多，表示越欢迎客人。巴西人的时间观念比较松散，习惯迟到并且对于别人迟到会比较宽容。巴西人对工作的态度也比较随便，在和巴西人交谈时，需要等对方先提工作，在初次介绍巴西人时，应将专业头衔冠于名字前面，如果对方没有头衔，则需要在姓氏前加上先生或女士。

巴西人喜欢蝴蝶，认为蝴蝶能给人带来吉祥，讨厌紫色、黄色和深咖啡色，紫色代表了悲伤，黄色代表了绝望，深咖啡色则会带来不幸。

在欧美地区比较常见的 OK 手势，在巴西被认为是一种非常不文明的动作，被人们所厌恶。和巴西人交谈时应避免谈论政治和宗教，最合适的话题就是足球、笑话等，不能打断别人说话，不能左顾右盼，不询问对方隐私，不询问女性年龄。给巴西人送礼物不能送手帕，巴西人认为送手帕会导致吵架。巴西人同样不喜欢数字 13 和星期五，不吃形状奇怪的水产和两栖动物。

（九）饮食文化

巴西是欧、亚、非三洲移民聚集之地，所以在饮食上兼具了各地的特色，巴西的日常饮食大都是欧式西餐，畜牧业十分发达的巴西，喜欢吃牛肉、鸡肉或鱼肉，著名的巴西烤肉就是这里的特色。主食主要有米、面、木薯粉和黑豆等。巴西的国菜"脍豆"，是用猪蹄、杂碎和黑豆做原料，在砂锅内一起炖制而成。巴西人喜欢吃沙拉，餐后喜欢吃水果或冰激凌。巴西人喜欢喝咖啡，巴西是世界上最大的咖啡生产国和出口国，有"咖啡王国"的美称，另外巴西人喜欢喝葡萄酒和啤酒。

案例拓展

咖啡王国——巴西

其实巴西咖啡起步较晚，直到 1727 年咖啡种植才引入了巴西，但是咖啡和巴西的土地却十分契合，在亚马孙地区咖啡行业迅速发展了起来，成为巴西的支柱性产业。巴西咖啡从 1731 年开始走向世界，当时的里约热内卢成为咖啡出口的重要集散地，20 世纪初巴西咖啡的产量占世界总产量的 77%。如今巴西依然是世界咖啡大国，生产量和出口量都居世界第一。咖啡现在是每个巴西人生活中必不可少的一部分，每天喝咖啡已经是深入骨髓的习惯和喜好了。

视频：巴西咖啡

巴西现有 21 个州，其中 17 个州都出产咖啡豆，不过有 4 个州咖啡豆的产量巨大，占总产量的 98%。巴西的咖啡豆种类繁多，主要是晒干的，巴西大部分咖啡豆是廉价咖啡豆，酸味较低，味有回甘，适合制作速溶咖啡。巴西也有闻名世界的阿拉比卡咖啡豆，即圣多斯咖啡豆，这种咖啡豆原产于巴西圣保罗地区，而圣多斯这个名字来源于运输咖啡的圣多斯港口，圣多斯是一款中性咖啡豆，酸、香、醇均适中，既可单饮也适合和其他咖啡豆调配饮用，口感纯净柔滑，带有轻微的坚果味道。

（十）服饰文化

巴西人在着装上十分讲究礼仪，巴西人外出除了需要穿戴整齐之外，还需要根据不同的场合穿着不同的服装。在正式的场合，例如商务活动、政务活动、宴会活动等，需要穿着正装或套裙，在日常生活中男士也应该穿着衬衫和西裤，女士穿着高领长袖连衣长裙。不过对于女士着装其实没有太多的要求和限制，女性们喜欢穿着艳丽的裙子。巴西的黑人妇女习惯上身穿短上衣，肩披又长又宽的围巾，下身穿肥大的花裙。她们喜欢戴手镯，并在腰带上系上许多垂饰。

课堂讨论： 有人认为，地理环境决定了文化习俗，结合巴西的地理情况谈谈巴西的文化。

四、主要旅游资源

1. 伊瓜苏大瀑布

伊瓜苏大瀑布（图4-3-3）是巴西著名的自然景观，是世界上最宽的瀑布，距离阿根廷和巴西边境处的伊瓜苏河与巴拉那河合流点上游23千米，1984年，被联合国教科文组织列为世界自然遗产。伊瓜苏大瀑布和加拿大的尼加拉瓜瀑布、津巴布韦的维多利亚瀑布并称为世界三大瀑布。

伊瓜苏大瀑布整体呈马蹄形状，高82千米，宽4千米，跌入而下又分了275道大小各异的瀑布。瀑布水流湍急，自上而下，如万马奔腾、惊雷滚滚，气势恢宏，水击于岩石之上，水花飞溅，云雾缭绕，所以伊瓜苏大瀑布之上经常可以看到彩虹，水花与彩虹交相呼应，蔚为壮观。

视频：巴西伊瓜苏大瀑布

2. 黑金城

黑金城（图4-3-4）是一座矿产丰富的城市，是米纳斯吉拉斯州原来的州政府，处于巴西的东南部，是建立在海拔1 100米高地上的城市，面积1平方千米。最初在这里建城是为了淘金，据说从这里的黑沙中可以淘出金沙，人们纷纷来到了这里，而这也是黑金城名字的由来。1980年，被联合国教科文组织列为世界文化遗产。

1698年因金矿而建立起来的黑金城，在18世纪末的时候，黄金被开采殆尽，这里的人们纷纷离开，黑金城人口锐减，而它所有的繁荣都凝固在了18世纪。

现在的黑金城距建成已经300多年，虽然经历了时间的洗礼，但是城中一切都保存完好，已经是一个著名的旅游胜地。黑金城的建筑大都是美丽的巴洛克风格，石板路高低错落，根据地形的变化而高低起伏，城内青山绿树环绕，隐藏着古老的建筑和高大壮观的教堂，各种工艺品店悠闲等待着客人，到处是一片宁静祥和的氛围，是备受世界各地游客喜欢的旅游胜地。

▲ 图4-3-3 伊瓜苏大瀑布

▲ 图4-3-4 黑金城

3. 伊比拉布埃拉公园

伊比拉布埃拉公园（图 4-3-5）是巴西著名的景点。它位于圣保罗市中心，议会大厦的正前面，所以也被称为圣保罗中央公园，这里原本是一个印第安人的村子，后来建成了一座公园。1954 年圣保罗建市 400 周年的时候，将伊比拉布埃拉公园对外开放，人们可以到这里来休闲娱乐。公园是依湖而建的，中心所在地原本是沼泽地。虽然湖面呈黑色，不过水面还是很清澈干净。湖的周边有各种树木鲜花，景色宜人，令人赏心悦目。公

▲ 图 4-3-5　伊比拉布埃拉公园

园内主要景点有开拓者纪念碑，这是对葡萄牙人从沿海到内陆不断开拓领土的纪念；"七九"纪念碑，是为了纪念 1931 年 7 月 9 日圣保罗市市民发动的民主护宪运动；双年展展览馆，伊比拉布埃拉公园每两年就会举办一次国际艺术展，每次都可以吸引大量游客慕名而来；日本馆，建于湖畔的日本馆是日本政府为了庆祝圣保罗建市 400 周年而建造的。

4. 萨尔瓦多古城

萨尔瓦多是巴西最古老的城市之一，有 3 000 多座古建筑，具有浓厚的葡萄牙风格。1985 年，联合国教科文组织将巴伊亚的萨尔瓦多古城作为文化遗产。这里有许多名胜古迹，同时还有美丽的热带风光。其始建于 1549 年，是巴伊亚州的首府，没有太多现代文明的痕迹，一直保留着昔日的风采，沉淀着历史的痕迹。

萨尔瓦多古城分为上城和下城两部分，现在通过升降机和缆车将它们连接到了一起。上城是各种广场和巴洛克风格的建筑，路面用黑白石子铺成，十分可爱；下城是港口和贸易的场所——莫德罗市场，就是现在最为繁华热闹的手工艺品市场。

这里展现了欧洲、非洲和美洲文化的融合贯通，各种文化在这里交汇融合。萨尔瓦多城内有多达 160 座教堂，最古老的马特里斯·圣母康塞桑教堂可以追溯到 1549 年，最华丽的教堂是圣弗朗西斯科教堂，教堂的穹顶、墙柱、圣像和雕塑共用了黄金 300 千克，白银 80 千克。

课堂讨论：从阿根廷和巴西两国观看伊瓜苏大瀑布有什么不同？

五、主要机场和航空公司

（一）主要机场

巴西全国约有 2 499 个机场，大部分的国际机场位于圣保罗、里约热内卢、巴西利亚、累西腓和马瑙斯等地。主要机场有圣保罗瓜鲁柳斯国际机场、巴西利亚国际机场、累西腓国际机场、马瑙斯爱德华多·戈梅斯国际机场、库亚巴马歇尔·龙东国际机场、福塔雷萨国际机场、纳塔尔国际机场、伊瓜苏国际机场等。

圣保罗瓜鲁柳斯国际机场全称为圣保罗·瓜鲁柳斯—安德烈·弗朗哥·蒙托罗州长国际机场，位于圣保罗市，距离市区 25 千米，始建于 1985 年，是巴西最为繁忙的机场，是南美洲的航空枢纽，为多家航空公司提供服务。中国国际航空公司已经开通北京至圣保罗的直达航线，旅客也可通过巴黎、法兰克福、迪拜、纽约和约翰内斯堡等城市转机抵达圣保罗。

圣保罗瓜鲁柳斯国际机场现在共有四座航站楼。一号、二号航站楼主要是本国和南美洲航线，同时也为天马航空的航班服务。一号航站楼主要航空公司有阿根廷航空、法国航空、英国航空、达美航空、西班牙航空、美国联合航空、海洋航空等。二号航站楼主要航空公司有美国航空、加拿大航空、阿联酋航空、大韩航空、汉莎航空、瑞士国际航空、葡萄牙航空等。三号航站楼主要是洲际航空，有8家航空公司入驻，其中就有中国国航空，中国国际航空在这里开设了运营的最长航线，即圣保罗—马德里—北京航线。

（二）主要航空公司

巴西航空运输业较发达，各大城市之间均有空中航线相连。全国有36家航空公司，其中比较重要的有巴西塔姆航空公司、巴西戈尔航空公司，经营着主要的国际和国内航班公司，其他还有巴西南美航空公司、巴西蔚蓝航空公司、巴西哥伦比亚航空公司等。

巴西塔姆航空公司（图4-3-6）也被称为巴西天马航空公司，地处圣保罗市，是巴西最大的航空公司。巴西塔姆航空公司的航线大都是巴西国内各个城市的航线，以及部分南美洲邻国的航线，以圣保罗国际机场和孔戈尼亚斯国际机场为主要基地。

▲ 图4-3-6　巴西塔姆航空公司

巴西塔姆航空公司始建于1961年2月21日，最初只是一个有五架小飞机的小型航空公司。1976年成立了塔姆区域航空运输，是现在航空公司的雏形。之后从1979年开始，巴西塔姆航空公司开始逐渐发展，最终成为以圣保罗孔戈尼亚斯国际机场为枢纽机场，航线遍布巴西全国的航空公司。1997年，巴西塔姆航空公司开始通过与合作伙伴代码共享的方式，以及购入新的大型远程客机，开始经营中长程国际航线，而逐渐转型成为一家国际航空公司。现有飞机170架左右。巴西塔姆航空公司没有直达中国的航线。

课堂讨论：结合所学，谈谈如果你从北京出发赴巴西旅行，选择哪里入境更合适，如何安排行程？

本章小结

美洲大陆有着丰富的自然资源、优美的景色、热情友善的人民以及越来越方便快捷的航空运输，其中美国、加拿大和巴西都是十分重要的客源国。截至2019年，来中国旅游的国家中美国排第6位，加拿大排第13位，巴西虽未进入前20但是和我国有着十分密切的联系，都是十分重要的客源国。

第五章
大洋洲主要客源国

　　大洋洲，位于太平洋中部和中南部的赤道南北广大海域中，西邻印度洋，东临太平洋，并与南北美洲遥遥相望。大洋洲是最小的一个大洲，是除南极洲外世界上人口最少的一个大洲，约占世界陆地总面积的6%。

　　大洋洲横跨南北两半球，从南纬47°到北纬30°；横跨东西半球，从东经110°到西经160°，由一块大陆和分散在浩瀚海域中的无数岛屿组成，主要包括澳大利亚、新西兰、巴布亚新几内亚、斐济等国家。

第一节 澳大利亚

 知识目标

了解澳大利亚的基本概况和历史；掌握澳大利亚的风俗习惯；掌握澳大利亚的主要旅游资源；掌握澳大利亚的主要航空公司和机场概况。

 技能目标

结合所学知识，能合理安排旅客航程，为旅客提供优质的服务。

 情境导入

韩梅梅是旅游爱好者，春节她打算赴澳大利亚旅行，躲避严寒，享受太阳的炙热。这次旅行她计划从上海出发，在澳大利亚打算享受阳光、沙滩、冲浪，潜水看珊瑚礁，听一场歌剧，看一次袋鼠，那么该如何策划行程呢？从上海出发的航班有哪些备选呢？从哪里入境更合适？

结合情境，你了解澳大利亚吗？能帮韩梅梅设计旅游行程吗？

知识内容

一、初识澳大利亚

澳大利亚位于南太平洋和印度洋之间，由澳大利亚大陆、塔斯马尼亚岛等岛屿和海外领土组成。澳大利亚人口中 74% 为英国及爱尔兰裔。澳大利亚是一个工业化国家，农牧业发达，自然资源丰富。2018—2019 年，澳大利亚国内生产总值为 1.85 万亿澳元，经济增长率为 1.9%，人均国内生产总值约 7.2 万澳元。澳大利亚旅游资源丰富，近年来海外游客人数呈上升趋势，但国内游客仍是旅游业的主力军。

澳大利亚在坚持巩固澳美同盟、发挥联合国作用以及拓展与亚洲联系三大传统外交政策的基础上，通过积极参与全球和地区热点问题提升国际影响力，着力推进"积极的有创造力的中等大国外交"。1972 年 12 月 21 日，中澳两国建交，双边关系发展顺利，两国领导人保持经常接触和互访，不断推进经济技术合作与贸易往来，中澳双方在文化、教育、体育、科技等领域的交流与合作持续发展。

课堂讨论：谈谈你对澳大利亚的第一印象。

二、地理概况

澳大利亚,全称澳大利亚联邦,面积为 769.2 万平方千米。澳大利亚位于南太平洋和印度洋之间,由澳大利亚大陆、塔斯马尼亚岛等岛屿和海外领土组成。东濒太平洋的珊瑚海和塔斯曼海,北、西、南三面临印度洋及其边缘海。

澳大利亚东部为山地,中部为平原,西部为高原。澳大利亚最高峰科修斯科山海拔 2 228 米;最低点艾尔湖,湖的最低点位于海平线下 15 米;东北部沿海有世界最大、最长的珊瑚礁群——大堡礁。

澳大利亚海岸线长 36 735 千米,渔业资源丰富。澳大利亚捕鱼区面积比国土面积多 16%,是世界上第三大捕鱼区,有 3 000 多种海水和淡水鱼以及 3 000 多种甲壳及软体类水产品。

澳大利亚北部属热带,大部分属温带。年平均气温北部 27℃,南部 14℃。澳大利亚约 70% 的国土属于干旱或半干旱地带,中部大部分地区不适合人类居住。澳大利亚有 11 个大沙漠,它们约占整个大陆面积的 20%。森林覆盖率 21%,天然森林面积约 1.63 亿公顷,其中 2/3 为桉树。

澳大利亚是世界上最平坦、最干燥的大陆,饮用水主要靠自然降水,并依靠大坝蓄水供水,政府严禁开采地下水。墨累河和达令河是澳大利亚最主要的两条河流,两个河流形成了墨累—达令盆地,面积 100 多万平方千米,相当于大陆总面积的 14%。

澳大利亚矿产资源丰富,至少有 70 余种,其中铅、镍、银、铀、锌、钽的探明经济储存量居世界首位。澳大利亚是世界上最大的锂、锆生产国,黄金、铁矿石、煤、锂、锰矿石、镍、银、铀、锌的产量也居世界前列。澳大利亚是世界最大的烟煤、铝矾土、钻石、锌精矿出口国,第二大氧化铝、铁矿石、铀矿出口国,第三大铝和黄金出口国。已探明的有经济开采价值的矿产蕴藏量包括:铝矾土约 53 亿吨,铁矿砂 146 亿吨,黑煤 403 亿吨,褐煤 300 亿吨,铅 2 290 万吨,镍 2 260 万吨,银 4.14 万吨,钽 40 835 吨,锌 4 100 万吨,黄金 5 570 吨。原油储存量 2 270 亿升,天然气储存量 2.2 万亿立方米。

课堂讨论: 有人说澳大利亚是坐在矿车上的国家,你为这种说法提供一些论据吧!

三、人文概况

(一)历史概览

早在 4 万多年前,土著居民便在澳大利亚这块土地繁衍生息。

1606 年,荷兰航海家威廉姆·简士登陆澳大利亚,这是首次有记载的外来人涉足澳大利亚。1770 年,英国航海家詹姆斯·库克发现澳大利亚东海岸,并宣布这片土地属于英国。1788 年,英国第一批流放囚犯抵达悉尼港,并在这儿建立起英国殖民地。1790 年,英国第一批自由民移居澳大利亚,并以悉尼为中心,逐步向内陆发展。

1900年，六个殖民区以全民公投的方式，同意建立统一的澳大利亚联邦；同年7月，英国议会通过"澳大利亚联邦宪法"和"不列颠自治领条例"。1901年1月1日，澳大利亚各殖民区改为州，成立澳大利亚联邦。1931年澳大利亚成为英联邦内的独立国家。1986年，英议会通过"与澳大利亚关系法"，澳大利亚获得完全立法权和司法终审权。

（二）政治制度

澳大利亚是联邦制君主立宪制国家。澳大利亚国家元首是英国女王，总督为其代表。

澳大利亚联邦议会由女王（总督为其代表）、众议院和参议院组成。议会实行普选。众议院有151名议员，按人口比例选举产生，任期3年。参议院有76名议员，6个州每州12名，2个地区各2名；各州参议员任期6年，每3年改选一半，各地区参议员任期3年。

联邦政府由众议院多数党或政党联盟组成，该党领袖任总理，各部部长由总理任命。政府一般任期3年。

联邦高等法院是澳大利亚的最高司法机构，对其他各级法院具有上诉管辖权，并对涉及宪法解释的案件做出决定，由1名首席大法官和6名大法官组成。各州设最高法院、区法院和地方法院；首都地区和北领地区只设最高法院和地方法院。

澳大利亚主要政党有自由党、国家党、澳大利亚工党等。

知识卡片：堪培拉

澳大利亚划分为6个州和2个地区。6个州分别是新南威尔士、维多利亚、昆士兰、南澳大利亚、西澳大利亚、塔斯马尼亚；2个地区分别是北方领土地区和首都地区。

（三）国家象征

澳大利亚的国旗为长方形，长宽比例为2∶1。旗底为深蓝色，左上方为红、白"米"字，"米"字下面为一颗较大的白色七角星；国旗的右边为五颗白色的星，其中一颗小星为五角，其余均为七角。国旗的左上角为英国国旗图案，表明澳大利亚与英国的关系，澳大利亚为英联邦成员国；一颗最大的七角星象征组成澳大利亚联邦的六个州和联邦区（北方领土地区和首都地区）；五颗小星代表南十字星座，表明该国处于南半球。

澳大利亚的国徽左边是一只袋鼠，右边是一只鸸鹋，这两种动物均为澳大利亚特有，它们一般只会向前走，不轻易后退，象征一个永远迈步向前的国家。国徽中间是一个盾，盾面上有六组图案分别象征这个国家的六个州。红色的圣乔治十字形（十字上有一只狮子、四颗星），象征新南威尔士州；王冠下的南十字星代表维多利亚州；蓝色的马耳他十字形代表昆士兰州；伯劳鸟代表南澳大利亚州；黑天鹅象征西澳大利亚州；红色狮子象征塔斯马尼亚州。盾形上方为一枚七角星，象征澳大利亚联邦的六个州和联邦区。周围饰以澳大利亚国花金合欢，底部的绶带上写着"澳大利亚"。

澳大利亚的国歌是《前进，美丽的澳大利亚》。皇室颂歌为《天佑女王》。

澳大利亚的国花是金合欢。

案例拓展

袋鼠

袋鼠是一种属于袋鼠目的有袋动物,是跳得最高、最远的哺乳动物。袋鼠的图案出现在澳大利亚的国徽上、货币上,许多澳大利亚的企业也以袋鼠为标志,袋鼠被认为是澳大利亚的象征。

袋鼠主要分布在澳大利亚大陆和巴布亚新几内亚的部分地区,有些种类为澳大利亚独有。袋鼠的种类包括红袋鼠、大赤袋鼠、东部灰袋鼠、西部灰袋鼠和麝袋鼠。红袋鼠最为著名,体形硕大,生活在澳大利亚的干燥地带,因袋鼠的食物含大量水分,所以在没有活水的地区也能生存。实际上只有公袋鼠是红色的,母袋鼠为灰蓝色。大赤袋鼠,生活在澳大利亚东南部的开阔草原地带,是最大的有袋动物,也是袋鼠类的代表种类,堪称现代有袋类动物之王。东部灰袋鼠是最常见的,生活在较为肥沃的地区。西部灰袋鼠,生活在开阔的林地、荒原和草场,几乎遍布整个澳大利亚的南部地区,以草、树叶、树皮和灌木为食。

思考:有人说袋鼠是澳大利亚的国宝,澳大利亚还有哪些独特的动物?

(四)人口、民族和信仰

截至2020年7月,澳大利亚人口2 562万,74%为英国及爱尔兰裔,5.6%为华裔,2.8%为土著人口,其他族裔主要有意大利裔、德裔和印度裔等。

澳大利亚约63.9%的居民信仰基督教,5.9%的居民信仰佛教、伊斯兰教、印度教等其他宗教,无宗教信仰或宗教信仰不明人口占30.2%。

(五)经济结构

澳大利亚是一个高度发达的资本主义国家。

澳大利亚农牧业发达,在国民经济中占有重要地位,是世界上最大的羊毛和牛肉出口国。主要农作物包括小麦、大麦、棉花、高粱等,主要畜牧产品为牛肉、牛奶、羊肉、羊毛、家禽等。

澳大利亚渔业资源丰富,已进行商业捕捞的约600种,最主要的水产品包括对虾、龙虾、鲍鱼、金枪鱼、扇贝、牡蛎等。

澳大利亚工业以制造业、建筑业和矿业为主。

澳大利亚的服务业是国民经济支柱产业。服务业中产值最高的五大行业是金融保险业、医疗和社区服务业、专业科技服务业、公共管理和安全服务业、教育培训服务业。澳大利亚拥有全球第五大金融体系和资本市场,金融业成熟完善,监管严格。

澳大利亚旅游资源丰富,近年来,海外游客人数呈上升趋势,但国内游客仍是旅游业的主力军。

澳大利亚对国际贸易依赖较大，主要贸易伙伴为中国、日本、美国、韩国、印度、新西兰、英国、新加坡、泰国、德国、马来西亚等；主要出口商品为铁矿石、煤、黄金、原油、天然气、小麦、铝矾土、铜矿、牛肉、铜、羊毛制品等；主要进口商品为原油、摩托车、精炼油、航空器材、药物、通信器材、计算机、公交车、货车、黄金等。

（六）文化教育

澳大利亚官方语言为英语，汉语为除英语外第二大使用语言。

澳大利亚的教育体系与英国一脉相承，实行学龄前教育、中小学12年义务教育和高等教育，学校又分为公立、私立和天主教学校三种。澳大利亚学生在12年级毕业后，凭毕业会考成绩，可以选择职业技术教育或者学术理论性大学教育。截至2017年，澳大利亚有9 444所学校，384.9万学生，其中65.6%的学生在公立学校就读。澳大利亚有37所公立大学和2所私立大学，主要包括澳大利亚国立大学、莫纳什大学、阿德莱德大学、墨尔本大学、新南威尔士大学、昆士兰大学、悉尼大学等。

澳大利亚是教育大国，在物理学、化学、医学、文学领域诞生了13位诺贝尔奖获得者。

澳大利亚是体育运动大国，在1956年举办过墨尔本奥运会，在2000年举办过悉尼奥运，澳大利亚在历届奥运会奖牌榜长期居前列。

澳大利亚是网球大国，澳大利亚网球公开赛每年一月在墨尔本举行，已有100多年的历史，澳大利亚有多位得过大满贯的网坛巨星。澳大利亚水上运动极受欢迎，在奥运会上取得极好的成绩。澳式足球为澳大利亚特有，澳大利亚澳式足球联盟举行的比赛极受民众欢迎；其他运动项目，包括田径、自行车、风帆、跳水、马术等在世界体坛也都取得了极好的成绩。

澳大利亚在文化领域表现活跃，多位优秀的电影导演、制片人、演员活跃于好莱坞，包括巴兹·鲁尔曼、乔治·米勒、妮可尔·基德曼、凯特·布兰切特、休·杰克曼等。

思政小课堂

中国民族舞剧《牡丹亭》在墨尔本演出成功

2013年2月26日，由中国对外文化集团主办、澳星国际传媒集团承办的"中华风韵"之中国民族舞剧《牡丹亭》在澳大利亚墨尔本帕莱斯剧院上演，中国驻墨尔本总领事施伟强、中国驻澳大利亚使馆文化公参舒晓、维州上议院议长Bruce Atkinson、维州议员林美丰、阿拉瑞特市长Gwenda Allgood、戴瑞滨市议员Stanley Chiang、墨尔本国际艺术节主席Carrillo Gantner等各界人士2 000余人出席观看。

大型舞剧《牡丹亭》在剧情上大胆创新，既保留了中国明代戏剧大师汤显祖原著中讴歌纯真爱情的核心精神，又增加了现代元素，显现出特别的浪漫气质，使爱的主题更加集中凝练。美妙的音乐旋律和绚丽的舞台背景衬托出诗一般的姻缘梦境，中国金陵艺术团年轻舞蹈演员的精湛舞姿和出神入化的表演技巧向澳洲观众展现了中国文化的感人魅力，让全场观众陶醉和感动，掌声经久不息。

该剧作为中国对外文化集团公司"中华风韵"的演出项目来澳大利亚巡演并参加墨尔本"欢乐春节"庆祝活动，在墨尔本演出2场后将赴悉尼演出，旨在向澳洲观众介绍中国当代经典舞台作品。

（资料来源：中华人民共和国外交部 https://www.fmprc.gov.cn/web/zwbd_673032/ywfc_673029/t1017633.shtml）

思考：每年春节，在澳大利亚中国文化交流活动众多，这对中华传统文化宣传有哪些好处？

（七）主要节日

1月1日，新年。每年新年，在悉尼海港大桥上空会燃放跨年焰火，在墨尔本和布里斯班的河岸会举办狂欢派对，在澳各主要城市都以各种各样的方式进行庆祝。

1月26日，国庆日。1788年1月26日，英国流放到澳大利亚的第一批犯人抵悉尼湾，英开始在澳建立殖民地，这一天被定为国庆日。

3月的第二个星期一，堪培拉日。1913年3月12日，澳大利亚首都被正式命名为"堪培拉"，每年3月的第二个星期一定为堪培拉日，庆祝堪培拉正式命名。

春分月圆后第一个星期日，复活节。复活节是基督教纪念耶稣复活的节日，象征着重生与希望。澳大利亚的复活节更像是和家人共享美食、共度周末的假期，和朋友交换巧克力彩蛋、带好十字面包全家出游是最好的庆祝方式。

4月25日，澳新军团日。这一天是纪念第一次世界大战时期在加里波利之战中牺牲的澳新军团将士的日子，缅怀他们为国牺牲的英勇精神。

6月第二个星期一，女王诞辰日。全世界英联邦国家在伊丽莎白二世生日这一天都会欢庆，只是不同的国家或者地区日期有所不同。对于澳大利亚而言，除了西澳（Western Australia）外，各州和领地都会在每年6月第二个星期一庆祝；西澳（Western Australia）在9月最后一个星期一或10月第一个星期一庆祝。

12月25日，圣诞节。澳洲的圣诞节在夏天，依传统，家人会聚在一起吃烤火鸡、火腿和热腾腾的梅子布丁，但现在很多家庭会选择户外烧烤庆祝节日。

（八）风俗与禁忌

澳大利亚是一个高福利国家，社会福利齐全，所有永久居民都享受全国性的医疗保障待遇，这样的社会环境造就了轻松、自由的澳大利亚人。

在社交中，人们互相直呼其名，无论是上司和雇员之间，还是教师和学生之间都如此。澳大利亚人见面时施握手礼、拥抱礼、贴面礼等。澳大利亚人喜欢和人交朋友，喜欢到朋友家做客，去朋友家做客一般会带一些小礼物。

受基督教影响，澳大利亚人对13和星期五极为反感。在澳大利亚的公共场合，说话声音要低，不可大声吵嚷。澳大利亚人不喜欢带有兔子图案的东西，喜欢有袋鼠、金合欢图案的东西。在澳大利亚不要随意竖起大拇指，这是极不礼貌的动作。澳大利亚极讲究平等，在社交中一视同仁，不可厚此薄彼。

（九）饮食文化

澳大利亚饮食结构多样，口味清淡，不喜欢吃辣，不喜欢油腻。澳大利亚人一般以面包为主食，喜食牛肉、羊肉、蛋、奶制品、海鲜类，不吃狗肉、动物内脏。澳大利亚人喜欢喝啤酒，每天下班、每逢周末，朋友都相约到酒吧喝酒、聊天、欣赏音乐。澳大利亚人非常喜欢野餐、烧烤。

（十）服饰文化

澳大利亚人除在正式场合穿正装外，在生活和工作中穿着休闲随意，T恤、牛仔裤、短裤是日常穿搭。

课堂活动：结合这部分学习，为澳大利亚游客服务你有哪些新思路？

四、主要旅游资源

1. 悉尼

悉尼，位于澳大利亚的东南沿岸，是澳大利亚面积最大、人口最多的城市。悉尼是全球最宜居城市之一，2020年GaWC世界一线城市排名第10位。

悉尼拥有高度发达的金融业、制造业和旅游业，是重要国际体育赛事的举办城市。主要旅游景点包括悉尼歌剧院、悉尼博物馆、海港大桥、达令湾、悉尼中央海岸、悉尼公园、爬虫动物公园、皇家国家公园等。

微课：悉尼

悉尼歌剧院（图5-1-1），是澳大利亚地标式建筑，是20世纪建筑的杰作。其坐落在距离海面19米的花岗岩基座上，总建筑面积88 000平方米，有一个拥有2 700座的音乐厅、一个1 550座的歌剧院及小剧场、展览厅等。2007年，被联合国教科文组织确定为世界文化遗产。

▲ 图 5-1-1 悉尼歌剧院

视频：澳大利亚
悉尼歌剧院

蓝山山脉国家公园，位于悉尼以西 65 千米处，占地约 103 万公顷，由砂岩高原、悬崖和峡谷构成。由于这里的山上生长了很多桉树，树叶释放的气体聚集在山间，形成一层蓝色的薄雾，故名蓝山。2000 年，被联合国教科文组织确定为世界自然遗产。

悉尼主要包括七个国家公园和一个保护区，分别是蓝山国家公园、沃勒米国家公园、燕勾国家公园、纳塔依国家公园、加登斯通国家公园、瑟勒米湖国家公园、卡南格拉—博伊德国家公园和珍罗兰洞穴喀斯特保护区。

2. 大堡礁

大堡礁（图 5-1-2），是世界最大的珊瑚礁群，是水上和水下最美丽的自然景观，是地球上最壮观的风景之一。1981 年，被联合国教科文组织确定为世界自然遗产。

▲ 图 5-1-2　大堡礁

大堡礁水域有大小岛屿约 630 个，包括绿岛、丹客岛、磁石岛、海伦岛、林德曼岛、汉密尔顿岛、蜥蜴岛、弗雷泽岛等。俯瞰大堡礁，犹如在大海上绽放的碧绿宝石一般，这里的珊瑚礁是在太空中可以看到的少数生命活体结构之一。

3. 黄金海岸

黄金海岸位于澳大利亚东海岸、布里斯班以南，由一段长约 42 千米、10 多个连续排列的优质沙滩组成，因其沙滩是金色的而得名。这里气候宜人，日照充足，海水湛蓝、丛林密布，是休闲度假的好去处；这里海浪险急，是冲浪划水爱好者和摩托艇爱好者的天堂；这里游乐设施众多，包括海洋公园、华纳电影世界、自然桥公园、昆德拉赌场等。

课堂讨论：上网查查，澳大利亚主要的世界遗产包括哪些？

五、主要机场和航空公司

（一）主要机场

截至 2013 年 6 月澳大利亚有各类机场和跑道约 2 000 个，常旅客机场约 250 个，其中 12 个国际机场。澳大利亚客流量排名前十位的机场为悉尼金斯福德·史密斯国际机场、墨尔本国际机场、布里斯班机场、珀斯国际机场、阿德莱德机场、黄金海岸机场、凯恩斯国际机场、堪培拉机场、霍巴特机场和达尔文国际机场。

悉尼金斯福德·史密斯国际机场（ICAO 代码：YSSY；IATA 代码：SYD），位于悉尼马斯觉，是澳大利亚最繁忙的机场。悉尼金斯福德·史密斯国际机场是澳大利亚航空、维珍蓝航空、捷星航空、区域快线航空的枢纽机场。

悉尼金斯福德·史密斯国际机场有三座客运航站楼，国际航厦位于国内航厦的对面，两者被一条跑道分隔开，转机旅客需要准备较长时间中转。

第 1 航站楼位于机场的西北面，是国际航站楼，共有三层：一层是抵达层，设有 12 条行李轮送带；二层是离境层，分为大堂 B（第 8 至 37 登机口）和大堂 C（第 50 至 63 登机口）；

三层是航空公司办公室。第 2 航站楼位于机场的东北面，是国内航站楼，现主要供维珍蓝航空、捷星航空、区域快线航空、鹈鹕航空、澳大利亚老虎航空和部分澳洲支线航空公司的国内航班使用。第 3 航站楼位于机场的东北面，主要供澳大利亚航空的国内航班停靠。澳大利亚航空在这里设有 3 个澳航俱乐部、一个商务舱旅客贵宾室。

悉尼金斯福德·史密斯国际机场共 3 条跑道，分别是 07/25 长 2 529 米、宽 60 米，16L/34R 长 2 438 米、宽 60 米，16R/34L 长 3 968 米宽 60 米。

悉尼金斯福德·史密斯国际机场已开通连接亚洲、大洋洲、中东、欧洲、北美洲、非洲等目的地航线。目前，悉尼金斯福德·史密斯国际机场已开通飞往我国的北京、上海、广州、深圳、武汉、成都、杭州、昆明、郑州、厦门、香港、台北等多个目的地的航线。

（二）主要航空公司

2017—2018 年，澳大利亚国内航班 63.5 万架次，运送国内旅客 6 076 万人次；国际航班 20.1 万架次，运送国际旅客 4 062 万人次。澳大利亚主要航空公司包括澳洲航空、维珍蓝航空和捷星航空等航空公司。

澳洲航空公司（ICAO 代码：QFA；IATA 代码：QF）于 1920 年创立，是全球历史最悠久的航空公司之一，是澳大利亚的国家航空公司，也是澳大利亚第一大航空公司。澳洲航空公司是寰宇一家联盟的创始成员。

澳洲航空公司基地在悉尼金斯福德·史密斯国际机场和墨尔本国际机场。澳洲航空公司已开通连接上海、香港、东京、曼谷、新加坡、雅加达、巴厘岛、马尼拉、迪拜、伦敦、约翰内斯堡、奥克兰、惠灵顿、基督城、达拉斯、洛杉矶、旧金山、火奴鲁鲁等国际主要城市的航线。澳洲航空公司在运营主要客运机型包括空客 A330 系列、A380、A321 和波音 737、747、787，在运营主要货运机型包括波音 737、767。

课堂讨论：结合所学，总结一下澳洲航空国际航线的特点。

第二节　新西兰

知识目标

了解新西兰的基本概况和历史；掌握新西兰的风俗习惯；掌握新西兰的主要旅游资源；掌握新西兰的主要航空公司和机场概况。

技能目标

结合所学知识，能合理安排旅客航程，为旅客提供优质的服务。

 情境导入

春节期间，韩梅梅乘坐新西兰航空下午 2 点的班机自上海出发赴新西兰最大城市奥克兰，她选择乘坐豪华经济舱，飞行全程安全舒适，新西兰航空的服务也让人印象深刻，和乘务员的沟通让她了解到新西兰航空曾获得全球最佳豪华经济舱大奖。经过近 12 个小时的飞行，终于抵达奥克兰机场，这个时候刚好是清晨 7 点。

结合情境，你了解新西兰吗？能说说它的地理位置吗？

知识内容

一、初识新西兰

新西兰，位于太平洋西南部，由南岛、北岛和一些小岛组成。新西兰人口中欧洲移民后裔占 70%，毛利人占 17%，亚裔占 15%，太平洋岛国裔占 8%。

二、地理概况

新西兰，位于太平洋西南部，西隔塔斯曼海与澳大利亚相望，北与汤加、斐济为邻。新西兰由南岛、北岛和一些小岛组成，南岛、北岛相隔库克海峡。新西兰国土面积约 27 万平方千米，海岸线长约 15 000 万千米。

新西兰全境多山，山地和丘陵占全国面积的 75% 以上，平原狭小。河流短而湍急，航运不便，但水利资源丰富。北岛多火山和温泉，南岛多冰河与湖泊。南岛的库克峰海拔 3 754 米，为全国最高峰。

新西兰属温带海洋性气候，夏季平均气温 20℃ 左右，冬季平均气温 10℃ 左右，年平均降水量 600～1 500 毫米，水力资源丰富，全国 80% 的电力为水力发电。新西兰森林面积 810 万公顷，广袤的森林使新西兰成为名副其实的绿色王国。

课堂活动： 新西兰北岛多火山温泉，上网查查著名的温泉度假地有哪些？

三、人文概况

（一）历史概览

1350 年起，毛利人在新西兰定居。

1642 年，荷兰航海家阿贝尔·塔斯曼发现了新西兰。1769 年，英国海军舰长詹姆斯·库克及其船员成为首先踏足新西兰土地的欧洲人，之后英国向新西兰大批移民并宣布占领。

1840 年 2 月 6 日，英国迫使毛利人族长签订《威坦哲条约》，促使新西兰建立了英国法律体系，凡岛上出生者，均受英国法律管辖。1856 年，新西兰成为英国的自治殖民地。

1907年新西兰成为自治区，成千上万的新西兰人代表英国参加第一次世界大战。

1947年成为主权国家，同时为英联邦成员。

（二）政治制度

新西兰无成文宪法。宪法是由英国议会和新西兰议会先后通过的一系列法律和修正案以及英国枢密院的某些决定所构成。

新西兰实行一院制，仅设众议院，议员由普选产生，任期3年。

自1935年起，工党和国家党轮流执政。1993年11月，全民投票决定将议会选举制度由简单多数制改为混合比例代表制。1996年10月举行首次混合比例代表制大选，国家党与新西兰第一党组成联合政府。2017年10月，工党与新西兰第一党、绿党组建联合政府，工党领袖杰辛达·阿德恩任总理。2020年10月，新西兰工党再次获胜，阿德恩连任。

新西兰国家元首是英国女王伊丽莎白二世，总督为女王代表，由总理提名，女王任命，任期5年。总督和部长组成的行政会议是法定最高行政机构。总督行使权力必须以行政会议的建议为指导。内阁掌握实权。

新西兰全国设有11个大区，5个单一辖区，67个地区行政机构（其中包括13个市政厅、53个区议会和查塔姆群岛议会）。

新西兰设有最高法院、上诉法院、高等法院、若干地方法院和受理就业、家庭、青年事务、毛利人事务、环境等相关法律问题的专门法院。最高法院由首席大法官和4名法官组成；上诉法院由院长和9名法官组成；高等法院由38名法官和7名协理法官组成。

新西兰注册政党共18个，主要有工党、国家党、绿党、行动党、毛利党、新西兰优先党等。

知识卡片：惠灵顿

（三）国家象征

新西兰的国旗为长方形，长宽之比为2∶1。旗底为深蓝色，左上方为英国国旗，右边有四颗镶白边的红色五角星。新西兰是英联邦成员国，英国国旗图案表明同英国的传统关系；四颗星表示南十字星座，表明国家位于南半球，同时还象征独立和希望。

新西兰国徽的中心图案为盾徽。盾面上有五组图案：四颗五角星代表南十字星座，象征新西兰；麦捆代表农业；羊代表该国发达的畜牧业；交叉的斧头象征该国的工业和矿业；三只扬帆的船表示该国海上贸易的重要性。盾徽右侧为手持武器的毛利人，左侧是持有国旗的欧洲移民妇女，上方有圣爱德华王冠，下方为新西兰蕨类植物，绶带上用英文写着"新西兰"。

新西兰有两首国歌：《天佑新西兰》和《天佑女王》。《天佑新西兰》前半部分为毛利语，后半部分为英语。《天佑女王》是英国的国歌，在新西兰一般不作为国歌演奏，而作为皇室颂歌使用。

新西兰的国花是银蕨。

新西兰的国鸟是几维鸟。

新西兰的国石是绿石。

案例拓展

银蕨

在毛利传说之中,银蕨原本生活在海洋中,后被邀请来到新西兰的森林里生活,就是为指引毛利族的人民。只要将银蕨的叶子翻过来,银色的一面就会反射星月之辉,照亮森林之路,指引毛利猎人回家的路。

银蕨在干旱地方能生长,在潮湿的地方也能生长,生命力顽强。新西兰人认为,银蕨能够体现新西兰的民族精神,因此无论是在战士们的徽章上、殉国士兵的墓碑上,或者是知名橄榄球队的徽章上都可以见到银蕨的图样,甚至新西兰的很多企业直接以银蕨命名,可以说新西兰举国上下都可找到银蕨的身影。

思考:查一查,在新西兰哪些企业或者哪些产品使用了银蕨作为标识?

(四)人口、民族和信仰

截至 2019 年 12 月,新西兰总人口 495 万,其中欧洲移民后裔占 70%,毛利人占 17%,亚裔占 15%,太平洋岛国裔占 8%(部分为多元族裔认同)。

新西兰近一半居民信仰基督教。

(五)经济结构

新西兰是以农牧业为主的国家,农牧产品出口约占出口总量的 50%。2019 年新西兰国内生产总值 3 100 亿新元,人均 GDP 约 6.3 万新元,经济增长率 2.3%。截至 2020 年 9 月外汇储备 216.6 亿新元。

新西兰农业高度机械化,主要农作物有小麦、大麦、燕麦、水果等。但新西兰粮食不能自给自足,需从澳大利亚进口。

新西兰畜牧业发达,畜牧业生产占地 1 352 万公顷,占国土面积的一半。羊肉和奶制品出口量居世界第一位,羊毛出口量居世界第三位。2019 年,新西兰乳制品出口额为 158 亿新元,肉产品出口额为 80 亿新元。

新西兰渔产丰富,拥有世界第四大专属经济区。200 海里专属经济区内捕鱼潜力每年约 50 万吨,每年商业性捕捞和养殖鱼、贝类约 60 至 65 万吨,其中超过半数供出口。2019 年,渔业产品出口总额为 18 亿新元。

新西兰的工业以农林牧产品出口加工为主,主要涉及奶制品、毛毯、食品、皮革、烟草、造纸和木材加工等轻工业。近年来,陆续建立了一些重工业,如炼钢、炼油、炼铝和农用飞机制造等。

新西兰严重依赖对外贸易,2019 年新西兰外贸总额为 1 240 亿新元。新西兰主要贸易伙伴为中国、欧盟、澳大利亚、美国、日本等国家,主要出口产品包括乳制品、肉类、林产品、水果、鱼类等，主要进口产品包括石油、机电产品、汽车、电子设备、纺织品等。

新西兰旅游资源丰富，游客主要来自澳大利亚、中国、美国和英国等。

案例拓展

新西兰一羊逃跑六年躲剪毛

新西兰的绵羊举世闻名，剪羊毛秀更是当地著名的表演活动。不过，最近有人发现，一只美利诺绵羊可能是为了躲避剪毛的义务，竟然在深山里躲藏了六年，结果全身长满了又卷又厚重的羊毛，这只迷途羔羊就这样背着27千克的羊毛，在山林间漫游。

新西兰美利诺绵羊，向来以厚实却细致的卷羊毛闻名，今年9岁大的史瑞克6年下来身上堆了27千克的羊毛，使得行动都有困难。女牧羊人安娜在新西兰南岛的深山中发现史瑞克的时候，被吓了一跳。史瑞克发现有人在附近后马上试图逃跑，不过还是被安娜和她的同伴抓住了。安娜无法独自把史瑞克扛下山来，于是由另外两名男性牧羊人，以接力的方式，费了九牛二虎之力，才将史瑞克扛下山来。

本来安娜和同伴们打算为这只绵羊剪毛，不过考虑到这只绵羊为了这一身长毛躲藏了六年，他们终于手下留情。如果决定剪毛，史瑞克身上这27千克的羊毛，足够用来做出20套高品质的大号男性羊毛西服。牧羊人们打算用史瑞克长达30多厘米的高级羊毛制成外套，然后将所得捐给慈善机构，帮史瑞克行善做好事。但目前，是否要给这只绵羊剪毛已经在新西兰引起了不小的争论，一家电视台还准备为这只绵羊拍一个纪录片。

（资料来源：http://news.sohu.com/2004/04/21/83/news219898377.shtml）

思考：结合案例谈谈，羊对于新西兰的重要意义。

（六）文化教育

新西兰的官方语言为英语和毛利语。

新西兰实行免费教育，入学年龄为5岁，对6~15岁青少年进行义务教育。

新西兰主要大学包括奥克兰大学、奥克兰理工大学、怀卡托大学、维多利亚大学等。

奥克兰大学，简称奥大，是世界百强名校，也是新西兰顶尖学府。它始建于1883年，坐落于新西兰第一大城市奥克兰市，拥有7个校区，是新西兰最大的从事教学研究且拥有最多专业的综合性大学，是世界顶尖的综合研究型大学，享有极高的国际声誉。

新西兰是全球有名的高福利国家，免费医疗保障体系覆盖全国。新西兰人的生活节奏比较缓慢，人民生活比较悠闲。

新西兰法定结婚年龄为16周岁，但在18周岁前需监护人同意。2004年12月9日，新西兰国会通过同性恋者及同居人士的公民结合,并且可以享有与合法夫妇等同的法律地位,法律于 2005 年 4 月 26 日正式生效。

哈咔舞,在新西兰泛指毛利人的传统舞蹈形式,最早是古代毛利族在与敌人作战前表演的舞蹈,目的在于威慑对手,鼓舞团队士气。现在的哈咔舞表演一般是为了表达对来宾的热情欢迎、对特殊成就的庆祝仪式,常在重要比赛前、重要纪念活动中表演。

橄榄球是新西兰最受欢迎的体育运动,新西兰国家橄榄球队——全黑队是历史上最成功的橄榄球国家队。

思政小课堂

文化中国·四海同春

2012 年 1 月 31 日晚,由中国国务院侨务办公室派出的"文化中国·四海同春"艺术团在惠灵顿圣·詹姆斯剧院为广大旅新侨胞和新西兰民众带来精彩的杂技表演。中国驻新西兰大使徐建国、国侨办行政秘书司司长熊昌良、惠灵顿副市长麦康年和惠灵顿侨界代表等近千名观众观看了演出。

徐建国大使在致辞中高度赞扬"文化中国·四海同春"艺术团在增进中新两国人民理解和友谊、传播中华传统文化方面做出的积极贡献,称它已成为世界春庆的重要品牌,不仅为广大侨胞带来关怀和温暖,还增进了世界各国人民对中华文化的了解和认同。徐建国大使对旅新侨胞团结一心,周密组织安排此次演出活动表示赞赏,鼓励大家继续关心祖国发展,为传播中华文化,深化中新友谊做出新的贡献。熊昌良司长在致辞中说,春节作为中华民族的传统节日,不仅具有"家"的文化内涵,还承载着中国人民团聚、祈福、和谐和爱的精神。"文化中国·四海同春"艺术团在世界各地巡回演出,不仅要把关爱和温暖带给华人华侨朋友,也还把中国人民对爱与和谐的心愿传达给世界各国人民。

麦康年副市长用中文"春节快乐、万事如意"向在场观众拜年,并表示,旅新华侨华人为新西兰和惠灵顿多元文化社会发展做出了积极贡献,惠灵顿与中国的经贸合作与人文交往日益紧密,相信在新的一年,双方关系将得到更大发展。

"文化中国·四海同春"访新艺术团演员来自广州军区战士杂技团,他们为现场观众带来了《莲—柔术转毯》《奔腾—抖杠》和《东方天鹅—芭蕾对手顶》等精彩杂技节目。全场不时响起赞叹惊呼声和热烈掌声,观众纷纷盛赞表演者的精湛技艺,表示此次演出"美轮美奂""令人叹为观止"。

(资料来源:中国新闻网 http://www.chinanews.com/zgqj/2012/02-01/3635468.shtml)

(七)主要节日

1 月 1 日,新年。新西兰是最早跨入新年的国家之一,每年在新西兰最大城市奥克兰都会举行盛大的跨年仪式,民众聚集在奥克兰标志性建筑"天空塔"下进行新年倒计时,随着新年钟声的敲响礼花绽放，照亮整个市中心。

2月6日，怀唐伊日。这一天新西兰举国欢庆新西兰立国奠基文献《怀唐伊条约》的签订，是新西兰的国庆日，新西兰各地会举行阅兵式等庆典活动，各地方也会进行各类的体育活动和文化展演。

4月25日，澳新军团日。这一天是纪念第一次世界大战时期在加里波利之战中牺牲的澳新军团将士的日子，缅怀他们为国牺牲的勇敢精神。

6月的第一个星期一，女王诞辰日。全世界英联邦国家在伊丽莎白二世生日这一天都会欢庆，只是不同的国家或者地区日期有所不同，对于新西兰而言是每年6月的第一个星期一。

10月的第四个星期一，新西兰劳工节。新西兰的工人是世界上最早争取8小时工作权利的工人之一，自1900年开始这一天就已经确立为公共假日了。每年这个时间新西兰已经进入春天，所以人们往往选择这个长周末举家出游，享受春天。

12月25日，圣诞节，是纪念耶稣诞生的重要节日。每年这一天新西兰各大城市，都会迎来圣诞大游行活动，炫彩的花车队，巨大的卡通模型，还有圣诞老人为节日增加了趣味。

（八）风俗与禁忌

在社交场合，新西兰人施握手礼。

新西兰人时间观念较强，约会须事先约定，准时赴约。应邀到新西兰人家中做客，可准备鲜花、巧克力作为礼物，礼物不可过于昂贵。双方交谈时避免谈及个人私事、宗教、种族等问题。

受宗教因素影响，新西兰人讨厌数字13和星期五，如果两者在同一天，那么很多人则不出门、不乘机、不参加聚会。

毛利人（图5-2-1）占新西兰总人口的17%，毛利人热情好客，讲究礼仪。在迎客时，毛利人为表达敬意和礼遇，常施碰鼻礼。主人与客人鼻尖对鼻尖连碰两三次或更多次数，碰鼻的次数与时间标志着礼遇规格的高低。相碰次数越多、时间越长，说明礼遇越高；反之，礼遇越低。

▲ 图5-2-1　毛利人

（九）饮食文化

新西兰受到环太平洋饮食文化的多方影响，各地的餐厅都结合了各地域的料理特点。想品尝地道的新西兰风味，可点羊肉、鲑鱼、龙虾、牡蛎、贻贝、甘薯、奇异果等为原材料烹制的菜品。

课堂活动：有学者认为新西兰毛利人在语言、文化多方面和我国台湾阿美人类似，上网查查一起分享。

四、主要旅游资源

1. 奥克兰

奥克兰，是新西兰最大的城市，也是全世界拥有帆船数量最多的城市，被称为"帆船之都"。奥克兰是新西兰的经济、文化、航运和旅游中心，也是新西兰最大的港口城市，是南半球主要的交通航运枢纽，也是南半球主要的港口之一。这里旅游景点众多，包括天空塔、奥克兰海港大桥、伊丽莎白女王广场、奥克兰中央公园、独库山、怀托摩萤火虫洞等。

微课：奥克兰

2. 蒂瓦希普纳姆

蒂瓦希普纳姆，主要风景区由峡湾国家公园、库克峰国家公园、韦斯特兰国家公园和阿斯派灵山国家公园四部分构成，总面积 26 000 平方千米。这里涵盖原始森林、冰川、峡谷、海岸峡湾、湖泊、瀑布、雪山等风光，1990 年列入《世界遗产名录》。游览这里可以选择观光飞行、喷射快艇或者徒步的方式。

3. 汤加里罗国家公园

汤加里罗国家公园位于新西兰北岛，是一个独具特色的火山公园。公园包括三座著名的活火山，分别是鲁阿佩胡火山、汤加里罗火山和瑙鲁赫伊火山；公园共有 15 个火山口，火山活动奇景各不相同。鲁阿佩胡火山海拔约 2 800 米，是北岛的最高点；汤加里罗火山海拔约 1 980 米，峰顶宽广，包括北口、南口、中口、西口、红口等一系列火山口；瑙鲁赫伊火山海拔约 2 300 米，烟雾腾腾，常年不息。

这里原来归毛利族部落所有，毛利人视汤加里罗火山为圣地。1887 年毛利人以这三座火山为中心，把半径大约 1.6 千米内的地区献给国家，从而奠定了这里自然和文化的双重价值。1993 被列入《世界遗产名录》。

4. 亚南极群岛

亚南极群岛位于新西兰东南方向的南太平洋，包括五个岛屿以及岛屿周边 12 海里的水域。这五个岛屿是邦地群岛、安蒂鲍迪斯群岛、斯纳尔斯群岛、奥克兰群岛和坎贝尔岛。这些岛屿位于南极和亚热带之间的海域，它们隐姓埋名，默默地沉睡在大洋深处，孕育了富饶的资源和多种多样的生物，包括野生动植物、特殊的鸟类以及无脊椎动物。更珍贵的是这里有大量的、种类繁多的远洋海鸟和筑巢的企鹅。据统计这里有鸟类 126 种，包括 40 种海鸟，其中 5 种是世界上其他任何地方都没有的。1998 年这里被列入《世界遗产名录》。

课堂活动：上网查查，在亚南极群岛上的 5 种极为珍贵的、其他地方没有的鸟类是什么？

五、主要机场和航空公司

（一）主要机场

奥克兰国际机场（ICAO 代码：NZAA；IATA 代码：AKL），位于新西兰最大城市奥克兰，

第六章

中东和非洲主要客源国

导读

中东（Middle East），是指从地中海东南部到波斯湾的部分地区，以及除阿富汗以外西亚的大部分地区和非洲的埃及、与俄罗斯相邻的外高加索地区。中东包括 23 个国家与地区，约 1 500 多万平方千米，约 5 亿人口。该地区以高原与平原为主，主要河流有幼发拉底河和尼罗河，具有热带沙漠气候、地中海气候、温带大陆性气候的特点，热带沙漠气候分布最广。中东地区是亚、欧、非三大洲的连接处，自古就是东西方交通枢纽，战略地位极其重要。

第一节 以色列

 知识目标

了解以色列的基本概况；掌握以色列的风俗习惯；掌握以色列的主要旅游资源；掌握以色列的主要航空公司和机场概况。

 技能目标

结合所学知识，能够设计一条合理的旅行路线，同时，为旅客提供优质的服务。

 情境导入

艺术系的佳佳已经和某广告设计公司签约，正式工作前打算利用最后一个假期飞一趟以色列，去感受"活在特拉维夫，死在耶路撒冷"那个古老、宗教、战争、保守的国度。最重要的是一定要去"死海"，因为佳佳不会游泳，她早就听说过在"死海"里游泳是淹不死人的。佳佳准备好了泳具，准备一探究竟。

你可以向佳佳介绍一下关于"死海"的知识吗？

知识内容

一、初识以色列

以色列，全称以色列国（The State Of Israel），地处亚洲西部，位于亚、非、欧三大洲结合处。截至2019年年底，以色列对外宣布国土面积为2.57万平方千米，人口约为860万，其中犹太人约占3/4，阿拉伯、德鲁兹以及其他民族人约占1/4。犹太人多信奉犹太教，其他民族则信奉伊斯兰教、基督教等。官方语言为希伯来语、阿拉伯语。

▲ 视频：耶路撒冷——美丽忧伤的圣城

课堂讨论：谈谈你对以色列的第一印象。

二、地理概况

以色列东部与约旦、叙利亚相邻，南部大部分地区与埃及接壤，西部沿地中海，北部与黎巴嫩相邻。20世纪80年代后实际控制面积约2.57万平方千米。以色列的国土可以分为四个区域，北部为海岸平原；南至加沙地带，这里土壤肥沃，是以色列主要种植区域；中部为高原地带，由加利利山脉的一部分山丘和撒马里亚山脉共同构成了许多小型溪谷地带；以色列最东部则是东非大裂谷的一部分，称为约旦大裂谷；南部则为内盖夫沙漠。

以色列的气候以地中海型为主，夏季炎热少雨，气温最高可达40℃；冬季凉爽多雨，气温最低在0℃以上。

以色列的矿产资源贫乏。主要的自然资源为从死海提炼的钾盐、镁盐、磷酸盐、石灰石、铜、铁、锰、硫黄等。石油、天然气和煤炭资源不足，完全依赖进口。

课堂讨论：请大家用最简略的语言概括以色列的资源概况。

三、人文概况

（一）历史概览

公元前1 000年犹太人建成了以色列。犹太人是古代闪族支脉，起源于约4 000年前的美索不达米亚平原，后来，因为常年自然灾害的缘故，他们迁徙至尼罗河三角洲东部地区，被称为希伯来人。公元前13世纪末从尼罗河迁居至此。此后，被亚述、巴比伦、波斯、古希腊和罗马帝国征服。公元70年被罗马人赶出巴勒斯坦地区。19世纪末，犹太复国主义运动兴起，犹太人开始大批移居巴勒斯坦地区。第一次世界大战结束后，英国占领巴勒斯坦后实行委任统治。1947年，联合国通过第181号决议，决定在巴勒斯坦地区分别建立一个阿拉伯国和一个犹太国。1948年5月14日，以色列国根据该决议正式成立。

（二）政治制度

以色列是一个议会民主制的资本主义国家，最高权力机构是议会，拥有立法权，批准内阁成员的任命并监督政府工作，选举总统和议长。议员候选人以政党为单位竞选。以色列议会实行一院制，设有120个席位，任期4年。以色列的政府由议会中占多数席位的一个或若干个政党联合组成。以色列没有正式的宪法，法律体系是一种多元并存的法律体系，它融合了英美法系和大陆法系的优点，继承了犹太法律传统部分，仅有的如《议会法》《总统法》《政府法》《经济法》《土地法》等12部基本法，涵盖了总统、议会、政府、国家性质、国土、公民、首都等法律，以及对于司法、经济、国防等领域的基本法律。以色列全国共有75个市，265个地方委员会，53个地区委员会。

（三）国家象征

以色列的国旗为长方形，白色为底色，旗面上下各有一条蓝色横向宽带。白色和蓝色源于犹太人祈祷时使用的披肩上的颜色。白色部分正中是一颗蓝色的六角星形图案，象征国家权力。

以色列的国徽为长方形，正中间是一盏七权金灯烛台，《撒迦利亚书》中将七权金灯描述为神的七眼。灯台两旁有橄榄枝,灯台上有金油流出到两枝橄榄枝。

以色列的国歌是《希望之歌》,采用犹太民族传统曲调谱成。词作者是一位犹太拉比,曲作者为犹太人纳夫塔里·赫尔茨·伊姆贝尔。这首歌原为犹太复国主义者的颂歌,在1897年第一届世界犹太复国主义者大会上首唱。以色列建国后将其确定为国歌。

思政小课堂

以色列歌手创作抗疫歌曲致敬武汉人民和世界医务工作者

2020年,席卷全球的新冠肺炎疫情在以色列暴发。在这次疫情中,中以两国人民互相鼓励,互相支持。为了抗击疫情,中国人民团结一心、众志成城,采取多种举措,为世界赢得了时间,向各国提供了经验。以色列歌手吉拉德为中国人民的付出而感动,创作了一首歌曲《在你身边》(BE THERE)。他与中国歌手哈辉联袂演唱,向中国及全世界勇敢的医务工作者致敬,鼓舞世界人民携手抗击疫情。

吉拉德表示他本人非常喜欢中国,尤其喜欢中国人,中国人传统的家庭观念和以色列很像。这次新冠疫情暴发后,中国人民和以色列人民患难与共,互相支持。当疫情在中国蔓延时,中国各地的医生义无反顾地前往武汉支援,帮助武汉人民,让他很受感动,成为他创作的动力。"当以色列出现疫情后,中国的兄弟姐妹们给了我很大帮助,给我和我的家人寄来口罩,当中国出现疫情时,我也是这么做的,正是这种友谊感动了我,给了我创作灵感。另外,我看到了一些武汉的照片,看到那些遭受疫情打击的武汉人民乐观坚强,而中国各地的医务工作者来到了武汉,奋不顾身地帮助他们,这给了我很大的震撼,这是我创作的能量源泉,所以我创作了这首歌献给那些中国的、以色列的和全世界的美好的医务工作者,是他们在至暗时刻奉献了自己来帮助我们。"

中国歌手哈辉表示这首歌在这个时期出现有非常重要的意义,它用以色列的音乐人和中国音乐人彼此歌声的对话来表达爱。这是互助互爱的爱的同行,它代表了两个民族、两个国家之间从未熄灭的爱火和真情。

(资料来源:http://www.chinaqw.com/zhwh/2020/04-07/252518.shtml)

思考:结合案例,谈谈在抗疫中国的大国责任与担当。

(四)人口、民族和信仰

以色列约885万人口,犹太人约占75%、阿拉伯人约占20%、其他人种约占5%。如今,世界上约有68%的犹太人出生在以色列。截至2019年,有超过35万以色列公民住在西岸地区的各种定居点,人口在3万人以上的城市有3个。有30万名以色列公民住在耶路撒冷东部。

（五）经济结构

以色列是一个资本主义国家，国家经济是以国有、集体、私人为主，多种成分组成的混合型经济，其工业化程度较高，市场经济比较成熟，以知识密集型为主的高附加值农业、生化、电子、军工等技术水平全球领先。

1. 农业

农业发达，科技含量较高，其滴灌设备、新品种开发举世闻名。主要农作物有小麦、棉花、蔬菜、柑橘等。粮食接近自给，水果、蔬菜生产自给有余并大量出口。以色列是中东实现科学灌溉的国家。以色列地处沙漠地带边缘，水资源匮乏。严重缺水使以色列在农业方面形成了特有的滴灌节水技术，充分利用现有水资源，将大片沙漠变成了绿洲。不足总人口5%的农民不仅养活了国民，还大量出口优质水果、蔬菜、花卉和棉花等。

> **思政小课堂**
>
> **中以同心，智创同行——"中以"绿色农业交流项目**
>
> 2020年12月14日，甘肃省农科院与以色列驻华大使馆双方代表签署"中以友好现代农业合作项目"合作协议，并为"中以友好创新绿色农业交流示范基地"揭牌。依托该项目，甘肃省农科院将与以色列驻华大使馆建立合作，引进以色列水肥一体化和日光温室环境调控等先进现代农业技术及装备。同时，依托该项目打造中以农业科技合作交流的科研基地、中以农业科技人员国际化联合培养基地、中以现代农业技术综合展示基地，使其成为新时期甘肃中以外事交流和农业科技合作的示范样板。
>
> 以色列滴灌节水、精准施肥、农业信息化、高产种养、设施栽培和特种肥料生产等农业技术均处于世界前列。近年来，甘肃省农科院高度重视对外交流合作和智力引进工作，曾先后组织多批次培训团赴以色列学习考察，取得了积极成效。近日，在甘肃省外事办的协调帮助下，甘肃省农科院与以色列驻华大使馆就"中以友好现代农业合作项目"达成合作意向。双方代表签署"中以友好现代农业合作项目"，标志着该项目正式落地实施，也意味着甘肃省农科院在加强智力引进、扩大国际合作交流、加强创新平台建设方面迈出了新的步伐。甘肃省农科院将充分利用好这个平台，全方位、深层次地开展与以色列及相关单位的科技合作，为甘肃农业的高质量发展和乡村振兴注入新的活力。
>
> （资料来源：http://www.gansu.gov.cn/art/2020/12/15/art_35_475338.html）
>
> 思考：1. 结合案例谈谈中以两国在农业方面交流的重要意义。
> 2. 除了农业领域，中国与以色列还有哪些领域可以开展合作？

2. 工业

以色列是中东地区经济发展程度最高的国家，属于发达国家。以色列工业比较发达，机械化、自动化程度高，政府鼓励发展能耗低、技术密集型产业，主要有军火、钻石加工、电子、机械、建筑等门类。政府坚持走科技强国之路，重视教育和人才的培养，在钻石加工、电子、通信、医疗器械、生物技术等方面技术水平居于世界前列。

3．高新技术

以色列在经济、商业、新闻领域领先于中东地区，高新技术产业举世闻名，钻石工艺、电子监控系统、无人飞机技术世界领先。

（六）文化教育

1．文化

以色列的文化丰富多元，又极具艺术创造力。数千年的犹太人历史构成了以色列文化的基础，同时，还融入了来自全世界上百个国家的移民文化。以色列的绘画和雕塑享誉全球，一些抽象派艺术家的作品成为世界著名的收藏品。政府鼓励、资助艺术活动，支持城镇建成艺术村，多个城市建成了功能齐备的美术博物馆，许多农场也都建有小型博物馆、古迹景区。

2．教育

以色列政府高度重视国民教育，实行国民义务教育，国民平均受教育时间居于全世界第22名。以色列有八所大学、数十所学院。著名的高等院校有希伯来大学、特拉维夫大学、海法大学、以色列工程技术学院等。

（七）主要节日

以色列日常生活中采用公历，民族节日均采用犹太历。

1．犹太新年

犹太新年（约公历9月）为犹太历一年的开始。节日期间，全国放假两天。教堂里吹起羊角号，取意与上帝通话，期望得到上帝的祝福，朋友见面互相问新年好。根据传统，人们在新年期间要用苹果蘸着蜜吃，寓意新的一年甜甜美美。家里的男主人在晚上主餐时要吃鱼头，预示在新的一年中事事都占头。

2．赎罪日

赎罪日（约公历10月），是犹太教中最为庄严、神圣的节日。节日时间为犹太新年后第10天，当天需斋戒祷告。虔诚的犹太教徒在这一天完全不吃、不喝、不工作，到犹太会堂祈祷，以期赎回他们在过去一年中所犯的或可能犯下的罪过。

3．住棚节

住棚节（约公历11月）是为纪念犹太教先祖摩西带领犹太人走出埃及后，在进入迦南地区之前住在棚子里生活的那40年历史而设立的节日。节日期间，政府会派人修剪树木，以色列人用剪下来的枝条搭棚子，并住进棚子，感谢上帝。

4．光明节

光明节（约公历1月），是为纪念古代犹太人在马加比家族的领导下反抗希腊侵略者，犹太人重获自由而设的节日。节日期间，所有大型建筑物上都安装电子烛台，商店也出售各式各样的烛台，博物馆和学校还举办烛台展览。节日当晚，以色列境内灯火通明，景色壮观。

5. 逾越节

逾越节（约公历4月）是以色列非常重要的传统节日。逾越节和五旬节、住棚节为犹太教三个主要节日。节日持续八天，首尾放假两天。期间，以色列全境禁止出售、食用发酵类食品，只能吃无发酵的薄饼。逾越节期间几乎所有商铺都会关门歇业，大多数家庭会借此机会外出度假。

6. 五旬节

五旬节（约公历5月），在逾越节首日后第四十九天，从逾越节第二个晚上开始数点大麦，数点大麦结束时，五旬节就开始了。犹太人需将一欧麦（圣经中的度量单位）的谷物从第一批收获的大麦中提出并奉献到圣殿服务中。数点欧麦所持续的时间为七周（即五旬），便是这个节日名字的由来。

7. 大屠杀纪念日

大屠杀纪念日（约公历4月末或5月初），这一天以色列全国悼念惨遭纳粹毒手的600万犹太人，并纪念勇敢抵抗纳粹屠杀的犹太英雄。大屠杀纪念日为正常工作日，纪念日前夕到第二天晚上所有餐厅和娱乐场所均会停止营业。

8. 普珥节

普珥节（约公历3月）是犹太传统中最具喜气的节日。犹太历阿达尔月（Adar）的第14天曾是哈曼阴谋处死所有犹太人的日子，此后被定为纪念犹太人逃脱种族灭绝的胜利日。

（八）风俗与禁忌

以色列是一个具有多种宗教、文化相融合的国家，尊重各种宗教信仰、风俗习惯是以色列社会最为重要的礼节。宗教场所是神圣的，进出宗教场所着装必须整洁。进入教堂，男士必须脱帽，不可以穿短裤、拖鞋。女士着装要求上装必须有袖，下装必须过膝。进入清真寺，男士必须脱帽，不可以穿短裤、拖鞋。女士必须戴头巾。犹太教徒见面时行握手礼，不行贴面礼。男士避免主动握手，女士不得与异性有身体接触。犹太教要求安息日不能开火做饭，不能开启电器、电子设备等。拜访犹太教徒时，不要开车，进入室内不能按与电有关设备的开关，出行方式最好选择自行车和步行。

▲ 视频：非凡战火下的以色列美味

（九）饮食文化

在以色列，与犹太教人相处时，用餐时必须事前征得对方同意才可以共同就餐。在穆斯林斋戒月期间，公共场所禁止进食、饮酒、吸烟。

▲ 视频：以色列马哈尼耶胡达市场的美食

案例拓展

犹太教的洁食（Kosher）法则

"Kosher"在希伯来文中是恰到好处的意思，一般用来指按照犹太饮食法的规定制作的食品。犹太教的洁食饮食戒律源自圣经，出自摩西的《旧约全书首五卷》。圣经详细地列举了非洁净的肉类、禽类、鱼类和昆虫。另外，犹太学者们数百年来致力于对洁食律法的理解、研究、实施。关于洁食律法的著述可谓卷帙浩繁，其中许多成书于两千多年前。博大精深的圣经和犹太法典构成了洁食律法的主要内容。

犹太教徒吃清洁食品（Kosher food），第一个Kosher法规和动物有关。唯一可以食用的哺乳动物是反刍并有分蹄的动物，可以吃牛肉，而不允许吃猪肉和马肉，这点与穆斯林在Halal的饮食禁忌法规类似。大多数饲养禽类（如鸡、鸭、鹅等）是被允许的，但一些新品种如鸵鸟和鸸鹋不允许，圣经中特意提及禁食鸵鸟。鱼类必须有鳍和鳞，禁食软体动物和甲壳类动物。

第二个Kosher法规和动物的血液有关。犹太人认为血是"生命的液体"而严禁食用。Kosher的肉和禽必须用一种特殊的方式屠宰，以除去尸体中的血。首先由经过专门训练的人进行屠宰，仔细检查，然后将肉用盐水浸泡以除去附着的血。鱼类的宰杀则不需要特殊的程序。

第三个Kosher法规是奶品和肉品必须分开食用。所有Kosher产品必须是奶品、肉品或中性食品（Pareve）之一，中性食品包括所有植物食品以及鱼、蛋和蜜糖。尽管这样使Kosher食品稍微复杂了些，但这样的分类对非犹太消费者，如素食主义者、某些饮食过敏症患者等更为有利。

第四个Kosher法规是，在犹太教逾越节期间，不得食用由大麦、黑麦、燕麦、小麦和斯佩耳特小麦等生产的食品，唯一可以食用的是经过特殊制作的未经发酵的面包（Matza）。欧洲国家的犹太人也不食用玉米、大米、豆荚、芝麻等类似谷类的食物。

（资料来源：https://baike.baidu.com/item/%E7%8A%B9%E5%A4%AA%E6%B4%81%E9%A3%9F%E8%AE%A4%E8%AF%81/6793102?fr=aladdin）

思考：谈谈你对犹太教的洁食（Kosher）法则的理解？

1. 披塔饼

披塔饼（图6-1-1）是以色列最基本的面食，是一种圆形面饼，口感蓬松香甜，以色列人习惯将熏鸡肉、烤肉、鸡蛋、法拉费、新鲜蔬菜、酸黄瓜等塞入饼的中间空心处一起食用。

2. 法拉费

法拉费（图6-1-2）源自中东，以胡姆斯为原料，制作成球形的小丸子，稍带辣味。以色列人习惯把法拉费塞入披塔饼中，蘸着酸奶、芝麻酱食用。

▲ 图 6-1-1　披塔饼

▲ 图 6-1-2　法拉费

3. 胡姆斯

胡姆斯（图 6-1-3）是以色列食品中最具代表性的美食。它是一种豆制品，用以色列特产的鹰嘴豆为原料，煮熟后磨碎，搭配不同口味的调料食用。

4. 薄卷饼

薄卷饼（图 6-1-4）是享誉世界的犹太人甜食，它用小麦和起司制成，是以色列最常见的食品。

▲ 图 6-1-3　胡姆斯

▲ 图 6-1-4　薄卷饼

5. 彼得鱼

加利利湖是以色列著名景点之一，这里盛产 150 多种鱼类，最著名的是彼得鱼（图 6-1-5）。据传说，耶稣曾让彼得网到 153 条鱼，此后，加利利湖里就出现了 153 种鱼。

6. 辫子面包

辫子面包（图 6-1-6）是犹太人的传统主食，形似辫子，寓意美好。在安息日或节日前，以色列人在辫子面包上面盖一块白布，既寓意清晨露珠，又显得干净卫生。

▲ 图 6-1-5　彼得鱼

▲ 图 6-1-6　辫子面包

（十）服饰文化

整洁、庄重、宽松是以色列人着装的特点。犹太人喜欢头发洁净、发型端庄，光头、怪异发型是不受欢迎的。以色列的男士习惯穿宽松的衬衫，但是，参加大型社交活动、隆重仪式时穿深色西服和礼服。女士传统服装是短至膝盖的大袖连衣裙。阿拉伯人多穿传统服装，妇女身着宽松长袍、细腰带，包一块头巾。以色列全年天气较为炎热，每年5月至11月为夏季，最高温度在40℃以上，人们着装以舒适为主，无须外套，需携带太阳镜、防晒霜等防晒用品，避免晒伤。

课堂讨论：请谈谈，在以色列旅游最好随身携带哪些必需品？

四、主要旅游资源

以色列的旅游资源丰富，拥有大量的历史和宗教遗迹，阿卡古城、马萨达、特拉维夫白城为世界文化遗产。

1. 阿卡古城

阿卡古城（图6-1-7）是位于加利利西部距离耶路撒冷约152千米的一座古老海港城市。2001年根据文化遗产遴选依据标准C（Ⅱ）（Ⅲ）（Ⅳ），阿卡古城被联合国教科文组织世界遗产委员会批准作为文化遗产列入《世界遗产名录》。据文献记载阿卡古城是持续有人类居住的最古老的城市之一，已经有5 000多年的历史。

▲ 图6-1-7 阿卡古城

视频：阿卡古城

阿卡古城最早是由迦南人的一个部落所建，后来逐渐发展成为从地中海东岸通往西亚内陆的重要商业口岸。自腓尼基时代起，就一直有人类居住在这里。如今的阿卡古城里的建筑是由土耳其人修建的，城堡、清真寺、商栈和土耳其浴室等建筑保存完好。1918年被英国托管，1948年后划入以色列的版图。

2. 马萨达

马萨达（图6-1-8）修建于公元前37年到公元前4年，发现于1838年，位于以色列犹地亚沙漠与死海谷底交界处的一座岩石山顶上，这里可以俯瞰死海，山顶平整，南北长约600米，东西宽约300米，东侧悬崖高约450米，西侧悬崖高约100米，是一处地势险峻的天然堡垒。2001年根据文化遗产遴选依据标准C（Ⅱ）（Ⅲ）（Ⅳ），马萨达被联合国教科文组织世界遗产委员会批准作为文化遗产列入《世界遗产名录》。马萨达是古代犹太国的象征，犹太人的圣地。由朱迪亚王国的希律王修建，至今保存完好。

3. 特拉维夫白城

特拉维夫白城（图6-1-9）建于1909年，2004年根据文化遗产遴选依据标准C（Ⅱ）（Ⅳ），特拉维夫白城被联合国教科文组织世界遗产委员会批准作为文化遗产列入《世界遗产名录》。

特拉维夫白城是世界上国际风格建筑最为集中的城市之一。1909年，犹太移民移居此处修建了白城，19世纪后，受欧洲现代主义的影响，白城的建设格局以不对称布局和有规律的反复来取代古典建筑的对称。

▲ 图6-1-8 马萨达

▲ 图6-1-9 特拉维夫白城

4. 哭墙

哭墙（图6-1-10）又称圣殿西墙，是古代犹太国第二圣殿护墙仅存的遗址，位于耶路撒冷方的耶路撒冷旧城东南部，东邻橄榄山，南邻锡安山，长约50米，高约18米，由大石块筑成，1981年根据文化遗产遴选依据标准（Ⅱ）（Ⅲ）（Ⅳ），耶路撒冷旧城及其城墙被联合国教科文组织世界遗产委员会批准作为文化遗产列入《世界遗产名录》。

哭墙是犹太教第一圣地，进入广场墙前，女士不用蒙头，男士必须戴上传统帽子，入口处提供纸质圆形帽子。祈祷者手抚墙面，背诵经文，将写着祈祷字句的纸条塞入墙壁石缝间。

▲ 图6-1-10 哭墙

每天都有犹太人分成男女两队，手捧《圣经》，在哭墙的南北两端祈祷，有些人则坐在椅子上面对哭墙，一整天都沉浸在与上帝的对话中；有些游客将自己的心愿写在小纸条上塞入墙壁石缝内。历经了上千年的风吹雨淋、朝圣者的触摸，哭墙的石头已闪闪发光，如泣如诉一般。

微课：哭墙

5. 大卫城塔

大卫城塔（图6-1-11）修建于耶路撒冷旧城的最高处，位于约帕门附近的犹太区内，由距今两千多年前的希律王建造。大卫城塔曾经是一处行宫，同时也是一处防御工事，建有堡垒、军营、炮台，代表着耶路撒冷过去那段纷乱的岁月。公元70年，提多皇帝将这座壮丽的城堡宫殿作为罗马第十军团的军营。在城堡下面，仍可看到希律时期的遗迹，在12世纪和14世纪，十字军及埃及回教徒曾分别重整该城堡，目前残存的碉堡，是1540年土耳其苏利曼王所修建。

6. 死海

死海（图6-1-12）是世界上海拔最低的内陆盐湖，它位于以色列、巴勒斯坦、约旦三国交界的约旦裂谷，东岸为外约旦高原，西岸为犹太山地，长80千米，宽18千米，表面积约1 020平方千米，湖面海拔-430.5米，最深处-380.29米，是地球上盐分居第三位的水体。进水主要靠约旦河，进水量大致与蒸发量相等，是世界上盐度最高的天然水体之一。湖中及湖岸均富含盐分，在这样的湖中，鱼儿和其他水生物都难以生存，水中只有细菌没有生物；岸边及周围地区也没有花草生长，故人们称之为"死海"。

视频：死海

▲ 图6-1-11 大卫城塔

▲ 图6-1-12 死海

五、主要机场和航空公司

（一）主要机场

大卫·本·古里安国际机场（IATA代码：BGA），建于1936年，位于以色列特拉维夫东南20千米，距离耶路撒冷以西50千米，是以色列最繁忙的机场（图6-1-13）。

据国际机场协会（ACI）的一项调查显示，大卫·本·古里安国际机场在亚洲40家主要机场满意度调查排名中位列第一，在全球77家主要国际机场排名中位列第五。世界许多大航空公司如英国航空公司、荷兰皇家航空公司KLM、达美航空公司等纷纷进驻了该机场。大卫·本·古里安国际机场还开通了特拉维夫—北京的直航航班，航班号为LY 095/096，使用波音767-200ER型客机执飞，每周四班。

▲ 图 6-1-13　大卫·本·古里安国际机场

（二）主要航空公司

1. 以色列航空公司

以色列航空公司（IATA 代码：LY；ICAO 代码：ELY）（图 6-1-14），创立于 1948 年 11 月 15 日，总部设在特拉维夫，拥有 44 架客机。定期客运航班有 45 个，全球有 37 个直飞目的地和数百个中转目的地，乘客可以从这里转机至世界各地。1992 年 9 月，以色列航空公司开辟了北京航线。

以色列航空公司安全检查程序闻名于世界，国际航班都装有反导弹系统，是世界第一家应用此种设备的民航公司。2012 年，以色列航空公司与多家国际航空公司签订了"代码共享协议"，推出了"按照您喜欢的方式去飞行"计划，利用互联网为旅客提供全球最佳的飞行服务。以色列航空公司入选由国际航空运输协会发布的"世界效率最高的航空公司"称号，还被《旅游＋休闲》杂志评选为"世界前 20 家领先航空公司"。

2. 阿基亚以色列航空公司

阿基亚以色列航空公司（IATA 代码：AIZ；ICAO 代码：IZ）（图 6-1-15），成立于 1949 年，总部设在特拉维夫机场，是以色列的第二大航空公司，共有 8 架飞机，专门运营国内和国际运输服务以及包机航班，主要飞往目的地是西欧和地中海两岸国家。

▲ 图 6-1-14　以色列航空公司的标志

▲ 图 6-1-15　阿基亚以色列航空公司的标志

第二节 南非

知识目标

了解南非的基本概况；掌握南非的风俗习惯；掌握南非的主要旅游资源；掌握南非的主要航空公司和机场概况。

技能目标

结合所学知识，能够设计一条合理的旅行路线，同时，为旅客提供优质的服务。

情境导入

李磊刚刚考入东北农业大学，自小就喜欢动物和植物的他正计划利用这个假期飞往素有"非洲明珠""彩虹之国"之称的南非旅游。李磊说："我非常喜欢动物，这次一定要去克鲁格国家公园看狮子，还要去高耸入云的平顶桌山，还有去好望角这个著名的地标。这个季节正是城市里街道旁紫色蓝花楹绽放的季节，我可以散散步，品尝一下南非的美食。"说到这里，李磊停下，原来他还不太了解南非的美食有哪些。

你可以向李磊介绍一下南非的美食吗？

知识内容

一、初识南非

南非，全称南非共和国，位于非洲南端。南非是世界上唯一的首都分立的国家，比勒陀利亚为行政首都；开普敦为立法首都；布隆方丹为司法首都。在非洲国家中南非的经济实力雄厚，国民生活质量较高，其财经、法律、通信、能源、交通较为发达，国家硬件基础设施完备，金融股票交易市场繁荣，深井采矿世界领先，钻石和黄金产量居于世界首位。

视频：南非共和国

课堂讨论：谈谈你对南非的第一印象。

二、地理概况

南非面积为 1 219 090 平方千米，海岸线约 3 000 千米。东、南、西三面被大西洋和印度洋环抱，北部自西向东分别与纳米比亚、博茨瓦纳、津巴布韦、莫桑比克和斯威士兰为邻，东南部环抱莱索托王国。西南端的好望角是世界上最繁忙的航线之一，素有"海上生命线"之称。

南非中部处于非洲高原南端，海拔在600～1 300米，东、南、西边缘的沿海区域为低地，东北部多为山区，西北部为喀拉哈里沙漠，多为干旱沙漠、灌丛草地。

南非位于副热带高压带，属热带草原气候。九月为春季，十月开始到次年二月为夏季，三月到五月为秋季，六月到八月为冬季。全年平均降水量为464毫米，远低于857毫米的世界平均水平。东部沿海夏季潮湿多雨，为亚热带季风气候。南部沿海湿度大，属海洋性气候。西南部厄加勒斯角一带为地中海式气候。气温温差不大，但比南半球同纬度其他国家相对低，年均温度一般在12℃～23℃。冬季内陆高原气温低。南非的平均日照时间较长，一般为7～10小时，被称为"太阳之国"。

南非拥有70多种矿产储藏资源，铂、氟、铬居于世界第一，金、钒、锰、锆居于世界第二，钛居于世界第四，铀、铅、锑、磷酸盐矿居于世界第五，锌、煤居于世界第八，铜居于世界第九。

课堂讨论：请大家用最简略的语言描述南非的资源概况。

三、人文概况

（一）历史概况览

南非最早原住民是桑人（又名巴萨尔瓦人）、科伊人（又名霍屯督人）。17世纪后，荷兰、英国入侵南非，并开始向内地殖民。19世纪中叶，南非被殖民统治者划分为四个殖民区，英国殖民者建立了开普敦和纳塔尔殖民地。1836年，布尔人开始集体离开英国殖民统治的开普敦，在北方内陆地区建立莱登堡共和国、温堡共和国等殖民区。1854年，布尔人侵入南非中部成立奥兰治自由邦。1910年，英国取得了"英布战争"的胜利，将四个殖民区合并为英国的自治领地，称为"南非联邦"。此后，联邦政府强制推行种族歧视和种族隔离政策，遭到国际社会谴责和制裁。1961年，南非脱离英国统治，建立南非共和国。1994年，南非举行全国大选，以非洲人国民大会、南非共产党、南非工会大会三个政党联盟获胜，曼德拉担任南非首任黑人总统。

（二）政治制度

南非是总统共和制国家，实行行政、立法、司法三分立制度，政府分为中央、省和地方三级，实行总统内阁制，总统由选民选举产生，任期不超过两届。内阁首相由国民议会中占据多数的政党的领袖担任，并兼任副总统，向总统负责，其他各部部长由总统任命。南非议会实行两院制，分为国民议会和全国省级事务委员会，任期5年。司法体系由法院、刑事司法、检察机关组成。法院分为宪法法院、最高上诉法院、高等法院、地方法院。南非行政区划为9省278市。

（三）国家象征

南非国旗自左向右由黑、黄、绿、白、红、蓝六种颜色组成，左面为黑色三角形，代表黑人，右侧为黄色，代表金子，黄色的右侧为绿色，白色代表白人，以金色一端连接黑色三角形，代表土地，绿色的外侧为上下两道白色，白色的上部为红色，代表鲜血；下部为蓝色，代表大海。整个图案象征着南非的多民族融合，共同繁荣。

视频：南非国旗

南非国徽的顶部是太阳的光芒，象征光明的前程；下面是鹭鹰和它展开的羽翼，代表上帝的意志，象征着力量；下面是绿色三角形和菱形图案里面三个黄色小三角形，代表肥沃的土地、各种民族力量的融合；下面是长矛与锤头相交叉，象征着主权、和平；再下面是黄色的盾牌，上面有两个人物携手的图案，代表了各族人民携手共同捍卫国家安全；盾两侧是饱满的麦穗，代表南非人民对上帝赐予他们丰收的感恩；麦穗的外侧是金色的象牙，代表上帝给予南非大地多种动物的恩赐；在象牙下部绿色当中印有白色的文字，意为"团结的多个民族"。

知识卡片：上帝保佑南非

南非的国歌由多种语言构成，名为《上帝保佑南非》，歌词用祖鲁语、哲豪萨语、苏托语、英语和南非荷兰语5种语言写成。

南非的国花是帝王花，又名普蒂亚花，花朵硕大、花形奇特、瑰丽多彩、高贵优雅，号称"花中之王"。

（四）人口、民族和信仰

南非人口主要由黑人、白人、有色人和亚裔人组成，约5 780万人，黑人占南非人口的80%以上，由科萨、祖鲁、斯威士、茨瓦纳、北索托、南索托、聪加、文达、恩德贝莱九大民族组成。白人由荷兰裔的阿非利卡人和英国裔白人组成。有色人是殖民时期的白人与土著人和黑人奴隶的混血人口的后裔。亚洲人主要是印度人后裔和华人后裔。

南非的官方语言是英语和阿非利卡语。约80%的人口信仰基督教，其余信仰原始宗教、伊斯兰教、印度教等。

（五）经济结构

南非是非洲经济最发达的国家之一，人均收入居于世界中等，属于发展中国家。农业、采矿业、制造业和服务业发达，其中，深井采矿技术世界领先。

1. 农业

南非的农业非常发达，农业商品率和生产率高居非洲前列。由于种族、肤色的不平等，导致土地占有极不平衡。白人占据着较大的农场，商品化程度极高，占南非农业产值的90%以上；黑人仅占有少数土地，从事着传统农业，仅能维持生计。

玉米是南非主要的农作物，产量为非洲第一。制糖业是南非主要的农业经济产业，蔗糖生产和出口居于非洲第一。以葵花籽、花生为主的油料种植、加工较为发达，居于非洲前列。南非的水果以葡萄最为知名，葡萄酒世界著名，是世界第七大葡萄酒生产地，此外，柑橘、苹果、梨、桃、杏种植较为发达。

2. 工业

南非的制造业门类齐全，技术位于非洲前列。主要门类有矿产、制造、能源、建筑，工业产品主要是钢铁、金属、化工、机器等，矿产和钢铁是南非的支柱产业。

（六）文化教育

1994年后，南非新政府积极推行教育公平政策，将学制划分为学前教育、义务教育、本科教育、研究生教育四个阶段。政府鼓励省级政府推动教育事业发展，各级院校注重教育质量、资源引进、伦理道德和学术水平的提升。国家财政为高等院校提供资助，专科院校、中职院校、义务教育则由省级政府负责。同时，南非政府鼓励私人办学。南非现有23所大学，著名的大学有开普敦大学、威特沃特斯兰德大学、斯泰伦博斯大学、约翰内斯堡大学等。

（七）主要节日

1. 人权日

为了纪念1960年3月21日发生在南非沙佩维尔镇的当局镇压大规模反种族歧视示威游行酿成的震惊世界的惨案，史称"沙佩维尔惨案"，1994年，新政府将这一天定为全国"人权日"。

2. 自由日

为了纪念1994年4月27日南非颁布了第一部保护种族平等的宪法，1994年，新政府将这一天定为"自由日"，也称"国庆日"。

3. 南非妇女节

为了纪念1956年8月9日发生在比勒陀利亚的大规模黑人妇女举行的示威游行，1994年，新南非政府将8月9日这一天定为"南非妇女节"，以此纪念广大妇女为反种族主义事业做出的杰出贡献。

4. 和解日

为了纪念1838年12月16日，布尔人夺取"布丁战役"胜利后，获得了南非内陆大部分土地，1994年，新政府将12月16日定为"和解日"。

（八）风俗与禁忌

南非社会深受殖民文化的影响，黑人与白人在社交礼仪、风俗习惯方面存在着很大区别。白人遵守着英式社交礼仪，讲究场合的重要性。白人装束正式、严谨，颜色多以深色为主，款式多以西装、礼服、套装为主。黑人则以本民族的传统习惯为主，习惯穿着本民族的传统服装，不同的民族在衣服的样式、材质、颜色、装饰上区别很大。黑人习惯向自己最好的朋友馈赠鸵鸟的羽毛，将羽毛插在帽子上或头发上是对主人最好的回馈。

知识卡片：入非请注意

（九）饮食文化

受到欧洲人的影响，南非白人很喜欢吃西餐，牛排、鸡肉这些都是他们很爱吃的，在饮料方面以咖啡或者红茶为主。

视频：开普敦特色美食

1. 恰卡拉卡

恰卡拉卡（图 6-2-1）以胡萝卜为原料，将其剁成丝，搭配西红柿、洋葱、绿色的辣椒炖煮，配以番茄汁、豌豆、黄豆、蜜豆等搅拌均匀，常就着面包吃，当搭配炖菜时，喜欢加入咖喱，南非人喜欢这种辛辣爽口的感觉。

2. 农夫香肠

农夫香肠（图 6-2-2）的主要原料是猪肉、牛肉，剁碎后，用一种特殊的草本植物芫荽，搭配黑胡椒、丁香粉、肉蔻粉以及其他佐料搅拌调匀后，用炭火烤制而成。农夫香肠因加入的芫荽具有一种特殊的香味，是南非著名的美食。南非人喜欢将农夫香肠作为热狗的主要配料，加上蔬菜，味道奇特。

▲ 图 6-2-1　恰卡拉卡

▲ 图 6-2-2　农夫香肠

3. Vetkoek

Vetkoek（图 6-2-3）以当地面粉为主要原料，将面粉制成面饼用油炸熟，用剁碎的牛肉、胡萝卜丁、豌豆粒、洋葱熬成肉酱，将肉酱塞入面饼中，搭配蜂蜜、果酱、奶酪食用，面饼酥脆，面香甜美，肉酱浓厚，是地道的南非美食。

（十）服饰文化

虽然南非是热带气候，但是，南非人穿的并不少，受到欧洲人的影响，在南非的城市里面的南非人基本上都穿着西化的服装，特别是在一些正式场合，南非人会穿上西装，戴上领带，端庄、严谨。在南非的街上除了可以看到穿西式服装的人之外，还能看到南非当地的特色民族服装，这些民族服装款式多样，制作都很精美。

▲ 图 6-2-3　Vetkoek

1. 科萨族

在科萨族文化中着装代表着社会地位。女性服装和配饰展示了科萨族经历的不同生活阶段。科萨族服装包括长裙和带有印花或刺绣的围裙。脖子上戴着精致的串珠项链，还有串珠手链和脚链。传统上，已婚女性戴着头巾，肩部佩戴刺绣斗篷或毯子。传统的科萨族人体现出的是战士、猎人和牧人的角色，因此，服装的重要组成部分是动物皮。在特殊场合，穿着长方形布或者是长袍和一串串珠项链（图6-2-4）。

2. 祖鲁族

在祖鲁族文化中，按照传统习俗，部落中未婚的女子是不着上装的，下身只穿一件小小动物皮质。已婚女子则用布盖住胸部，现在多以棉质背心或串珠胸罩与串珠项链一起穿着，下身穿着厚厚的用动物脂肪和木炭软化过的牛皮裙。祖鲁族文化中已婚女性代表性装饰是伊茨科洛的圆形帽子，由草和棉制成，长度多达一米，这是为了保护穿着者免受阳光照射。

视频：祖鲁族

祖鲁族文化中，男子上身穿着动物皮和羽毛（图6-2-5）。前后裙摆用于覆盖生殖器和臀部。被称为阿玛舒巴的牛尾巴的簇绒被戴在上臂和膝盖以下，以提供更大的体积。头带只能由已婚男士穿着。因为祖鲁族将豹子视为所有捕食者的王者，所以只允许皇室成员穿豹皮。

▲ 图 6-2-4　科萨族传统服饰

▲ 图 6-2-5　祖鲁族传统服饰

课堂讨论：你还知道哪些来自非洲的精美服饰，一起分享。

四、主要旅游资源

南非的景区主要集中于东北部和东南沿海地区。世界文化遗产包括罗本岛、斯泰克方丹、马蓬古布韦文化景观。南非的旅游资源丰富，旅游产业发展迅速，旅游产值约占国内生产总值的9%，生态旅游与民俗旅游是南非旅游业两大最主要的增长点。

1. 好望角

好望角（图6-2-6），寓意是"美好希望的海角"的意思，它是位于非洲大陆西南部的一处天然形成的岬角，位于34°21′25″S，18°29′51″E处。因多暴

▲ 图 6-2-6　好望角

风雨，海浪汹涌，故最初称为"风暴角"。1939年这里成为自然保护区，并于好望角东方2千米处，设有一座灯塔。好望角是欧洲探险家发现的通往东方的航道。

好望角是非洲地标之一，是非洲大陆和大西洋与印度洋连接处的一处天然形成的岬角，形似一把锋利的剑向南插入大西洋。这里矗立着一座灯塔，过去它是一个方向标，指引着远赴东方的冒险家，如今，这里是非洲著名的景点。这里为游客们修建了一处告示牌，上面精确地记录着这里与世界著名的十座城市的距离，如：距离北京12 933千米。好望角深入海洋，两侧波涛汹涌，岩下浪花飞溅，远处海天一线，景色宜人，让人流连忘返。

微课：南非好望角

案例拓展

非洲最南端——"一个美丽的误会"

好望角是非洲著名的地标之一，这里充满了历史和传说。传说好望角是"非洲的最南端"，很多游客来到这里就是要看看非洲的最南处的景色，实际上，这是一个"美丽的误会"。非洲大陆真正最南端的地方名为"厄加勒斯角"，距离好望角约147千米。这里是大西洋与太平洋实际交汇的地方，位于两大海域的中间地带上。

好望角是世界著名的自然保护区，这里生长着多种灌木丛、鲜花，动物有羚羊、斑马、鸬鹚、黑鹰等稀有飞禽。好望角处于来自莫桑比克厄加勒斯吹来的温暖的印度洋洋流和来自本格拉吹来的南极洲寒冷的洋流的交汇处。常年受西风和急流的吹打，常出现风暴，甚至还会出现人们常说的"杀人浪"。这里的海浪有20米高，来势凶猛。进入冬季，这里的风浪还伴有极地风引起的旋转浪，两种海浪常叠加在一起越加凶猛。这里常年存在一股很强的沿岸流，当浪与流相遇时，会掀起巨大的浪团，航行失事、海难经常发生，因此，好望角被誉为"世界上最危险的航路"。

思考：好望角被誉为"世界上最危险的航路"，你还知道哪些航班飞行的禁忌地点吗？

2. 罗本岛

罗本岛（图6-2-7）位于开普敦的桌湾，是南大西洋中的一处小岛，面积约为5.07平方千米。1999年根据文化遗产遴选依据标准（Ⅲ）（Ⅵ），罗本岛被联合国教科文组织世界遗产委员会批准作为文化遗产列入《世界遗产名录》。

1652年，荷兰人最先登上这处小岛，因为这里栖息着

▲ 图6-2-7 罗本岛

大量的海豹，荷兰人就把此地称为"罗本岛"，荷兰语意为"海豹岛"。这里曾经是过往船只进行补给的地方，为了给船员提供补给，这里的居民开始养殖兔子。后来，此地成为殖民者关押反抗运动首领的地方。

罗本岛上的动植物物种丰富，包括两栖类动物，如蜥蜴、壁虎、蛇、乌龟，畜类有南非白纹大羚羊、跳羚羊、岩羚和大羚羊，鸵鸟数量正日益增加。这里的水生动植物是典型的西南海角生物代表，这里出产的鲍鱼和龙虾最为知名。起初，罗本岛上的植物是非常稀疏的，后来，岛上种植了大量灌木，引进了许多异国树种，吸引了多种鸟类来这里栖息。据统计，在这里繁衍的鸟类 74 种，海鸟 14 种，涉禽类 24 种。

3. 斯泰克方丹化石洞遗址

斯泰克方丹化石洞遗址位于斯泰克方丹山距离山顶 10 米处的地方，斯泰克方丹山距约翰内斯堡大约 50 千米（图 6-2-8）。1999 年根据文化遗产遴选标准 C（Ⅲ）（Ⅳ）被列入《世界遗产目录》。

斯泰克方丹化石洞遗址是由地下水位之下的白云石溶解于水后，经过长时间沉积形成的。该洞穴由六个小穴组成，洞穴的下面是一片连续的洞群，洞群之中遍布地下湖泊和千姿百态的石笋、钟乳石，传说这里的地下水有着特殊的疗效。

▲ 图 6-2-8 斯泰克方丹化石洞遗址

斯泰克方丹化石洞遗址，被称为"人类摇篮"，该洞穴的化石遗址在考古学、历史学上具有非常重要的意义，这里蕴藏着距今约 35 万年前关于现代人类的信息，尤其是在这里发现的非洲古猿可以追溯到距今约 450 万至 250 万年之间，其中，已发现人类开始使用火可以追溯到距今约 180 万至 100 万年前。该洞穴被认定为世界南方原始人类化石种类最丰富、历史最久远的地方，迄今为止，已经发掘 600 余件原始人类化石、9 000 余件石器以及大量动物化石。

思政小课堂

南非加大中文培训 欲提振旅游业

2021 年 2 月 26 日，联合国世界旅游组织（简称 UNWTO）和西班牙政府日前联合通报，自 2021 年 1 月 25 日起，中文正式成为 UNWTO 官方语言。南非旅游界人士对此消息感到振奋，他们希望能加大对中文的学习和培训，希望疫情结束后有更多中国人来到南非旅游，提振南非旅游业复苏。

南非加大对中文的培训

来自南非德班的导游多米尼克·奈杜目前正在约堡大学孔子学院学习中文。他认为中文正式成为 UNWTO 官方语言的消息将对他以后的职业生涯发展产生推动作用。他告诉记者，要感谢南非旅游部和约堡孔子学院给自己这个学习中文的机会，他希望中国人能在疫情结束后到南非旅游。他还用中文告诉记者，中国加油！南非加油！

约堡孔子学院中方院长彭奕告诉记者，去年十月初，旅游部找到自己，希望孔子学院的教师们可以给他们培训中文。双方马上就组织了一场线上会议，彭奕在会上详细介绍了中方的资源、教学计划等，南非旅游部对此高度认可。

深知南非旅游业当前的困境，彭奕提出免费为旅游部提供中文培训。教师们对南非也有很深的感情，因此决定和疫情期间对待其他个体汉语学员一样，免费为旅游部的导游提供中文培训。

但南非旅游部则表示中文培训项目有预算，培训费用必须支付。据悉，旅游部还承担了所有参与项目培训人员的机票、两个月培训期间的住宿费、餐饮，并给予一定补贴。

旅游部在项目合作方面体现出的诚意令彭奕十分感动。她说，在南非旅游业最困难的时候，他们愿意拿出这样的投入来支持中文培训非常难得。而另一件让彭奕感动的事，就是学员们在培训中表现出的热情。由于只能通过线上教学，在武术课上可以看到当地的学生学习弓步等基本功，每个人的态度都极度的认真。而旅游部和学员们的诚意和热情让教师们也充满了动力，即使大年三十也没有休息，按计划完成了教学计划。

"中文对南非旅游业复苏十分重要"

疫情发生前，中国游客到访南非人数持续增长。南非旅游局曾有统计数据显示，2018年4月至9月期间，中国游客到访南非人数持续增长，较前一年同期增长8.6%。与此同时，中国游客在南非的消费力也表现出强劲态势，2018年1月至6月期间，中国游客在南非的旅游消费增长187%。而2019年中国赴南非旅游的游客数量较前一年增长了近30%，南非游客人数统计数据表明，中国是南非的游客人数排名前十的来源国。

南非旅游部长库巴伊－恩古巴内在春节致辞中也希望中国可以帮助南非重振旅游业。她说，南中两国建交20多年来，双方在贸易投资、教育、科技、艺术、文化、旅游等各个领域都建立起强劲的纽带和合作关系。依托强有力的双边政治关系，中南人文交流蓬勃发展，希望在新的一年里，南中双边合作能够再结硕果，期待中国助力南非重振旅游业和复苏经济。

南非旅游部发言人在接受记者采访时表示，中文已经是多边体系中的一种语言。中文正式成为联合国世界旅游组织官方语言，将对全球合作、旅游业、贸易开展带来更为积极的作用。

南非早已意识到中文对本国旅游业的重要性。玛纳勒告诉记者，南非旅游部正在开展中文培训，主要目的是帮助南非的导游学习中文，以提高游客体验，更好地满足中国市场的需求。

玛纳勒说，为了改善本国旅游业现状，旅游部正在积极执行旅游业复苏计划。该计划将包括未来三年南非需要实施的关键战略干预措施，以及促进旅游业复苏的关键因素。而中文培训项目就是旅游业复苏计划的一部分。此次中文培训项目就是由南非旅游部与约堡大学孔子学院合作，已于2021年1月份正式开班授课。

南非多措并举提振旅游业复苏

据 UNWTO 官方数据，2020 年全球旅游业收入损失 1.3 万亿美元，成为"旅游业历史上最糟糕年份"。国际游客数量比上一年下降 74%，约为 10 亿人次。非洲和中东受疫情冲击的影响仅次于亚洲，游客数量减少了 75%。

作为非洲经济最发达的国家之一，南非的旅游业是本国目前所有行业中发展最快的行业之一，行业产值接近其国内生产总值的 10%，全南非旅游业从业人员约 140 万人。然而疫情暴发后，南非旅游业受到重创。据南非当地媒体报道，疫情和封锁对南非旅游业造成的经济损失高达 542 亿兰特，约合人民币 220 亿元，预计未来损失或将进一步损失并影响到约 43.8 万个就业岗位。

为了帮助本国旅游业复苏，南非政府于今年 1 月 26 日发起了旅游股权基金（TEF），旨在通过支持旅游业供给方面的创业和投资，帮助旅游业复苏并实现转型。

旅游股权基金与南非 2016—2026 年国家旅游业战略保持一致，该战略将重点放在转型和包容性旅游经济上。据南非总统拉马福萨介绍，该基金将结合资金捐赠、优惠贷款和债务融资，满足黑人企业收购股权、投资新开发项目或扩大现有开发项目的具体需求，并确保黑人企业能够从旅游经济中获得实质性的利益。

旅游部长恩古巴内表示，旅游股权基金将提供债务融资和资金捐赠相结合的方式。她说："南非的旅游业主要由私营部门拥有和推动，自 1994 年以来旅游业对南非经济的贡献大幅增长。"在三年内，旅游部将为该基金注资 5.4 亿兰特，并与小企业金融机构（SEFA）提供的 1.2 亿兰特和将参与该项目的商业银行提供的 5.94 亿兰特的捐款相匹配，使旅游股权基金的价值高于 12 亿兰特。

南非旅游部发言人玛纳勒说，南非旅游部将于 3 月 2 日主办线上研讨会，主题是"国家视角下新冠肺炎疫情后的旅游业复苏"，分享本国目前认为的最佳做法。通过这次研讨会，参会的非洲国家将分享有关旅游业复苏战略的相关信息，以帮助非洲旅游业更快复苏。

（资料来源：http://world.people.com.cn/gb/n1/2021/0226/c1002-32037923.html）

思考：南非位于非洲大陆的最南端，请简要介绍一下南非旅游资源有哪些？

五、主要机场和航空公司

南非每周有 600 多个国内航班和 70 多个国际航班，与非洲、欧洲、亚洲及中东、南美一些国家直接通航。平均年客运量达 1 200 万人次。

（一）主要机场

1. 奥利弗·雷金纳德·坦博国际机场

奥利弗·雷金纳德·坦博国际机场（IATA 代码：JNB；ICAO 代码：FAOR）位于南

非最大城市约翰内斯堡市以东27千米处，每年服务约1 600万乘客（图6-2-9）。机场位于高地，由于大气稀薄的影响，机场铺设了较长跑道以保证离港航班达到正常的起飞速度，是全世界最长的跑道之一。该机场是南非航空的基地，是全非洲最大最繁忙的机场，也是全世界最繁忙的机场之一。

1952年，奥利弗·雷金纳德·坦博国际机场启用，最初被命名为扬·克里斯蒂安·史末资机场。在1994年，新政府将机场改名为约翰内斯堡国际机场。为了纪念已故的前南非非洲人国民大会主席奥利维尔·雷金纳德·坦博，2006年10月27日，该机场再次改名为奥利弗·雷金纳德·坦博国际机场。2012年1月31日，南非航空公司开通了约翰内斯堡—北京的航线，每周二、四、六飞行，全程约为15个小时。

▲ 图6-2-9　奥利弗·雷金纳德·坦博国际机场

2．开普敦国际机场

开普敦国际机场（IATA代码：CPT；ICAO代码：FACT），位于南非开普敦市，距离市中心约20千米。它是南非第二大机场，同时也是非洲第三繁忙的机场，是非洲的主要门户机场。开普敦国际机场前身为温菲尔德机场，开放于1954年，由南非机场有限公司运营管理。开普敦国际机场海拔高度为16米，跑道长度为1 585米，宽度为23米。该机场主营国内、地区和国际的客货运航线，为超过20家航空公司提供服务，该机场是开普敦大都市区唯一提供定期客运航空服务的机场，它也是南非航空公司的一个枢纽基地。

开普敦国际机场在2014年"Skytrax全球最佳机场"评选中荣获"非洲最佳机场"和"非洲最佳服务机场"两项大奖。2015年3月，在PrivateFly的最美风光机场调查中，开普敦国际机场荣获第十名。

3．沙卡国王国际机场

沙卡国王国际机场（IATA代码：DUR；ICAO代码：FALE），简称KSIA，是南非南部著名城市德班市的主要国际机场，它位于德班市中心以北约35千米的拉默尔西，2010年5月1日正式启用。沙卡国王国际机场是为迎接2010年世界杯足球赛而建，总造价68亿南非兰特（约合9亿美元），它取代了德班国际机场的功能，并沿用了原德班国际机场的IATA代码DUR。沙卡国王国际机场建造初衷是提高德班附近区域的国际服务水平，同时它也成为南非国内航空业最主要的机场之一。2013年，沙卡国王国际机场获得"Skytrax最令旅客满意奖"。

（二）主要航空公司

1．南非航空公司

南非航空公司（IATA代码：SA；ICAO代码：SAA），成立时间是1934年，总部地点在南非约翰内斯堡，以奥利弗·雷金纳德·坦博国际机场和开普敦国际机场为枢纽机场，是南非最大的国际航空公司（图 6-2-10）。

南非航空公司的航线遍及世界 20 多个国家。南非航空公司的宗旨是"客户第一"，该公司在航空产品和航空服务测评上常年居于"国际最佳范例的国际十大航空公司之一"，公司多年被国际组织评为"最佳非洲航空公司"，商务舱在 2004 年被评为世界最佳。

2. 南非国家航空公司

南非国家航空公司（IATA 代码：CE；ICAO 代码：NTW）是南非的一家航空公司，总部位于南非的萨里亚，经营南非的国内定期航班和国际航班，主要基地是约翰内斯堡国际机场（图 6-2-11）。

▲ 图 6-2-10　南非航空公司的标志　　　　▲ 图 6-2-11　南非国家航空公司的标志

第三节　埃及

 知识目标

了解埃及的基本概况；掌握埃及的风俗习惯；掌握埃及的主要旅游资源；掌握埃及的主要航空公司和机场概况。

 技能目标

结合所学知识，能够设计一条合理的旅行路线，同时，为旅客提供优质的服务。

 情境导入

李涛和宋丽正筹划着自己的新婚蜜月旅行，两人都非常喜欢看电影，受著名的电影《木乃伊》《埃及艳后》《尼罗河上的惨案》等经典影片的影响，两人将埃及定为新婚蜜月旅行的目的地，希望他们的爱情就像金字塔、古老神庙那样天长地久。可是这几天，宋丽却发愁一件事，埃及是一个伊斯兰国家，旅游时难免需要与埃及人打交道，应注意些什么呢？

你可以向李涛和宋丽介绍一下与埃及人见面时的基本礼仪吗？

知识内容

一、初识埃及

埃及，全称阿拉伯埃及共和国，东北部与以色列和巴勒斯坦接壤，东南部与红海为邻，南部与苏丹接壤，西部与利比亚接壤，北临地中海，国土面积 1 001 449 平方千米，人口约 1 亿，阿拉伯语是官方语言。

课堂讨论：谈谈你对埃及的第一印象。

视频：埃及官方旅游宣传片

二、地理概况

埃及全境大部分地区为高原，平均海拔 100～700 米，西奈半岛和东南部的红海沿岸是山地和丘陵。国土的 95% 为沙漠或半沙漠地带。西部是利比亚沙漠的一部分，占国土面积的 2/3，多为流沙，沙漠中有哈里杰绿洲、锡瓦绿洲较为知名；东部地区是阿拉伯沙漠，多是砾漠或裸露的岩丘。主要的水域有提姆萨赫湖、大苦湖、尼罗河、纳赛尔水库。尼罗河是世界最长的河流，它由南到北流经埃及全境，埃及境内河段长约 1 350 千米，宽度在 3～16 千米。尼罗河流经开罗北部地区形成了三角洲，两岸形成了绿洲地带，约 1.6 万平方千米。坐落在尼罗河上的阿斯旺水坝形成了纳赛尔水库，它是非洲最大的人工湖，面积约 5 000 平方千米。阿斯旺水坝是世界七大水坝之一，年平均发电量在 100 亿度以上。

课堂讨论：世界七大水坝指哪些？

三、人文概况

（一）历史概览

埃及是四大文明古国之一。早在距今 9 000 多年以前，就有人类在尼罗河的谷地生活，从事农业和畜牧业活动。公元前 5 000 年，埃及古文明形成，形成了两个国家，上埃及位于尼罗河上游的谷地，下埃及位于尼罗河入海口的三角洲地区。公园前 3 100 年，上埃及收复了下埃及，建立了统一的奴隶制国家，统治者美尼斯成为古埃及第一任法老。此后，埃及经历了 30 个王朝。享誉世界的金字塔就修建于古埃及时期。公元前 525 年，波斯帝国战服埃及，结束了古埃及统治时代。埃及的近代历史分别经历过马其顿、罗马、阿拉伯、土耳其的统治。1882 年英国人入侵埃及，将其作为"保护国"。1952 年 7 月 23 日，以纳赛尔为首的自由军官组织发动政变，推翻法鲁克王朝，1953 年 6 月 18 日推翻帝制，宣布成立"埃及共和国"。1958 年 2 月，埃及同叙利亚合并成立阿拉伯联合共和国。1961 年叙利亚发生政变，脱离阿拉伯联合共和国。1971 年 9 月 1 日改名为阿拉伯埃及共和国。

（二）政治制度

埃及是一个总统共和制国家，议会实行一院制，设有596个席位，任期五年。1962年纳赛尔等人成立阿拉伯社会主义联盟，成为埃及唯一合法政党。2013年埃及政局再度发生剧变。2018年6月，新一届政府成立。埃及主要政党有自由埃及人党、祖国未来党、新华夫脱党等。

1. 自由埃及人党

自由埃及人党成立于2011年7月，主张建立世俗国家，实现司法独立，保持原有的社会价值观和习俗，全体公民拥有信仰自由和民主与自由的权利，妇女应发挥社会作用并参与各领域建设。

2. 祖国未来党

祖国未来党成立于2015年8月，主张以政党政治替代街头政治，以合法、和平方式使青年参与国家政治生活。

3. 新华夫脱党

新华夫脱党成立于1978年2月，主张加快政治、经济和社会改革，保障基本自由和人权，密切同阿拉伯和伊斯兰国家的关系，重点发展与非洲国家关系。

埃及全国共划分为27个省。

（三）国家象征

埃及的国旗是一个长方形，从上到下分为红、白、黑三个颜色的长方形区域，白色区域中间部分是国徽。国旗的红色代表着埃及革命的胜利，白色象征埃及人的纯洁，黑色代表埃及经历过的黑暗时期。

埃及的国徽是一只金色的雄鹰昂首挺立、舒展双翼，雄鹰象征着胜利、勇敢和忠诚，寓意埃及人民不畏风暴和烈日，仍然要展翅翱翔的决心。雄鹰的前胸是一个盾形图案，自左向右为红、白、黑三个颜色的竖向长方形，雄鹰的利爪下面是金色的底座，上面印有"阿拉伯埃及共和国"的黑色阿拉伯文字。

（四）人口、民族和信仰

截至2020年，埃及全国人口数约为1亿。埃及是一个宗教国家，主要宗教为伊斯兰教，信徒约占总人口的85%，科普特教徒约占10%，其他宗教徒约占5%。

（五）经济结构

1. 农业

埃及是非洲传统的农业大国，全国55%的人口从事农业生产。全国可用耕地约310万公顷，约占国土面积的3.7%。政府重视保护和扩大耕地面积，鼓励青年人从事农业生产。埃及的棉花闻名世界，其特点是绒长丰满，埃及人将棉花视为"国宝"，是主要的出口产品。由于缺少优良耕地，埃及的粮食主要依赖进口。

2. 工业

埃及是非洲工业较发达国家之一，拥有初具规模的工业体系。由于埃及的棉花产量、质量较高，所以，工业主要以纺织业为主，轻工业以食品加工为主，重工业以石油、汽车制造业为主。此外，钢铁、水泥、电力、建材等行业在非洲处于领先地位。

（六）文化教育

埃及宪法规定国家实行义务教育制度，分为学校教育、义务教育、高等教育三个阶段。公立大学有18所，世界知名的有阿斯旺大学、曼苏拉大学、苏伊士运河大学、贝尼苏韦夫大学、开罗大学等。

（七）主要节日

埃及的节日很多，一部分是深受伊斯兰文化影响，至今沿袭的伊斯兰古老的传统节日；另一部分则是近代融合了国际化元素后形成的固定节日，见表6-3-1。

表6-3-1 埃及主要节日

名称	时间
银行假期	1月1日
科普特圣诞节	1月7日
革命纪念日	1月25日
科普特耶稣受难日	4月14日
科普特复活节前夜	4月15日
科普特复活节	4月16日
春假	4月17日
西奈解放日	4月25日
劳动节	5月1日
开斋节	6月26日—6月28日
银行假期	7月1日
革命纪念日	7月23日
尼罗河洪水日	8月15日
阿拉法特朝圣日	8月31日
古尔邦节	9月1日—9月4日
科普特新年	9月11日
伊斯兰新年	9月21日
军人节	10月6日
圣纪节—先知穆罕默德诞辰日	11月30日
苏伊士运河战争胜利日	12月23日

1. 独立日

为了纪念1953年6月18日，以纳赛尔为首的"革命指导委员会"废除君主制，建立埃及共和国，新政府将6月18日这一天定为"埃及共和国独立日"。

2. 国庆日

为了纪念1952年7月23日，以纳赛尔为首的"自由军官组织"推翻法鲁克王朝，掌握国家政权。1953年，新政府将7月23日这一天定为国庆日。

3. 胜利日

1956年12月23日，埃及军队收复苏伊士运河塞得港。新政府为了表彰塞得港军民的浴血奋战，将12月23日定为胜利日。

（八）风俗与禁忌

在埃及，人与人打交道时常用握手礼，成年男子喜欢使用双手握手礼。受宗教因素的影响，成年异性之间的握手并不常见。埃及人性格保守，他们对那些按照当地人的装饰习惯来装扮自己的客人倍加敬重。在埃及，吸烟是一种普遍现象，但在斋月期间应避免在公共场所进食、饮水、吸烟。

埃及社会严格遵守伊斯兰教的教规，在斋月里白天禁食，斋月期间禁食忌物，不吃红烩带汁和未熟透的菜；餐时禁谈，食汤、饮料时噤声，餐时禁用左手。

埃及社会很重视"小费"，意为津贴之意。在埃及旅游时，给予服务人员小费是一种普遍礼仪，例如：卫生间、公共交通、停车场、餐厅、宾馆等服务场所。观光宗教场所时，要注意着装，穿戴不得随意，注意警示标识，在某些景区、景点是禁止大声喧哗、拍照、摄像的，未经本人允许，不得给妇女拍照。

（九）饮食文化

埃及的饮食以烧烤煮拌为主，多用盐、胡椒、辣椒、咖喱粉、孜然、柠檬汁调味，口感偏重。埃及人喜欢吃羊肉、鸡肉、鸭肉、土豆、豌豆、南瓜、洋葱、茄子、胡萝卜等，喜欢自制甜点招待客人。埃及饮食有南北差异，北部为地中海菜系，南部则是努比来菜系。受到希腊、黎巴嫩和法国饮食的影响，出现了以法国菜为主的西餐；综合中国、希腊、土耳其菜肴的优点做出一种混合体的菜肴。

知识卡片：埃及人网页时的基本礼仪

视频：埃及锦葵汤

1. 锦葵汤

锦葵汤（图6-3-1）是用盛产于尼罗河两岸的锦葵熬制的绿色浓汤，配以鸡肉或羊肉、黄油、大蒜等辅料，浓绿黏稠，味道鲜美，经常被埃及人淋在米饭上食用。

2. 披塔

披塔（图6-3-2）是一种空心的面包，是埃及人最重要的主食，以玉米和小麦为原料，当地人常把它撕开来包肉或者沙拉吃。在沙漠里，它是必不可少的充饥食品。这种面包本身没有味道，口感略硬，表面口感像麦麸，内里中空，极易保存。

▲ 图 6-3-1　锦葵汤

▲ 图 6-3-2　披塔

3. 富尔梅达梅斯

富尔梅达梅斯（图 6-3-3）是一道埃及名菜，也是埃及最早的膳食之一。它由煮熟的蚕豆配以植物油、茴香、香芹、大蒜、洋葱、柠檬汁等食材制成，不同厨师做出的口味各有特色。

4. 库夏里

库夏里（图 6-3-4）是一道埃及国菜，用米饭、空心粉、洋葱、黑扁豆及番茄酱等制作，各种食材要先单独烹制，然后融合在一起，根据个人口味配以醋、蒜、辣酱调味，还可加一些炸圆葱和豌豆等。开罗的库夏里有全部用米制成的，也有一半米、一半空心粉制成的。

▲ 图 6-3-3　富尔梅达梅斯

5. 哈马姆·马希

哈马姆·马希（图 6-3-5）是一种埃及烤肉，有烤鸽子、烧鸡、烧羊等。烤鸽子肉不如鸡肉和羊肉那样常见，一般只在传统餐馆中有销售。埃及的肉鸽比欧洲要小，和中国的童子鸡差不多大，通常填塞绿麦、米饭，鸽子肉薄，很好入味，烤后肥瘦适度，酥脆可口，味道特别。一般女生一顿点一只烤鸽子即可，分量也适中，既可以吃到米饭又可以吃到肉。

视频：哈马姆·马希

▲ 图 6-3-4　库夏里

▲ 图 6-3-5　哈马姆·马希

6. 法塔

法塔（图 6-3-6）是埃及人在宰牲节、斋月等特殊场合食用的食品，它以肉、面包屑和米饭为主料，大蒜为辅料，醋为调料制成。埃及家庭会让婴儿出生时喂孩子的母亲食用法塔。

7. Kousa

Kousa（图6-3-7）是埃及常见的家常菜，用米饭、牛肉馅为主料，塞入西葫芦或茄子中，以柠檬、洋葱、胡椒为调料，煮制而成。素食者用鹰嘴豆代替牛肉，味道清淡。

▲ 图 6-3-6　法塔

▲ 图 6-3-7　Kousa

（十）服饰文化

埃及的传统服装称为迪史达什，是一种阿拉伯传统长袍（图6-3-8）。阿拉伯人认为：穿上阿拉伯长袍仪表堂堂，气度非凡，会给人增添几分风采，尤其是正式场合，更为高雅、大方，这是阿拉伯民族的尊严的象征。自古至今，阿拉伯国家的男子从儿童到成年人，从国家首脑到普通民众，一年四季都穿长袍。头戴白帽或缠头巾，阿拉伯语叫"库非耶"，是一种用棉布或薄纱织成的长约一公尺的布，一般分为白色和花色两种，白色是传统样式，花色由黑格、蓝格、红格、紫格、绿格组成，深受青年人的喜爱。其中，黑白色长袍代表拥有较高的社会地位；白色长袍代表了高尚、清洁，寓意万事随心、吉祥如意，常在节日、喜庆时穿着；黑色长袍，代表庄重、肃穆，常在出席丧事时穿着，表示对亡者的哀悼、对家属的慰问。

▲ 图 6-3-8　埃及人的传统服饰

四、主要旅游资源

埃及具有悠久的人类文明发展史，是世界四大文明古国之一。该国旅游资源丰富，拥有6处世界文化遗产，分别是孟菲斯及其墓地和金字塔、底比斯古城及其墓地、阿布辛拜勒至菲莱的努比亚遗址、伊斯兰开罗、阿布米那基督教遗址、圣卡特琳娜地区。

视频：埃及红海船宿宣传视频

1. 孟菲斯及其墓地和金字塔

孟菲斯及其墓地位于埃及东北部尼罗河的西岸，金字塔坐落于孟菲斯的周围，这处遗址包括三座金字塔、狮身人面像、庙宇以及多处墓地（图6-3-9）。这里是公认的远古人类七大奇迹中仅存的一处。1979年根据文化遗产遴选依据标准（Ⅱ）（Ⅲ）（Ⅵ），孟菲斯及其墓地和金字塔被联合国教科文组织世界遗产委员会批准作为文化遗产列入《世界遗产名录》。

狮身人面像（又译作"斯芬克斯"），位于吉萨大金字塔边，雕像坐西向东，蹲伏在哈夫拉的陵墓旁。雕像长 57 米，高 21 米，向前伸出的狮爪长 15 米，整座雕像雕刻在一块含有贝壳之类杂质的巨石上。面部是古埃及第四王朝法老哈夫拉的脸型。相传公元前 2611 年，哈夫拉到此巡视自己的金字塔陵墓时，吩咐工匠为自己雕琢石像。在古埃及，狮子象征力量，工匠别出心裁地在一块巨石上雕琢出一头狮子，将哈夫拉面像作为狮子的头。由于狮身人面像外观与希腊神话中的人面怪物斯芬克斯相似，因此，人们称它为"斯芬克斯"。

2. 底比斯古城及其墓地

底比斯古城位于埃及南部的尼罗河畔东岸，距开罗市 700 千米，此处遗迹包括卡纳克神庙、卢克索神庙、阿蒙神庙、门农巨像、国王陵墓谷地、王后陵墓谷地（图 6-3-10）。1979 年根据文化遗产遴选依据标准（Ⅱ）（Ⅲ）（Ⅵ），底比斯古城及其墓地被联合国教科文组织世界遗产委员会批准作为文化遗产列入《世界遗产名录》。

底比斯古城是古埃及中王国时期和新王国时期（约公元前 2040—前 1085 年）的首都，也是宗教和政治中心，迄今为止已有四五千年的悠久历史，是世界上屈指可数的最古老的都城之一。

▲ 图 6-3-9 孟菲斯及其墓地和金字塔

▲ 图 6-3-10 底比斯古城及其墓地

3. 阿布辛拜勒至菲莱的努比亚遗址

阿布辛拜勒至菲莱的努比亚遗址，位于埃及东南部尼罗河上游河畔，埃及和苏丹交界的努比亚地区（图 6-3-11）。这里曾是上埃及文明的发源地，存有以阿布辛拜勒庙为代表的许多古迹。1979 年根据文化遗产遴选依据标准（Ⅱ）（Ⅲ）（Ⅵ），阿布辛拜勒至菲莱的努比亚遗址被联合国教科文组织世界遗产委员会批准作为文化遗产列入《世界遗产名录》。

阿布辛拜勒神庙是最雄伟的埃及古建筑，位于埃及与苏丹交界的阿斯旺水库以南 290 千米处，修建于公元前 1275 年，在尼罗河两岸的峭壁上凿出，高约 33 米，宽约 37 米，纵深约 61 米。

4. 伊斯兰开罗

伊斯兰开罗指的是现在开罗市的老城区，是人类文明四大发源地之一，在人类社会发展史上占突出地位，已有 1 000 余年的历史（图 6-3-12）。1979 年根据文化遗产遴选依据标准（Ⅰ）（Ⅴ）（Ⅵ），伊斯兰开罗被联合国教科文组织世界遗产委员会批准作为文化遗产列入《世界遗产名录》。

▲ 图 6-3-11　阿布辛拜勒至菲莱的努比亚遗址

▲ 图 6-3-12　伊斯兰开罗

开罗横跨尼罗河，气魄雄伟，风貌壮观，是整个中东地区的政治、经济和商业中心。东面是阿拉伯沙漠，南面是富饶的尼罗河谷地，西面是广阔无垠的撒哈拉大沙漠，北面是肥沃的尼罗河三角洲，距地中海 200 千米。它由开罗省、吉萨省和盖勒尤卜省组成，通称大开罗。大开罗是埃及和阿拉伯世界以及非洲最大的城市。

开罗伊斯兰古城位于现在开罗的东部，被现代化的商业地区所环绕，是世界上最古老的伊斯兰城市之一。古城建于 10 世纪，有许多古老著名的清真寺、伊斯兰学校、市场和喷泉，是伊斯兰世界的一个重要的中心城市。14 世纪达到鼎盛。开罗伊斯兰古城以卡利利市场为中心，向南北两方扩展，包括艾资哈尔清真寺、萨拉丁城堡等著名伊斯兰古迹。中世纪时的开罗发展到顶峰。14 世纪时开罗已拥有 50 万人。中世纪的开罗建筑汇集了数量相当可观的伊斯兰古迹，它们像一部完整的编年史，展示了伊斯兰从兴起直到 19 世纪的历史进程。

▲ 图 6-3-13　阿布米那基督教遗址

5. 阿布米那基督教遗址

阿布米那基督教遗址位于亚历山大城市的南部，城中的建筑包括教堂、洗礼池、古罗马长方形会堂、公共建筑、街道、修道院、民居和工厂（图 6-3-13）。1979 年根据文化遗产遴选依据标准（Ⅳ），阿布米那基督教遗址被联合国教科文组织世界遗产委员会批准作为文化遗产列入《世界遗产名录》。古城是以亚历山大时期的一名殉教者米纳斯的坟墓为中心建立起来的。

6. 圣卡特琳娜地区

圣卡特琳娜地区位于埃及南部西奈省西奈山的山脚下，是世界三大宗教基督教、伊斯兰教和犹太教共同的圣地（图 6-3-14）。2002 年根据文化遗产遴选依据标准（Ⅰ）（Ⅲ）（Ⅳ）（Ⅵ），圣卡特琳娜地区被联合国教科文组织世界遗产委员会批准作为文化遗产列入《世界遗产名录》。

圣凯瑟琳修道院最早是一间古基督教修道院。公元6世纪，东罗马皇帝查士丁尼一世下令修建。该修道院经历了阿拉伯人的统治、十字军东征、奥斯曼帝国统治、拿破仑统治以及埃以战争，毫发未伤，保存完好，至今仍在使用，延续着从6世纪遗留下来的古老传统。

7. 尼罗河

尼罗河全长约6 670千米，自南向北流经整个非洲，是世界上最长的河流（图6-3-15）。尼罗河南端发源于东非高原，北面汇入地中海，东部沿着埃塞俄比亚高原和红海向西北延伸，西邻刚果盆地、乍得盆地并沿马腊山脉、大吉勒夫高原、利比亚沙漠向北延伸。尼罗河是人类文明发祥地之一，杰出的贡献就是古埃及文明。埃及境内的尼罗河河段约1 350千米，是自然条件最好的一段，平均河宽800～1 000米，深10～12米，且水流平缓。尼罗河有白尼罗河和青尼罗河两条主要的支流。白尼罗河全长为5 588千米，发源于赤道多雨区，水量丰富而又稳定。青尼罗河全长约1 700千米，发源于埃塞俄比亚高原，是尼罗河水源和营养的主要来源，在苏丹北部5—8月开始涨水，以后水位逐渐下降，1—5月水位最低。产生这种现象的原因是青尼罗河和阿特巴拉河的水源来自埃塞俄比亚高原上的季节性暴雨。虽然洪水是有规律发生的，但是水量及涨潮的时间变化很大。

微课：埃及尼罗河

▲ 图6-3-14　圣卡特琳娜地区　　　　　　▲ 图6-3-15　尼罗河

五、主要机场和航空公司

（一）主要机场

1. 开罗国际机场

开罗国际机场（IATA代码：CAI；ICAO代码：HECA）位于开罗市东北约15千米处，是非洲第二繁忙的机场。该机场服务于23家国际航空公司，开设航线遍及全球82个目的地。

2. 古尔代盖国际机场

古尔代盖国际机场（IATA代码：HRG；ICAO代码：HEGN）是埃及旅游胜地古尔代盖的国际机场，位于赫尔格达市西南5千米的内陆地区，每年可接待多达1 300万游客，是埃及第二繁忙的机场，非洲十大最繁忙机场之一。

古尔代盖国际机场有 2 座航站楼，分别为 T1 航站楼和 T2 航站楼。其中，T2 航站楼共 3 层，耗资 3.35 亿美元，总面积 92 000 平方米，出境大厅有 72 个登机柜台和 20 个登机门。

3. 亚历山大国际机场

亚历山大国际机场（IATA 代码：ALY；ICAO 代码：HEAX）位于亚历山大市东南部，距市中心 7 千米。开设有飞往埃及和雅典等其他阿拉伯国家的航班。该机场服务 11 家航空公司，开设航线 27 条，主要飞往阿拉伯国家。

（二）主要航空公司

1. 埃及航空公司

埃及航空公司（IATA 代码：MS；ICAO 代码：MSR）是埃及最大的航空公司，也是中东地区、阿拉伯国家中最佳航空公司（图 6-3-16）。埃及航空公司成立于 1932 年 6 月 7 日，是中东和非洲地区首家航空公司。该公司主要运营基地设立在开罗国际机场，开设的国际航线遍及欧洲、非洲、亚洲、美洲等 40 多个国家的 70 多个目的地，同时还承担飞往国内主要城市的航线。2004 年，埃及航空公司成为非洲首家通过 IOSA 认证的航空公司，展现了其对高安全标准的承诺。2008 年 7 月埃及航空公司加入国际航空公司联盟"星空联盟"。

▲图 6-3-16　埃及航空公司的标志

2. 埃及 AMC 航空公司

埃及 AMC 航空公司（IATA 代码：9V；ICAO 代码：AMV）成立于 1992 年，是一家埃及包机航空公司（图 6-3-17），总部位于开罗，拥有约 500 名员工。埃及 AMC 航空公司主要经营旅游包机，包括飞往欧洲、中东的包机航班，以及埃及国内的普通航班。该公司还运营特设 VIP 航班和军用运输机（联合国），主要基地是开罗国际机场，枢纽是赫尔格达国际机场、沙姆沙伊赫国际机场和卢克索国际机场。

▲图 6-3-17　埃及 AMC 航空公司的标志

> **思政小课堂**
>
> ### 中埃共建"21 世纪海上丝绸之路"
>
> 　　海洋是各国经贸文化交流的天然纽带。新形势下，中国提出了共建"21 世纪海上丝绸之路"的战略构想，希望通过以点带线、以线带面的方式，增进同沿线国家和地区的经贸合作与友好往来。这对于促进区域经济一体化，增强中国的战略安全具有深远意义。
>
> 　　历史上，四大文明古国因丝绸之路而相识相知。阿拉伯语中，古代中国被称

为"隋",这一称谓沿用至今。考古学家相信,早在公元前1070年,古中国与古埃及就已在丝绸之路上相遇。斗转星移,3 000多年后的今天,"21世纪海上丝绸之路"再次成为联系两个文明古国的纽带。

在两国元首的共同推动下于2014年中埃关系升级为全面战略合作伙伴关系。埃及前总理埃萨姆·谢拉夫说,习近平主席提出的共建"一带一路"的建议构想,与埃及当前的伟大复兴梦不谋而合。

埃及苏伊士运河管理局局长马米什向记者介绍了构筑"埃及梦"的两大基石:苏伊士运河区发展计划、开凿新苏伊士运河计划。前者是利用苏伊士运河的独特区位优势,以亚欧经贸往来带动运河走廊经济带的发展。后者是提升苏伊士运河的通航能力,以适应新时期海洋运输业的发展需要。

埃及的苏伊士运河连通了地中海和印度洋,是海上丝绸之路的关键节点和重要延伸。苏伊士运河大大缩短了亚欧两个市场在时间和空间上的距离,为增进亚欧之间的贸易往来创造了条件。

马米什称,开凿新运河实际上是在北起点的第60千米至95千米河段处,挖一条新的平行河道,如图6-3-18所示。这样一来,过去的"单行线"将变成"双向道",大大提升通航效率。目前,南向船只要通过苏伊士运河,中途需要在大苦湖等待8～10个小时。此外,对37千米长的河段进行疏浚,从而允许吃水深度超过66英尺(约20米)的超大型船舶通行。新运河建成后,船舶通过苏伊士运河将不需要等待,每天的通行量将由49艘提升至97艘,平均通行时间由18小时缩短为11小时,运河收入有望实现259%的增长。

▲图6-3-18 新苏伊士运河

苏伊士运河的全面升级将为埃及运河走廊经济带的发展带来重要机遇。马米什表示,苏伊士运河区发展计划是以运河周边的"六港两区"(即西塞得港、东塞得港、阿里什港、阿达贝亚港、苏赫奈港、艾勒图尔港,伊斯梅利亚科技园区、苏伊士湾西北工业区)为依托,带动包括汽车组装、高新电子、石油炼化、轻金属、水产养殖、船舶制造、轻纺织品、玻璃加工等全产业的发展,将埃及打造成世界级的经贸和物流中心。

"互利共赢"是"一带一路"的基本特征。中国经济学家俞平康通过严格计算得出,中国每1单位的基建投资,将拉动上游相关产业1.89单位的生产扩张,同时推动下游产业3.05单位的生产扩张。也就是说,1单位投资走了出去,将带动1.89单位的国内生产,这有助于消化国内的过剩产能。更重要的是,3.05单位的推动效应贡献给了国外,有助于相关国家的经济发展。

埃及苏伊士运河管理局公共关系负责人哈立德·阿克拉米告诉记者,中国在基建方面的优势将帮助埃及"筑梦"。新苏伊士运河的贯通将使海上通道变得更快、更高效。可以说，中埃两国因"21世纪海上丝绸之路"形成了"命运共同体"。

事实上，中埃合作可以追溯至2008年的埃及苏伊士经贸区项目。截至目前，该项目已实现投资4.6亿美元，吸引了制造业企业32家。随着中埃合作的不断深化，该项目预计最终将吸引企业150家，投资总额将达15亿美元，提供近4万个就业机会。

王毅外长2014年12月访问埃及时表示，中方对埃及开展投、融资合作不设任何政治条件，注入的完全是"正能量"。在经历了4年多的曲折探索后，埃及亟须找回大国地位和大国自信。共建"21世纪海上丝绸之路"的战略构想，无疑为实现埃及的伟大复兴梦带来了希望。

视频：第二届"一带一路"百国

（资料来源：http://www.xinhuanet.com/world/2015-02/14/c_1114370019.htm）

思考："一带一路"背景下，中国与埃及在哪些领域可以开展合作？

本章小结

以色列、南非、埃及是中东和非洲地区的重要客源国。本章主要从基本国情、地理概况、人文概况、主要旅游资源、主要机场和航空公司等方面介绍了这三个国家旅游资源的基本情况。

第七章

中国港澳台地区

港澳台,是对中华人民共和国香港特别行政区、澳门特别行政区、台湾地区的统称。

第一节 香港

 知识目标

了解香港的基本概况；掌握香港的风俗习惯；掌握香港的主要旅游资源；掌握香港的主要航空公司和机场概况。

 技能目标

结合所学知识，能够设计一条合理的旅行路线，同时，为旅客提供优质的服务。

 情境导入

张伟和刘佳的孩子的生日在 8 月份，正值学校放暑假，小两口准备带着孩子利用假期时间去一趟香港迪士尼公园。

你能否给这小两口提供一些旅行建议？

知识内容

一、初识香港

香港（Hong Kong），简称"港"（HK），全称中华人民共和国香港特别行政区。截至 2020 年年底，人口约 752 万，是世界上人口密度最高的地区之一，人均寿命全球第一。

香港是一座高度繁荣的自由港和国际大都市，与纽约、伦敦并称为"纽伦港"，是全球第三大金融中心，也是重要的国际金融、贸易、航运中心和国际创新科技中心，经济竞争力位于世界前列。曾被 GaWC 评为世界一线城市的第三位。香港是中、西方文化交融之地，这里以政府廉洁、治安良好、经济自由、法治完善闻名于世，素有"东方之珠""美食天堂""购物天堂"之美誉。

微课：香港

课堂讨论：谈谈你对香港的第一印象。

二、地理概况

香港地理坐标为东经 114°15′、北纬 22°15′，位于中国南部、珠江口以东，西与中国澳门隔海相望，北与广东省深圳市相邻，南临广东省珠海市万山群岛，距广东省广州市约 200 千米。行政区域包括香港岛、九龙、新界以及周围的 262 个岛屿。陆地总面积为 1 107 平方千米，其中港岛 80.7 平方千米，九龙 46.9 平方千米，新界 978.7 平方千米。海域面积 1 650 平方千米。香港的地质类型以丘陵为主，海拔最高点是大帽山约 960 米。平地较少，低地约占 1/5，一部分位于新界北部的元朗平原和粉岭低地，源自河流冲刷的冲积平原；另一部分位于九龙半岛、香港岛北部，主要是从平地填海扩充的土地。

香港为四季分明的海洋性亚热带季风气候，年平均气温为 23.3℃。冬季温度可能跌至 10℃以下，夏季则回升至 31℃以上。雨量集中在 5 月至 9 月，约占全年降雨量的 80%。全年雨量充沛，四季花香，春温多雾，夏热多雨，秋日晴和，冬季干冷。城市内部密集的高楼、稠密的人口，容易产生"热岛效应"，城市气温高于郊外气温。

香港邻近大陆架，洋面广阔，岛屿众多，渔业生产环境得天独厚，盛产名贵海鱼近 150 种，其中石斑鱼、加吉鱼、黄唇鱼、金枪鱼列为四大美味海鱼。

香港以岛屿为主，矿藏有少量铁、铝、锌、钨、绿柱石、石墨等。

课堂讨论：试着分析一下香港地理位置的重要性。

三、人文概览

（一）历史概况

1. 远古时期

距今约 12.9 万年前，早期古人马坝人生活在今天的岭南地区，包括香港岛。

先秦时期，据《吕氏春秋》记载，岭南地区称为"百越"。《史记》中称此地为"南越"。《汉书》称此地为"南粤"。据近年来出土的文物表明，岭南地区在公元前 200 年之前就已经进入新石器时代，在青铜器时期进入高度文明阶段，是中华文明的发源地之一。

2. 古代时期

秦统一六国后，占领岭南，设"桂林、象、南海" 3 个郡。香港划归番禺县管辖。汉朝香港隶属南海郡博罗县。东晋时期将香港地区和深圳市、东莞市划归东莞郡宝安县。隋代废东莞郡，将辖地并入广州府南海郡，香港划归宝安县管理。唐朝改宝安县为东莞县，香港隶属东莞县。宋元时期，内地人口大量迁至香港，香港的经济、文化得到快速发展。元代在香港西南的屯门设巡检司，驻军防范海盗、保卫沿海安全。明代将新安县从东莞县划出，划归广州府管辖。清朝派兵戍守新界。

3. 近代时期

第一次鸦片战争后，英国强占香港岛，1842 年 8 月 29 日，清政府与英国军队签订《南京条约》，将香港岛割让给英国。1860 年 10 月 24 日，中英签订《北京条约》，将九龙半岛割让给英国。1898 年 6 月 9 日，清政府与英国签订《展拓香港界址专条》，将九龙半岛界限街以北地区，以及 262 个岛屿，租借给英国，租期至 1997 年 6 月 30 日结束。1941 年

12月25日（香港人称为"黑色圣诞日"），第二次世界大战期间，日军进犯香港，驻港英军无力抵抗，当时的香港总督杨慕琦无奈宣布投降。香港被日本占领，开始了三年零八个月的"日治时期"。

1945年9月15日，日本宣布无条件投降后，香港重新被英国管治。

此后，香港的经济飞速发展，一跃成为继纽约、伦敦之后，世界第三大金融中心。20世纪末，成为"亚洲四小龙"之一。

1984年12月19日，中英签订了《中华人民共和国政府和大不列颠及北爱尔兰联合王国政府关于香港问题的联合声明》，定于1997年7月1日，中华人民共和国对香港恢复行使主权。1997年7月1日，中国政府恢复对香港的主权，香港特别行政区成立。

（二）政治制度

香港特别行政区是中华人民共和国的一个地方行政区域，直辖于中央人民政府。全国人民代表大会授权香港特别行政区依照基本法的规定实行高度自治，享有行政管理权、立法权、独立的司法权和终审权。香港特别行政区划为"两岛一界"，共18个辖区。

视频：适合香港的地方政权形式—特别行政区制度

（三）特别行政区象征

香港特别行政区的区旗是一面以红色为底色的红旗，旗面的正中间是一朵白色紫荆花，每朵花瓣上有红色的五角星。旗面的红色代表中华人民共和国，白色紫荆花代表香港，紫荆花盛开代表着香港的繁荣昌盛。区旗图案寓意着香港在祖国的怀抱里越来越繁荣昌盛。

香港特别行政区的区徽为圆形，圆形外侧是白色的圆环，圆环上面写着"中华人民共和国香港特别行政区"和"HONGKONG"字样。圆形内部是红色的圆，上面是白色盛开的紫荆花图案。

视频：香港特别行政区区徽

（四）人口、民族和信仰

香港是世界上人口密度最高的地区之一。香港常住人口约750万人，陆地人口密度为每平方千米6 890人，其中近80%的人口居住在面积占15%的临海区域。过去10年里，香港人口平均每年增长0.8%。

香港人口大部分为中国国籍。根据2017年统计数据，中国籍人口占香港人口比例约91.4%。其他国籍人士主要包括菲律宾籍（约19.0万，2.6%）、印度尼西亚籍（约17.0万，2.3%）和印度籍（约3.3万，0.4%）。

20世纪中叶，香港推行家庭计划，政府提倡每个家庭供养两名孩子，目的是想减少当时颇高的生育率。到了2017年，香港的生育率为1.19，在全球224个地区中排名倒数第四。从2007年到2017年，香港的出生率从10.2‰下降到7.7‰。另外，据联合国人口基金会于2018年发布的《世界人口状况调查报告》显示，香港的男性平均寿命为81岁，女性平均寿命为87岁，超过日本成为全球人均寿命最高的地区。进入21世纪，香港开始出现男少女多现象，2000年，香港的男、女人口比例是10∶9.67。

（五）文化教育

香港政府特别重视教育，每年的教育开支占政府开支总额的20%。政府设立学生资助计划，确保学生不会因经济原因而辍学，同时，积极推行各项措施确保香港社会拥有高水平教育。香港教育制度分为以下三个阶段：

学前教育阶段。该阶段的教育是免费的，香港家庭可自愿选择孩子是否上幼儿园。学前教育阶段主要教授儿童如何学习、如何与他人相处。

免费教育阶段。该阶段为12年，包括六年制小学教育和三年制初中教育。政府设立公立学校、津贴资助学校，全港适龄儿童均须接受该阶段教育。

高中及预科阶段。该阶段分为两年制高中和两年制预科。两年制高中课程提供的是工作前需要的基础知识；两年制预科课程则为学生提供考入大学所需的知识。

香港的高等教育包括法定大学、法定学院、注册专上学院、职业训练局院校和一般院校，目前共有22所可颁授学位的高等院校。法定大学必须要经过香港特别行政区行政会议的同意，再经过立法会三读通过后，才能成为一所法定大学。截至2020年，香港有11所法定大学，分别是香港大学、香港中文大学、香港科技大学、香港理工大学、香港城市大学、香港浸会大学、香港教育大学、岭南大学、香港公开大学、香港树仁大学（私立）、香港恒生大学（私立）。

（六）主要节日

香港是一个中西荟萃的都市，虽然受到英国殖民统治影响，人们在生活习惯和思想观念上日趋西化，但是这个外表西化散发着国际大都市魅力的城市，骨子里面还是一个不折不扣的中国人的地方。城里城外，街头巷尾，遍布着中国传统文化的印记。最能体现香港人对中国传统文化的理解、重视的就是那些传统节日及其庆祝活动，例如农历新年、天后诞等。

1. 农历新年

农历新年（农历正月）是中国人最重视的节日。除了阖家团圆、拜访亲友等活动，在香港还有特别的活动。

年宵花市：农历新年前数天在多区举行，其中一年一度的维多利亚公园年宵花市规模最大、最热闹，出售桃花、菊花、水仙花等多种贺岁鲜花和年货商品。

烟花会演：大年初二，在维多利亚港海面举行。海港两岸和高等建筑临海的一面，是最好的观赏位置。

2. 天后诞

天后诞（每年农历三月二十三日）是汉族民间节日之一。香港位于珠江口东侧岛屿，渔业发达。现今有40座天后娘娘庙坐落在香港。相传天后娘娘法力无边，经常拯救海上遇难者，渔民们把她尊为守护神，沿海一带的人们将她奉为海神，能够赐福降运。今天，在香港岛、九龙一带随处可见天后娘娘的庙宇。每年天后诞期间，香港人会大事庆祝，尤其是水上人家，将天后诞视为一年中最大的节日，迎神出游、请亲吃饭。有些地方没有天后娘娘庙，但有天后娘娘像，也要礼拜祭祖，如香港西贡、广州河南沙园一带，颇为隆重。

3. 佛诞

佛诞（农历四月初八）是纪念释迦牟尼诞辰的节日，也称浴佛节。每年佛诞，世界各地的佛教徒都会举行浴佛仪式来庆祝。佛教文化是中国传统文化的重要组成部分，对人类净化心灵、启迪智慧等方面，发挥着积极的作用。每年农历四月初八，香港近百万名佛教信徒，均持恭敬之心向佛陀祝贺诞辰，而香港各寺院如宝莲禅寺，也会举行隆重的浴佛仪式及表演节目，场面盛大。

4. 圣诞节

圣诞节（每年公历12月25日）沿袭了英国统治时期的习惯，维多利亚港两岸建筑物上会提前安装五彩缤纷的装饰灯具，每一家商户都会对门面进行圣诞装饰，街道和建筑物营造出浓郁的圣诞氛围，入夜后，整个香港灯火通明、琳琅璀璨，节日的盛况让人应接不暇、流连忘返。圣诞节的前一夜是平安夜，教堂里会举行神圣的平安夜弥撒，一些商场和酒店会邀请唱诗班来献唱圣诞之歌。

（七）风俗与禁忌

香港人非常注重社交场合的礼节，与他人见面常用握手礼；亲朋好友见面时，可以用拥抱礼、贴面礼。香港人非常遵守时间，约会迟到必须要表示歉意。接受香港人邀请赴宴时，可回赠水果、糕点、糖果，用双手递给女主人。当接受别人为自己斟酒、续茶时，习惯将手指向内侧弯曲，用指尖轻轻敲在桌子上，表示感谢。香港人喜欢数字3、6、8，原因是粤语独特的发音，这些数字与一些吉祥词语发音相似。其中，3的发音与"升"相似，"升"意味着"高升"；6与"禄"同音，也有"六六顺"之意；8与"发"发音一致，"发"意味着"发财"，香港人祝福别人习惯点头、抱拳，并说"恭喜发财"。

香港人习惯去茶楼、餐厅等公共场所见面，忌讳别人询问自己的家庭住址。香港人不喜欢被问及关于收入方面的问题，年龄也是不方便公开的。由于香港普遍使用的是粤语，香港人忌讳一些字眼、词语的发音，例如："快乐"在粤语中与"快落"发音相似，"落"有被人落下、跌落的意思，是不吉利的，所以，香港人不喜欢别人对自己说"节日快乐"。香港人非常忌讳数字4，因为粤语中4与"死"同音，香港人一般不说4，生活中也尽量避开使用"4"这个数，如果到了非说不可的情况，常用"两双"或"两个二"来代替。在香港的酒楼、饭店最为忌讳开门后第一位进店食客选择"炒饭"，因为"炒"在香港社会文化中是"开除""解雇"的意思。因此，酒楼、饭店开炉闻"炒"声，被认为是大不利。不要送给香港人钟，"钟"与"终"同音，"送钟"也就跟"送终"同音，在香港社会是非常忌讳的。不要给香港人剪刀或是锋利的东西，因为，"送剪刀"有剪断所有关系，就此断绝来往的意思。

（八）饮食文化

香港饮食文化丰富多元、包容。香港人将粤菜发挥到了极致，不仅吸收了中国各菜系的精华，还融合了西方饮食的特点，同时，又兼顾了日本、韩国、越南、泰国、印度、马来西亚等饮食的特殊性，可以说是世界美食的聚集点，被誉为"美食天堂"。

视频：香港美食

1. 云吞面

云吞面（图 7-1-1）又称馄饨面、大蓉、细蓉（"云"在粤语中读音为 [yɑ̌ng]）。早期的云吞面比较小，冬天时低下阶层把小碗抱（即"拥"）在怀里，饱肚之余又可取暖，因此又称"细拥"（"细"就是小的意思）。云吞面是广东省的汉族特色小吃，属于粤菜系。粤菜即广东菜，是中国八大菜系之一，粤菜取百家之长，用料广博，选料珍奇，配料精巧，善于在模仿中创新，依食客喜好而烹制。

▲ 图 7-1-1　云吞面

云吞面是香港现代饮食文化中不可或缺的一部分。云吞就是馄饨，古时候的馄饨必须要用肥三瘦七的新鲜猪肉泥做馅。香港人喜欢食海鲜，如今的馄饨则往肉馅里加入鲜虾做馅。云吞面就是将云吞和面熬制的高汤一起食用，云吞面的面顺滑、劲道，云吞口感润滑，弹性十足，高汤香气扑鼻、回味无穷。

2. 港式早茶

港式早茶（图 7-1-2），即香港式早餐茶点，它是一种闽粤地区传统的民间饮食风俗，与广式早茶相承一脉。期初，来自闽粤地区的人有喝早茶的习惯，慢慢的来自各个地方的香港人也都喜欢上喝早茶，也就诞生了港式早茶。

视频：港式早茶

港式早茶由茶水和中式点心构成。茶水包括西湖龙井、大红袍、铁观音、碧螺春、红茶、茉莉花茶、普洱茶、菊花茶、玫瑰花茶、豆浆、牛奶、咖啡等。点心分为干湿两种，干点有虾饺、叉烧包、蒸烧卖、蛋挞、擂沙汤圆、炒粉等；湿点有卧蛋牛肉粥、鱼片粥、猪肝瘦肉粥、皮蛋瘦肉粥、养颜红枣粥、咖喱鱼丸、猪红汤、粟米汤、清凉绿豆汤、相思红豆汤等。

▲ 图 7-1-2　港式早茶中的"四大天王"

（九）服饰文化

香港社会深受英国等外来文化的影响，香港服装产业融入了中式服装的特点，同时，融入了国际商务类服饰标准。20 世纪末，香港经济飞速发展，跻身"亚洲四小龙"，香港服装也迎来发展机遇，大量本地服装企业应运而生，香港服装产业跻身世界前列。伴随着香港娱乐产业、旅游产业的发展，香港服装业以高贵、时尚、前卫逐渐开始引领世界服装业的潮流。

1. I.T

I.T 是香港最具规模的时装品牌零售店之一（图 7-1-3），始于 1988 年。沈嘉伟和沈秀惠兄妹在铜锣湾伊丽莎白大厦开设的 Green Peace 门店里开始销售 I.T 品牌产品，深受时尚人士的青睐，并在青年人中树立了引领时尚潮流的形象。I.T 集团旗下拥有众多的时装品牌，素以款式前卫、多元化和引导潮流而著称，适合不同年龄和风格人士的需要，服装品类从国际高级时装到席卷亚洲的日本年轻潮流品牌一应俱全。I.T 集团旗下店铺主要分为英文大写 I.T 和小写 i.t 两大类别。I.T 在香港开设品牌独立门店近 300 家，全部为自营店。在内地，I.T 开设 300 家门店。如今，I.T 已成为香港最具规模的时装品牌零售店之一，是众多明星、时尚网红的"打卡"处。

2. 金利来

金利来（Goldlion）品牌起源于中国香港，由著名的爱国人士、慈善家曾宪梓博士创立，其系列产品包括男士商务正装、休闲服饰、内衣、毛衣、皮具、皮鞋等服装、服饰产品（图 7-1-4）。1968 年曾宪梓博士以家庭式工作坊方式，创立生产领带的金利来业务。1971 年，金利来在香港注册成立，金利来商标在香港注册，金利来（远东）有限公司成立。1990 年，香港著名爱国人士曾宪梓博士创立领导的金利来集团有限公司，在内地创立了金利来（中国）有限公司。金利来集团在中国市场不断革新，已成功地竖立起"金利来"品牌形象。"金利来，男人的世界"的广告语享誉神州大地，品牌影响力经久不衰。

▲ 图 7-1-3　I.T 品牌门店

▲ 图 7-1-4　金利来品牌广告

3. G2000

G2000，创立于 1985 年，名称源自纵横二千集团的前英文名称：Generation 2000 Limited，市场定位为专业服装连锁店，全力销售时尚潮流男女行政服饰（图 7-1-5）。纵横二千之零售店及产品均不断创新，并在市场上获得良好口碑。集团会招揽本地及国外的专才，将创新的潮流，适当地融入大众化的商品上。此外，透过商品资讯架构，集团也会紧贴并掌握不同区域或店铺的顾客需要，从而供应特别设计的商品，以满足不同顾客的需求。G2000 男装从低年龄段的中性化过渡至高年龄段的简约休闲，有中性收敛的鲜明特点，适合都市中爱打扮和懂打扮的所有时尚男性。

课堂讨论：香港饮食风靡世界，说说你的最爱。

▲ 图 7-1-5　G2000 品牌门店

四、主要旅游资源

1. 兰桂坊

兰桂坊（图7-1-6），取其兰桂腾芳之意，是香港中环一个聚集大小酒吧与餐馆的中高档消费区，深受中产阶级、外籍人士及游客的欢迎，是香港的特色旅游景点之一。

▲ 图7-1-6 兰桂坊

兰桂坊是位于香港中环云咸街与德己立街之间的一条短小、狭窄、呈L形并用鹅卵石铺成的街巷，街巷布满西式餐馆和酒吧，名声很大。兰桂坊酒吧街源于20世纪70年代初期，港府在中西区开始进行市区重建，一位意大利籍商人在这里开设了一间餐厅，在中环上班的"优皮士"，下班后想找一个地方聊天，这家餐厅便成为他们欢乐时光的聚集地。此后，兰桂坊发展成为著名的休闲、娱乐的消遣场所。

2. 香港迪士尼乐园

香港迪士尼乐园（图7-1-7）于2005年9月12日正式开幕，位于香港特别行政区新界大屿山，占地126公顷，是中国第一座、亚洲第二座、世界第五座迪士尼主题乐园。香港地铁有限公司特意设立往来于欣澳站至迪士尼站专用的"港铁迪士尼线"，是香港特别行政区第二条无人驾驶、港铁最短的线路，全世界第二条来往迪士尼的铁路专线。其主题

▲ 图7-1-7 香港迪士尼乐园

曲《让奇妙飞翔》由香港迪士尼名誉大使张学友先生主唱。而香港迪士尼乐园的官方沟通语言为英语、中文（普通话和粤语）。

香港迪士尼乐园设有特色景区、主题酒店、购物、餐饮、娱乐设施。园内设有7个主题游乐区，它们是"美国小镇大街""反斗奇兵大本营""探险世界""幻想世界""明日世界""灰熊山谷""迷离庄园"。其中，"灰熊山谷"和"迷离庄园"全球独有。香港迪士尼乐园内还设有主题娱乐设施、娱乐表演区、互动体验区、餐饮服务区、店铺和小食亭。除了那些家喻户晓的迪士尼经典故事和娱乐设施外，香港迪士尼乐园还融合香港文化特色，构思出一些以香港为主题的娱乐设施、娱乐表演、巡游等。香港迪士尼乐园每天晚上会有大型巡游表演节目以及大型烟花表演。

3. 金紫荆广场

金紫荆广场（图7-1-8）位于香港湾仔香港会议展览中心新翼人工岛上，三面被维多利亚港包围，在维多利亚港的中心位置，与对岸的尖沙咀相对，因广场为纪念香港回归祖国而设立，是游客到香港旅游时必到的旅游景点。

金紫荆广场中心矗立着一尊金色紫荆花造型的铜像，高6米，名称是"永远盛开的紫荆花"，寓意香港永远繁荣昌盛。1997年7月1日中华人民共和国香港特别行政区成立，

中央人民政府把这尊雕塑赠送给香港,雕像紫荆花采用镀金工艺,外表金光闪闪,在阳光照耀下发出耀眼金光。

4. 昂坪

昂坪也称昂平,位于香港新界大屿山西南部,凤凰山山腰之上(图 7-1-9)。此前,昂坪是一座寺院,1993 年,世界最大的青铜坐佛天坛大佛落成于此。由于来此处观光的游客越来越多,香港地铁有限公司修建了一条连接大屿山东涌至昂坪的旅游起重机系统,称为昂坪 360。昂坪 360 是世界上规模最大的起重机系统。

▲ 图 7-1-8　金紫荆广场

▲ 图 7-1-9　昂坪

课堂讨论:金紫荆广场具有重要的历史意义,让我们一起回顾香港回归的历史瞬间。

五、主要机场和航空公司

(一)主要机场

香港国际机场(IATA 代码:HKG;ICAO 代码:VHHH)于 1998 年 7 月 6 日正式建成通航,位于中华人民共和国香港特别行政区新界大屿山赤鱲角,距香港市区 34 千米,为 4F 级民用国际机场,是世界最繁忙的航空港之一,全球超过 100 家航空公司在此运营,客运量位居全球第 5 位,货运量全球第 1 位(图 7-1-10)。

香港国际机场航站楼面积共 85 万平方米(含 T1、T2、卫星厅和海天客运码头);共

▲ 图 7-1-10　香港国际机场

有两条跑道,跑道长度为 3 800 米;停机位 182 个;通航城市超过 220 个。2018 年,香港国际机场旅客吞吐量 7 467.2 万人次,同比增长 2.5%;货邮吞吐量 512.1 万吨,同比增长 1.7%;起降架次 42.77 万架次,同比增长 1.5%。截至 2019 年 6 月,香港国际机场拥有基地

航空 5 家，分别为国泰航空、国泰港龙航空、香港华民航空、香港航空、香港快运航空。其中，国泰航空、国泰港龙航空、香港华民航空、香港航空、香港快运航空在香港设立总公司。截至 2019 年年底，香港国际机场航线总数超过 220 条，通航城市超过 220 个。

视频：香港国际机场

（二）主要航空公司

1. 香港航空有限公司

香港航空有限公司（IATA 代码：HX；ICAO 代码：CRK），即香港航空（图 7-1-11），成立于 2006 年，以中国香港为基地，覆盖亚太地区超过 30 个主要城市，包括澳洲黄金海岸、北京、上海、台北、东京、札幌、曼谷、巴厘岛、冲绳和奥克兰等。

香港航空自 2011 年以来，历年荣获国际认可的 Skytrax 四星级评级。香港航空标志为香港市花洋紫荆形象演化而来，所有香港航空之机身均印有代表香港的飞龙标志；精选香港本地文化食品，为乘客提供优质餐饮服务。

2. 国泰港龙航空有限公司

国泰港龙航空有限公司（IATA 代码：KA；ICAO 代码：HDA）原名港龙航空（图 7-1-12），是中国香港第二大航空公司，也是国泰航空的全资附属公司，以香港国际机场作为枢纽。港龙航空每星期提供约 400 班航班，客运航点包括亚洲各地，以我国内地为主要市场；货运路线则涵盖欧洲、中东及北美地区。2007 年加入寰宇一家，2016 年将品牌改名为"国泰港龙航空"。2020 年香港国泰航空有限公司公告集团重组计划，旗下国泰港龙航空停止营运。

▲ 图 7-1-11 香港航空有限公司的标志　　▲ 图 7-1-12 国泰港龙航空有限公司的标志

3. 国泰航空有限公司

国泰航空有限公司（IATA 代码：CX；ICAO 代码：CPA）简称国泰航空公司（图 7-1-13），创办于 1946 年 9 月 24 日，是香港第一所提供民航服务的航空公司。国泰航空公司在香港注册，是在香港交易所上市的综合企业。主要业务是经营定期航空业务、航空饮食、航机处理及飞机工程。旗下子公司包括港龙航空及华民航空。其为"寰宇一家"创始成员之一，以香港国际机场作为其枢纽。2019 年 3 月 27 日，国泰航空公司发布公告称，国泰花费 49 亿港币购得香港快运航空 100% 股权，香港快运将成为国泰航空公司的全资附属公司。

4. 香港快运航空公司

香港快运航空公司，简称香港快运（图 7-1-14），是一家以香港为基地的低成本航空公司，航班主要覆盖亚洲地区，航点已覆盖日本、韩国、马来西亚、泰国、中国台湾及内地等地的各大亚洲旅游热点。自 2013 年 10 月 27 日成功转型后，香港快运一直致力于以相宜的票价为中国及亚洲旅游爱好者提供香港往来亚洲热门城市之间的航线，其航点数目现已扩充至 26 个。

▲ 图 7-1-13　国泰航空有限公司的标志　　　▲ 图 7-1-14　香港快运航空公司的标志

5. 香港华民航空有限公司

香港华民航空有限公司，简称香港华民航空（图 7-1-15），成立于 1986 年，主要提供固定及非固定货运服务，是香港唯一的全货运航空公司。总部地址位于香港大屿山香港国际机场观景路八号国泰城。公司拥有香港至大阪、曼彻斯特、布鲁塞尔、迪拜等地的货运定期航班，香港国泰航空控股 75%。

▲ 图 7-1-15　香港华民航空有限公司的标志

香港航空货运公司相对独立于国泰航空公司属下的其他货运公司。2002 年 10 月 9 日，敦豪（DHL）全球快递公司与国泰航空达成协议，DHL 收购香港华民航空三成股权（国泰控股 60%，敦豪国际控股 40%）。根据规划，公司将形成以香港国际机场为基地，为亚洲主要城市提供快递服务的航空网络。

课堂讨论：香港民航企业众多，中转航班众多，结合所学谈谈香港机场的重要意义。

第二节　澳门

知识目标

了解澳门的历史概况；掌握澳门的风俗习惯；掌握澳门的主要旅游资源；掌握澳门的主要航空公司和机场概况。

技能目标

结合所学知识，能够设计一条合理的旅行路线，同时，为旅客提供优质的服务。

情境导入

李蕾和王萍是大学同学，两人打算搭伴去澳门旅游。两人提前预订了打折的机票和酒店房间，在澳门停留 6 天 5 夜。李蕾喜欢尝试各种地方美食，她早就听说澳门的小吃非常著名。王萍是学习旅游管理专业的,这次去澳门,她打算把"澳门八景"走遍。

如果你是她们的好朋友,你能为她们的 6 天 5 夜澳门旅行规划一条观光路线吗?

知识内容

一、初识澳门

澳门(葡语:Macau、英语:Macao),简称"澳",全称中华人民共和国澳门特别行政区。澳门由澳门半岛和氹(dàng)仔岛、路环岛组成,陆地面积 32.8 平方千米,总人口 67.96 万人。

受葡萄牙殖民统治时期的影响,澳门地区的传统中华文化与西方文化完美融合,让澳门变成一个非常具有文化魅力的国际化城市,同时,澳门留下了大量的历史文化遗迹。澳门回归祖国后,制度环境优越,经济稳定发展,居民生活水平提升。澳门被誉为"国际自由港""世界旅游休闲中心""世界四大赌城之一"。澳门的轻工业、旅游业、酒店业、娱乐场所的收益长盛不衰,成为全球最发达、最富裕的城市之一。

视频:澳门旅游宣传片

课堂讨论:谈谈你对澳门的第一印象。

二、地理概况

澳门特别行政区位于中国南部广东省东南侧,东临珠江三角洲,西北与珠海市相邻,北部与珠海市南坪区接壤,南邻南海。澳门由三块主要岛屿及其岛群组成,自北向南为澳门半岛、氹仔岛、路环岛。澳门大部分陆地为沿海填充造地,最高处是海拔约 172.5 米的塔石塘山。澳门半岛与氹仔岛靠友谊大桥、澳氹大桥和西湾大桥相连接。澳门位于亚热带季风区域,气候以热带气候为主,年平均气温约 23 ℃,全年温差变化在 10 ℃~14 ℃,春季和夏季潮湿、多雨,秋季和冬季湿度较低、少雨。5—10 月为台风季。

微课:港珠澳大桥

课堂讨论:用简略的语言概括一下澳门地理特点。

三、人文概况

(一)历史概览

1. 远古时期

早在新石器时代,中华民族的祖先就来到澳门,并在这里生活、劳动。据考古发现,位于路环岛的黑沙出土的彩陶、玉器、石斧等石头用具证明澳门的人类历史可以追溯到五千年前。先秦时期,澳门属于百越属地。春秋到战国时期,澳门仍属百越海屿之地。

2. 封建时期

自秦代开始,澳门划归南海郡番禺县属地。晋时期,澳门划归为新会郡封乐县属地。隋时期,将澳门划归宝安县属地,后改划为广州东莞县管辖。南宋时期,澳门划归广东省广州香山县管辖。南宋末期,有军民踏上澳门土地,后定居在望厦、濠镜。元代划归广东道宣慰司广州路,广州管辖。明代划归广州府,清朝后期隶属于广州府。

3. 殖民时期

1553年,葡萄牙人登上澳门半岛开始居住。1887年,清朝政府与葡萄牙人签订《中葡会议草约》和《中葡和好通商条约》(1888年至1928年,有效期40年,期满失效),葡萄牙人正式占领澳门半岛。

葡萄牙人占领澳门时期,享有特殊地位,拥有特权,澳门爆发过多次对葡萄牙人的反抗。1974年4月25日,葡萄牙革命成功,葡萄牙政府对澳门实行非殖民地化政策,并承认非法侵占澳门。

4. 回归祖国

1984年,邓小平提出"和平统一,一国两制"政策,用来解决台湾、香港、澳门问题。

1986年,中葡两国政府进行了四轮谈判。

1987年4月13日,中葡两国元首在北京签订《中华人民共和国政府和葡萄牙共和国政府关于澳门问题的联合声明》,承认澳门半岛、氹仔岛和路环岛为中国领土,并定于1999年12月20日恢复对澳门行使主权。中国承诺对澳门实行"一国两制"政策。

1999年12月20日,中华人民共和国恢复对澳门行使主权。

(二)政治制度

依照《中华人民共和国澳门特别行政区基本法》实行高度自治,澳门特别行政区享有行政管理权、立法权、独立的司法权和终审权,以及全国人民代表大会和中央人民政府授予的其他权力。澳门特别行政区保持自由港、单独关税地区的地位,资金进出自由和金融市场与各种金融机构经营自由,并可在经济、贸易、金融、航运、通信、旅游、文化、体育等领域,以中国澳门的名义单独与世界各国、各地区及有关国际组织保持和发展关系,签署、履行有关协议。

按照基本法的规定,澳门特别行政区的政府官员必须是在澳门居住连续满15年的澳门特别行政区永久性居民中的中国公民担任。澳门特别行政区政府负责制定并执行政策;管理各项行政事务;办理基本法规定的中央人民政府授权的对外事务;编制并提出财政预算、决算;提出法案、议案,草拟行政法规;委派官员列席立法会会议听取意见或代表政府发言。澳门特别行政区政府必须遵守法律,对澳门特别行政区立法会负责;执行立法会通过并已生效的法律;定期向立法会做施政报告;答复立法会议员的质询。

(三)特别行政区象征

澳门特别行政区的区旗以绿色为主色,旗面正中央上方是五颗黄色的五角星,呈上弧形排列,象征澳门特别行政区是中华人民共和国不可分割

视频:澳门特别行政区区旗

的一部分。五角星下面是一朵含苞待放的莲花，莲花是澳门的象征，取自澳门古称"莲岛"，寓意澳门将来像莲花般盛开兴旺。莲花的三片花瓣代表着澳门半岛、氹仔岛、路环岛。莲花的下面是海水和大桥的图案，象征着澳门的和平与安宁，寓意澳门是一朵莲花在祖国的怀抱中含苞待放。

澳门特别行政区的区徽为圆形，圆形外侧是白色的圆环，上半部分印有"中华人民共和国澳门特别行政区"字样，下半部分印有MACAU字样，中间是澳门特别行政区区旗的图案。

微课：澳门特别行政区区徽

（四）人口、民族和信仰

澳门总人口约为68.31万人，汉族居民占总人口的97%，葡萄牙籍、菲律宾籍居民占3%。

宗教在澳门传播的历史比较早，宗教的门类也比较多。澳门的法律承认宗教信仰自由，各种宗教只要不违反法律，就可以在澳门自由传教。佛教、天主教、基督教新教在澳门最为盛行。

佛教是澳门人信仰最多的宗教，约有6万人，华人占绝大多数，澳门流行供奉观世音菩萨。"澳门佛学社""澳门佛教联合会"是澳门最有影响力的佛教团体。澳门有佛教庙宇40多间，其中以普济禅院、菩提禅院最为著名。

历史中澳门曾有过很多人信仰道教，如今，澳门人大多信仰道教中的妈祖，又名天后。在澳门每年的"天后诞"是非常盛大的节日。

天主教最早由葡萄牙殖民者带到澳门。1567年1月23日，天主教澳门教区成立。1582年，著名的天主教神父利玛窦来到澳门，次年进入内地传教，奠定了天主教传入中国内地的基础。如今，澳门保存有6个本堂区，2个传教区，规模较大的教堂有20多座，著名的望德堂、风顺堂、花王堂拥有近300年的历史。

基督教于1807年由英国伦敦会马礼逊教士传入澳门。澳门现有基督教教会30多所，福利机构7间，小学7所，中学3所，学生合计3 000多人。

（五）经济结构

澳门是中国人均GDP最高的城市。它主要以第二产业和第三产业为主。澳门经济外向度高，是中国两个国际贸易自由港之一，国际经济联系密切，具有单独关税区地位，其货物、资金、外汇、人员进出自由。

1. 制造业

澳门制造业以纺织业为主，以外向型出口贸易模式发展，产品大部分销往欧洲、美洲。澳门的制造业早期以爆竹、香料为主，20世纪60年代纺织制衣业崛起，70年代至80年代进入黄金发展期，玩具、电子、人造花艺等工业也蓬勃发展起来。90年代起澳门转向服务业发展。

2. 博彩业

澳门博彩业在其经济发展中有着举足轻重的地位，是中国唯一的合法赌博区域，与蒙特卡洛、拉斯维加斯并称为世界三大赌城。自1847年澳门就颁布了赌博合法化的法令，规定博彩业由政府开设、独立专营。1961年，葡萄牙颁布海外省法令，规定了澳门博彩业的合法化。目前，澳门共开设38家博彩娱乐场所，博彩项目包括：幸运博彩、互动博彩、互相博彩、幸运彩票等。其中，幸运博彩是博彩业最主要的收入来源，约占博彩业毛收入总额的 99.50%。

（六）文化教育

澳门实施 15 年免费教育。2006 年，澳门颁布《非高等教育制度纲要法》规定，非高等教育分为正规教育和持续教育两种类型。正规教育包括幼儿教育、小学教育、中学教育和特殊教育；持续教育包括家庭教育、回归教育、社区教育、职业培训以及其他教育活动。职业技术教育只在高中阶段开设，可同时在正规教育和回归教育中实施。澳门的学校分为公立学校和私立学校。由公立学校和那些接受资助、提供免费教育的私立学校共同组成免费教育学校系统。澳门有高等院校 12 所，其中，公立高校 4 所，私立高校 6 所，私立研究机构 2 个。公立高等院校包括：澳门大学、澳门理工学院、澳门旅游学院、澳门保安部队高等学校。私立高等院校包括：澳门科技大学、澳门城市大学、澳门镜湖护理学院、澳门管理学院、圣若瑟大学、中西创新学院。

（七）主要节日

澳门特别行政区的主要节日分为四种类型。第一种是继承、延续了中华民族的传统节日，例如：春节、清明节、端午节、重阳节、中秋节等都具有法定假期。第二种是西方人遗留下来的节日，例如：天主教的万灵节（也称追思节）、圣母无染原罪瞻礼；基督教的复活节、圣诞节等。第三种是澳门民间传统节日，例如：土地诞、天后诞、醉龙节、北帝诞、谭公诞等。第四种是澳门特别行政区成立后法定的节日，如澳门特别行政区成立纪念日。

1. 土地诞

土地诞，为农历每年的二月二，民间传说这一天是土地公公的生日，也称祭社、暖寿、做众、做牙、社日节等。该节日源自我国南方民间，后随着迁徙，将这种习俗传入泰国、新加坡、马来西亚等国。如今，我国浙江、福建、广东、广西、香港、澳门等地人们仍然会按照旧历在这一天进行"分祭肉""炮会"。

2. 天后诞

天后诞，又称娘妈诞，为农历每年三月二十三。天后就是娘妈、妈祖。民间传说娘妈法力无边，她保卫着渔民们的安全，为渔民们带来丰收。每到这一日，澳门会有大型的庆祝活动，渔民们会祈求天后娘娘保佑，保佑他们满载平安归来。

3. 北帝诞

北帝诞，为农历每年三月初三。北帝，就是真武帝君、玄武大帝。该节日源自广东省荔湾区民间。每到这个节日，澳门人会在这一天赶庙会、参加巡游活动、燃放爆竹，纪念真武帝君降临。

（八）风俗与禁忌

在澳门居民当中具有中国血统的人口占 96%，其他为海外移民。虽然受葡萄牙 400 年的殖民统治，但是中华文化仍是主干文化，澳门人在风俗习惯上仍然保持着中国传统风俗，如崇拜关帝、观音、妈祖等，以及农历新年、民间节令，都有浓厚的中国风俗。

澳门的年俗，别有风情。"谢灶"是澳门保存下来的最为传统的中国年俗之一。腊月二十三日送灶神，澳门人称为"谢灶"。澳门人送灶神按中国传统也用灶糖，说是用糖糊灶神之嘴，免得其到玉帝面前说坏话。澳门人过年是从腊月二十八开始的，腊月二十八日在粤语中谐言"易发"，商家老板大都在这一晚请员工吃"团年饭"以示财运亨通，吉祥如意。澳门的年味，从腊月二十八这一天就感受到。除夕之夜，守岁和逛花市是澳门人辞旧迎新的两件大事。守岁是打麻将、看电视、叙旧聊天，共享天伦之乐。澳门人会购买一些吉祥的花木迎接新春，多是桃花、水仙、盆竹、盆橘，寓意花开富贵、平安祥和，现今已成了一个澳门年俗。春节这天，澳门人讲究"利市"，"利市"就是发红包，表示诸事大吉大利，这天老板见到员工、长辈见到晚辈都得"利市"。澳门人把"大年初二"这一天称为"开年"，习俗是要吃"开年"饭，这餐饭必备发菜、生菜、鲤鱼，意在取其生财利路。

澳门人忌讳别人询问自己的家庭住址，不喜欢被问及关于收入方面的问题，年龄也是不方便公开的。澳门人忌讳一些字眼、词语的发音，例如："快乐"在粤语中与"快落"发音相似，"落"有被人落下、跌落的意思，是不吉利的，澳门人不喜欢别人对自己说"节日快乐"。澳门人非常忌讳数字4，因为4与"死"同音，澳门人一般不说4，生活中也尽量避开使用4这个数，如果到了非说不可的情况，常用"两双"或"两个二"来代替。

（九）饮食文化

澳门的饮食文化要数澳门土生菜最具代表性。16—17世纪期间，葡萄牙航海事业发达，商人经营香料贸易，商船途经非洲、印度沿岸、东南亚地区的马六甲等地抵达澳门，将沿途各地的香料和饮食文化带到澳门。澳门烹饪吸收了广东地区的烹饪法和食材。此外，葡萄牙人与上述不同地区的族群及澳门的本地华人通婚，以致各地与本地的材料、菜色和煮法渐渐融入澳门的传统葡国菜。澳门土生葡人美食烹饪技艺于2012被获列为澳门非物质文化遗产。澳门特色美食包括葡式蛋挞、马介休、水蟹粥、免治、猪扒包、鲜虾浓汤、椰汁糕、甘薯蛋糕等。

1. 葡式蛋挞

葡式蛋挞，又称葡式奶油塔、焦糖玛奇朵蛋挞（图7-2-1）。港澳及广东地区称葡挞，是一种小型的奶油酥皮馅饼，属于蛋挞的一种，焦黑的表面为其特征。

▲ 图 7-2-1　葡式蛋挞

视频：葡式蛋挞

正宗的葡式蛋挞必须用手制作：精致圆润的挞皮、金黄的蛋液，还有焦糖比例，都经过专业厨师的道道把关，使得葡式蛋挞达到完美。真正的葡式蛋挞必须分层明显。上桌的葡式蛋挞的底座就像刚出炉的牛角面包，口感松软香酥，内馅丰厚，奶味蛋香也很浓郁，虽然味道一层又一层，却甜而不腻。

2. 马介休

马介休（葡语音译：Bacalhau），是被晾干、腌制的鳕鱼（图 7-2-2）。在水中浸泡一天后，收缩的鳕鱼会再次膨胀，既可以用来油炸、烧烤，也可以用来香煎。马介休可以用来制作大约 1000 道菜肴，它是葡萄牙人每天必吃的一道菜。

3. 水蟹粥

水蟹粥是澳门特色小吃之一，选取水蟹、膏蟹、肉蟹三种蟹的精华，选用上等稻米配上耗油熬制而成（图 7-2-3）。澳门水蟹粥中的螃蟹选用的均为澳门本地产的，这种螃蟹长期生长在淡水与咸水交界的地方，蟹味鲜甜，肉质丰美爽口。水蟹粥最迷人的地方就是每一口都像在吃蟹膏蟹黄般美妙，再加上一吸就涌出来的厚实鲜嫩的蟹肉，简直鲜美无比。

知识卡片：葡式蛋挞的由来

▲ 图 7-2-2 马介休

▲ 图 7-2-3 水蟹粥

知识卡片：葡萄牙的历史隐藏在马介休中

4. 免治

免治（Minced），有剁碎的意思，是一种以绞肉或碎肉制作而成的澳门菜肴，是澳门土生葡菜的代表之一（图 7-2-4）。这种菜肴通常由牛肉或猪肉制作，并会加入少量糖蜜和酱油进行调味。免治也可以和炒鸡蛋搭配，称为"免治炒蛋"。

▲ 图 7-2-4 免治

5. 猪扒包

猪扒包（Pork Chop Bun），又名"猪仔包"，是澳门特色小吃之一（图7-2-5）。在澳门，人们把"猪扒"称为"猪排"，将涂好熟牛油的面包称为"猪仔包"，"猪扒包"就是将煎熟的猪扒夹在"猪仔包"中间。"猪仔包"用老式柴炉烘制而成。猪扒，也要事先用特殊的香料腌制，松过骨之后才能下油锅炸。柴炉烘制的面包，外脆内软，松软甜香，口感一流，猪扒分量十足，肉质鲜美滑软，肉汁浓而不油腻，令人回味无穷。

▲ 图7-2-5 猪扒包

课堂讨论：葡式蛋挞风靡世界，结合个人经历谈谈你对澳门饮食的了解。

四、主要旅游资源

澳门历史城区是以澳门旧城区为核心的街区，其间以相邻的广场和街道连接而成，包括8个广场、22座建筑。澳门历史城区坐落于中华人民共和国澳门特别行政区澳门半岛，2005年7月15日，澳门历史城区根据文化遗产遴选标准C（Ⅱ）（Ⅲ）（Ⅳ）（Ⅵ）被列入《世界遗产目录》。

澳门历史城区位于澳门半岛中部至西南部之间。东起东望洋山，西至新马路靠内港码头，南起妈阁山，北至白鸽巢公园。澳门历史城区是中国境内现存年代最古老、规模最大、保存最完整和最集中的东西方风格共存建筑群，当中包括中国最古老的教堂遗址和修道院、最古老的基督教坟场、最古老的西式炮台建筑群、第一座西式剧院、第一座现代化灯塔和第一所西式大学等。作为欧洲国家在东亚建立的第一个领地，城区见证了澳门400多年来中华文化与西方文化互相交流、多元共存的历史。正因为中西文化共融的缘故，城区当中的大部分建筑都具有中西合璧的特色。城区内的建筑大部分至今仍完好地保存或保持着原有的功能。该城区建筑群中的各建筑建成时间从明至民国，时间跨度达400多年。澳门历史城区主要景点包括妈阁庙、大三巴牌坊、大炮台、圣安多尼教堂、仁慈堂大楼等20多处历史建筑。

1. 妈阁庙

妈阁庙，建于1488年，位于澳门半岛的西南面，沿岸修建，背山面海，石狮镇门，飞檐凌空，是澳门的三大禅院之一（图7-2-6）。2005年7月15日，第29届世界遗产委员会会议上妈阁庙前地在内的澳门历史城区被列入《世界遗产名录》。

妈阁庙，早期称为"娘妈庙"、"天妃庙"或"海觉寺"，后定名为"妈祖阁"，华人俗称"妈阁庙"。妈阁庙内主要供奉道教女仙妈祖，距今已有五百多年的历史。整座庙宇包括大殿、弘仁殿、观音阁等，是一座富有中国道教文化特色的古建筑。

每年春节和农历三月二十三日是娘妈的生日，妈阁庙香火鼎盛。从除夕午夜开始，不少善男信女纷纷到来拜神祈福，庙宇内外，一片热闹。

2. 大三巴牌坊

大三巴牌坊，其正式名称为圣保禄大教堂遗址（葡萄牙语：Ruínas da Antiga Catedral de São Paulo），一般称为大三巴牌坊，是澳门天主之母教堂（圣保禄教堂，于1580年竣工）正面前壁的遗址（图7-2-7）。大三巴牌坊是澳门的标志性建筑之一，同时也为"澳门八景"之一。2005年与澳门历史城区的其他文物成为联合国世界文化遗产。

视频：澳门大三巴牌坊

▲ 图 7-2-6 妈阁庙

▲ 图 7-2-7 大三巴牌坊

3. 大炮台

大炮台，又名圣保禄炮台、中央炮台、大三巴炮台（图7-2-8）。大炮台建于公元1616年明神宗年间，位于柿山山定，坐落在大三巴牌坊侧，是澳门中央炮台，占地面积约1万平方米，放置42门大炮，是当时澳门防御系统的核心，构成了覆盖东西海岸的宽大炮火防卫网，是中国澳门主要名胜古迹之一。炮台上有大片空地，绿草如茵；参天古树，生长茂盛；巨型钢炮，雄踞于旁。炮台上并置有不少

▲ 图 7-2-8 大炮台

古迹文物和历史性建筑物，如炮台上的古塔，便是当年耶稣会的会址之一。建于空地中心的南欧式平房建筑，是气象台的办公室。

4. 圣安多尼教堂

圣安多尼教堂（图7-2-9），位于澳门白鸽巢公园对面，始建于1558年，由耶稣会所兴建，是澳门三大古老教堂之一，为世界文化遗产——澳门历史城区的组成部分。

5. 仁慈堂大楼

仁慈堂大楼（图7-2-10），修建于1569年，是坐落在澳门特别行政区议事亭前地旁边的砖石建筑物，是澳门第一所慈善组织，由澳门首任主教贾尼路创立，负责慈善救济的工作，故名"仁慈堂"。

▲ 图 7-2-9　圣安多尼教堂

▲ 图 7-2-10　仁慈堂大楼

课堂讨论：澳门的旅游景点具有鲜明的文化特点，让我们一起来总结概括。

五、主要机场和航空公司

（一）主要机场

澳门国际机场（IATA 代码：MFM；ICAO 代码：VMMC）位于澳门特别行政区氹仔岛，是澳门唯一的机场（图 7-2-11）。它距离市中心约 10 千米；是全球第二个、中国第一个完全由填海造陆而建成的机场。澳门国际机场于 1995 年 11 月 9 日正式建成通航，定名为澳门国际机场；2018 年 2 月 12 日完成二期扩建工程。据澳门民航局官网记载，澳门国际机场拥有一座航站楼，共计 5.9 万平方米；共有一条跑道，跑道长度为 3 360 米；停机位 24 个；共开通国内外通航城市 58 个。

▲ 图 7-2-11　澳门国际机场

（二）主要航空公司

澳门航空股份有限公司（IATA 代码：NX；ICAO 代码：AMU），成立于 1994 年，是澳门唯一的航空公司（图 7-2-12）。澳门航空股份有限公司基地设置在澳门国际机场，主要开设我国内地、我国台湾地区、欧洲、东亚、东南亚航线。

▲ 图 7-2-12　澳门航空股份有限公司的标志

视频："厚载文化，用心飞翔"—澳门航空

澳门航空股份有限公司的标志由代表澳门的莲花和象征和平的鸽子组成。展翅的鸽子寓意澳门航空股份有限公司的航班会给旅客提供安全、可靠和优质服务。该公司经营理念是"树立美好形象，提供一流服务，让旅客在安全、祥和与舒适环境中遨游世界"。

思政小课堂

热爱澳门，建设澳门——走近澳门土生葡人

澳门开埠400多年，东西方文化在这里碰撞交融。作为海上丝绸之路的重镇，一些欧洲、东南亚等国家的商人在这里落脚安家，造就了澳门中西合璧文化风貌的同时，也形成了一个特别的族群——土生葡人。

"土生葡人"至今还没有一个正式的官方定义，在澳门主要指当地土生土长的葡萄牙裔人士及其后代。但按澳门土生协会理事会主席飞文基的说法，"土生葡人"除了指那些在澳门扎根的葡萄牙人后裔，也包括一些从小接受葡文教育并具有相应文化背景的本地华人。

今年58岁的飞文基是一名执业律师，出生在澳门最古老的土生家族之一。他的祖辈在270多年前就在澳门扎下了根。"我父亲是土生葡人，母亲是广东人，我在这里土生土长，澳门是我的家乡。"

在飞文基看来，土生葡人在中西方文化的融合中形成，他的生活中也处处体现着这两种文化在澳门的和谐共存。

"要举例就太多了，你看我和家人打电话都是葡萄牙语和广东话掺在一起讲的，这两种语言切换的时候我们自己都意识不到。"刚与夫人结束通话的他笑着说。

他说："我们对澳门有着强烈的归属感和眷恋，虽然平时我们也发发牢骚抱怨两句，但每当离开，我们总想回来，这种情感是很难用言语阐释的。"

飞文基表示，回归20年来，"一国两制"在澳门得到了很好的落实，土生葡人的权益得到切实保障，生活习惯、文化习俗也受到充分的尊重和保护。

"在澳门，土生葡人从未被亏待过一分。我们是澳门的公民，享有任何一个澳门人所享有的权利。"他反复对记者强调。

据飞文基介绍，如今土生葡人活跃在澳门各行各业，有公务员、法官，也有律师、翻译等。他们之中还有一些肩负重任，比如全国政协委员欧安利，为国家发展建言献策。

"回归后，我们深切感受到中央政府和特区政府对我们的重视和关心，除了承认我们对澳门社会经济发展所做出的贡献，行政长官每年讲话都要提到保护土生葡人文化、支持土生葡人社群发展。政府也为推广土生葡人美食和土生葡语做了大量工作，这让我们非常感动。"这样的肯定与支持也让飞文基看到了更广阔的发展空间。

除了律师工作，飞文基一直致力于土生葡语的保护与推广。1993年，他与朋友一起创办了澳门土生土语话剧社——Doci Papia am di Macau，意为澳门甜蜜的语言。从那时起，他每年都会从澳门生活中取材，创作一部新剧，用土生葡语进行表演。

澳门土生葡语（Macanese Patuá）是土生葡人在澳定居400多年间形成的一个语言体系，以葡萄牙语为基础，又夹杂着粤语、马来语、英语及西班牙语，是澳门多元文化融合的产物。

如今，澳门的土生葡人都以粤语、葡语作为日常交流语言，失去应用场景的土生葡语有面临消失的危机。

话剧社创立之初，飞文基只把它当作土生朋友聚在一起的娱乐消遣，剧团里没有一位专业的演员、编剧或导演。很快，他们用通俗、接地气的市井语言和幽默搞怪的表演风格吸引了观众，甚至有年轻人在观看后想要学习土生葡语，话剧社也得到了特区政府的大力支持。

飞文基表示，创立话剧社并不是为了让大家学习土生葡语，而是希望观众了解这门语言的存在，它是土生葡人的集体记忆，也是澳门宝贵的历史文化印记。

目前，土生土语话剧已经成为每年澳门艺术节的保留节目，场场爆满。这门语言也在观众的掌声欢笑中继续保持活力。2012年，土生土语话剧社被澳门特区政府列入为非物质文化遗产。

几百年来，澳门孕育了土生葡人群体与文化，也成了土生葡人的港湾。回归以后，澳门经济飞速发展，融入国家发展大局，这让土生葡人在这座小城有了更大的舞台。

"近些年，中央政府和澳门特区政府大力推动加强与葡语国家联系，打造中国与葡语国家商贸合作服务平台；通过见证珠海横琴日新月异的发展，我们也看到粤港澳大湾区的建设已经成为现实。这对于澳门、土生葡人都是不可多得的机遇。"飞文基说。

他表示，土生葡人一直是东西方国家间交流的天然媒介，精通双方的语言与文化。澳门新一代土生葡人精通普通话、粤语、葡语、英语，更应当利用自身先天优势，思考他们的职责，成为促进中国与葡语国家关系的桥梁。

"澳门是我们的家乡，我们热爱这里，但只说热爱是不够的，我们还要成为对澳门有贡献的人。"飞文基说。

（资料来源：http://hm.people.com.cn/n1/2019/1216/c42272-31507653.html）

思考：结合案例谈谈文化融合现象。

课堂讨论：在旅行中，很多人会选择多种交通工具进入澳门，你知道包括哪些吗？

第三节 台湾省

知识目标

了解台湾省的基本概况；掌握台湾省的风俗习惯；掌握台湾省的主要旅游资源；掌握台湾省的主要航空公司和机场概况。

结合所学知识，能够设计一条合理的旅行路线，同时，为旅客提供优质的服务。

艺术系的陈敏敏是中国传统舞蹈专业的学生，这个假期她想去宝岛台湾旅游，顺便了解一下台湾省高山族的民间舞蹈艺术。陈敏敏订了机票，计划做一次5天4夜的旅行，一切准备就绪，但是，她并不了解台湾省高山族的风俗习惯和传统礼仪。

你能够给陈敏敏介绍一下台湾省高山族的民俗吗？

知识内容

一、初识台湾省

台湾省，简称"台"，东临太平洋，南临南海，连接巴士海峡，西临台湾海峡，北临东海。台湾省由台湾岛、澎湖列岛及其两个岛的岛群组成，共计85个岛屿，总面积约36 193平方千米，人口约2 358万。

视频：台湾旅游攻略

课堂讨论：谈谈你对台湾省的第一印象。

二、地理概况

台湾岛是中国第一大岛，世界第38大岛屿，南北长度约395千米，东西宽度最大值约145千米，环岛海岸线长约1 139千米。

台湾岛由山地、丘陵、平原、台地、盆地五大地形构成，东部主要属于山地，自东向西分别为海岸山脉、中央山脉。中央山脉西北部是雪山山脉，西南部是玉山山脉，玉山山脉西面为阿里山山脉。岛内东部的海岸山脉与中央山脉之间是台东平原，海岸山脉以南为泰源盆地。岛内西部自北向南分别为台北盆地、林口台地、桃园台地、大肚台地、台中盆底、八卦盆地。岛内西南为嘉南平原、屏东平原。岛内东北部为宜兰平原。岛内耕地面积占全岛面积的24%。

澎湖列岛，位于台湾岛西部的台湾海峡中，由台湾海峡东南部64个岛屿组成，主要岛屿有澎湖本岛、渔翁岛和白沙岛，面积约为96.6平方千米，占总面积的76.1%。面积超过1平方公里的岛屿还有虎井、吉贝、望安等8个，其余53个岛屿的面积都在1平方公里以下，其中有44个岛屿无人居住。

台湾岛的矿产资源稀少，仅有的资源包括煤炭、天然气、金属等。可用耕地面积不到总面积的1/4，多种植稻米。其他的农产品还有樟脑、茶叶、热带水果。其中樟脑产量居世界第一。森林面积约占总面积的52%，大部分分布在东部山地区域，杉树、樟树、楠木等名贵木材世界知名。渔业资源丰富，素有"海洋牧场"之称。石花菜、海苔、鸡冠菜海藻类产品世界知名。珊瑚产量占全球产量的60%。

课堂讨论：台湾省渔业资源丰富，结合所学谈谈世界主要渔场。

三、人文概况

（一）历史概览

1. 史前时期

远古时候台湾岛与大陆是相连的，几百万年前由于地壳运动，欧亚板块、冲绳板块和菲律宾板块向太平洋板块挤压导致一部分陆地下沉，形成了今天的台湾海峡，台湾岛才与大陆隔海相望。公元前3万年左右，旧石器时代晚期的"左镇人"来到现在的台湾岛，是台湾岛原住民高山族的祖先。

2. 古代史

具文字考证，台湾的历史可追溯到公元230年。具《临海水土志》[①]记载，吴王孙权曾派官员前往夷洲（今台湾省）对当地进行开发，这是世界上对台湾的最早的记述。隋炀帝曾派官员前往琉球（今台湾省）。唐末宋初开始有汉族人定居澎湖。宋元时期汉族人在澎湖的数量增多，开始向台湾岛发展，南宋时期的行政管辖将澎湖划归为福建路晋江县（今福建省晋江市），并派兵戍守。元代设澎湖巡检司，隶属福建泉州路同安县（今福建省厦门市）。明代设澎湖巡检司，永乐年间航海家郑和率船队曾在台湾岛停留。17世纪20年代的大陆人大规模移居台湾岛，对台湾岛进行大规模开发，在经济、政治、文化上极大地推动了台湾岛的发展。

1624年，荷兰东印度公司侵入台湾岛。荷兰殖民时期，修建了奥伦治城（又名：安平古堡，包括安平城和台湾城两个部分）和普罗民遮城（今天的赤崁楼的前身）。1662年，民族英雄郑成功率领军队驱逐荷兰殖民者收复台湾岛。郑成功将赤崁楼改名为承天府，设立行政区划为一府二县一司，积极发展制糖、制盐、工商业、贸易，改造房屋、学堂、农具等，政治、经济、文化发展迅速，明末期间台湾人口近20万，史称"明郑时代"。

1683年7月8日，清政府收复台湾，结束了明郑政权。

---

① 《临海水土志》，三国时期东吴丹阳太守沈莹著。

3. 近代史

鸦片战争后，在中日《北京条约》和中法《中法新约》中明确表明清政府对台湾拥有主权。1885 年，清政府将台湾划为单一行省，首任巡抚刘铭传在任期间，开发矿山、修建铁路、发电架线、制造商船、兴办企业、设立学堂，台湾省的政治、经济、文化一跃成为全国最先进的省份之一，刘铭传被誉为"台湾近代化之父"。

1895 年，清政府在中日"甲午战争"中战败，4 月 17 日被迫签署了丧权辱国的《马关条约》，将台湾省割让给日本。第二次世界大战期间的《开罗宣言》《波兹坦公告》内容中明确指出台湾省是中国领土不可分割的一部分。1943 年 6 月，《新华日报》发表社论《台湾回到祖国来》，明确提出"台湾是中国的一部分"。1945 年 8 月 15 日，日本宣布无条件投降，10 月 15 日，台湾省光复。中华人民共和国成立前，蒋介石带领国民党残余逃往台湾，在美国的庇护下，偏安一隅，使台湾省与大陆陷入分裂状态。

4. 现代史

1949 年 10 月 1 日，中华人民共和国成立，正当新中国准备解放台湾省前夕，1950 年 6 月 25 日，朝鲜战争爆发。美国借机派军队进入台湾海峡，阻挠人民解放军解放台湾省。1954 年 12 月 2 日，美国与蒋介石签署了《共同防御条约》，武力干涉中国内政。1955 年，中国人民解放军解放浙江省大陈岛、南麂山列岛。1971 年 10 月 25 日，在第 26 届联合国大会上中国恢复在联合国的合法权利。1979 年，全国人大常委会发表《告台湾同胞书》。邓小平提出统一台湾省的大政方针、基本立场和态度。同年，中美建交，美国宣布终止《共同防御条约》。1992 年，海协会和海基会达成海峡两岸均坚持一个中国原则的重要共识，即"九二共识"。2000 年，民主进步党执政，次年，福建沿海与金门、马祖恢复往来。2005 年 3 月 14 日，《反分裂国家法》颁布。2008 年，国民党再次执政，海峡两岸实现"三通"。

（二）政治制度

1. 涉台法律法规

《中华人民共和国宪法》序言中写道："台湾是中华人民共和国的神圣领土的一部分。完成统一祖国的大业是包括台湾同胞在内的全中国人民的神圣职责。"宪法是中华人民共和国的根本大法，拥有最高法律效力，是处理涉台问题的最高指导文件。

2005 年 3 月 14 日，中华人民共和国第十届全国人民代表大会第三次会议通过《反分裂国家法》第八条规定："台独"分裂势力以任何名义、任何方式造成台湾从中国分裂出去的事实，或者发生将会导致台湾从中国分裂出去的重大事变，或者和平统一的可能性完全丧失，国家得采取非和平方式及其他必要措施，捍卫国家主权和领土完整。自《反分裂国家法》实施以来，在反对和遏制"台独"分裂行径、维护台海和平稳定、促进两岸关系和平发展等方面，发挥了十分重要的作用。

2015 年 7 月 1 日，第十二届全国人民代表大会常务委员会第十五次会议通过《中华人民共和国国家安全法》，第十一条规定："中华人民共和国公民、一切国家机关和武装力量、各政党和各人民团体、企业事业组织和其他社会组织，都有维护国家安全的责任和义务。中国的主权和领土完整不容侵犯和分割。维护国家主权、统一和领土完整是包括港澳同胞和台湾同胞在内的全中国人民的共同义务。"

2. 全国人民代表大会台湾省代表团

1975年，第四届全国人民代表大会首次设立台湾省代表团，第五届全国人民代表大会决定："在实现祖国完全统一之前，台湾省暂时选举13名全国人大代表，其余按人口比例应选代表的名额予以保留。"从此，台湾省代表团在历次全国人民代表大会会议上提出了大量议案、建议，受到中央各有关部门的高度重视，很多议案、建议被采纳，为社会主义现代化建设事业、祖国的和平统一、两岸关系和平发展做出了突出的贡献。

3. 中国人民政治协商会议全国委员会

在中国人民政治协商会议全国委员会以及地方委员会的各界别中，设有台湾民主自治同盟、中华全国台湾同胞联谊会两个界别。

台湾民主自治同盟（简称台盟），1947年11月12日成立于香港，是"二·二八"起义以后，由一部分从事爱国民主运动的台湾省人成立的，接受中国共产党领导，参加了中国人民政治协商会议第一届全体会议，参与了中华人民共和国的创建，为社会主义革命和建设、中国特色社会主义建设、祖国统一做出了巨大贡献。

中华全国台湾同胞联谊会（简称全国台联），1981年12月22日成立于北京，是台湾各族同胞的爱国民众团体，是党和政府联系台湾同胞的桥梁和纽带。全国台联自成立以来，高举社会主义、爱国主义旗帜，坚守一个中国原则，积极推进两岸经济文化交流合作，为坚决反对"台独"、推动两岸关系和平发展、推进祖国和平统一进程、实现中华民族伟大复兴的中国梦而不懈努力。

（三）人口、民族和信仰

根据台湾省有关主管部门统计，台湾省人口总数为2 356.12万人（2020年，含福建省的金门马祖）。台湾省民众平均寿命为81岁，其中男性78岁、女性85岁。

台湾省约97%以上的人口是来自中国大陆的汉族人，约2%的人口是17世纪移民来的汉族人与原住民融合后形成的今天的高山族人、土著族人，约1%是大陆移民过来的少数民族人口、外籍人口。

台湾省大多数人都信仰宗教，道教和佛教是台湾人主要信仰的宗教。此外，受殖民文化的影响，少数台湾人信仰基督教、天主教、伊斯兰教等外来宗教。

（四）经济结构

台湾省的经济结构以服务业为主，对外贸易发达，是一个以出口为导向的资本主义经济体。20世纪末，台湾省经济高速发展，曾被誉为"亚洲四小龙"之一，被世界银行认定为高收入经济体，被国际货币基金组织认定为发达经济体。台湾省三产的GDP比例为农业2%、工业34%、服务业64%。21世纪开始，台湾省当局政府对投资和对外贸易的参与程度逐年降低。截至2020年，大陆是台湾省最大的贸易伙伴和贸易顺差来源地。为降低生产成本，台湾省将传统制造业和劳动密集型产业转移到中国大陆和东南亚，而在本地重点发展资本和技术密集型产业，造成产业空心化。台湾省在大陆的投资已超过 1 500 亿美元，在大陆开设约 8 万多家企业，常住大陆的台商及眷属已超过 100 万人。截至 2020 年，台资占中国大陆累计实际吸收境外投资总额的 3.2%。2020 年，台湾省位于中国各省、市、自治区 GDP 排名的第七位；人均 GDP 位于世界第 28 位；外汇储备位于世界第六位。

（五）文化教育

台湾省的文化主干是中华文化，闽粤移民带来的闽南文化和客家文化与当地的高山族文化相融合的南岛文化，形成了台湾文化的一个重要分支。殖民时期植入的外来文化，例如欧洲、东南亚、日本文化等，与台湾省本土文化相融合，已被台湾人民所接受。

台湾省的教育普及程度较高，现行教育体系由三个阶段 12 年制构成。学前教育阶段主要完成 2 年制的健康教育、生活教育及伦理教育。学校教育阶段分为义务教育和高等教育。义务教育阶段包括：6 年制小学教育、3 年制初中教育、3 年制高中教育；高等教育阶段包括：专科学校、独立学院、大学及研究机构。社会教育阶段包括进修教育、成人教育，以及博物馆、图书馆、科学馆、文化中心、艺术馆公共设施、场所提供的公共教育内容等。职业教育体系完备，私立教育在整个教育体系中占有举足轻重的地位。台湾省的高等教育较为发达，现有 172 所大学院校，分为研究型大学和技术型科技大学或技术学院。台湾省著名大学见表 7-3-1。

表 7-3-1　台湾省著名大学

学科分类	名称
工科类	台湾大学、台湾成功大学、台湾交通大学、台湾"清华大学"
法商类	台湾大学、台湾政治大学
文学类	台湾大学、台湾师范大学
医学类	台湾大学、阳明大学、台湾成功大学

（六）主要节日

台湾省继承、发扬了中华民族的传统风俗，同时融合了闽粤移民的风俗习惯和台湾省原住民高山族的风俗习惯，形成了台湾省独具特色的民俗。

1. 中华民族传统节日

台湾省一直延续中华民族的传统节日，春节、端午节、中秋节是台湾省的三大节日，对于台湾省人民来说是重视程度最高、需要精心准备、阖家团圆的节日。

春节是台湾省人民一年之中最重要、最隆重的节日，台湾省人民过春节继承了很多闽粤文化，从农历的腊月二十六做"尾牙"①开始，直到元宵节才结束，春节期间的民俗活动最为丰富多彩。除夕当天，台湾省人民会准备祭品供奉神明、祖先，进行这一年中的最后一次祭拜。正月初一讲究早起洗漱，换新衣裳，开门，焚香，点灯，摆上供品，祭拜祖先

---

① 尾牙，是我国东南沿海地区的传统节日，这一天人们习惯去拜祭土地公。每月的初二、十六，是福建商人祭拜地基主和土地公神的日子，称为"做牙"。

牌位。祭拜后，长辈接受晚辈的拜年祝福，长辈给晚辈压岁钱。早饭后，大人带着孩子前往亲友家拜年。

中秋节，台湾省人民习惯全家人聚在一起赏月，吃柚子、月饼。如今，在中秋节这一天流行聚会吃烤肉。

端午节，现在仍然流行着食"五子"、驱五毒①、饮午时水、沐午时水、午时立蛋、赛龙舟等习俗。"五子"是指茄子、豆子、李子、桃子、粽子。

2. 高山族传统节日

（1）丰收节，是高山族庆祝丰收的节日，一般在每年的农历十月。每年农历八月要选择十月里的一天作为丰收节，一般持续七天。节日前夕，每家都会酿米酒，杀猪宰牛。节日当天早上，男女老少要穿高山族传统服装，汇集在村子的集中场所，老人们把酒畅谈，年轻人排队舞蹈。夜晚，村中点燃篝火，人们围着熊熊篝火纵情歌舞，欢乐至极（图7-3-1）。

（2）观月祭，是高山族祈福风调雨顺、岁岁平安的一个传统节日。按照惯例，高山族人会在每年农历九月中旬选择一个月明之夜举行观月祭。祭祀前，男子会将一头水牛宰杀后放在林中。节日当晚，男子们围着水牛歌舞。舞后，将牛肉切成块，按长幼次序分配。妇女们戴上传统的头冠，并插上美丽的羽毛进行装饰，身穿珠贝短裙，带上项链、耳环。吃完牛肉后，要吹竹笛、鼻箫、弹弓琴等乐器，载歌载舞，祈求明年能够有好收成（图7-3-2）。

▲ 图7-3-1 高山族的丰收节

▲ 图7-3-2 高山族的观月祭

（3）船祭，又称"海祭"，是高山族纪念祖先开基、祈神赐福的传统祭祀仪式（图7-3-3）。船祭每隔14年举行一次，持续10天。祭前，男人们在海滩搭建一大一小茅草棚，草棚内摆放祭坛和三只独木舟。按照高山族的传统，女人不得参加祭祀活动。祭祀仪式由身穿盛装的祭司主持，男人行试船礼，模仿祖先登陆，以此纪念祖先不畏困难，建立美好家园的开拓精神。

▲ 图7-3-3 高山族的船祭

---

① 五毒，是指蜈蚣、毒蛇、蝎子、壁虎和蟾蜍，这五种有毒动物的合称。我国南方民俗认为每年夏历五月端午日午时，五毒开始滋生，于是便有了避五毒的习俗。

（七）风俗禁忌

台湾省文化是以"中华民族传统文化"为主干的区域性文化，它融合了闽文化、岭南文化、中原文化、移民文化、外来文化的特点，保留了传统的华夏文明的精髓，具有旺盛的生命力，同时，又散发着无限的魅力。

台湾人尊神敬佛的观念根深蒂固，因此，生活中禁忌用手指向佛像、佛堂、祭台等，这种行为被视为"大不敬"。古时台湾人常在丧葬仪式上行"脚尾饭"礼，将一双筷子竖插在饭中央，把这碗"脚尾饭"放在死者的脚边。所以，人们在平时吃饭时，禁忌将筷子竖插在饭上，会给人一种不祥的感觉，是对他人极其不礼貌的行为。在台湾省的民俗中，将突灶螽①视为丰衣足食的迹象，视燕子为吉祥如意的征兆。古时，百姓家的炉灶旁发现了突灶螽，厅堂有燕子飞来在屋梁上筑巢，这些情况都是吉祥的预兆，是不能杀死或驱赶的。台湾民间流传着"一根脚毛管三个鬼"的俗语，传说人的脚毛具有驱鬼震慑之用，人们禁忌拔掉脚毛，认为失去脚毛后会怕鬼，变得胆小怕事。

（八）饮食文化

自唐代开始，福建、广东人来到台湾省定居，同时把闽南饮食带到了台湾省。新中国成立前夕，大量国民党军队逃到台湾，同时把大陆各地的特色饮食带到台湾。加上其他国家的殖民者、商人、海员将本国饮食带到这里，台湾人将中外饮食进行了融合，形成了今天台湾省丰富多元的饮食文化。如今，台湾省饮食以福建菜为主，口味清淡，菜品精致，著名的台湾菜有蚵仔煎、三杯鸡、姜母鸭、黄金虾球。

视频：台湾美食

1. 蚵仔煎

蚵仔煎源自福建闽南地区（图 7-3-4），明代随郑成功大军来到台湾省。以牡蛎和鸡蛋为主料，用红薯淀粉、胡萝卜丝、香葱末为配料，用盐、糖、耗油、甜酱或辣酱为作料，用油煎制而成。牡蛎肉质肥美，鸡蛋配胡萝卜丝和香葱末口感清爽，是一道著名的台湾家常菜。

视频：台湾蚵仔煎

2. 三杯鸡

台湾三杯鸡源于江西省著名的赣菜三杯鸡（图 7-3-5）。因制作时使用酱油、甜酒、猪油各一酒杯作为作料，因此而得名"三杯鸡"。台湾人用当地的米酒代替甜酒，用黑芝麻油代替猪油，还要加入罗勒叶进行烹制。台湾三杯鸡选用土生三黄鸡为主料，以蒜瓣、姜片、鲜辣椒、葱段、冰糖为配料，用酱油、米酒、黑芝麻油为作料，加入罗勒叶、胡椒。鸡肉香嫩，具有甜、辣、酒香味道，同时，还具有罗勒叶的特殊香气，叫人回味无穷。

---

① 突灶螽，又称灶马，民间传说它是灶王的坐骑，无翅，属于直翅目穴螽科，四季可见，常出没于灶台与杂物堆的缝隙中，以剩菜、植物及小型昆虫为食。

▲ 图 7-3-4 蚵仔煎

▲ 图 7-3-5 三杯鸡

3. 姜母鸭

台湾姜母鸭源自福建泉州。用红面番鸭为主料，用猪骨棒、粉丝、白菜、腐竹、姜为辅料，用米酒、酱油、黑芝麻油、冰糖、辣椒、香葱为作料，用砂锅煲炖而成（图 7-3-6）。姜母鸭肉质肥美，姜味浓厚，汤汁鲜美，香气扑鼻。

4. 黄金虾球

黄金虾球是一道台湾省传统名菜。用新鲜海虾和

▲ 图 7-3-6 姜母鸭

鸡蛋液为主料，用面包糠、淀粉为辅料，用料酒、胡椒粉、鸡精、盐为作料，用油炸熟。色泽金黄，蛋衣酥脆，虾肉鲜美，可配以椒盐、番茄酱、色拉酱一起食用。

> **思政小课堂**
>
> **"台湾味道"西行记**
> ——工匠精神与融合创新"兼容并包"
>
> 　　吴荣庭是在西安创业的台湾青年，现在经营一家烧肉饭餐厅。作为一名台湾籍的"95后"，吴荣庭并没有选择按部就班地升学、就业，在台湾省完成大学一年级之后，他毅然决定来到更广阔的大陆闯一闯、看一看。吴荣庭说："我是一个闲不住的人，校园或者办公室的生活对我而言太枯燥，年轻人应该自主一些，即便失败了，收获的经验也是宝贵的财富。"他表示："开这家店的目的之一，就是想让西安民众在这里吃到的风味与台湾街头的味道并无二致。"
>
> 　　近年来，随着大陆的消费结构日趋多元化，令"台湾味道"的认知度获得提升。同时，除了北上广深等一线城市外，不少从事餐饮行业的台商也开始将目光瞄准西部地区。台湾著名的小吃蛤仔煎、卤肉饭、珍珠奶茶、三杯鸡日益走进大陆人的生活。
>
> 　　2014年，吴荣庭来大陆创业，第一站选择了福建，从那时起吴荣庭便与餐饮行业结缘。如今，吴荣庭已在苏州、南昌、西安等城市开设了门店，而今年他的

重点任务是开发西北市场。

"两岸的餐饮文化是有差异的，例如，陕西人爱吃面食，而我们店多以米饭为主，口味需要用时间去培养，并经过长期沉淀后才会有一批稳定的回头客。"吴荣庭回忆说，曾有人建议他在菜品中加入孜然、辣椒等带有陕西元素的调料，但这与他理解的"工匠精神"相悖，餐厅所坚守的是最大限度地还原台式风味。

与吴荣庭的坚守不同，作为20世纪90年代"西进"的创业者，台胞巫春烨的台湾味道则以"融合"为关键词。

陕西饮食文化经历周秦汉唐发展至今，既有着丰富的历史渊源和独特口味，也汇集和融合了各地的饮食特色。面对"历史记忆传承"与"打造传统饮食"的命题，巫春烨有着自己的思考。

秦酥、虎符饼干、油泼辣子冰酪……这些融合陕西历史、餐饮文化的创意食品均成为巫春烨"智造"的成功案例。

在位于西安大雁塔附近的大唐不夜城步行街，巫春烨所经营的门店成为众多年轻人"寻味"的常规选项。

"花椒、糖蒜味儿的冰酪辅以神兽瓦片薄脆，满足味蕾的同时，也满足了好奇心，同时还知晓了一些当地的历史文化，可谓一举多得。"来自四川的游客杨宇航在巫春烨的门店"打卡"后表示。

巫春烨表示，"我们追求的并不局限于食品，而是想做陕西的文化，希望让更多的人通过我们的产品了解陕西的历史文化与背景。"

（资料来源：http://www.huaxia.com/zjsx/stwl/2021/03/6657351.html）

思考：结合案例，谈谈工匠精神。

课堂讨论：你在生活中是否见过、品尝过台湾省的美食。

四、主要旅游资源

台湾省拥有丰富的旅游资源，它同时具有热带、亚热带、温带及寒带气候特点，森林覆盖率高，物种丰富，素有"鸟类王国"之称。

1. 阿里山

阿里山位于嘉义市东部75千米的地方，海拔为2 216米，东面靠近台湾最高峰玉山（图7-3-7）。西临迦南平原，北连云林，南邻高雄、台南县。

阿里山四周高山环绕，气候凉爽，夏季平均气温为14.3 ℃，冬季平均气温为6.4 ℃。阿里山共有18座山峰，属于玉山山脉的支脉。这里群峰环绕、山峦叠翠、巨木参天。阿里山区属于林班地，这里的林木资源丰富，从亚热带的阔叶林到寒带的针叶林都有。海拔在800米以下的

视频：台湾旅游不可错过的五处景点

视频：阿里山

丘陵地带为热带林区，由相思树、构树构成。其他区域是以樟树、枫树、楠树和壳斗科植为主的暖带林区。海拔在1 800～3 000米左右为温带林区，由红桧、台湾扁柏、台湾杉、铁杉及华山松林区构成，这五种树被称为"阿里山五木"。海拔在3 000～3 500米主要是台湾冷杉，呈现寒带林的林相。

阿里山多样的林木为动物的栖息提供了优质的生态条件。这里的鸟类有栗背林鸲、酒红朱雀、鳞胸鹪鹩等中、高海拔鸟群。此外还有台湾猕猴、赤腹松鼠、山羌、山猪等动物。

2. 日月潭

日月潭位于阿里山以北、熊高山之南的南投县鱼池乡水社村，也叫作水里社（图7-3-8）。日月潭的湖面海拔为760米，面积约8平方千米，满水位时达到10平方千米，最深处约27米，周长约37千米，是台湾省外来生物最多的淡水湖泊之一。它以拉鲁岛为界，北半湖呈现太阳圆形轮廓，南半湖呈现月亮弯形轮廓，因此，被称为"日月潭"。2009年，入选世界纪录协会"中国台湾最大的天然淡水湖"，在清朝时即被选为台湾八大景之一。

微课：日月潭

▲ 图7-3-7 阿里山

▲ 图7-3-8 日月潭

3. 台北故宫博物院

台北故宫博物院（图7-3-9），位于台北市士林区至善路二段221号，始建于1962年，占地面积约160 000平方米。它是按照北京故宫的建筑模式仿制的建筑，属地方性综合博物馆、中国三大博物馆之一，是台湾省最大的博物馆台北故宫。博物馆有四层，墙壁为淡黄色，房顶为翠绿色，台阶和地面为白色，馆前的广场呈梅花形，广场前矗立六柱牌坊，金色的"天下为公"在中间最上方。鸦

▲ 图7-3-9 台北故宫博物院

片战争后，为了保护国家珍藏的国宝，清政府开始将故宫、南京故宫、沈阳故宫、承德避暑山庄、颐和园、静宜园和国子监等处的皇家旧藏，所藏的商周青铜器，历代的玉器、陶瓷、古籍文献、名画碑帖等国宝撤离北方，大部分被国民党撤离大陆时带到了台湾。这里珍藏了中国绝大多数的国宝，包括清代玉雕"翠玉白菜"、"避邪雕刻"、"三镶玉如意"、《快雪时晴帖》、《富春山居图》后部长卷、《自叙帖》、《刘中使帖》、《寒食帖》、《华子冈图》等。馆藏的文物从原始社会到清朝末期，涵盖了中华民族五千年的文明历史。

台北故宫博物院以其宏伟的中式建筑群与丰富的馆藏珍宝向世界展现了中华文明的悠久历史和博大精深。

课堂讨论： 上网查查台湾省八大景都有哪些。

五、主要机场和航空公司

（一）主要机场

台湾省机场分为民用机场和军用机场。民用机场由民用航空局直属管理，分为航空站和飞行场。军用机场，由军队直接管理。台湾共有民用机场17座，其中国际机场4座，桃园国际机场、高雄国际机场是台湾主要国际机场，松山机场、清泉岗机场是一般国际机场，少数机场也有国际定期航班。台湾各大城市之间、城市与各外岛之间都开设航班。

1. 台湾桃园国际机场

台湾桃园国际机场（IATA 代码：TPE；ICAO 代码：RCTP），简称桃园机场，位于桃园市大园区，距离台北市约40千米（图7-3-10）。该机场于1979年正式通航，2006年更名为台湾桃园国际机场。机场拥有两座航站楼，分别为T1航站楼和T2航站楼，总面积约54万平方米；共有两条跑道，一条长3 660米、一条长3 800米；设有停机位80个，货运区域面积约41.6万平方米；通航城市167个。

2. 高雄国际机场

高雄国际机场（IATA 代码：KHH；ICAO 代码：RCKH），位于高雄市小港区中山四路，距高雄市中心6千米（图7-3-11）。该机场于1965年通航，1969年改名为"高雄国际机场"，是台湾南部地区的主要国际机场。高雄国际机场有两座航站楼，其中T1航站楼面积为1.75万平方米，T2航站楼面积为7.1万平方米；设有停机位46个，其中货运机位4个；跑道长为3 150米，宽为60米。

▲ 图 7-3-10　台湾桃园国际机场

▲ 图 7-3-11　高雄国际机场

（二）主要航空公司

台湾省的主要航空公司有中华航空股份有限公司和长荣航空股份有限公司。

1. 中华航空股份有限公司

中华航空股份有限公司（IATA 代码：CI；ICAO 代码：CAL）成立于1959年，运营机场为桃园国际机场（图 7-3-12）。1962 年开设台北至花莲航线，1966 年开设台北到越南胡志明市航线。中华航空股份有限公司是首家加入国际航空联盟的台湾省航空公司，于 2011 年加入天合联盟。2014 年，中华航空股份有限公司与新加坡欣丰虎航合资成立廉价航空公司"台湾虎航"。

2. 长荣航空股份有限公司

长荣航空股份有限公司（IATA 代码：BR；ICAO 代码：EVA）（图 7-3-13），位于桃园市芦竹乡南崁，为张荣发创办的航空公司，与立荣航空（UNI AIR）同属长荣集团。2013 年长宽松航空股份有限公司正式加入星空联盟，航线遍及 195 个国家，约 1 400 条航线。

▲ 图 7-3-12　中华航空股份有限公司的标志

▲ 图 7-3-13　长荣航空股份有限公司的标志

课堂讨论：上网查查，目前，台湾省有哪些通航城市。

参考文献

[1] 董淑霞，苗俊霞，李南.民航发展简史［M］.北京：首都经济贸易大学出版社，2017.

[2] 何蕾.民航机场地面服务［M］.3版.北京：化学工业出版社，2020.

[3] 中国民航局.2019年民航行业发展统计公报［R/OL］.［2020-06-05］.http://www.ccaonline.cn/zhengfu/zftop/590599.html.

[4] 国际在线.中国民航旅客运输量连续15年居世界第二［EB/OL］.［2021-01-13］.https://baijiahao.baidu.com/s?id=1688749998614369936&wfr=spider&for=pc.

[5] 中国档案报."八一开航"七十年［EB/OL］.［2020-08-13］.http://www.zgdazxw.com.cn/culture/2020-08/13/content_309499.htm.

[6] 格格的旅行.大兴国际机场成为北京新"打卡地"，还有哪些机场也值得一看？［EB/OL］.［2019-09-29］.https://baijiahao.baidu.com/s?id=1645994889953237975&wfr=spider&for=pc.

[7] 百度知道.民航在国家发展中可以起到什么作用？［EB/OL］.https://zhidao.baidu.com/question/480309742.html.

[8] 陈溪.越南会安灯笼的文化特色［EB/OL］.［2019-02-02］.https://zhuanlan.zhihu.com/p/56191012.

[9] 搜狐新闻.新西兰一羊逃跑六年躲剪毛 身上长27公斤毛［EB/OL］.［2004-04-21］.http://news.sohu.com/2004/04/21/83/news219898377.shtml.

[10] 马静静.中国旅游客源国（地区）实务手册［M］.青岛：中国石油大学出版社，2017.

[11] 王红珍，王丽琴.中国旅游客源国概况［M］.北京：中国轻工业出版社，2015.

[12] 何丽芳，欧阳莉.中国旅游客源国概况［M］.长沙：湖南大学出版社，2017.

[13] 张鑫，叶晓颖，徐姜.中国旅游客源国概况［M］.北京：北京理工大学出版社，2018.

[14] 方海川.中国旅游客源国与目的地国概况［M］.北京：北京理工大学出版社，2017.

[15] 张志孝，孙宝鼎，张百菊.主要客源国概况［M］.长春：东北师范大学出版社，2015.

[16] 花百科.俄罗斯国花是什么花［EB/OL］.［2018-12-15］.https://wenda.huabaike.com/hywd/2412.html.

[17] 高老师话留学.俄罗斯教育体制，看战斗民族是怎么"炼"成的［EB/OL］.［2018-09-10］.https://baijiahao.baidu.com/s?id=1611187593837775234&wfr=spider&for=pc.

[18] BR国际生.3分钟速读：俄罗斯教育体制［EB/OL］.［2019-08-07］.https://zhuanlan.zhihu.com/p/77037751.

[19] 最美龙江.欣赏｜俄罗斯民族服装［EB/OL］.［2017-09-08］.https://www.sohu.com/a/190601394_732670.

[20] 中国侨网.莫斯科"中国节"文化活动吸引大批俄罗斯民众［EB/OL］.［2019-09-15］.https://baijiahao.baidu.com/s?id=1644701279385083984&wfr=spider&for=pc.

[21] 央广网.中国国家京剧院将赴英国演出传播戏曲文化［EB/OL］.［2019-10-18］.https://baijiahao.baidu.com/s?id=1647715226450208562&wfr=spider&for=pc.

[22] 中国侨网.中国国家京剧院连续五年赴英国演出受当地观众喜爱［EB/OL］.［2019-

11-29].https://baijiahao.baidu.com/s?id=1651497936519558964&wfr=spider&for=pc.

[23] 数字尾巴.故宫博物院刮起文创风,大英博物馆也来天猫开店了[EB/OL].[2018-07-17].https://www.sohu.com/a/241709038_465976.

[24] 一盟教育咨询有限公司.英国伦敦希斯罗国际机场超详细实用指南[EB/OL].[2016-02-17].https://www.sohu.com/a/59217429_243545.

[25] 民航资源网.伦敦希思罗机场[EB/OL].http://data.carnoc.com/corp/airport/lhr.html.

[26] 西瓜新鲜事.美国:我们的服饰自由而不失端庄,来了解一下美国服饰文化吧[EB/OL].[2018-11-22].https://baijiahao.baidu.com/s?id=1617810542015240412&wfr=spider&for=pc.

[27] 慈悲诚意.加拿大的特产枫糖是如何加工制作的?[EB/OL].[2018-04-20].http://www.360doc.com/content/18/0420/14/5415450_747274880.shtml.

[28] 雨果跨境.巴西节日有哪些?巴西重点节假日清单大全[EB/OL].[2019-08-07].https://www.sohu.com/a/332142960_115514.

[29] 地理教师.巴伊亚的萨尔瓦多古城(巴西)[EB/OL].[2017-02-04].http://www.dljs.net/dlkp/2418.html.

[30] 国际在线.2020年巴西"欢乐春节"活动首站演出在累西腓举行[EB/OL].[2020-01-23].https://baijiahao.baidu.com/s?id=1656512835688141255&wfr=spider&for=pc.

[31] 人民网国际.巴西里约举办春节庆祝活动[EB/OL].[2020-01-27].https://www.sohu.com/a/369059136_630337.

[32] 央视新闻客户端.巴西圣保罗举办欢乐春节线上联欢会[EB/OL].[2021-02-22].http://m.news.cctv.com/2021/02/22/ARTIcC9bMNPaJ8IYAMBNLGNt210222.shtml.

[33] 人民网国际.巴西里约举办春节庆祝活动[EB/OL].[2020-01-27].https://www.sohu.com/a/369059136_630337.

[34] PPFilm诗画映像.圣保罗瓜鲁柳斯国际机场[EB/OL].[2014-08-22].http://blog.sina.com.cn/s/blog_4b2765c90102v16g.html.

[35] 百度百科.https://baike.baidu.com/.

[36] 王志民,凌丽琴.旅游客源国[M].北京:国防工业出版社,2012.

[37] 刘岩松.民航概论[M].北京:清华大学出版社,2020.

[38] 夏绍兵,吴明清.旅游客源国(地区)概况[M].天津:天津大学出版社,2011.